Management-Reihe Corporate Social Responsibility

Reihenherausgeber
René Schmidpeter
Internationale Wirtschaftsethik und CSR, Cologne Business School
Köln, Deutschland

Das Thema der gesellschaftlichen Verantwortung gewinnt in der Wirtschaft und Wissenschaft gleichermaßen an Bedeutung. Die Management-Reihe Corporate Social Responsibility (CSR) geht davon aus, dass die Wettbewerbsfähigkeit eines jeden Unternehmens davon abhängen wird, wie es den gegenwärtigen ökonomischen, sozialen und ökologischen Herausforderungen in allen Geschäftsfeldern begegnet. Unternehmer und Manager sind im eigenen Interesse dazu aufgerufen, ihre Produkte und Märkte weiter zu entwickeln, die Wertschöpfung ihres Unternehmens den neuen Herausforderungen anzupassen, sowie ihr Unternehmen strategisch in den neuen Themenfeldern CSR und Nachhaltigkeit zu positionieren. Dazu ist es notwendig, generelles Managementwissen zum Thema CSR mit einzelnen betriebswirtschaftlichen Spezialdisziplinen (z. B. Finanz, Human Ressources, Public Relation, Marketing etc.) zu verknüpfen. Die CSR-Reihe möchte genau hier ansetzen und Unternehmenslenker, Manager der verschiedenen Bereiche sowie zukünftige Fach- und Führungskräfte dabei unterstützen, ihr Wissen und ihre Kompetenz im immer wichtiger werdenden Themenfeld CSR zu erweitern. Denn nur wenn Unternehmen in ihrem gesamten Handeln und allen Bereichen gesellschaftlichen Mehrwert generieren, können sie auch in Zukunft erfolgreich Geschäfte machen. Die Verknüpfung dieser aktuellen Managementdiskussion mit dem breiten Managementwissen der Betriebswirtschaftslehre ist Ziel dieser Reihe. Die Reihe hat somit den Anspruch, die bestehenden Managementansätze durch neue Ideen und Konzepte zu ergänzen, um so durch das Paradigma eines nachhaltigen Managements einen neuen Standard in der Managementliteratur zu setzen.

Weitere Bände in dieser Reihe
http://www.springer.com/series/11764

Markus Hänsel · Karl Kaz
(Hrsg.)

CSR und gesunde Führung

Werteorientierte Unternehmensführung
und organisationale Resilienzsteigerung

Herausgeber
Markus Hänsel
Systemische Organisationsberatung
Ladenburg
Deutschland

Karl Kaz
KAZ Bildungsmedien
Köln
Deutschland

ISSN 2197-4322 ISSN 2197-4330 (electronic)
Management-Reihe Corporate Social Responsibility
ISBN 978-3-662-48691-7 ISBN 978-3-662-48692-4 (eBook)
DOI 10.1007/978-3-662-48692-4

Die Deutsche Nationalbibliothek verzeichnet diese Publikation in der Deutschen Nationalbibliografie; detaillierte bibliografische Daten sind im Internet über http://dnb.d-nb.de abrufbar.

Springer Gabler
© Springer-Verlag Berlin Heidelberg 2016
Das Werk einschließlich aller seiner Teile ist urheberrechtlich geschützt. Jede Verwertung, die nicht ausdrücklich vom Urheberrechtsgesetz zugelassen ist, bedarf der vorherigen Zustimmung des Verlags. Das gilt insbesondere für Vervielfältigungen, Bearbeitungen, Übersetzungen, Mikroverfilmungen und die Einspeicherung und Verarbeitung in elektronischen Systemen.
Die Wiedergabe von Gebrauchsnamen, Handelsnamen, Warenbezeichnungen usw. in diesem Werk berechtigt auch ohne besondere Kennzeichnung nicht zu der Annahme, dass solche Namen im Sinne der Warenzeichen- und Markenschutz-Gesetzgebung als frei zu betrachten wären und daher von jedermann benutzt werden dürften.
Der Verlag, die Autoren und die Herausgeber gehen davon aus, dass die Angaben und Informationen in diesem Werk zum Zeitpunkt der Veröffentlichung vollständig und korrekt sind. Weder der Verlag noch die Autoren oder die Herausgeber übernehmen, ausdrücklich oder implizit, Gewähr für den Inhalt des Werkes, etwaige Fehler oder Äußerungen.

Coverfoto: Michael Bursik

Gedruckt auf säurefreiem und chlorfrei gebleichtem Papier

Springer-Verlag Berlin Heidelberg ist Teil der Fachverlagsgruppe Springer Science+Business Media (www.springer.com)

Vorwort des Reihenherausgebers: Freiheit und Verantwortung als Basis gesunder Führung

Unternehmensskandale wie bei Volkswagen, Deutsche Bank, Siemens etc. erschüttern bei vielen Beobachtern den Glauben an die positive Rolle der Unternehmen in unserer Gesellschaft. In den Medien werden diese Vorkommnisse immer öfter als ein Ethik- bzw. Compliance-Versagen unserer Führungselite thematisiert. Brauchen wir daher (wieder) mehr Moral in der Wirtschaft, oder aber fundamental neue Managementansätze? Diese Frage kann nur beantwortet werden, wenn die tieferliegenden Ursachen für das identifizierte Managementversagen systematisch analysiert werden.

Die Kritik, dass das moralische Fehlverhalten Einzelner die Zukunft unserer Wirtschaft bedroht, mag zunächst nach einer einfachen Erklärung klingen. Doch handelt es sich wirklich nur um die Folge von persönlichem Fehlverhalten der Managementelite, oder aber um die Folge eines fundamental überholten Führungsverständnisses in unserer Wirtschaft? Haben wir es also mit einem individuellem Ethik- oder aber einem systemischen Managementproblem zu tun? Bei ersterer Annahme ginge es hauptsächlich um die Verschärfung von Kontroll- und Compliance-Strukturen, um zukünftiges Fehlverhalten rechtzeitig zu verhindern. Bei der zweiten Interpretation wären die Konsequenzen für die Führung von Unternehmen und damit für die Managementausbildung weitreichender: Es ginge dann um nicht mehr oder weniger, als Führung neu zu denken und Verantwortungsübernahme als Bestandteil einer guten – und damit für alle Beteiligten gesunden Führung zu begreifen.

Insbesondere das Mittelmanagement befindet sich in einer Situation, in der von allen Seiten immer mehr Druck aufgebaut wird. Lange setzte die Managementliteratur daher auf Effizienzsteigerung und Prozessoptimierung. Die Effektivität und Neuausrichtung der Managementkonzepte in Bezug auf menschliche Bedürfnisse rückte dabei in den Hintergrund. Man fokussierte insbesondere auf Beschleunigung, Shareholder Value Orientierung und Technologischen Fortschritt, um den unternehmerischen Erfolg zu garantieren. Dabei wurde das Thema Eigenverantwortung und Verantwortung für die systemischen Auswirkungen des eigenen Handelns auf das Umfeld immer weiter in abstrakte Rahmenprozesse verschoben. Der Einzelne war angehalten nur mehr die für ihn maßgeblichen Indikatoren zu maximieren, ohne Rücksicht auf das Gesamtergebnis seiner Handlungen. Damit ging eine Diffusion von Verantwortung einher, der den Spielraum der einzelnen Entscheidungsträger immer weiter einengte.

Gleichzeitig aber wurde, durch die die Digitalisierung, Steigerung der Transparenz und Nachhaltigkeitsanforderungen, der Druck auf innovative Veränderung der Geschäftsmodelle als Ganzes immer höher. Der Spielraum auf diese Veränderungen eigenverantwortlich zu reagieren, ist aber aufgrund der fehlenden Handlungsspielräume meist nicht mehr möglich. So blieb vielen Managern oft nur mehr die Alternative einer abstrakten ethischen oder rechtlichen Regelübertretung mit all den negativen Konsequenzen für das Unternehmen, aber auch für das Individuum. In den medial berichteten Unternehmensskandalen zeigt sich immer deutlicher: Gesunde Führung - im Sinne einer sowohl für das Unternehmen, als auch das Individuum und die Gesellschaft erwünschten nachhaltig positiven Zielerreichung -kann ohne Freiheit und Eigenverantwortung nicht funktionieren.

Es braucht daher ein neues Managementparadigma, welches die menschlichen Bedürfnisse konsequent in alle Strukturen, Prozesse und somit in die Unternehmensscheidungen (re-)integriert. Dabei stellt sich die zentrale Frage, wie können wir unternehmerisch in einer Welt von bald mehr als 8 Milliarden Menschen wirtschaftlich erfolgreich sein und gleichzeitig die Bedürfnisse jedes Einzelnen berücksichtigen? Dazu brauchen wir höchst wahrscheinlich völlig neue Produkte, Dienstleistungen und Unternehmensansätze.

Zwar wurden in den bisherigen Nachhaltigkeitsdiskussion immer höhere betriebliche Ziele definiert, um die Umwelt- bzw. Sozialbelastung zu verringern, jedoch wurde der positive Beitrag dieser Verantwortungsübernahme in der Unternehmensführung nicht ausreichend berücksichtigt. Vielmehr wurde Nachhaltigkeit oft als rein defensives und limitierendes Konzept, welches die ökonomische Wertschöpfung bremst, gesehen. Als eine Folge dieser Engführung des im Management vorherrschenden Nachhaltigkeitsverständnisses, werden vermehrt illegale Vermeidungsstrategien und Gesetzesübertretungen beobachtet. Vor allem dann, wenn die Einhaltung von ethischen und gesetzlichen Regeln zu teuer erscheint. Nach dem Motto: Wenn Nachhaltigkeit sich nicht rechnet, dann besteht auch keine Notwendigkeit dafür.

Denkt man jedoch Nachhaltigkeit aus einer konsequent unternehmerischen Perspektive, geht diese weit über eine reine Vermeidungslogik hinaus. Denn für einen Unternehmer ist es insbesondere wichtig, die positiven Auswirkungen seines Handelns zu managen bzw. zu steigern. Bei dieser progressiven Sichtweise geht es nicht mehr zentral darum, den Schaden unternehmerischen Handelns zu minimieren, sondern die Wertschöpfung des Unternehmens für die Gesellschaft zu erhöhen. Anstelle des Paradigmas der Schadensvermeidung bedarf es daher dem neuen Paradigma der „positiven Wertschöpfung" – dieses neue CSR-Paradigma ist auch Basis von Gesunder Führung.

In der Management Reihe Corporate Social Responsibility überwindet die nun vorliegende Publikation mit dem Titel „CSR und Gesunde Führung" die oft einseitige geführte Management-Diskussion: Zum einem durch innovative Überlegungen zum Thema Unternehmensführung, zum anderen durch konkrete Praxisbeispiele. Das Buch stellt damit eine Brücke zwischen dem Themenfeld Gesunde Führung und der aktuellen CSR-Diskussion da. Alle LeserInnen sind nunmehr herzlich eingeladen, die in der Publikation dargelegten Gedanken aufzugreifen und für die eigenen beruflichen Herausforderungen zu nutzen.

Ich möchte mich last but not least sehr herzlich bei den Herausgebern Dr. Markus Hänsel und Karl Kaz für ihr großes Engagement, bei Michael Bursik und Janina Tschech vom Springer Gabler Verlag für die gute Zusammenarbeit sowie bei allen Unterstützern der Reihe aufrichtig bedanken und wünsche Ihnen, werte Leserinnen und werter Leser, nun eine interessante Lektüre.

Prof. Dr. René Schmidpeter

Inhaltsverzeichnis

Corporate Social Responsibility und gesunde Führung – Hinführung und Überblick über das Buch 1
Markus Hänsel und Karl Kaz

Teil I Die Organisation im Fokus

Gesunde Führung als Entwicklungsprozess für Führungskräfte und Organisationen 13
Markus Hänsel

Resilienz ergänzt Effizienz in der Unternehmensführung 41
Karl Kaz

Im Spannungsfeld von Unternehmenskultur, Bildung und Gesundheit 55
Bernd Schmid und Thorsten Veith

Corporate Social Responsibility und Resilienz – Entmystifizierung, Wiederentdeckung und Nutzung eines Lebensprinzips 77
Jürgen Beyer und Horst Haller

Mit dialogischer Führung zu einer gesunden Unternehmenskultur – Unternehmensbeispiel dm-drogerie markt GmbH + Co. KG 103
Mike Metzger

Werteorientierung als Gesundheitsfaktor am Beispiel der STP Unternehmensgruppe 113
Bettina Andrae

Teil II Die Führungskraft im Fokus

Führung, Gesundheit und Resilienz 121
Denis Mourlane und Detlef Hollmann

Navigieren im Dilemma 137
Julika Zwack, Ulrike Bossmann und Jochen Schweitzer

Führung für Hochleistung und Gesundheit – Antwort auf steigende Herausforderungen, Krisendynamiken und für eine Kooperations- und Vertrauenskultur im Unternehmen 153
Victor W. Gotwald

Wie gewinnt man Führungskräfte für das Thema „Gesund Führen"? 177
Anne Katrin Matyssek

Resilienz bedeutet Veränderungen zuzulassen, bis hin zu einem bewussten Scheitern und zur Transformation 191
Sylvia K. Wellensiek

Gesunde Führung und Mitarbeiterorientierung in der Dienstleistungsbranche – Das Beispiel der CLEAN SERVICEPOWER GmbH 205
Thomas-Michael Baggeler

Teil III Methodische Ansätze zur Entwicklung gesunder Führung

Gesunde Menschen in gesunden Organisationen – die Wirkungskraft von organisationaler Resilienz 223
Brigitte Huemer und Ingrid Preissegger

Der vertikale Gesundheitsraum von Systemen und seine Analyse mithilfe von Aufstellungen 247
Georg Müller-Christ

Partizipatives betriebliches Gesundheitsmanagement 265
Andreas Zeuch und Marius Poersch

Meditation im Unternehmen – das geht wirklich und wirkt 277
Paul J. Kohtes und Nadja Rosmann

Gesunde Führung als Nährboden für Intuition und Innovation 289
Heribert Jaklin und Jürgen Rippel

Auf dem Weg zu glücklichen Mitarbeitern – das Beispiel Upstalsboom 301
Bernd Gaukler

Mitarbeiterverzeichnis

Bettina Andrae STP Holding GmbH, Karlsruhe, Deutschland

Thomas-Michael Baggeler CLEAN SERVICEPOWER GmbH, Bonn, Deutschland

Jürgen Beyer Jürgen Beyer Consulting, Königswinter, Deutschland

Ulrike Bossmann Universitätsklinikum Heidelberg, Heidelberg, Deutschland

Bernd Gaukler Upstalsboom Hotel + Freizeit GmbH & Co. KG, Hamburg, Deutschland

Victor W. Gotwald Heidelberg, Deutschland

Horst Haller Renningen, Deutschland

Markus Hänsel Ladenburg, Deutschland

Detlef Hollmann Bertelsmann Stiftung, Gütersloh, Deutschland

Brigitte Huemer Klagenfurt, Österreich

Heribert Jaklin Erlangen, Deutschland

Karl Kaz KAZ Bildungsmedien, Köln, Deutschland

Paul J. Kohtes Identity Foundation, Düsseldorf, Deutschland

Anne Katrin Matyssek do care!, Köln, Deutschland

Mike Metzger dm-drogerie markt GmbH + Co. KG, Karlsruhe, Deutschland

Denis Mourlane mourlane management consultants, Frankfurt, Deutschland

Georg Müller-Christ Universität Bremen, Bremen, Deutschland

Marius Poersch Institut für Erwerbscoaching, Bad Hönningen, Deutschland

Ingrid Preissegger Klagenfurt, Österreich

Jürgen Rippel Nürnberg, Deutschland

Nadja Rosmann Hofheim, Deutschland

Bernd Schmid Institut für systemische Beratung Wiesloch, Wiesloch, Deutschland

Jochen Schweitzer Universitätsklinikum Heidelberg, Heidelberg, Deutschland

Thorsten Veith Institut für systemische Beratung Wiesloch, Wiesloch, Deutschland

Sylvia K. Wellensiek HBT-Akademie Riegsee, Deutschland

Andreas Zeuch Berlin, Deutschland

Julika Zwack Universitätsklinikum Heidelberg, Heidelberg, Deutschland

Corporate Social Responsibility und gesunde Führung – Hinführung und Überblick über das Buch

Markus Hänsel und Karl Kaz

Das Werk umfasst wissenschaftliche Beiträge, konzeptionelle Ansätze und Praxisbeispiele zum Kernthema des Zusammenhangs von Corporate Social Responsibility (CSR) und gesunder Führung. Das Ziel der entsprechenden EU Richtlinie ist Unternehmen dazu anzuhalten, *„soziale Belange und Umweltbelange in ihre Tätigkeit und in die Wechselbeziehungen mit den Stakeholdern zu integrieren"*. Der Band geht davon aus, dass dies nicht durch vereinzelte Maßnahmen zu erreichen ist. Erfolgreich gelebte CSR muss vielmehr in das Kerngeschäft und Management des Unternehmens integriert werden. Sie ist als dauerhafter Prozess in einem Unternehmen zu verstehen, der von der Unternehmensleitung aktiv initiiert und weiterentwickelt werden muss. Die Kongruenz von werteorientierter, sozialer und humaner Unternehmensführung im Inneren mit den sozialen und ökologisch-nachhaltigen Aktivitäten im Außen bilden die Grundlagen für eine erfolgreiche und glaubwürdige CSR-Politik eines Unternehmens.

Obwohl CSR mittlerweile in vielen Unternehmen ein fester Bestandteil der Unternehmensaktivitäten darstellt, wird es in der Öffentlichkeit aus verschiedenen Gründen kritisch betrachtet: Unternehmen versuchen, als sog. Greenwashing durch demonstrative CSR-Aktivitäten ein außenorientiertes Image aufzubauen, insbesondere bei den Kunden und Zielgruppen, die unsoziales und unökologisches Verhalten zunehmend mit Abwendung bestrafen. Wenn solches Verhalten dadurch unterbunden wird, ist das natürlich begrüßenswert. Gleichzeitig münden CSR-Aktivitäten aus dieser Haltung häufig lediglich in

---

M. Hänsel (✉)
Ladenburg, Deutschland
E-Mail: markus.haensel@gmx.de

K. Kaz
KAZ Bildungsmedien, Köln, Deutschland
E-Mail: kazbildungsmedien@aol.de

werbewirksamen Aktionen, wie Bier trinken für den Regenwald, denen eine nachhaltige Wirkung eher abgesprochen werden muss. Der zweite Vorwurf ist, dass CSR-Aktivitäten sich hauptsächlich an gesetzlichen Regularien und Gütesiegeln orientieren. Beiden Kritikpunkten ist gemein, dass CSR hierbei hauptsächlich extrinsisch motiviert angegangen wird, Unternehmen tun dort etwas, wo es gesetzlich vorgegeben wird oder einen vermuteten Wettbewerbsvorteil schafft. Eine wirklich nachhaltige Unternehmensführung muss jedoch aus der inneren Überzeugung der Geschäftsleitung entstehen, dass das Unternehmen eine ökologische und soziale Verantwortung innehat und diese auch aktiv wahrnimmt.

Wie ist in diesem Licht die Auseinandersetzung mit Gesundheit im Arbeitsumfeld zu sehen?

Der **Fokus Gesundheit** legt das Augenmerk zunächst auf die Innenwelt von Organisationen: Als gesund oder krank gelten zunächst die Menschen, die in Organisationen arbeiten. Immer mehr Unternehmen erkennen, dass ein nachhaltiger wirtschaftlicher Erfolg nicht nur von sachlichen Faktoren, sondern v. a. vom Faktor Mensch abhängt. Demgegenüber wird immer deutlicher, dass durch Gesundheitsbeeinträchtigungen physischer sowie psychosozialer Art ein beträchtlicher wirtschaftlicher Schaden droht, allen voran das vielbesprochene Burn-out-Syndrom und der damit verbundene Krankheitsausfall, aber auch Verhaltensmuster wie Absentismus oder Präsentismus. Aktiv gegen diese Entwicklungen zu steuern, ist eine klare Verantwortung des Unternehmens – sowohl aus der pragmatischen Motivation, die eigene Leistungsfähigkeit zu erhalten, als auch aus einer werteorientierten Motivation eine soziale Verantwortung gegenüber allen Menschen wahrzunehmen, deren Arbeitskraft, Kompetenz und Wissen die Grundlage für die Leistung und Wertschöpfung eines Unternehmens darstellt. Grundsätzlich gehen alle Beiträge von einem ganzheitlichen, erweiterten – wenn auch nicht immer identischen – Gesundheitsbegriff aus. Gesundheit wird so gesehen nicht nur von den Risikofaktoren (und dem Versuch deren Reduzierung, der klassischen Prävention) her betrachtet, sondern von einer umfassenderen Gesundheitsförderung, die durch die Stärkung vielfältiger Schutzfaktoren und Ressourcen eine prinzipielle Resilienz, also die Widerstandsfähigkeit gegen Belastungen zum Ziel hat.

Der **Fokus auf Führung** greift nun die Frage auf, wie sich Unternehmen steuern. Im Gegensatz zum klassischen Management, dem vielmehr die sachlogische Steuerung des Unternehmens zugerechnet wird, umfasst der Führungsbegriff zum einen viel stärker die strategisch-visionäre Ausrichtung des Unternehmens und zum anderen die Orientierungsfunktion für die Mitarbeitenden im Unternehmen, an welchen Werten und Kernthemen sich die Zusammenarbeit und die Kooperation in Unternehmen ausrichtet. Hierbei ist entscheidend, welche Werte tatsächlich in der alltäglichen Arbeit als handlungsleitend erlebt werden, weniger die Proklamationen dazu in Hochglanzbroschüren oder zu besonderen Anlässen. Wenn man also Gesundheit als Fokus in Unternehmen und Organisationen stärken will, stellt sich die Aufgabe, gerade bei Führungskräften ein stärkeres Bewusstsein und höhere Handlungskompetenz zum Thema Gesundheit zu schaffen: Zum einen, weil diese selbst zunehmend von gesundheitlichen Belastungen betroffen sind und ihr Ausfall die Unternehmensleistung umso stärker betrifft. Zum anderen weil Führungskräfte die wesentlichen Schlüsselfaktoren wie Arbeitsprozesse und Unternehmenskultur maßgeblich gestalten, die wiederum Auswirkungen auf alle Mitarbeitenden haben. Gesunde Führung setzt also die Selbstreflektion und die Selbstführung der Führungskräfte in diesem Bereich voraus. Kurz gesagt: Eine Führungskraft, die selbst mit dem Thema Grenzen setzen Probleme hat und seinen inneren Antreibern nicht Einhalt gebieten kann, ist nicht nur ein schlechtes Vorbild, sondern wird das selbstgefährdende Verhalten multiplizieren.

Dabei ist die Gesundheitsförderung und Resilienz nicht nur eine individuelle Herausforderung einzelner Führungskräfte, sondern eine Aufgabe für **die gesamte Organisation**. Damit sind wir beim **Fokus auf die Organisation** angelangt: Nachhaltige Personal- wie Organisationsentwicklung ist gefragt, um eine lebendige, werteorientierte Unternehmenskultur mit entsprechender organisationaler Resilienz aufzubauen, die über übliche Bemühungen des betrieblichen Gesundheitsmanagements (BGM) hinausgehen. Das BGM umfasst klassisch ja z. B. Maßnahmen wie flexiblere Arbeitszeitmodelle, Kurse für Rückenschule, Laufgruppen, ergonomische Schulungen, Arbeits- und Gesundheitsschutz, gesunde Kantinenverpflegung, betriebliches Eingliederungsmanagement u. a. m. Hinzu kommen in einem erweiterten Rahmen vielleicht auch die Frage von Human-Ressources (HR)-Maßnahmen zur Selbstverantwortung der Mitarbeiter in Bezug auf ihre Gesundheit, gutes Betriebsklima, Führungskräfteentwicklungsprogramme bis hin zum Thema Gesundheit im Unternehmensleitbild. Alle diese Maßnahmen sind sehr zu begrüßen, insbesondere dann, wenn sie auch ernst gemeint und ehrlich durchgeführt werden. Gesunde Unternehmensführung im erweiterten Sinn jedoch bedeutet noch mehr. Gemeint ist hier ein grundlegend neuer Führungsansatz, von dem die ganze Unternehmung ergriffen wird: Schaffung einer Unternehmenskultur des Vertrauens. Führungskräfte, die präsent sind und anleiten, aber grundsätzlich sehr viel mehr als im bisherigen Durchschnitt die Verantwortung nach unten abgeben können. Mitarbeiter fühlen sich dadurch ernstgenommen und wertgeschätzt. Gelebte Werte, die nicht nur im Unternehmensleitbild stehen, wirken sich positiv auf die intrinsische Motivation der Mitarbeiter aus. Unsere Beispiele in diesem Band zeigen, dass neben einem absolut notwendigen echten Commitment der Chief Executive Officers (CEO) bzw. der Geschäftsführerebene zumindest für einige Zeit deutlich höhere Budgets im Bereich Personalentwicklung (Workshops, Seminare, Coachings usw.) erforderlich sind. Die Praxisbeispiele belegen aber, dass sich diese Investitionen lohnen: messbarer wirtschaftlicher Erfolg, der sich durchaus in Umsatz und Gewinn unmittelbar ausdrückt, vorweg jedoch ablesbar an geringerer Fluktuation, geringerem Krankenstand, mehr Flexibilität in Veränderungen, erhöhter Motivation und verstärkter Leistungsbereitschaft der Mitarbeiter. Wir bewegen uns dann in einer Aufwärtsspirale der Motivation der Führungskräfte und Mitarbeiter. Es stellt sich (wieder) eine echte, authentische Identifikation mit dem Unternehmen ein. Die Individuen steigern ihre persönliche Resilienz: Sie sind grundsätzlich optimistischer, lösungsorientierter, kommunizieren besser, zeigen ein höheres Selbstwertgefühl, sind arbeitstechnisch besser vernetzt und glauben an die Zukunftsperspektiven des Unternehmens und ihrem Platz darin. Die Organisation selbst hat somit eine Unternehmenskultur entwickelt, die in guten wie in schlechten Zeiten besser trägt. Es liegt dann eine zeitgemäße Unternehmenskultur vor, die in der globalisierten, schnelllebigen Zeit tendenziell die gesamte Organisation und alle Beteiligten innerlich stabilisiert. Und es ist dann eine eher leichte Übung, auch die Prozesse und Strukturen im Unternehmen weiter zu optimieren, die Organisation stabil und gleichzeitig flexibel sowie mitarbeiterorientierter zu gestalten. Denn der übliche (offene oder versteckte) Widerstand der Mitarbeiter gegen Veränderungen ist deutlich kleiner, wenn sie sich alle als Gestaltende begreifen, mithin auch die tatsächliche Partizipation deutlich höher ist. Unternehmen, die die Aufgabe nachhaltig gesunder Unternehmensorganisation proaktiv angehen, werden jetzt und noch mehr in Zukunft einen entscheidenden Wettbewerbsvorteil haben.

Das geht dann u. U. sogar über das Unternehmen im engeren Sinn hinaus und setzt einen proaktiven Dialog mit allen Stakeholdern, also allen aktiv Beteiligten (z. B. auch vor- und nachgeordnete Partner in der Wertschöpfungskette) voraus, um auch deren Bedürfnisse zu eruieren und so weit wie möglich zu berücksichtigen.

Wir geben nun einen Überblick über die einzelnen Beiträge. Grob gliedert sich der Band in drei Hauptteile:

I. Die Organisation im Fokus
II. Die Führungskraft im Fokus
III. Methodische und praktische Ansätze zur Entwicklung gesunder Führung

Im ersten Buchteil **Die Organisation im Fokus** finden sich Beiträge, die sehr stark auf die Gesundung des gesamten Unternehmens abzielen und damit im Sinn des Reifegradmodells (Schneider 2012, S. 31 f.) eine CSR-Umsetzung 2.0 oder gar 3.0 thematisieren. Zu einem Schlüsselbegriff ist in diesem Kontext offensichtlich die organisationale Resilienz geworden. Die Beiträge geben die aktuelle Wissenschafts- und Praxisdiskussion wieder.

Die Anforderungen einer Welt, die durch den Menschen immer dynamischer, komplexer und damit unvorhersehbarer wird, erhöhen zum einen das Risiko für Belastung und Stress, eröffnen aber auch eine Chance für eine grundlegende Transformation hin zu einem gesünderen, nachhaltigeren Arbeiten. Der Beitrag von **Markus Hänsel** zeigt zunächst, mit Verweis auf die Ergebnisse verschiedener empirischer Studien, die enge Beziehung von Führung und Gesundheit in Unternehmen auf. Die Entwicklung von gesunder Führung bedeutet einen umfassenden Lernprozess sowohl für Führungskräfte als auch für deren Organisationen. Der Beitrag differenziert, welche Kompetenzfelder hierbei zu berücksichtigen sind und welche Maßnahmen geeignet sind, um die Wechselwirkungen der individuellen und der organisationalen Lernebene zu berücksichtigen. Die gelebte Werteorientierung einer kongruenten CSR-Orientierung kann hierzu eine wirksame Basis schaffen. Gerade Veränderungsprozesse und Organisationswandel stellen eine besondere Herausforderung, aber auch eine große Chance für gesunde Führung dar. Der Beitrag zeigt wie eine umfassende Systemresilienz in Transformationsprozessen mithilfe des Rahmenkonzepts der organisationalen Achtsamkeit und entsprechender dialogischer Verfahren im Sinn einer gesunden Führung der gesamten Organisation gestärkt werden kann.

Karl Kaz beschäftigt sich mit Effizienz und Resilienz als komplementäre Größen in ökonomischen Systemen. Resilienz ist ein extrem junger Begriff in der Betriebswirtschaftslehre. Vor dem Hintergrund der Tatsache, dass Systeme nur dann nachhaltig erfolgreich und stabil sind, wenn die beiden Größen sich in einem Gleichgewicht befinden (Fenster der Lebensfähigkeit), werden verschiedene theoretische und praktische Konzepte organisationaler Resilienz vorgestellt. Die Zahl der Konzepte zum und die Beschäftigung mit dem Thema nimmt stetig zu. Dennoch bleibt festzuhalten: Es fehlen weithin noch empirische Forschungsergebnisse, Operationalisierung der Konzepte und praktische Messbarkeit im Unternehmensalltag.

Organisationen stehen in einem zunehmend dichteren Spannungsfeld unterschiedlicher Anforderungen: Die Leistungsfähigkeit und die wirtschaftlichen Ziele der Organisation müssen erreicht werden, gleichzeitig sollen eine gute Kultur der Zusammenarbeit gepflegt und die Gesundheit der Mitarbeiter berücksichtigt werden. Auf der Basis ausdifferenzierter Lehrkonzepte, die am Institut für systemische Beratung Wiesloch entwickelt wurde, zeigen **Bernd Schmid und Thorsten Veith**, welche zentrale Rolle Führung für gesunde Gesamtentwicklung spielt und welche Fragen sich dabei in der Organisationsgestaltung und der professionellen Qualifizierung von Mitarbeitern und Führungskräften ergeben.

Resilienz als Gestaltungsaufgabe für Führungskräfte von Unternehmen steht im Mittelpunkt des Beitrags von **Jürgen Beyer und Horst Haller**. Dabei gehen die Autoren über bisherige Konzepte hinaus, indem sie diese als dynamische Kraft der Veränderung definieren und konkrete, systemisch vernetzte Stellhebel vorstellen, die Zusammenhänge verdeutlichen und damit greifbare Möglichkeiten für die Praxis darstellen, um Organisation nachhaltig und ganzheitlich zu beeinflussen. An Beispielen wird verdeutlicht, welche Möglichkeiten Führungskräfte haben, Resilienz als eine Quelle der Nachhaltigkeit im Sinn der Erneuerungsfähigkeit gestalterisch einzusetzen.

Am Unternehmensbeispiel des dm Drogeriemarkt wird die hohe Bedeutung einer starken Unternehmenskultur für das erfolgreiche Wirtschaften in dem sehr dynamischen Markt des Einzelhandels deutlich. Das, gemessen am heutigen Wirtschaftsgebaren, radikal klingende Motto des Unternehmensgründers Götz Werner ist: Der Mitarbeiter ist Zweck des Unternehmens, nicht nur Mittel. Dieses Menschenbild prägt von Beginn an eine Unternehmenskultur, die in ihrer Wertschöpfung zentral auf die Eigenverantwortung und Selbstbestimmung aller Mitarbeitenden setzt. Damit entstehen für Führung völlig andere Herausforderungen: Statt Perfektionierung von Anweisung und Kontrolle sind vielmehr dialogische Prozesse auf vielen Ebenen gefordert. Das Interview mit **Mike Metzger**, Verantwortlicher für Mitarbeiterentwicklung bei dm Drogeriemarkt, illustriert, welche Auswirkungen diese Führungskultur in der Zusammenarbeit hat, wie sie im Arbeitsalltag gefördert wird und welche Rahmenbedingungen im Unternehmen dazu notwendig sind.

Das Interview mit Frau **Bettina Andrae**, Teamleitung Personal bei der STP Unternehmensgruppe, zeigt anhand eines konkreten Unternehmensbeispiels, wie sich die explizite Werteorientierung der Unternehmensgründer und der Geschäftsleitung hinsichtlich gesunder Führung auswirkt. Ein wesentlicher Fokus dabei ist, die Mitarbeiter als zentrale Leistungsträger für das Unternehmen wertzuschätzen und eine Unternehmensgemeinschaft mit einem im Alltag gelebten Werteverständnis zu etablieren. In der Zusammenarbeitet ergänzen sich eine ausgeprägte individuelle Selbststeuerung mit gleichzeitig enger Abstimmung der Teamprozesse, was durch innovative Arbeitsmethoden, wie Scrum, unterstützt wird. Explizite Angebote zur Gesundheitsförderung für die Mitarbeiter und eine vom gesamten Team getragene CSR-Politik stärken diese werteorientierte Zusammenarbeit im Alltag.

Im zweiten Abschnitt des Buchs wird der **Fokus auf die Führungskraft** gelegt. Letztlich tragen die Führungskräfte eine hohe Verantwortung auf dem Weg zu gesünderen Unternehmen. Führung steht hierbei mit der Selbstführung der Führenden in engem Zusammenhang. Denn: Was würde es helfen, wenn die Führungskraft selbst zum Stressor im Änderungsprozess in Richtung Gesundheit wird?

Wir beginnen mit einer von der Bertelsmann Stiftung unterstützten empirischen Studien. Hierbei wurden von **Denis Mourlane und Detlef Hollmann** 564 Personen aus 121 deutschen Unternehmen befragt. Zentrales Messinstrument war der Resilience Factor Inventory (RFI) nach Shatté, der den sog. Resilienzquotienten (RQ) misst.

Die zentralen Ergebnisse:

- Menschen mit hoher Resilienz zeigen weniger Burn-out-Symptome und weniger psychosomatische Beschwerden.
- Das Führungsverhalten hat starken Einfluss auf die Gesundheit die Arbeitsmotivation der Mitarbeiter. Hierbei spielen die menschlichen Grundbedürfnisse (Grawe) eine große Rolle.
- Ein hoher RQ ist ein relativ sicherer Indikator für Erfolg bei der Übernahme einer Führungsfunktion.

Julia Zwack, Ulrike Bossmann und Jochen Schweitzer beschreiben, wie die Komplexität und Beschleunigung in der heutigen Arbeitswelt Führungskräfte in verschärfter Form mit einer Vielzahl berufsbezogener Dilemmata konfrontiert: Die Ansprüche an Effizienz, Qualität, Innovationsgeschwindigkeit steigen und lassen sich zunehmend schwieriger unter einen Hut bringen. Auch die unterschiedlichen Erwartungen der Stakeholder und die Silobildung von Arbeitsbereichen im Unternehmen erzeugen Dauerkonflikte, mit denen die Führung im mittleren Management umgehen muss. Unreflektiert erzeugen diese Dilemmata im Lauf der Zeit emotionale Reaktionen wie Zynismus, Schuldgefühle, Lähmung oder Frustration und münden schließlich oft in Beeinträchtigungen psychischer und körperlicher Gesundheit. Anhand von Ergebnissen eines Praxisforschungsprojekts mit Führungskräften in zwei Produktionsbetrieben sowie von Praxisbeispielen individueller Führungskräftecoachings beschreiben die Autoren, welche Navigationsstrategien Führungskräften helfen, Handlungsfähigkeit und Selbstwirksamkeit zu erhalten.

Wie gelingt es in einer modernen Unternehmenswelt, steigende Leistungsanforderungen und Gesundheit gut miteinander in Einklang zu bringen? Der Artikel von **Victor W. Gotwald** zeigt auf, welche typischen Problemdynamiken hierbei für Führungskräfte entstehen, die unreflektiert zu hohen Belastungen sowie psychischen und physischen Erkrankungen führen können. Durch eine frühzeitige Erkennung und einen adäquaten Umgang mit diesen Dynamiken können dagegen wichtige Impulse für eine Unternehmens- und Führungskultur entstehen, die sowohl leistungs- als auch gesundheitsförderlich sind. Es werden konkrete Ansatzpunkte für gesunde (Selbst-)Führung benannt, die Führungskräfte in ihren Verantwortungsbereichen umsetzen können und die anhand von konkreten Beispielen aus dem Arbeitsalltag plastisch illustriert werden.

Der Themenkomplex Führung und Gesundheit hat in den letzten zwei Dekaden eine Entwicklung mitgemacht, die auch Veränderungen in der Aufgabenstellung für Führungskräfte umfasste. Diese Entwicklung beschreibt **Anne Katrin Matyssek** anschaulich mit **Vom Blaumacherverfolger zum Kümmerer**. Auch die Vorgehensweisen, mit denen man versuchte, Führungskräfte für ihre Aufgaben im Gesundheitsmanagement zu sensibilisieren, haben sich während dieser Zeit verändert. In diesem Beitrag werden bewährte Wege vorgestellt – und auch die vorausgegangenen Irrwege.

Sylvia K. Wellensiek ist Geschäftsführerin der HBT-Akademie und hat in den letzten Jahren das Thema integrale Führung und Resilienz in Organisationen mit ihrem Trainernetzwerk systematisch aufgegriffen und eine große Anzahl mittelständischer und großer Unternehmen beraten. Ihre aktuelle Sichtweise teilte sie uns in einem Interview mit. Das Thema gesunde Führung und Resilienz etabliert sich gemäß ihrer Erfahrung immer mehr in den Unternehmen, wenn auch noch nicht immer auf Vorstandsebene. Resilienz wird hierbei gemäß der Human-Balance-Training(HBT)-Methode immer auf der persönlichen, der Führungs- und der Unternehmensebene betrachtet. Vor dem Hintergrund der nicht enden wollenden Veränderungen (Globalisierung, Digitalisierung) sind Flexibilität, Anpassungsfähigkeit und Widerstandskraft (Resilienz) immer bedeutsamer für die Unternehmen. Und nur so lassen sich auch fundamentalere Unternehmenskrisen mit starken Strukturveränderungen (bis hin zum möglichen Scheitern, Insolvenz) positiv gestalten.

Michael Baggeler, Geschäftsführer eines innovativen großen Reinigungsunternehmens, zeigt im Interviewbeitrag auf, dass es bei gesunder Führung, wie er sie begreift, v. a. um den guten Kontakt der Führungskräfte zu ihren Mitarbeitern geht. Ernst genommen und Wahrgenommen werden sind wesentliche Elemente der Mitarbeiterführung. Hier spielen auch scheinbar kleine Gesten eine Rolle, wenn sie als ehrlich wahrgenommen werden. Gerade in der nicht so einfachen Dienstleistungsbranche (Hotels, Restaurants, Reinigung) finden wir vermehrt Unternehmensbeispiele, wo verstärkt auf gesunde Führung und eine identitätsstiftende Firmenkultur Wert gelegt wird. Hier im Beispiel die Reinigungsbranche, die nicht überall ein gutes Image hat. Das Beispiel zeigt: Es ist möglich, auch in dieser Branche mit Menschen aus vielen Nationen gute Arbeit zu leisten und eine positive Unternehmenskultur herzustellen.

Im dritten und letzten Teil des Werks geht es um **Methodische und praktische Ansätze zur Entwicklung gesunder Führung**. Interessante Methoden wie etwa die Analyse der Gesundheit eines Unternehmens mithilfe von Systemaufstellungen, Achtsamkeitspraktiken oder das Trigon-Resilienzmodell sind hier ebenso zu finden, wie der Bericht über die konsequente praktische Umstellung eines Unternehmens in Richtung Mitarbeiterpartizipation.

Ausgehend vom Resilienzbegriff – in der Psychologie und Medizin als charakteristische Eigenschaften und Fähigkeiten, durch die Menschen bei Belastung und Stress gesund bleiben, beschrieben – wird im Artikel von **Ingrid Preissegger und Brigitte Huemer** vorgestellt, wie Resilienz auch innerhalb von Organisationen entwickelt werden kann. Das dafür grundlegende Trigon-Resilienzmodell differenziert vier Gestaltungsfelder der Führung, um Kompetenzen in der Entwicklung von organisationaler Resilienz auszubilden. In diesem Rahmen werden anhand von Fallbeispielen und Übungen Möglichkeiten und Instrumente aufgezeigt, wie solche Bewältigungsmechanismen und Vitalitätspotenziale sowohl bei Individuen als auch bei Teams und ganzen Organisationen gestärkt und aufgebaut werden können. Auch die aktive Auseinandersetzung mit dem Unternehmensumfeld und der Marktdynamik wird dazu thematisiert.

Der Beitrag von **Georg Müller-Christ** beschäftigt sich aus der systemischen Perspektive mit dem Thema Gesundheit von Organisationen. Es wird ein Ordnungsangebot vorgeschlagen, das Gesundheit auf vier Ebenen eines Systems modelliert: auf der Sachebene, der Beziehungsebene, der Systemgesetzebene und der Ebene des Ethos. Jede dieser Ebenen braucht unterschiedliche Ressourcen und hat eine eigene Gesundheitslogik. Insbesondere die Ebene der Systemgesetze und die Ebene des Ethos, die noch relativ neu sind, werden ausführlicher dargestellt. Abschließend wird an einem Beispiel dargestellt, wie mithilfe der Methode der Systemaufstellungen die Gesundheitsebenen eines Systems analysiert und hilfreiche Informationen selbst aus der Tiefe des Systems gewonnen werden können.

In dem Beitrag von **Andreas Zeuch und Marius Poesch** wird ein Ansatz zum BGM (berufliches Gesundheitsmanagement) vorgestellt, bei dem die aktive Einbeziehung der Mitarbeiter bei der Entwicklung und Durchführung der Gesundheitsförderung an zentraler Stelle steht. Die Grundlage dafür liefert ein umfassendes Gesundheitskonzept (Gesundheit 3.0), das durch Ergebnisse einer Studie mit Seniorexperten, die beruflichen Erfolg in guten Einklang mit Gesundheit bringen konnten, ergänzt wird. Das Fallbeispiel eines Betriebs aus der Metallindustrie zeigt schließlich, wie der partizipative Ansatz zum BGM unternehmensbezogen eingeführt werden kann.

Meditation als Praxis einer persönlichen, spirituellen Sinnsuche ist in unserer Gesellschaft mittlerweile geläufig – aber auch in der Unternehmenswelt werden auf Meditation beruhende Verfahren zur Ausbildung von Achtsamkeit mittlerweile erfolgreich als Methode des Stressmanagements und als Zugang zu gesundheitlichem Wohlbefinden angewendet. **Nadja Rosman und Paul Kothes** stellen anhand von Best-Practice-Beispielen dar, wie sich Ansätze der Achtsamkeitsschulung im BGM, in der Personalentwicklung von Mitarbeitern und Führungskräften und in der Gesundheitsprävention realisieren lassen. Eine differenzierte Anpassung an die jeweilige Unternehmenskultur wird dabei besonders berücksichtigt. Um die Wirkung der vorgestellten Verfahren zu evaluieren, werden die Ergebnisse einer Studie des Institute of Neuroimaging vorgestellt, das 48 Teilnehmende eines dreijährigen Weiterbildungsprogramms mit regelmäßiger Meditation als Teil des Curriculums befragte.

Gesundheit ist mehr als das Fehlen von Krankheit und gesunde Führung bedeutet für **Heribert Jaklin und Jürgen Rippel** zunächst v. a. Selbstführung, Persönlichkeitsentwicklung und ein hoher Grad an Achtsamkeit. Gesunde Führung wiederum kann Innovation und Intuition stärken, da sie Energien freisetzt. Echte (disruptive) Innovation entsteht aus der Intuition heraus und nicht aus der klassischen Marktforschung. Unser wahres Potenzial entdecken wir dann, wenn wir zumindest zeitweilig den Dualismus zwischen Verstand und Intuition auflösen. Hier liegen viele Anhaltspunkte zur Talentförderung. Will man diese Erkenntnisse vermehrt in die Praxis umsetzen, sollten Führungskräfte und Mitarbeiter verstärkt Zugang zu Techniken individueller Veränderungspraxis bekommen. In Unternehmen, die zur Veränderung wirklich bereit sein, kann es zu überraschend schnellen Kulturveränderung kommen, wenn in die Persönlichkeitsentwicklung investiert wird. Wünschenswert ist, dass Staat und Gesellschaft diese Prozesse parallel fördern, angefangen in unseren Kindertagesstätten.

In der Hotelgruppe Upstalsboom trat 2005 der Unternehmersohn Bodo Janssen die Nachfolge als Geschäftsführer an. Im Zuge der Neuausrichtung des Unternehmens trat 2010 der erfahrene Personalleiter **Bernd Gaukler** in das Unternehmen ein. Beginnend mit einer Mitarbeiterumfrage und einer schonungslosen Bestandsaufnahme wurde das Unternehmen seither grundlegend verändert. Ein neues Unternehmensleitbild wurde erstellt, Führungs- und Unternehmenskultur werden konsequent auf Vertrauen, Offenheit und Partizipation ausgerichtet. Das Unternehmen gilt inzwischen über die Branche hinaus im deutschsprachigen Raum als Vorbild im Hinblick auf Mitarbeiterbeteiligung und Personalentwicklung.

Literatur

Schneider A (2012) Reifegradmodell CSR – eine Begriffsklärung und -abgrenzung. In: Schneider A, Schmidpeter R (Hrsg) Corporate social responsibility. Springer, Heidelberg

Dr. Markus Hänsel Seit 2002 ist Dr. Markus Hänsel selbstständig tätig, begleitet Menschen im Coaching bei beruflichen und persönlichen Veränderungen und unterstützt Teams und Organisationen bei Veränderungsprozessen, Maßnahmen zur Organisationsentwicklung und in der Durchführung von Weiterbildungs- und Qualifizierungsangeboten. Im Vordergrund stehen dabei die Anwendung partizipativer und systemischer Ansätze für Führung und Change, die Etablierung effektiver Feedbackstrukturen sowie die Förderung sozialer und intuitiver Führungskompetenzen.

 **Karl Kaz** Studium der Wirtschaftswissenschaften (Diplom-Ökonom), danach wissenschaftlicher Mitarbeiter, Lehrer, Dozent, Trainer und schließlich im Verlagsmanagement tätig als Redaktionsleiter, Verlagsleiter und Geschäftsführer. Derzeit als Verlagsleiter Deutschland des hep-Verlags und als Berater und Business-Coach tätig.

Teil I
Die Organisation im Fokus

Gesunde Führung als Entwicklungsprozess für Führungskräfte und Organisationen

Markus Hänsel

1 Empirische Untersuchungen zur Beziehung von Führung und Gesundheit

Im ersten Kapitel soll zunächst anhand unterschiedlicher empirischer Untersuchungen ausgeführt werden, auf welche Weise die Gesundheit von Führungskräften und Mitarbeitern mit dem Führungsverhalten, dem Führungsstil und der Führungskultur einer Organisation zusammenhängt.

1.1 Gesundheitliche Belastungen im Arbeitsfeld

Die repräsentative **Fürstenberg-Performance-Studie 2011**[1] (vgl. Berger 2011) ergab, dass die häufigsten Beschwerden und Probleme der Arbeitnehmer in Deutschland Probleme bei der Vereinbarung von Beruf und Privatleben (84 %), Probleme am Arbeitsplatz (84 %) und psychische oder soziale Probleme (69 %) sind.

Als häufigste Belastungen am Arbeitsplatz wurden von den Führungskräften genannt:

- hoher Leistungsdruck (54 %),
- fehlende Anerkennung für die Arbeit (39 %),
- zahlreiche innerbetriebliche Veränderungen (32 %) und
- schlechte Führung durch den Vorgesetzten (31 %).

---

[1] Unter wissenschaftlicher Leitung von forsa, Prof. Berger.

M. Hänsel (✉)
Ladenburg, Deutschland
E-Mail: markus.haensel@gmx.de

© Springer-Verlag Berlin Heidelberg 2016
M. Hänsel, K. Kaz (Hrsg.), *CSR und gesunde Führung,* Management-Reihe Corporate Social Responsibility, DOI 10.1007/978-3-662-48692-4_2

In der umfangreichen Studie **Organizational Change and Employee Stress** untersuchte Prof. M. Dahl (2011) an der Aalborg University die Beziehung zwischen Veränderungsprozessen in Organisationen und gesundheitlichen Auswirkungen auf der Basis von 92.860 befragten Personen in 1517 dänischen Organisationen. Die Untersuchung ergab, dass ein signifikant erhöhtes Risiko für stressbedingte Symptome und Krankheiten vorliegt, wenn Organisationen tiefgreifende Veränderungsprozesse vornehmen. Je mehr Dimensionen dabei betroffen sind, desto höher ist die Wahrscheinlichkeit für negativen Stress und gesundheitlich relevante Auswirkungen, etwa wenn sich die Veränderungen gleichzeitig auf das Aufgabenprofil, die Arbeitsroutinen, den Arbeitsplatz, die Teamzusammensetzung und die Zuordnung zum Vorgesetzten auswirken. Die Organisation steht hier also vor der paradoxen Situation, auf Belastungen zu reagieren, die sie durch die initiierten Veränderungsmaßnahmen selbst mit ausgelöst hat.

Führung kann diese negativen Auswirkungen bis zu einem gewissen Grad durch bewusste Gestaltung der Rahmenbedingungen abmindern: Nicht zu viele „Veränderungsbaustellen" auf einmal aufmachen, die Geschwindigkeit der Veränderungsprozesse an die Gegebenheiten vor Ort anpassen, frühzeitige Transparenz der Maßnahmen, Mitgestaltung der Betroffenen sowie aktives Monitoring der Auswirkungen der Veränderung auf die Beschäftigten. Hier ist der aktive Umgang mit den Emotionen und Widerständen der Mitarbeiter von entscheidender Bedeutung. Werden diese nicht adäquat aufgefangen, können sie sich nicht nur gesundheitlich negativ auswirken, sondern ziehen Frust und mangelnde Umsetzungsbereitschaft nach sich und verhindern so den erhofften Erfolg der Veränderungsmaßnahmen.

1.2 Faktoren für Gesundheit am Arbeitsplatz

Die Forschungsgruppe BiG – Nachhaltiges Gesundheitsmanagement (vgl. Sonntag et al. 2010) zeigte in einer repräsentativen Studie folgende wesentliche Faktoren für Gesundheit am Arbeitsplatz auf:

1. **Führung**: Ausmaß gesundheitsförderlicher Führung, Unterstützung durch die Führungskraft, Vertrauen der Mitarbeiter in die Führung
2. **Arbeitscharakteristika**: Feedback bezüglich der eigenen Arbeit, Bedeutsamkeitserleben bei den Aufgaben, Rollenklarheit, Kooperationsmöglichkeit mit Kollegen
3. **Gesundheitsklima**: Work-life-Balance, Sensibilität für Gesundheitsrisiken, gesundheitliche Vorsorge, Kommunikation über Gesundheitsthemen
4. **Unternehmensklima**: Unterstützung durch die Organisation, Förderung von Initiative

Zunächst wird deutlich, dass bei der Frage nach Gesundheit am Arbeitsplatz der Faktor Führung in einen größeren Zusammenhang im Unternehmen eingebettet ist. Die Arbeitscharakteristika, das Gesundheits- und Unternehmensklima sind dabei nur teilweise und mittelbar von der einzelnen Führungskraft beeinflussbar. Die Untersuchung ließ jedoch einen signifikanten Zusammenhang von gesundheitsbezogener Führung auf die Arbeitsleistung der Mitarbeiter erkennen: **Gesundheitsbezogene Führung** wird daran festgemacht, inwiefern Gesundheit am Arbeitsplatz thematisiert und in der Zusammenarbeit berücksichtigt und die Führungskraft diesbezüglich als Vorbild wahrgenommen wird. Dieser Faktor hat einen direkten Einfluss auf das Wohlbefinden der Mitarbeiter. Mitarbeiter wiederum, die sich wohlfühlen und die Möglichkeit zur Mitwirkung bei Entscheidungen besitzen, generieren signifikant mehr Lösungsmöglichkeiten bei arbeitsbezogenen Problemen, bringen mehr Ideen ein und implementieren sie in den Arbeitsalltag (vgl. Sonntag et al. 2010).

1.3 Auswirkungen des Führungsverhaltens für die Gesundheit der Geführten

In der Studie **Rewarding and sustainable health promoting leadership**[2] (Rigotti et al. 2014) wurden 2316 Beschäftigte mit ihren 245 Führungskräften in einer Längsschnittstudie begleitet, mit dem Ziel, Zusammenhänge zwischen Führungsverhalten und Gesundheit der Mitarbeiter zu untersuchen und verschiedene Interventionsformen zur Gesundheitsförderung auf ihre Wirksamkeit zu überprüfen. Die Studie ergab folgende Ergebnisse zu den zentralen Forschungsfragen (vgl. im Folgenden Rigotti et al. 2014, S 15 ff.):

1. Welche gesundheitsbezogenen Auswirkungen hat das Führungsverhalten?
Die Untersuchung zeigt, dass das Führungsverhalten grundsätzlich einen signifikanten Einfluss auf die Gesundheit der Geführten hat. So geht eine positive Ausprägung von Gesundheitsfaktoren prinzipiell mit einem positiv eingeschätzten Führungsverhalten einher. Ein positiver Effekt ist insbesondere bei den Führungsstilen gesundheitsförderliche Führung und transformationale Führung messbar, die explizit die Gesundheit und das Wohlbefinden der Mitarbeiter als wichtige Kriterien für Erfolg im Arbeitsprozess einbeziehen. Wesentlicher Fokus dieser Führungsstile ist es, durch Inspiration, intellektuelle Anregung, Wertschätzung und Zuwendung die intrinsische Motivation der Geführten zu steigern. Demgegenüber zeigten sich deutlich negative Auswirkungen auf die Gesundheit durch destruktives Führungsverhalten. Als feindlich empfundenes verbales oder nonverbales Verhalten der Führungskraft gegenüber den Geführten steht in einem klaren Zusammenhang mit gesundheitlichen Beeinträchtigungen wie emotionaler Erschöpfung, Depressivität sowie schlechtem Teamklima.
2. Welche Bedeutung haben die Charakteristika der Arbeitsaufgabe für den Zusammenhang von Führung und Gesundheit?
Da man Führung nicht kontextfrei untersuchen kann, wurden auch die Charakteristika der Arbeitsaufgaben (Anforderungen, Ressourcen) einbezogen. Die Ausprägung bestimmter Arbeitsmerkmale haben einen großen Einfluss darauf, wie die Führungs-

---

[2] Auftragsgeber: Bundesanstalt für Arbeitsschutz und Arbeitsmedizin 2014.

kraft eingeschätzt wird. Beschäftige, die viele Ressourcen in ihrem Berufsalltag wahrnehmen, schätzen auch ihre Führungskräfte positiver ein; Beschäftigte, die hohe Belastungen und wenig eigene Ressourcen wahrnehmen, bewerten wiederum ihre Führungskräfte negativer. Der Einfluss der Führungskräfte wird hier also auf zwei Folgefragen verlagert: Erstens, ob sie die Anforderungen der Arbeitsaufgaben im Hinblick auf die individuell unterschiedlichen Fähigkeiten anpassen können; zweitens inwieweit sie die Verfügbarkeit von Ressourcen sowie deren Wahrnehmung positiv beeinflussen können. Hier kommt es ebenfalls darauf an, in welcher Hierarchieebene eine Führungskraft arbeitet und welchen Entscheidungshorizont sie hat.

> **Bewusstseinswandel in der Führungslandschaft in Richtung Gesundheit**
> Verschiedene empirische Untersuchungen der letzten zehn Jahre lassen erkennen, dass sich ein Bewusstseinswandel in der Führungslandschaft in puncto Gesundheit abzeichnet.
> - Das **subjektive Empfinden von Stress und gesundheitlichen Belastungen** wird im Arbeitsumfeld zunehmend stärker wahrgenommen und als eine zu verändernde Belastung bewertet, die man nicht einfach hinnimmt.
> - **Führungskräfte werden bewusster**, sowohl bezüglich der eigenen Gesundheit als Basis für ihre Leistungsfähigkeit als auch bezüglich der Bedeutung und Auswirkung ihres Führungsverhaltens auf die Gesundheit der Mitarbeiter.
> - Die **Bedeutung von Lern- und Entwicklungsprozessen hin zu gesunder Führung** zeigt sich durch messbar positive Effekte auf den Gesundheitszustand von Führung und Belegschaft.

2 Werteorientierung und Corporate Social Responsibility als Basis für gesunde Führung

2.1 Werteorientierung ist ein Gesundheitsfaktor in Unternehmen

Der Bezug zu Werten liefert seit jeher eine Antwort auf fundamentale Fragen: „Was ist mir wirklich wichtig?", „Wofür lebe und arbeite ich?" und „Wie entscheide ich mich?". Die Frage nach der eigenen Gesundheit ist für jeden Menschen zudem eine unmittelbar existenzielle Erfahrung, die Wohlbefinden, Leistungskraft und Lebensqualität maßgeblich mitbestimmt. Gesundheit stellt damit für das Individuum schon einen basalen Wert an sich dar. Für Unternehmen ist die Gesundheit der Beschäftigten ebenfalls ein hoher Wert, wenn auch von eher funktionaler Natur. Sie ist ein wichtiger ökonomischer Faktor, schließlich kann hohe Leistung dauerhaft nur von gesunden Leistungsträgern erbracht werden. In einer gesunden Führungskultur sollte daher schon aus rationalen Gründen pfleglich mit den eigenen Ressourcen und denen der Mitarbeiter umgegangen werden. Ob Unternehmen auch einem sozial-ethischen Wertekodex folgen, nach dem die Gesundheit der Humanressourcen, ein verdinglichendes Unwort im modernen Unternehmensjargon, als Selbstwert zählt und zu schützen ist, wird im Zug der neoliberalen Entwicklung der Wirtschaft in den letzten Jahrzehnten sicher nicht mehr uneingeschränkt positiv zu bewerten sein. Genau hier sollte das Steuerungsmanagementprinzip der CSR ansetzen, das in den entsprechenden Rahmensetzungen der EU-Politik bereits integriert ist.

Laut der Europäischen Kommission umfasst CSR *„die Verantwortung von Unternehmen für ihre Auswirkungen auf die Gesellschaft"* (Schneider 2012, S. 20) und die ISO 26000, der Leitfaden zur sozialen Verantwortung von Organisationen, ergänzt: *„Verantwortung einer Organisation für die Auswirkungen ihrer Entscheidungen und Tätigkeiten auf die Gesellschaft und Umwelt durch transparentes und ethisches Verhalten, das zur nachhaltigen Entwicklung, Gesundheit und Gemeinwohl eingeschlossen, beiträgt, die Erwartungen der Anspruchsgruppen berücksichtigt, einschlägiges Recht einhält und mit internationalen Verhaltensstandards übereinstimmt und in der gesamten Organisation integriert ist und in ihren Beziehungen gelebt wird."* (Schneider 2012, S. 23). Eine konsequente Unternehmenspolitik ist also angehalten, die Werteorientierung von CSR in strategisches Management und entsprechende Maßnahmen zu übersetzen (vgl. Schneider und Schmidpeter 2012).

Kongruentes Wertebewusstsein, Sinnfindung und innere Konsistenz sind aber nicht nur ethisch-politische Themen, sondern sie stellen wesentliche Faktoren für die Gesundheit und Resilienz von Menschen dar. Das gut evaluierte Salutogenesemodell von A. Antonovsky (1997) beschreibt dies differenziert: Das sog. **Kohärenzgefühl** umfasst die wesentlichen Gesundheitsfaktoren für Menschen.

Kohärenz speist sich hier aus drei Quellen (vgl. Antonovsky 1997, S. 37):

1. **Verstehbarkeit**: Kann ich die Einflüsse, Dynamiken und Anforderungen meiner Lebens- und Arbeitssituation verstehen?
2. **Bewältigbarkeit**: Habe ich die Ressourcen, die Anforderungen zu bewältigen und mit Stress und Belastungen umzugehen?
3. **Sinnhaftigkeit**: Macht die eigene Leistung und Anstrengung bezogen auf die eigenen Werte Sinn und empfinde ich meinen Beitrag als bedeutsam?

Laut Antonovsky ist der Sinnbezug und die Werteorientierung für Menschen in ihrer Arbeitssituation, gerade wenn diese hohe Anforderungen stellt, von entscheidender Bedeutung für das Gesundheitsempfinden und die Verarbeitung von Belastungen. Entsprechende Rahmensetzungen der Politik und Gesellschaft bezüglich CSR unterstützen hier die intrinsischen Bedürfnisse der Menschen in Unternehmen und Organisationen nach einem verlässlichen Sinn- und Werterahmen. Wenn es gelingt, auch in der Innenwirkung der Organisation einen kongruenten Wertekanon zu formulieren und glaubwürdig zu etablieren, wird sich gesunde Führung als Garant für nachhaltige Leistungsfähigkeit eines Unternehmens verankern lassen.

2.2 Kongruentes CSR-Management als Motor für gesunde Führung

Seit Inkrafttreten der europäischen Richtlinie ist CSR ist in vielen Unternehmen ein fester Bestandteil der Unternehmenspolitik, ab 2016 wird sogar eine ausführliche CSR-Berichterstattung für Betriebe mit mehr als 500 Mitarbeitern verpflichtend. Solche externen Regelsysteme sind sicherlich notwendig, um das Thema in Unternehmen auf breiter Basis auf den Weg zu bringen. Eine wirklich überzeugende und nachhaltige Beschäftigung mit CSR wird jedoch nur dann zustande kommen, wenn ein Unternehmen die Werte, die hinter CSR stehen, in der eigenen Unternehmensphilosophie verankert und sich nicht nur auf imagewirksame Aktionen und den Erwerb von Gütesiegeln beschränkt. Alle modernen CSR-Konzepte gehen davon aus, dass die Effektivität und die Glaubwürdigkeit der CSR-Aktivitäten eines Unternehmens insbesondere an der Kongruenz von werteorientierter Unternehmensführung im Inneren und sozial-ökologischen Aktivitäten im Außen bemessen werden müssen (vgl. Schneider 2012).

Damit stellt sich also die Frage, wie konsistent eine Unternehmenskultur ethisch und nachhaltig orientierte Werte in ihrer Innen- *und* Außenorientierung verankert hat. Eine solche Entwicklung wird natürlich nur dann möglich sein, wenn die entsprechende Werteorientierung vom Topmanagement angestoßen und mitgetragen wird. Eine ernsthafte Auseinandersetzung mit CSR fördert die *interne Kommunikation* zwischen Topmanagement, Führungskräften und Mitarbeitern und ist gleichzeitig auf diese Kommunikation angewiesen. Im Rahmen einer sog. CSR 2.0 versteht Schneider einen *„[...] Entwicklungspfad mit kontinuierlichem Verbesserungsprozess. Die Initiative für eine derartig gelebte CSR geht zumeist von der Unternehmensleitung aus. Eigentümer und Führungskräfte prägen die gesamte Kultur eines Unternehmens, die gelebten Werte und die daraus resultierenden Anreizsysteme und Karrierechancen. Verantwortungsvolles Wirtschaften braucht das Bekenntnis und das Vorbild der Unternehmensspitze, wenn es ernst genommen und konsequent gelebt werden soll. Letztlich sind jedoch alle im Unternehmen zuständig bzw. verantwortlich – CSR in die Verantwortungsprozesse und operative Struktur zu integrieren – nicht nur ein CSR-Beauftragter im Unternehmen."* (Schneider 2012, S. 33).

Werden Mitarbeiter aktiv in die Umsetzung von CSR eingebunden, beschäftigen sie sich unmittelbarer mit Nachhaltigkeitsfragen in ihren täglichen Arbeitsprozessen. Damit steigt die Unterstützung der Mitarbeiterschaft und Identifikation mit CSR Politik des Unternehmens wird verstärkt. Voraussetzung dafür ist, dass die Ansprüche an die selbst gesetzten Werte konsequent in der Zusammenarbeit gelebt werden. Mitarbeiter beobachten sehr aufmerksam, wie ihr Unternehmen seiner sozialen Verantwortung nachkommt und reagieren schnell irritiert, wenn es den Anschein hat, dass Unternehmenswerte nur im Rahmen einer CSR-Fassade proklamiert werden, ohne dass sie wirklich handlungsleitende Funktion im Inneren bekommen. Anspruch und Wirklichkeit müssen hier zusammenkommen. Dabei ist jedem klar, dass es in der Wirtschaft keine idealen Bedingungen gibt und dass sich werteorientiertes Handeln immer in einem Spannungsfeld mit Wettbewerb und ökonomischen Erwartungen bewähren muss. Nur die transparente Kommunikation darüber, wo selbstgesetzte Werte erfüllt und wo sie verletzt werden und somit Handlungsbedarf besteht, schafft Vertrauen und einen kontinuierlichen Lernprozess, der krisenhaften Entwicklungen vorbauen kann: *„Nach innen und außen bedarf es pro-aktiver, ehrlicher und transparenter Kommunikation mit den Stakeholdern über Werte, Aktivitäten, Erfolge und Herausforderungen eines Unternehmens. Werte und Ziele müssen nicht nur kommuniziert, sondern tatsächlich gelebt werden. Dazu müssen Mitarbeiter die Möglichkeit erhalten, ihr Verständnis und ihre Bedenken zu Zielen sowie ihre Ideen zu deren Umsetzung zu diskutieren"* (Peters 2009, S. 11).

In einem solchen Verständnis fungiert CSR in einer klassischen Querschnittsfunktion und vernetzt verschiedene Funktionsbereiche und Hierarchieebenen der Organisation miteinander. Um diese Kommunikationsaufgaben professionell zu bearbeiten und voranzutreiben, sind die unternehmensinternen Funktionen der Personal- und Organisationsentwicklung gefragt. Das Know-how und die ausdifferenzierten Instrumente, die die Erfahrungen mit CSR in den letzten Jahrzehnten hervorgebracht haben, stellen in diesem Zusammenhang eine große Ressource dar, wie ein Unternehmen ein konsistentes Werteverständnis ausbilden kann. Der konsequente Dialog des Managements mit seinen Stakeholdern ist dabei ein wesentlicher Motor, um dieses Werteverständnis im Alltag zu etablieren: *„Der Austausch und die Vernetzung miteinander ist konstruktiver Teil des Managementprozesses, der jedoch nicht mehr von steilen Hierarchien und althergebrachten Vorurteilen, sondern durch gleichberechtigte Teilhabe geprägt ist. Dazu gehören die Freiheit und die Fähigkeit über ungewöhnliche Lösungen nachzudenken, Ergebnisoffenheit, Transparenz, das Wissen über die Umsetzbarkeit von Lösungen und der Mut, in die Zukunft zu denken"* (Peters 2009, S. 13).

3 Entwicklung von Kompetenzen für gesunde Führung

3.1 Kompetenzentwicklung im individuellen Lernprozess der Führungskräfte

Um ein Bewusstsein von Gesundheit im Führungshandeln herzustellen, muss ein Unternehmen einen Lernprozess anstoßen, der die Zusammenhänge von Arbeitsklima, Arbeitscharakteristika und Führung für die Gesundheit und Leistungsfähigkeit am Arbeitsplatz aufzeigt. Die Evaluationsstudie von Rigotti (2014) belegt, dass Trainingsmaßnahmen mit Führungskräften und ihrem Team, die sich auf Gesundheitsförderung und den Zusammenhang von Arbeitsprozessen und Gesundheit ausrichtet, eindeutig zu positiven Effekten für die Gesundheit der Beschäftigten führen. Der zentrale Faktor dabei ist die Stärkung der **Ressourcenwahrnehmung** der Teammitglieder, in den Dimensionen Selbstwirksamkeit, Arbeitsengagement und Teamklima. Die Effektivität dieser Führungskräftetrainings steigt, wenn sie über einen längeren Zeitraum durchgeführt und möglichst praxisnah auf reale Alltagssituationen bezogen werden – Einzelaktionen haben dagegen kaum nachhaltige Auswirkung im Alltag. Für die persönliche Umsetzung von gesundheitsförderlichem Führungsverhalten wurde wiederum Coaching als wesentlich effektivere Maßnahme bewertet, da sie deutlich besser auf die individuelle Beschaffenheit der Führungs- und Teamsituation eingehen kann (Sonntag et al. 2010).

Ergänzend zum direkten Lernprozess von Führungskräften sieht die Studie von Rigotti (2014) in der **Verhältnisprävention** den größten Einfluss auf die Gesundheitsförderung im Betrieb. Anders als bei der Verhaltensprävention geht es nicht darum, Verhalten direkt zu fördern oder zu verhindern, sondern darum zu erkennen, ob einzelne Arbeitsmerkmale, wie Komplexität der Aufgaben, Zeitrahmen, Selbstgestaltungsfreiräume, Feedbackmöglichkeit etc. sich positiv oder negativ auswirken und ob Mehrfachbelastungen vorliegen. Voraussetzung für eine anschließende Veränderung ist, dass die Führungskräfte Spielraum zur Gestaltung der Arbeitsbedingungen der von ihnen Geführten haben und nutzen. Im Arbeitsalltag werden hier natürlich häufig Restriktionen von Führungskräften der mittleren Hierarchieebenen in sog. Sandwichpositionen wahrgenommen.

Die positiven Effekte der Verhältnisprävention legen also nahe, dass Führungskräfte zur Förderung gesundheitsbezogener Führung neben Kompetenzen zur Selbst- und Personalführung auch Kompetenzen zur aktiven Gestaltung der organisationalen Rahmenbedingungen entwickeln. Dieses Kompetenzfeld möchte ich im Folgenden als *Systemkompetenz* bezeichnen (vgl. Köster und Kruse 2012). Es bezeichnet prinzipiell die Fähigkeit, das soziale Umfeld der eigenen Organisation mit seinen Spielregeln, Strukturen und Kommunikationsprozessen differenziert wahrzunehmen und im Rahmen der eigenen Verantwortung zu gestalten. Gerade bei der hohen Dynamik von Veränderungsprozessen in Organisationen, die ja grundsätzlich mehr Belastungsrisiken mit sich bringen (Dahl 2010), ist es wichtig, dass gesunde Führung nicht nur **Arbeit im System**, sondern auch **Arbeit am System** darstellt.

Auf der Basis der hier vorgestellten Forschungsergebnisse kann man für den individuellen Lernprozess in Richtung gesunder Führung die in Tab. 1 genannten Kompetenzfelder ausmachen.

Um geeignete Lernsettings für die Führungskräfte zu schaffen, stehen einer Organisation zum einen verschiedene Instrumente einer professionellen Personalentwicklung zur Verfügung, zum anderen besteht die Herausforderung für dieses Lernfeld, spezifische Lernformen zu erarbeiten. Neben klassischen Weiterbildungsmaßnahmen haben sich dabei individuelle Lernsettings wie Coaching sowie Settings, die teambezogenes, kollegiales Lernen ermöglichen, bewährt (Rigotti 2014; Zapp 2014; Tab. 2).

3.2 Der organisationale Lernprozess in der Entwicklung gesunder Führung

In einem systemischen Verständnis von Lern- und Entwicklungsprozessen geht man grundlegend davon aus, dass Menschen für die Ausübung neu entwickelter Kompetenzen in der Praxis die entsprechenden Rahmenbedingungen vorfinden müssen. Wenn Führungskräfte im Mittelmanagement etwa Kompetenzen für unternehmerisches Handeln weiterentwickeln sollen, ist es wichtig, die Entscheidungsstrukturen so zu verändern, dass sie den

Tab. 1 Kompetenzfelder im individuellen Lernprozess von gesunder Führung

Personale Kompetenz
Persönliche Sensibilisierung für Gesundheit und Wohlbefinden
Bewusste Selbstführung und Selbstreflexion als Kernkompetenzen gesunder Führung stärken
Aktive Stressbewältigung bei hoher Belastung
Prophylaxe und Aufbau von persönlicher Resilienz
Soziale Kompetenz
Gesundheit im Team thematisieren, Sensibilität für Risiken schärfen
Kommunikation und Feedback als wesentliches Führungsinstrument nutzen
Wertschätzung und Zuwendung in der Führungs- und Teamarbeit einbringen
Stärkung von Ressourcenwahrnehmung und Selbstwirksamkeitserleben im Team
Proaktiver Umgang mit Konflikten und belastenden Organisationsdynamiken
Systemkompetenz
Gestaltung der Arbeitsbedingungen: Anforderungen, Zeitrahmen, Kooperationsmöglichkeiten, Selbstgestaltungsfreiräume
Aufbau präventiver Strukturen: Gesundheitschecks, Gesundheitszirkel, Burn-out-Prophylaxe, gesundheitsfördernde Angebote
Steuerung in Veränderungsprozessen: Geschwindigkeit anpassen, Transparenz der Maßnahmen, Beteiligung der Mitarbeiter, Monitoring der Auswirkungen

Tab. 2 Lernsettings für gesunde Führung in Organisationen

Lernsettings für Gesunde Führung (können im Rahmen eines ganzheitlichen Ansatz für **betriebliches Gesundheitsmanagement** gebündelt oder als situative Einzelmaßnahmen angewendet werden)
Mehrstufige Weiterbildungsprogramme für Führungskräfte geben Impulse und Trainingsangebote zu allen Kompetenzfeldern und ermöglichen Feedback und Austausch
Persönliches Coaching: Professionelle Unterstützung auf individueller Ebene, insbesondere für den Bereich personale Kompetenz als Ergänzung und Vertiefung von Weiterbildungsprogrammen
Gesundheitszirkel: Mit Unterstützung externer Moderation lernen Teams Gesundheit zu thematisieren, Sensibilität für Risiken zu schärfen und gemeinsam teambezogene Resilienzfaktoren zu fördern
Kollegiale Beratung: Ein methodisch definiertes Setting für selbstgesteuertes, praxisnahes Erfahrungslernen und kollegiale Unterstützungsmöglichkeit unter Führungskollegen
„Sounding boards": Speziell in Change- und Organisationsentwicklungsprozessen installierte Resonanzteams ermöglichen ein frühzeitiges Erkennen von Belastungsfaktoren und eine proaktive Gegensteuerung wo nötig

Führungskräften den entsprechenden Gestaltungsraum gewähren. Das eröffnet im Mittelmanagement die Möglichkeit, die Rahmenbedingungen von Arbeitsaufgaben im Sinn der Verhältnisprävention so zu beeinflussen, dass die Selbststeuerung der Mitarbeiter gestärkt wird und ihre Gestaltungsfreiräume erhöht bzw. nicht unnötig beschnitten werden.

Abb. 1 Individuelle und organisationale Lernprozesse für gesunde Führung

Sollen neue Kompetenzen für gesunde Führung auf der individuellen Ebene umgesetzt werden, muss die Organisation also die dafür nötigen und förderlichen Strukturen und Prozesse entwickeln. Dies bedingt einen organisationalen Lernprozess, der i. d. R. vom Topmanagement angestoßen und kontinuierlich unterstützt werden muss. Nur dann können funktionale Einheiten wie interne Organisations- und Personalentwicklung die nötigen Veränderungen angehen. A. Zeuch und M. Poesch zeigen in ihrem Beitrag „Partizipatives Gesundheitsmanagement" in diesem Band, dass sich gleichzeitig ein frühes Einbeziehen der Mitarbeiter in der Umsetzung eines wirklich nachhaltig gelebten Gesundheitsmanagements bewährt.

Anhand einiger Beispiele soll die Aufstellung in Abb. 1 zeigen, wie der individuelle Lernprozess mit dem organisationalen Lernprozess hin zu gesunder Führung korrespondiert.

Die Wechselwirkung von Kompetenz- und Organisationsentwicklung
Unter Kompetenzentwicklung in Organisationen versteht man normalerweise alle Maßnahmen, die die Disposition der Menschen aufbaut oder steigert, bestimmte berufliche Tätigkeiten zu absolvieren und Leistungen erfolgreich zu erbringen. In dem Kapitel wird

ausgeführt, welche verschiedenen Kompetenzbereiche zu berücksichtigen sind und welche Maßnahmen der Personalentwicklung geeignet sind. Gleichzeitig wird deutlich, dass Faktoren, wie Organisationsstrukturen, Unternehmenskultur, Führungskultur und Veränderungsdynamiken immer als wesentliche Kontextbedingungen für die Entwicklung gesunder Führung zu berücksichtigen sind. Auch können die Lernprozesse hin zu gesunder Führung durchaus tiefgreifende Veränderungen in der Organisation mit sich bringen und sind daher als Teil eines umfassenden Transformationsprozesses zu verstehen. Es ist daher nötig, die Entwicklung von gesunder Führung immer auch mit der Perspektive auf die Entwicklung und Veränderung der Organisation zu betrachten.

4 Gesunde Führung im Kontext organisationaler Change- und Transformationsprozesse

4.1 Paradigmenwechsel in der Führung im Zuge global-gesellschaftlicher Veränderungen

Die globalen Entwicklungen der letzten Jahrzehnte verstärken die weltweiten Interdependenzen im wirtschaftlichen, finanzökonomischen, politischen, medialen und kulturellen Bereich. Die damit einhergehenden Veränderungen, wie disruptive Technologien und gesellschaftlicher Wertewandel, setzen sich nun zunehmend in der Unternehmens-, Organisations- und Führungslandschaft fort. Werden Führungskräfte gefragt, welches die zentralen Herausforderungen in der Veränderung der Arbeitswelt sind, ähnelt die Antwort in weiten Zügen der Antwort auf die Frage, was als Ursache für Belastung und Stress gesehen wird: zunehmende Komplexität und Beschleunigung der Umwelt bei gleichzeitig steigender Erwartung hinsichtlich Effektivität und Effizienz der Ergebnisse. Die Auswirkungen dieser Veränderungen sind im sog. VUCA-Modell verdichtet. VUCA ist ein Begriff, der in den 1990er-Jahren ursprünglich aus dem militärischen Kontext kam, dann von der Komplexitätsforschung und schließlich im Feld des Komplexitätsmanagements von Organisationen aufgegriffen wurde (vgl. Johansen 2007; Guwak und Strolz 2012). Er setzt sich als Akronym aus den englischen Begriffen „volatility", „uncertainty", „complexity", „ambiguity" zusammen und versucht die Charakteristika der Situationen und Aktionsfelder zu beschreiben, die in einer zunehmend globalisierten, dynamischen und vernetzen Welt entstehen (Abb. 2).

Die Reaktionen von Menschen und Organisation auf die Entwicklung in Richtung einer von VUCA-Qualitäten geprägten Welt werfen grundsätzliche Fragen auf:

- Was gibt Sicherheit und Stabilität, wenn sich die Welt immer schneller verändert?
- Wie können klare Ziele verfolgt werden, wenn die Zukunft immer weniger vorhersehbar ist?
- Wie trifft man Entscheidungen, wenn die komplexen Zusammenhänge kaum noch durchschaubar sind?
- Welchen Standpunkt nimmt man ein, wenn es keine eindeutige Unterscheidung zwischen richtig und falsch gibt?

Die Situation ist gekennzeichnet von dynamischen Wandel und sich schnell verändernden Rahmenbedingungen; die Entwicklungsverläufe sind nicht-linear und haben sprunghafte Wendungen zur Folge; die Unvorhersehbarkeit nimmt zu und die Möglichkeit für langfristige Pläne sinkt.	Es liegen wenig verlässliche Informationen über die Situation und deren Entwicklung vor; Informationen widersprechen sich; Überraschungen sind an der Tagesordnung; auch Experten sind mit Nicht-Wissen konfrontiert; Analysen und Prognosen erweisen sich als unzuverlässig.
Volatility	**Uncertainty**
Ambiguity	**Complexity**
In der Bewertung der Situationen entstehen Unschärfen und Mehrdeutigkeiten; eindeutige Aussagen, was richtig und falsch ist, sind nur schwer möglich; im Handeln kann schwer vorherbestimmt werden was letztlich erfolgreich ist und was nicht; die Perspektivenvielfalt erzeugt Widersprüche und Dilemmata	Das Geschehen umfasst viele Spielfelder, Protagonisten und Stakeholder, die hochgradig vernetzt sind; die Interdependenz erzeugt Wechselwirkungen, die sich nicht mehr nach dem Ursache-Wirkungsprinzip analysieren lassen; Eigendynamiken bestimmen die Entwicklung; die Möglichkeit der externen Kontrolle schwindet

Abb. 2 Charakteristika der Volatility-uncertainty-complexity-ambiguity(VUCA)-Welt

Die Auseinandersetzung mit der Polarität von Stabilität versus Veränderung treibt die Menschen um, ebenso wie ganze Organisationen. Simple Fortschreibung alter Erfolgsrezepte und Best Practices helfen in einer hochdynamischen VUCA-Welt nur noch selten. Auch bewährte Modelle der Führung und der Unternehmensentwicklung stoßen zunehmend an ihre Grenzen. Den Wertewandel im Führungsverständnis zeigt die Studie von Peter Kruse „Zukunft der Führung" (Kruse 2013). Eine Befragung in Tiefeninterviews von 400 Führungskräften zur Frage, was zukünftig gute Führung ausmacht, ergab die in Tab. 3 genannten Entwicklungstrends.

Laut Kruse (2015) zeichnet sich mit der zunehmenden Vernetzung und Digitalisierung der Wirtschaft ein Paradigmenwechsel im Führungsverständnis ab. Das klassische Führungsbild war geprägt von Machtausübung, Kontrolle, Distanz und Glaube an rationaler Beherrschbarkeit der Organisation. In dem zukünftig geforderten Führungsverständnis spielen dagegen Selbstverantwortung und ein kooperativeres Verhältnis zwischen Mitarbeitern und den Hierarchieebenen eine viel größere Rolle. Dies bedeutet keineswegs eine Abkehr vom Leistungsprinzip, jedoch eine grundlegende Veränderung in der Beantwortung der Frage, wie ein hohes Leistungspotenzial auch unter den Entwicklungen der VUCA-Welt entsteht. Dies wird sich auch in den Organisationsformen und Managementmethoden niederschlagen. Längst schon sind agile Formen des Managements, wie Scrum und Holocracy, die stärker auf Selbstorganisation, Networking und Partizipation bauen, im Vormarsch (vgl. Brandes 2014). Je mehr die Komplexität in Organisationen steigt, desto eher ist der Einzelne überfordert. Die Bildung von flexiblen Netzwerken und entsprechenden Entscheidungsstrukturen, ist daher eine zentrale Notwendigkeit als Antwort auf die Herausforderungen der VUCA-Welt.

Tab. 3 Faktoren für gute Führung – Studienergebnisse (Kruse 2013, 2015)

Was macht zukünftig gute Führung aus?
Aufwertung von Kultur, Sinn und Werteorientierung statt der Dominanz von Zahlen, Daten und Fakten
Partizipation, Demokratisierung und *kooperative Führungsmodelle* statt steiler Hierarchisierung und ausgefeilter Kontrollmechanismen
Stimulation von Netzwerkdynamik statt klassischer Top-down-Strukturen
Professionalisierung von *Menschenführung* und *unternehmerischem Handeln* statt technokratischer Managementsysteme
Offene Feedback- und Dialogkultur statt starrer Regelkommunikation
Ausrichtung auf bereichsübergreifendes Handeln statt isolierenden Silodenkens
Ergebnisoffene Prozesse moderieren statt sich auf Planbarkeit in einer technokratischen Change-Logik zu verlassen
Achtsamkeit und Intuition für volatile Marktdynamiken statt des Vertrauens auf rationale Wachstumsprognosen

Zu einem ähnlichen Bild gelangt eine empirische Studie des Instituts für Beschäftigung und Employability (IBE, vgl. Hays HR-Report 2014), die 665 Führungskräfte dazu befragte, welches aktuell die wichtigsten Herausforderungen und Aufgaben von Führung sind. Aus Sicht der Befragten bestehen die wesentlichen Aufgaben einer Führungskraft heutzutage vor allem darin,

- Feedbackkultur zu etablieren (71 %),
- Mitarbeiter zu motivieren (69 %),
- Entwicklungsmöglichkeiten für Mitarbeiter aufzuzeigen (66 %) und
- pragmatische Lösungen für eine Work-life-Balance finden (53 %).

Die empirischen Ergebnisse zeigen deutlich, dass sich der Fokus von Führungsaufgaben eindeutig in Richtung Mitarbeiterorientierung und weg von rein fachlichen Aufgaben (wird erst an zehnter Stelle genannt) entwickelt hat. Auch der Aufbau einer wertschätzenden Unternehmenskultur bleibt Dauerthema in Unternehmen. Die Forderung nach einer *ausgewogenen Work-life-Balance* als wichtiger Trend im Unternehmen zeigt den Einfluss des demografischen und gesellschaftlichen Wertewandels auf die Unternehmens- und Personalpolitik.

Gleichzeitig werden fehlsteuernde Reaktionen auf die Entwicklungen und Anforderungen der VUCA-Welt deutlich (vgl. Draht 2014, S. 310 ff.; Kruse 2013):

- **Beschleunigungsfalle:** Um sich im klassischen Wettbewerb durchzusetzen, ist Geschwindigkeit ein Erfolgsfaktor und Unternehmen reizen die Effizienz hier immer weiter aus. Im Umgang mit Komplexität kann Tempo jedoch schnell zum Problem werden, denn die nötigen Anpassungsleistungen bringen für ein solches System schnell eine hohe Belastung mit sich. Überforderungserscheinungen der Mitarbeiter sind die Folge,

was dann in alter Manier mit noch mehr Tempo beantwortet wird – ein Teufelskreis bis hin zu Burn-out und Resignation kommt somit in Gang.
- **Optimierungswahn:** Jedes Unternehmen versucht, seine Arbeitsprozesse im Sinn der Effizienzsteigerung immer weiter zu optimieren. Doch gerade in den Turbulenzen einer komplexen VUCA-Umwelt erweisen sich solche hocheffizienten Prozesse aufgrund mangelnder Flexibilität als wenig resilient. Die immer weitergehende Optimierung bewährter Prozesse verhindert indessen das aktive Einleiten von grundsätzlicheren Veränderungen, da den erprobten Erfolgskriterien gefolgt wird. Für Wandel ist es jedoch notwendig, auf neue Anforderungen mit neuen Möglichkeiten zu antworten, statt zu versuchen, die alten dysfunktionalen Wege weiter zu perfektionieren.
- **Wertekorrosion:** Viele Unternehmen formulieren ihre Kernwerte in Form von Leitbildern und Unternehmensphilosophien – als Orientierung in der Innenwirkung und als Profil für Kunden und Markt. In einer Umwelt, die von starker Ambiguität geprägt ist, werden jedoch selbst unstrittig positive Werte, wie Fairness, Qualität, Leistung oder Wertschätzung, täglich auf die Probe gestellt. Erleben Mitarbeiter nun, dass im Unternehmen gegen die explizit formulierten Werte andauernd verstoßen wird, ohne dass dies thematisiert wird, werden jegliche Werteaussagen als unglaubwürdig und hohl abgetan und verlieren damit ihre orientierende Wirkung. Dies tritt vor allem dann auf, wenn das Topmanagement in seiner Vorbildwirkung versagt.
- **Resignative Lähmung:** Weil die hohe Volatilität Zukunftsprognosen äußerst unsicher macht, versagen klassische Strategie und Planung zunehmend. Doch statt sich mit dieser Gesamtsituation auseinanderzusetzen, wird in Vogel-Strauß-Manier die Notwendigkeit für eine Transformation durch das Motto „Das haben wir schon immer so gemacht" verdrängt; aber je länger man in der vermeintlichen Sicherheit des Status quo verharrt, desto schwerer wird der proaktive Schritt in die Wandlung, bis schließlich erzwungene Umbrüche zum Handeln zwingen.
- **Destruktive Konflikteskalation:** Komplexe Umwelten zeichnen sich durch höhere Diversität aus; d. h. die Stakeholder in der Organisation bringen immer heterogenere Bedürfnisse und Interessen ein. Werden diese Unterschiede nicht aktiv und konstruktiv moderiert, können sie sich zunehmend polarisieren. Destruktive Konflikteskalation oder schwelende kalte Konflikte sind die Folge – dies kann innerhalb der Belegschaft passieren, zwischen Abteilungen, Standorten oder hierarchischen Ebenen. Doch genau diese fehlende Konfliktbewältigung bindet Energie, die dringend für Transformation und Neuausrichtung notwendig wäre.

Die Aufgabe der Führung in Organisationen ist es also, diese fehlsteuernden Entwicklungen, die man aktuell an vielen Stellen der Wirtschaft beobachten kann, zu vermeiden und stattdessen Entwicklungsprozesse anzustoßen, die die nachhaltige Überlebensfähigkeit der Organisation stärken. Das Konzept der organisationalen Resilienz entwirft dafür hilfreiche Leitlinien und Prinzipien.

4.2 Kennzeichen resilienter Organisationssysteme

In der langjährigen Erforschung, wie vom Menschen beeinflusste Ökosysteme („socialecological systems") auf Krisen reagieren und wie solche Systeme in Umbruchphasen überlebensfähig bleiben, hat die Wissenschaft dieses Felds den Begriff der systemischen Resilienz eingeführt (Di Bella 2014). Er basiert auf einem profunden Datenfundus und vermeidet vorschnelle Übertragungen des Resilienzbegriffs vom psychologischen auf den organisationalen Bereich. Die Resilienzforschung sozioökologischer Systeme hat drei zentrale Dimensionen formuliert (vgl. Folke et al. 2010; Abb. 3):

- **Robustheit:** Kleinere Störungen kann das System aufgrund seiner stabilisierenden Komponenten puffern und ausbalancieren, ohne seine Struktur großartig verändern zu müssen. Man kann hier metaphorisch von einer inneren Stärke und Standhaftigkeit des Systems sprechen, die die Integrität und Funktionalität auch unter Belastung erhält.
- **Anpassungsvermögen:** Die Fähigkeit eines Systems zu lernen und sich so flexibel an Störungen, von innen oder von außen, anzupassen. Bei der Anpassung erhält das System seine Integrität, indem es seine Ressourcen rekombiniert und gewisse Toleranzwerte, die zum Zusammenbruch führen würden, nicht überschreitet.
- **Transformationsfähigkeit:** Im Zug der Bewältigung von starken Störungen und inneren Spannungen ist das System in der Lage, seine Struktur und seine funktionalen Prozesse grundlegend zu wandeln, ohne dabei völlig zu kollabieren und sich aufzulösen. Die Basis dafür ist seine *Selbstorganisationsfähigkeit*, d. h. sich autonom ohne äußere Vorgaben zu reorganisieren.

Organisationen in Transformationsprozessen müssen alle drei Dimensionen der Resilienz aufweisen, um gesund und gestärkt durch den Wandel zu gehen. Es ist eine vielfach diskutierte Frage, inwieweit man nach einer Transformation noch von *demselben* System sprechen kann (Folke et al. 2010). Dabei ist es genau die gelungene Gratwanderung zwischen

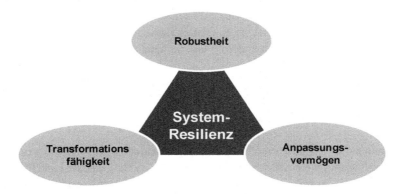

Abb. 3 Dimensionen der Systemresilienz

innerem Wandel und Identität, die das Überleben des Systems in dieser Phase sichert. Jeder der drei Resilienzfaktoren kann sich durch eine Überbetonung negativ auswirken: Zuviel Gewicht auf den Aspekt Robustheit versucht, die alte Form zu erhalten und verhindert somit Veränderung, bis hin zur rigiden Erstarrung. Einseitige Orientierung auf Adaption macht die Veränderung nur an den Anforderungen der Umwelt fest, ohne die internen Entwicklungstendenzen und Restriktionen zu berücksichtigen. Der Aspekt der Transformation bringt die radikalste Veränderungstiefe mit sich, immer verbunden mit dem Risiko der Überforderung und des Kollapses. Erst die dynamische Balance der beschriebenen Resilienzprinzipien Robustheit, Flexibilität und Transformationsfähigkeit führt zu einer gelingenden und damit gesunden Transformation des Systems. Ebenfalls positiv wirkt sich die *Diversität* im System aus: Eine heterogene Zusammensetzung im System sowie vielfältige Optionen und Möglichkeiten für menschliches Handeln erweitern die Resilienzkapazität nachhaltig (Folke et al. 2002, S. 438). Im Folgenden soll nun aufgezeigt werden, wie gesunde Führung die Resilienz von Organisationen in Veränderungsprozessen ergänzen kann.

4.3 Das Flexibilitätsdilemma in Veränderungsprozessen

Organisationen befinden sich in ihrer Entwicklung immer in einem **Flexibilitätsdilemma**, bei dem Veränderungsbereitschaft bzw. Flexibilität und Stabilität in einer engen Interdependenz stehen. Ohne die nötige Bereitschaft und Fähigkeit zur Veränderung und Transformation ist ein Bestehen der Organisation in einer dynamischen Umwelt nicht möglich. Gleichzeitig ist eine gewisse Stabilisierung auch in Veränderungs- und Transformationsprozessen nötig, damit die Organisation ein gewisses funktionales Niveau erhalten kann und nicht kollabiert. Der Versuch, einseitig Stabilität zu erhalten, kann zu Lähmung, Rigidität und Verkrustung von Strukturen und Prozessen führen. Auf der anderen Seite erhöhen dauernde Veränderung und Reorganisation das Risiko von Friktionen, Erschöpfung und schließlich des Systemkollapses (vgl. Dahl 2011). Ein gelungener Transformationsprozess wird sich also immer im polaren Spannungsfeld von Stabilität und Flexibilität bewegen. Die wechselseitige Bedingtheit von Stabilität und Flexibilität stellt die Voraussetzung für die Wandlungsfähigkeit der Organisation dar. Gesunde Führung heißt, innerhalb dieser Polarität oszillieren zu können, Einseitigkeiten zu vermeiden („Haben wir immer so gemacht" vs. „Alles muss sich ändern") und die Qualitäten beider Pole je nach Bedarf der Situation einzubringen (Abb. 4).

4.4 Der adaptive Zyklus der Transformation

Ein Verständnis dieses Transformationsprozesses in seinem Wechselspiel zwischen Stabilität und Veränderung bietet das Modell des adaptiven Zyklus, das der kanadische Ökologe C.S. Holling auf der Basis von Systemtheorie und Simulationsmodellierung formuliert hat (Holling 1973; Holling et al. 2002). Systeme, die sich auf gesunde und nachhaltige

Gesunde Führung als Entwicklungsprozess für Führungskräfte und Organisationen

Abb. 4 Transformation im Flexibilitätsdilemma

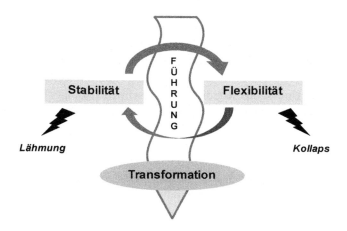

Weise an Veränderungen anpassen und weiterentwickeln, durchlaufen demnach spezifische Phasen, die im Modell idealtypisch beschrieben sind (Abb. 5).

Nach einer kontinuierlichen Phase des Wachstums gerät ein System früher oder später in eine Phase des Stillstands – bedingt durch umweltbedingte Grenzen, Marktsättigung, Ressourcenerschöpfung und Stagnation innovativer Impulse. Auch die Möglichkeiten zur Effizienzsteigerung und Optimierung sind ausgeschöpft. Umfassende Veränderungen in der Systemumwelt oder veränderte Wettbewerbsbedingungen stürzen das System dann schnell in eine existenzielle Krise, in der die bislang bewährten Erfolgsmodelle nicht mehr funktionieren und neue nicht einfach verfügbar sind.

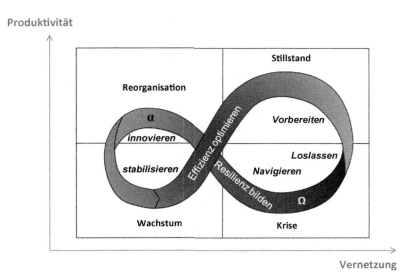

Abb. 5 Der adaptive Zyklus der Transformation nach C.S. Holling (1973)

Das System geht dann in die eigentliche Ω-Transformationsphase einer Krise, in der die Erkenntnis und Bereitschaft wachsen muss, das Althergebrachte loszulassen. Ein reines Festhalten an Wachstums- und Effizienzzielen wirkt sich in dieser Phase kontraproduktiv aus, da es immer versucht, die Erfolge und Strategien der Vergangenheit fortzuschreiben, was Holling als Rigiditätsfalle beschrieb (Holling 1973). Das ökonomische Risiko des Scheiterns ist in dieser Phase beträchtlich, da angesichts der anstehenden Transformation die Produktivität deutlich einbrechen kann. Sicherheit bieten in dieser Situation nicht mehr vergangene Erfolge und Tradition, sondern eher das Vertrauen in die eigenen Veränderungskompetenzen und eine neue Entwicklungsperspektive.

Gelingt der Gang durch diese Krisenphase, kann sich das System schließlich in der α-Reorganisationsphase durch Innovationsprozesse, Wertewandel und Veränderung der Organisationsstrukturen „neu erfinden". Die Gefahr in dieser Phase besteht darin, dass die Organisation in einer sog. Hungerfalle kollabiert, d. h. Ressourcen knapp werden, Märkte wegbrechen und gleichzeitig nötige Innovationsimpulse ausbleiben. Gelingt dieser Neuanfang, kann eine neue Phase des Wachstums beginnen. Eine gesunde und erfolgreiche Organisation wird all diese Phasen der Transformation kontinuierlich und wiederholt durchlaufen (Holling 2002).

4.5 Führung in den verschiedenen Phasen des adaptiven Zyklus

Gesunde Führung in Transformationsprozessen gelingt nur, wenn die beschriebenen Resilienzprinzipien Robustheit, Flexibilität und Transformationsfähigkeit situationsadäquat in den verschiedenen Phasen des Veränderungszyklus zum Einsatz kommen (Olsson et al. 2006):

a. Antizipation und Vorbereitung
   - Führung muss frühe Signale für die bevorstehende Transformation erkennen (Lähmung, Stillstand, Konflikte), realisieren, welche Entwicklung zukünftig ansteht, und Möglichkeitsfenster für die kommende Transformation wahrnehmen.
   - Zur Orientierung gilt es, Szenarien der gewünschten und möglichen Weiterentwicklung zu erschaffen, die eine dynamische Vorbereitung eines Veränderungsprozesses erlauben, ohne dass es einen festgelegten Masterplan gibt.
   - In der Steuerung muss das Management nun differenzieren: Effizienz ist in der Wachstumsphase nützlich, in der Krise und Transformationsphase dagegen eher hinderlich – hier kommt den Resilienzprinzipien eine wesentlich höhere Bedeutung zu, da sie adaptive Fähigkeiten mit sich bringen.
b. Loslassen und Navigation durch die Krise
   - Krisen im Sinn einer entscheidenden Wendung verlangen, dass die alten Gewohnheiten, Routinen und Sicherheiten aufgegeben werden, auch mit Schmerzen und mit Unmut.

- Frust und Widerstand sind zu erwartende Begleitumstände von Krisen und Transformation; Führung muss daher Raum geben für den Ausdruck von Unzufriedenheit und Ärger und gleichzeitig professionelle Wege anbieten, die Emotionen aufzufangen und Konflikte zu bewältigen.
- Zur Steuerung in turbulenten Prozessen sind kurze Feedbackschleifen wichtiger als weitläufige Strategien. Dies bedarf neuer Kommunikationsräume auf verschiedenen Ebenen, bilateral, zwischen Gruppen und Teams, zwischen Arbeitsbereichen und Hierarchieebenen.

c. Reorganisation und Innovation
- Zur Bewältigung der Krise müssen im Rahmen der Reorganisation neue Impulse ins System kommen und so verarbeitet werden, dass sie beleben und das System auf ein neues Funktionsniveau heben, z. B. durch neue Werteorientierung, eine neue strategische Ausrichtung, neue Produkte, Dienstleistungen oder Technologien, funktionalere Arbeitsprozesse oder Organisationsstrukturen.
- Da Innovation immer mit alten Mustern bricht, muss die Führung begrenzte Revolutionen und unkonventionelle Experimente mit Veränderungen zulassen, statt durch Festhalten an Traditionen und perfektes Effizienzmanagement die Innovation im Keim zu ersticken und damit die Organisation in eine Rigiditätsfalle zu führen.
- Bei tiefgreifenden Transformationen besteht das Dilemma darin, Identität zu erhalten und gleichzeitig zu verwandeln. Dazu muss es der Führung gelingen, die Identität der Organisation weiterzuentwickeln und gleichzeitig sinnstiftend auf der Vergangenheit aufzubauen. Menschen haben das Bedürfnis, ihre bisherige Geschichte sinnvoll in die Zukunft zu integrieren, d. h. das Bisherige ohne Nostalgie und Verklärung zu würdigen und gleichzeitig den entschiedenen Weg in eine meist noch ungewisse Zukunft einzuschlagen.

d. Stabilisierung und neues Wachstum
- Ein System, das durch eine Krise gegangen ist und sich reorganisiert hat, hat eine turbulente Zeit hinter sich. Auch wenn die Resilienz der Organisation ausreichend war, um zu überleben und nötige Veränderungen einzuleiten, gilt es nun, durch stabilisierende Maßnahmen Kraft für neues Wachstum zu schöpfen.
- Da keine Reorganisation perfekt ist, braucht es kontinuierliche Problemlösungen. Damit sich eine neue Organisationsstruktur etablieren kann, müssen viele Startschwierigkeiten überwunden werden, ohne wieder in alte Gewohnheiten zurückzufallen.
- Neue Kooperationsmöglichkeiten, sowohl innerhalb der Organisation als auch mit der Umwelt, können die Innovationen weiter festigen und etablieren.
- Im Zug einer Reorganisation gilt es, eine neu zu justierende Balance zwischen Dezentralisierung und zentraler Koordination herzustellen (Polizentrizität), um Fragmentierung und Rigidität zu vermeiden.

e. Nach der Transformation ist vor der Transformation
- Der eigentliche Lerneffekt des Modells im Rahmen intendierter Transformationsprozesse besteht nun darin, dass das Management die kommende Entwicklungs-

phase antizipiert, also schon in einer Wachstumsphase, in der die Strategie auf Effizienz und Optimierung bestehender Produktionsprozesse ausgelegt ist, den nächsten Transformationszyklus vorzubereiten ohne wiederum die Organisation in einen dauernden Panikmodus zu versetzen.

5 Innovative Konzepte in der Entwicklung von Organisationsstrukturen und Arbeitsprozessen

5.1 Konzept und Praxis organisationaler Achtsamkeit

Wie das Modell des adaptiven Veränderungszyklus gezeigt hat, ist Transformation und intendierter Organisationswandel nicht als ein einmaliges Übergangsphänomen zu betrachten, sondern eine immer wiederkehrende Entwicklungsanforderung von Organisationen. Führung und Management stehen also vor der Herausforderung, die Adaptionsfähigkeit der Organisation in dynamischen Umwelten nachhaltig zu fördern und dabei möglichst die negativen Nebeneffekte von Veränderungsvorhaben zu vermindern. Dazu untersuchte das Projekt 8iNNO an der Universität Bremen, wie sich Organisationen den Anforderungen kontinuierlichen Wandels erfolgreich stellen und was die Veränderungsfähigkeit von Unternehmen fördert (vgl. im Folgenden Becke et al. 2011, 2013). Als zentrale Kompetenz für erfolgreichen Organisationswandel wurde dabei das Konzept Organisationale Achtsamkeit eruiert. Es umfasst die *„systematische organisatorische Aufgeschlossenheit für Veränderungspotenziale und -grenzen sowie ungeplante Folgen geplanter Veränderung"* (Becke et al. 2011, S. 35).

Im Gegensatz zu gängigen Change-Managementmodellen liegt der Fokus nicht darauf, wie vom Management geplante Veränderungen „top down" in die Organisationen eingesteuert werden. Erfolgreicher Organisationswandel hängt demnach weniger von ausgefeilten Plänen und deren strikter Umsetzung ab, sondern vielmehr davon, ob es einer Organisation gelingt, die Vielfalt von Informationen und Wechselwirkungen angesichts umweltorientierter Unsicherheit und Dynamik aufzunehmen und zu verarbeiten. Zentrales Ziel der Entwicklung organisationaler Achtsamkeit ist es, die Adaptions- und Transformationsfähigkeit der Organisation zu erhöhen. Als Grundlage dient das in der Psychologie bereits gut evaluierte Achtsamkeitsprinzip – die Fähigkeit zur offenen, differenzierten Wahrnehmung innerer Prozesse wie auch äußerer Umweltereignisse sowie deren Wechselwirkungen. Die Arbeiten von Weick und Suitcliffe (2006) mit „high reliability organisations" übertragen das Konzept als organisationale Achtsamkeit auf die organisatorische Ebene. Der Ansatz formuliert die in Tab. 4 formulierten Grundprinzipien organisationaler Achtsamkeit in Organisationen.

Betriebliche Dialogräume als Entwicklungssetting organisationaler Achtsamkeit
Eines der zentralen Entwicklungsinstrumente für organisationale Achtsamkeit sind Bereichs- und hierarchieübergreifende **Dialogkonferenzen**. Sie beruhen auf freiwilliger Par-

Tab. 4 Grundprinzipien organisationaler Achtsamkeit in Organisationen

Emotionale Stabilitätsanker setzen	Wertschätzung, Vertrauen, Verlässlichkeit in den Arbeitsbeziehungen geben Menschen die notwendige Sicherheit, wenn sich Strukturen und Arbeitsprozesse verändern. Gleichzeitig braucht es Aufmerksamkeit für negative Nebenwirkungen dieser Stabilitätsanker, z. B. wenn eingefahrene Netzwerke gleichzeitig der Veränderung entgegenwirken
Kommunikation für betriebliche Vertrauensanker fördern	Dialog und Kommunikation zwischen Menschen aus unterschiedlichen Arbeitsbereichen der Organisation fördern eine verlässliche Vertrauenskultur – unterstützt durch das Vereinbaren von Kooperationsregeln und geeigneter Verfahren für die Kommunikation
Selbstreflexion und Antizipation pflegen	Die Förderung organisatorischer Selbstreflexionsprozesse ist die Grundlage für Organisationslernen und die Entwicklung eines Frühwarnsystems, um Risiken ungeplanter Nebeneffekte durch Veränderungsmaßnahmen zu antizipieren und zu minimieren
Perspektivenvielfalt im Hinblick auf Veränderung fördern	Informationsvorsprung entsteht durch Perspektivenvielfalt – dies bedingt, das Fach- und Erfahrungswissen vieler Mitarbeitender einzubeziehen und zu nutzen. Dialogräume ermöglichen die organisationsinterne Reflexion von Veränderungen und die Veränderung der Veränderung
Betriebliche Auseinandersetzungskultur etablieren	Die Kooperation unterschiedlicher Stakeholder benötigt konstruktive Klärungsprozesse und Verständigung auf Augenhöhe. Geregelte Verfahren der Konfliktbearbeitung gewährleisten die konstruktive Bewältigung von Interessen- und Erwartungskonflikten im Veränderungsprozess. So kann eine ausgehandelte Balance von Geben und Nehmen in sozialen Beziehungen hergestellt werden
Resilienz und Gesundheitsressourcen aufbauen	Verminderung gesundheitsschädigender Belastungen und Stärkung von basalen Gesundheitsressourcen, wie dem Kohärenzgefühl durch Verstehbarkeit der Situation, Bewältigbarkeit der Anforderungen und Sinnhaftigkeit des eigenen Tuns (Antonovsky 1997)

tizipation und intrinsischem Engagement der Teilnehmenden. Dialogische Verfahren in Veränderungsprozessen, jenseits von Regelkommunikation und Standardmeetings, sollen in Organisationen eine Vielzahl sozial-kommunikativer Prozesse anstoßen:

- vertikaler Austausch zwischen Hierarchieebenen,
- horizontaler Austausch zwischen Teams und Arbeitsbereichen,
- Perspektivenvielfalt sichtbar machen und anerkennen,
- Feedback und Klärung von gegenseitigen Erwartungen,
- Vermittlung bei Irritationen und Konflikten,
- gemeinsam ungenutzte Potenziale entdecken und Innovationen anstoßen,
- Unterstützung bei der Etablierung einer konstruktiven Fehlerkultur.

5.2 Dialogische Verfahren zur Entwicklung organisationaler Achtsamkeit – Fallbeispiel im Rahmen eines Organisationsentwicklungsprozesses

Das Beispiel illustriert eine Organisation im sozialen Bereich, die aufgrund geänderter politischer Rahmenbedingungen einen tiefgreifenden organisatorischen und strukturellen Wandel bewältigen musste. Konsequenzen waren diverse Dauerkonflikte in verschiedenen Bereichen und eine negative Gesamtstimmung, die sich auch in Mitarbeiterbefragungen zeigte, bei denen insbesondere die Führung sehr kritisch gesehen wurde. Schnelle Abhilfe war nicht in Sicht. Im Rahmen einer OE wurden verschiedene Dialogräume geschaffen, um einen offenen und effektiven Austausch von Führung und Belegschaft zu den anstehenden Veränderungen, neben den operativ ausgerichteten Meetings, zu etablieren. Das Konzept der organisationalen Achtsamkeit wurde im Vorfeld mit Vorstand und Personalentwicklung erläutert und in seinen Dimensionen als Leitlinie für die Orientierung im OE-Prozess vereinbart.

1. **Feedbackstrukturen zwischen Führung und Mitarbeitern:** In regelmäßigen Abständen wurden Feedbackgespräche zwischen Mitarbeitern und Führungskräften der einzelnen Bereiche vereinbart. Im Gegensatz zu klassischen Arbeitsmeetings war hier weniger die Planung des operativen Alltagsgeschäfts im Vordergrund, sondern der Fokus rückte mehr auf grundlegende Aspekte der Führung und Kooperation im Bereich. Natürlich wurden dabei auch Rückmeldungen zu konkreten Themen und Missständen geäußert, darüber hinaus konnten aber auch atmosphärische und emotionale Themen besprechbar gemacht werden, die die Menschen in der Abteilung beschäftigten. Die ersten Gespräche wurden von Mitarbeiterseite durchaus auch mit Skepsis und Misstrauen gesehen – eine Reaktion auf viele misslungene Kommunikationssituationen der Vergangenheit. Erst nachdem in den ersten Gesprächsrunden eine offene und konstruktive Gesprächsatmosphäre auch bei schwierigen Themen erfahrbar war, fassten die Beteiligten Vertrauen und begannen sich auch zu sensiblen Themen auszutauschen, wie etwa zu der großen Verunsicherung, ausgelöst durch die kommenden Veränderungen der Organisation, sowie den Ängste und Sorgen, die damit verbunden sind – übrigens auch auf Seiten der Führungskräfte.

Erst auf dieser Vertrauensbasis ließen sich Szenarien und Konzepte entwickeln, wie man diesen Veränderungen wirklich proaktiv begegnen kann und welche Erwartungen und Ideen die unterschiedlichen Stakeholder dabei einbringen. Schließlich wurden auf Basis der Feedbackrunden spezifische Aufgaben und Problemlösungen aufgegriffen, die in die anstehenden Organisationsveränderungen einflossen. Eine Evaluation ergab, dass die gebildeten Feedbackstrukturen ein wesentliches Element sind, um in einem anspruchsvollen Veränderungsprozess konstruktive Arbeitsbeziehungen und eine positive Arbeitsatmosphäre zu schaffen und zu erhalten, die die Basis für eine wirklich tragfähige Neuorientierung darstellen.
2. **Dialogische Führungskonferenzen:** Ergänzend dazu wurde ein Setting für den Austausch aller Führungskräfte bis hin zur Vorstandsebene eingeführt. Da auch innerhalb der Hierarchien erhebliche Spannungen herrschten, die in schwelenden Konflikten und mangelnder Kooperation mündeten, schien es notwendig und sinnvoll, auch innerhalb der Führungsebene neue dialogische Interventionen anzubieten. In diesen Workshops wurde jeweils ein Thema als Fokus gewählt (Wie entsteht gelungene Zusammenarbeit? Wie gehen wir mit Konflikten um? Welche Werte steuern uns? Wie stellen wir uns in Zukunft gut auf?) und dann in einem dezidierten Großgruppenformat bearbeitet. Entscheidend war dabei, dass höhere Führungsebenen sich offen und authentisch einbrachten, auch dort, wo sie Unsicherheit spürten und wie sie damit umgehen. Die Moderation dieser Dialoge hatte insbesondere die Aufgabe, eine interaktive und offene Gesprächsatmosphäre zu schaffen, die auch emotionale Reaktionen erlaubte und gleichzeitig den Schutz der Teilnehmer gewährleistete. Die Wirkung dieser Dialogkonferenzen war, dass die Führungskräfte offener miteinander im Alltag umgingen, schneller Irritationen miteinander ansprechen und klären konnten und somit im kommenden Organisationswandel eine deutlich gestärkte Vertrauensbasis entwickelten. Auch wurden aus den Dialogen etliche Ideen und Initiativen zum gemeinsamen Angehen der kommenden Veränderungen generiert und weitergeführt.

Dialogische Verfahren sind natürlich kein Allheilmittel, v. a. wenn in Organisationen Machtstrukturen vorherrschend sind und jegliche Kooperations- und Innovationsanstrengung blockieren. Auch lassen sich vorangegangene Enttäuschungen nicht auf einmal schnell vergessen. Schließlich ist es nicht möglich, alle Erwartungen und Vorschläge in der Organisation zu berücksichtigen. Wirklich schwere Beeinträchtigungen organisationaler Resilienz entstehen durch den Verlust von Vertrauen und Legitimität der Führung, etwa bei grobem Fehlverhalten oder klarem Missmanagement.

5.3 Werteorientierung, Selbstorganisation und Partizipation als Leitlinien für gesunde Führung

Organisationale Transformation, die aufgrund der VUCA-Entwicklung immer mehr vorangetrieben wird, lässt sich keineswegs durch immer ausgefeiltere Bürokratie- und Kontrollstrukturen beherrschen, wie manche Diskussionen um die Entwicklung hin zu Big Data glauben machen wollen. Dies wird die Energie der Menschen eher in der Polarisierung zwischen Abhängigkeits-/Ohnmachtsängsten und dem Widerstand dagegen binden – mit hoher Wahrscheinlichkeit für symptomatische Entwicklungen wie Präsentismus und Burnout. Gesunde und leistungsfähige Führung setzt vielmehr eine hohe Bewusstheit und Achtsamkeit für die Interdependenzen in einem größeren Systemzusammenhang voraus. Den damit verbundenen Wechsel beschreibt der amerikanische Organisationsforscher Otto Scharmer als „shift from ego- to ecosystem perspektive" (Scharmer und Kaufer 2013). In diesem Zusammenhang treten für viele Führungskräfte grundsätzliche Sinnfragen bezüglich der eigenen Arbeit und des Zwecks der Organisation in den Vordergrund, die über die reine Ergebnisorientierung und betriebswirtschaftliche Bilanz hinausgehen. Mit Blick auf die Anforderungen, die sich damit für und von Führung ergeben, gibt der Organisationscoach Wolfgang Looss zu bedenken, *„dass in immer komplexeren Organisationen, in einem hochdynamischen Umfeld, mit sehr gut ausgebildeten und anspruchlichen Führungskräften, die auch auf der Werteebene eine Antwort haben wollen, sich Steuerbarkeit nur erreichen lässt, wenn man in der Organisation Orte und Räume schafft, für das Verhandeln von Sinnfragen"* (Looss in Hänsel 2012, S. 76). Wenn eine Organisation solche Sinn- und Wertefragen hinten anstellt und Programme zu CSR nur noch Hochglanzfassaden sind, werden existenzielle Fehlentscheidungen bis hin zu kriminellem Verhalten deutlich wahrscheinlicher, wie die Betrugsskandale des VW-Konzerns (Manipulation der Motorsoftware im Jahr 2015) oder der Deutschen Bank (Libor-Manipulation im Jahr 2014) belegen. Die Entwicklung einer Organisationskultur, die solche Sinnfragen adäquat adressieren und ausdifferenzieren kann, ist heute eine der wesentlichsten Faktoren für effektive Führung und Komplexitätsbewältigung in Organisationen.

Was aber schafft in komplexen Organisationen eine grundlegende Handlungsorientierung und Stabilität, wenn diese Ordnung nicht mehr nur „top-down" vorgegeben werden kann? Für den Organisationsforscher Peter Kruse ist es hierbei entscheidend, einen gemeinsam getragenen und verbindlichen Wertekanon zu generieren, der aus dem System heraus gebildet wird und im System verankert ist (Kruse 2004). Die Klärung der zentralen Wertefragen und die verbindliche Vergemeinschaftung eines solchen Wertekanons kann wiederum nicht von oben vorgegeben werden, sondern muss mit allen Stakeholdern im System erarbeitet werden. Um nicht in den arbeitsteilig bedingten Silostrukturen stecken zu bleiben und sich in Machtkämpfe zu verstricken, brauchen Organisationen einen intensiven professions- und hierarchieübergreifenden Dialog, in dem werteorientiertes Handeln und die dabei entstehenden Fragen und Widersprüche konstruktiv behandelt werden können.

Die Anforderungen der VUCA-Welt lassen sich aber wohl nicht nur durch Kommunikation und Kultur lösen, vielmehr setzen sie in Organisationen die kreative und innovative Entwicklung neuer Strukturen und Prozesse in Gang. In einem Interview postulierte Heinz von Förster schon in den 1980er-Jahren „we should treat everybody in the company as a manager" – offensichtlich gewinnt dieser visionäre Ausspruch nach 30 Jahren wieder an Aktualität. Eine mitunter anstrengende Konsequenz für Führung und Management wiederum ist, dass sie sich oft in einem Spannungsfeld zwischen klassischer Entscheidungsvorgabe „top-down" und partizipativer Förderung von selbstgesteuertem Handeln befindet. Damit die hier auftretenden Dilemmata nicht wieder reflexhaft zur Rückkehr der alten Muster führen, braucht es zum einen Reflexionsräume, in denen Führungskräfte die Auswirkungen auf die Praxis miteinander betrachten und konkrete Handlungsoptionen miteinander entwickeln können, zum anderen sind auch strukturelle Innovationen in Organisationen nötig.

Längst schon haben in vielen Unternehmen und Institutionen Organisations- und Managementansätze Einzug gehalten, die nicht nur eine wesentlich wirksamere Steuerung von Komplexität ermöglichen, sondern auch mehr Potenzial haben, die Gesundheit der Menschen nachhaltig zu berücksichtigen und zu fördern (vgl. Sattelberger 2015):

- **Partizipationsprozesse:** Neue Formate für betriebliche Entscheidungsprozesse wie Holocracy und systemisches Konsensieren erlauben ein hohe Partizipation der Mitarbeiter an wichtigen Entscheidungen in der Organisation – von der konkreten Aufgabenplanung über Projektplanung bis hin zur strategischen Ausrichtung der Organisation – ohne dass dabei die Klarheit und Geschwindigkeit der Entscheidungsprozesse leidet (Zeuch 2015).
- **Selbstorganisierte Arbeitsmodelle:** Selbstorganisierende Teams übernehmen selbst die wesentlichen Steuerungsprozesse der Arbeit, wie Mittel- und Ressourcenplanung, Arbeitsaufteilung, Personaleinstellung, während die Geschäftsleitung eine koordinierende Funktion im Gesamtsystem bekommt (etwa 50 % des niederländischen Pflegesystems werden bereits in dieser Form abgedeckt, vgl. Laloux 2015).
- **Agile Projektorganisation:** Neue Arbeitsstrukturen wie Scrum und agiles Projektmanagement bewähren sich und lösen in der IT-Branche bereits zunehmend das klassische Projektmanagement in Matrixstrukturen ab, das sich im Angesicht steigender Komplexität zunehmend in Widersprüche verstrickt (vgl. OE 1-2015).
- **Wertewandel:** Mit der Innovation von Organisation verändern sich auch althergebrachte Werte unserer real existierenden Wirtschaftsordnung: Mehr demokratische Elemente in hierarchischen Systemen, von eindimensionaler Wachstumslogik hin zu umfassend nachhaltiger Entwicklung, höhere Bedeutung von persönlicher Gestaltungfreiheit in der Arbeit und der Work-life-Balance etc. (Kruse 2015).

Mittlerweile hat sich eine Vielzahl erfolgreicher Beispiele solcher innovativer Organisations- und Managementformen etabliert, die teilweise schon seit vielen Jahren erfolgreich im Markt und vor den Kunden bestehen (vgl. Laloux 2015; Sattelberger 2015). Den vielleicht radikalsten Schritt ging schon in den 1990er-Jahren das brasilianische Unternehmen Semco S/A, das eine radikale Demokratisierung sämtlicher Unternehmensprozesse und Neudefinition der Unternehmensstrukturen von den Führungsaufgaben bis zur Produktion vorantrieb (Semler 1993). War dieser Prozess zu Beginn eher bei IT-nahen Start-ups zu beobachten, so lassen sich in jüngerer Zeit immer mehr mittelständische Unternehmen beobachten, die teilweise zuerst in Teilbereichen oder lokalen Niederlassungen ihre klassischen Managementstrukturen zur Disposition stellen und mit den o. g. Prozesselementen erfolgreich arbeiten (Sattelberger 2015; Zeuch 2015).

Die Chancen, die sich für Organisationen und Unternehmen auftun, wenn die Führung sich auf diese zunächst neu- und fremdartig wirkenden Ansätze einlassen, sind vielfältig. Die Denk- und Handwerkszeuge bewähren sich angesichts der Komplexität einer VUCA-Welt deutlich besser als tradierte Managementinstrumente und sichern damit auch das wirtschaftliche Überleben. Damit eröffnet sich die Möglichkeit, einen wirksamen und sinnhaften Beitrag zu einer zukunftsfähigen, gesunden und nachhaltig leistungsfähigen Arbeitswelt zu leisten.

Literatur

Antonovsky A (1997) Salutogenese. Zur Entmystifizierung der Gesundheit. dgvt-Verlag, Tübingen

Becke G, Behrens M, Bleses P, Evers J, Hafkesbrink J (2011) Organisationale Achtsamkeit in betrieblichen Veränderungsprozessen – Zentrale Voraussetzung für innovationsfähige Vertrauenskulturen. Universität Bremen, artec-paper 175, ISSN 1613-4907. http://www.artec.uni-bremen.de. Zugegriffen: 1. Juli 2015

Becke G, Behrens M, Bleses P, Meyerhuber S, Schmidt S (2013) Organisationale Achtsamkeit: Veränderungen nachhaltig gestalten. Klett-Cotta, Stuttgart

Berger P (2011) Fürstenberg-Performance-Studie 2010. http://www.fuerstenberg-institut.de/pdf/Fuerstenberg-Performance-Studie_Febr2010_Kurzfassung.pdf. Zugegriffen: 1. June 2015

Brandes U, Gemmer P, Koschek H, Schüllken L (2014: Management Y. Campus, Frankfurt a. M.

Dahl M (2011) Organizational change and employee stress. Manage Sci 53(2):240–256. (2011)

Di Bella J (2014) Unternehmerische Resilienz. Dissertation Universität Mannheim, Fakultät für Betriebswirtschaftslehre

Draht K (2014) Resilienz in der Unternehmensführung. Haufe Gruppe, Freiburg

Hänsel M (2012) Die spirituelle Dimension in Coaching und Beratung. Vandenhoeck & Ruprecht, Göttingen

Folke C, Carpenter S, Elmqvist T, Gunderson L, Holling C, Walker B (2002) Resilience and sustainable development: building adaptive capacity in a World of Transformations. Environmental Policy and Governance 24:10.1002/eet.v24.6, 423–438.

Folke C, Carpenter SR, Walker B, Scheffer M, Chapin T, Rockström J (2010) Resilience thinking – integrating resilience, adaptability and transformability. Ecol Soc 15(4):20. http://www.ecologyandsociety.org/vol15/iss4/art20. Zugegriffen: 1. June 2015

Gunderson LH, Holling CS (Hrsg) (2002) Panarchy: Understanding Transformations in Human and Natural Systems. Island Press, Washington, D.C

Guwak B, Strolz M (2012) Die vierte Kränkung: Wie wir uns in einer chaotischen Welt zurechtfinden. Goldegg Verlag, Wien

Hays HR-REPORT (2014) Schwerpunkt Führung. http://www.hays.de/mediastore/pressebereich/Studien/pdf/HAYS-Studie-HR-Report-2014-2015.pdf. Zugegriffen: 1. June 2015

Holling CS (1973) Resilience and stability of ecological systems. Annu Rev Ecol Syst 4:1–23

Holling CS, Gunderson L, Ludwig D (2002) Quest of a Theory of Adaptive Change. In: Gunderson LH, Holling CS (Hrsg) Panarchy: understanding transformations in human and natural systems. Island Press, Washington, D.C, S 3–24

Johansen B (2007) Get there early: sensing the future to compete in the present. Berrett-Koehler Publishers, Inc., San Francisco

Köster H, Kruse C (2012) Systemkompetentes Handeln in Unternehmen: Entwicklung eines Konzeptes zur Förderung der Systemkompetenz von Führungskräften. Brockmeyer Verlag, Bochum

Kruse P (2004) Next practice. Gabal, Offenbach
Kruse P (2013) Zukunft der Führung. http://www.nextpractice.de/files/PDF/Zukunft-Personal-Kruse-2013.pdf. Zugegriffen: 20. Juli 2015
Kruse P (2015) Raus aus dem Tief – Ein Paradigmenwechsel in der Führungskultur bahnt sich an. http://www.changex.de/Article/interview_kruse_raus_aus_dem_tief/. Zugegriffen: 20. Juli 2015
Laloux F (2015) Reinventing organisations. Franz Vahlen, München
Looss W (2012) Sinnfragen erfordern Ortsbegehung im Grenzbereich. In Hänsel 2012
Olsson P, Gunderson LH, Carpenter SR, Ryan P, Lebel L, Folke C, Holling CS (2006) Shooting the rapids: navigating transitions to adaptive governance of social-ecological systems. Ecol Soc 11(1):18. http://www.ecologyandsociety.org/vol11/iss1/art18/
Peters A (2009) Wege aus der Krise – CSR als strategisches Rüstzeug für die Zukunft. Bertelsmann Stiftung, Gütersloh
Rigotti Th, Holstad T, Mohr G, Stempel Ch, Hansen E, Loeb C, Isaksson K, Otto K, Kinnunen U, Perko K (2014) Rewarding and sustainable health-promoting leadership. Bundesanstalt für Arbeitsschutz und Arbeitsmedizin, Dortmund
Sattelberger T (2015) Das demokratische Unternehmen: Neue Arbeits- und Führungskulturen im Zeitalter digitaler Wirtschaft. Haufe, Freiburg
Scharmer O, Kaufer K (2013) Leading from the emerging future – From ego-system to eco-system economies. Barrret & Kohler, San Francisco
Schneider A (2012) Reifegradmodell CSR – eine Begriffsklärung und -abgrenzung. In: Schneider A, Schmidpeter R (Hrsg) Corporate social responsibility. Heidelberg, Springer
Schneider A, Schmidpeter R (Hrsg) (2012) Corporate social responsibility. Heidelberg, Springer
Semler R (1993) Das Semco System. Management ohne Manager. Das neue revolutionäre Führungsmodell. Heyne, München
Sonntag K, Stegmaier R, Spellenberg U (Hrsg) (2010) Arbeit, Gesundheit, Erfolg. Asanger Verlag, Kröning
Weick K, Sutcliffe K (2006) Das Unerwartete managen: Wie Unternehmen aus Extremsituationen lernen. Klett-Cotta, Stuttgart
Zapp F (2014) Gestärkt ins Change-Projekt. OrganisationsEntwicklung Nr. 4/2014
Zeuch A (2015) Alle Macht für Niemand. Murmann, Hamburg

Dr. Markus Hänsel Nach dem Studium der Erziehungs- und Sozialwissenschaften sowie Musiktherapie erfolgte zunächst die wissenschaftliche Arbeit (1998–2002) an der Universität Heidelberg – Sektion klinische Organisationsentwicklung am Institut für medizinische Psychologie – mit Promotion und Dissertation zum Thema „Intuition als Beratungskompetenz in Organisationen". Eine Assistenz am Institut für systemische Beratung Wiesloch und verschiedene berufliche Weiterbildungen vertieften die Qualifikation für Coaching und Organisationsentwicklung.

Seit 2002 ist Dr. Markus Hänsel selbstständig tätig, begleitet Menschen im Coaching bei beruflichen und persönlichen Veränderungen und unterstützt Teams und Organisationen bei Veränderungsprozessen, Maßnahmen zur Organisationsentwicklung und in der Durchführung von Weiterbildungs- und Qualifizierungsangeboten. Im Vordergrund stehen dabei die Anwendung partizipativer und systemischer Ansätze für Führung und Change, die Etablierung effektiver Feedbackstrukturen sowie die Förderung sozialer und intuitiver Führungskompetenzen.

Resilienz ergänzt Effizienz in der Unternehmensführung

Ansätze zur Entwicklung organisationaler Resilienz als komplementäre betriebswirtschaftliche Steuerungsgröße

Karl Kaz

Effizienz und Resilienz können als komplementäre Größen in ökonomischen Systemen begriffen werden. Resilienz ist ein sehr junger Begriff in der Betriebswirtschaftslehre. Vor dem Hintergrund der Tatsache, dass Systeme nur dann nachhaltig erfolgreich und stabil sind, wenn beiden Größen sich in einem Gleichgewicht befinden (Fenster der Lebensfähigkeit), werden verschiedene theoretische und praktische Konzepte organisationaler Resilienz vorgestellt. Die Zahl der Konzepte zum und die Beschäftigung mit dem Thema nimmt stetig zu. Dennoch bleibt festzuhalten, dass empirische Forschungsergebnisse, Operationalisierung der Konzepte und praktische Messbarkeit im Unternehmensalltag weithin fehlen.

1 Effizienz und Resilienz als komplementäre Größen in ökonomischen Systemen begreifen

Es ist das Verdienst von Bernard Lietaer und seinen Mitarbeitern (2010), das Thema Effizienz vs. Resilienz in die wirtschaftswissenschaftliche Diskussion eingebracht zu haben. Lietaer und sein Team haben sich angesichts der Aufarbeitung der Finanzkrise des Jahres 2008 intensiv (auch quantitativ) mit dem Problem der Nachhaltigkeit von ökonomischen Systemen befasst. Es nimmt nicht Wunder, dass sie hier große Anleihen bei der ökologischen Systemforschung machen konnten. Komplexe Flusssysteme, natürliche Ökosysteme, ökonomische und Finanzsysteme werden von grundlegenden Gesetzen regiert. Zu-

K. Kaz (✉)
KAZ Bildungsmedien, Köln, Deutschland
E-Mail: kazbildungsmedien@aol.de

sammengefasst kann gesagt werden, dass die Nachhaltigkeit solcher Systeme wesentlich von einem messbaren Parameter bestimmt werden, nämlich vom Gleichgewicht zwischen Effizienz und Resilienz.

Selbstverständlich kann man ein System immer effizienter gestalten. Wir alle tun das im Unternehmenskontext ständig und merken es oft gar nicht mehr. Aber dies geht nach und nach und immer häufiger zu Lasten der Nachhaltigkeit, zu Lasten der sog. Resilienz des Systems, anders gesagt zu Lasten der Systemwiderstandsfähigkeit und -flexibilität. Einige Beispiele: In einer Monokultur werden die Böden stetig ausgelaugt und sind am Ende nicht mehr ertragreich; ein zentralistischer Staat wie Frankreich scheint zunächst effizienter als der deutsche Föderalismus, aber letztlich können dezentral-föderal gute Lösungen besser erprobt werden, Nachwuchspolitiker können sich in erster Verantwortung üben und übermäßige Machtanhäufung wird verhindert. Oder ein drittes Beispiel: Deutschland ist getragen von einem gesunden Mittelstand und vielen sog. „hidden champions" (mittelständische Weltmarktführer); das macht die deutsche Wirtschaft deutlich robuster als z.B. die Wirtschaft unseres Nachbarn Frankreich.

Es ist hier nicht der Ort, diese Sachverhalte mathematisch abzuleiten oder gar exakt zu quantifizieren. Es sei aber für Interessierte auf den Aufsatz von Goerner et al. (2009) verwiesen.

Grafisch lässt sich sehr schön aufzeigen, worum es bei diesem Thema geht. Natürliche Systeme streben nie nach maximaler Effizienz, sondern hin zu einem Gleichgewicht zwischen den Polen der Effizienz und der Resilienz. Beides scheint nötig für eine langfristige Nachhaltigkeit zu sein und die gesündesten Systeme sind hierbei sehr nahe am Optimum. Besonders spannend ist, dass nach den bisherigen Forschungsergebnissen das Optimum ungefähr zweimal mehr auf der Resilienzseite liegt als auf der Effizienzseite (Abb. 1).

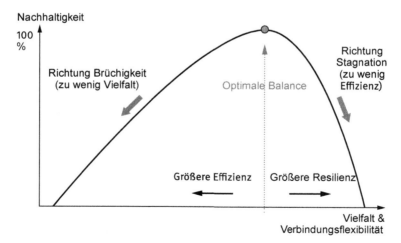

Abb. 1 Nachhaltigkeit zwischen den beiden Polaritäten Effizienz und Resilienz. (Nach Lietaer et al. 2010, S. 7; deutsche Übersetzung durch den Autor)

Eine zweite Grafik zeigt schließlich, dass es ein sog. Fenster der Lebensfähigkeit („window of viability") gibt. Bei zu geringer Diversität (Vielfalt) wird das System morsch oder brüchig („brittleness"), auch wenn es noch so effizient und modern gestaltet sein mag. Beispiel: Ich fahre ungebremst mit 300 Stundenkilometern ohne Aufprallschutz mit meinem Ferrari gegen eine Betonmauer. Und es ist tatsächlich so: Extrem effiziente Systeme wie der Hochfrequenzhandel im Finanzsektor werden hochanfällig für Störungen. Ein weiteres Beispiel wären die zentralisierten Stromversorgungsanlagen, die immer anfälliger werden und moderne Großstädte ins Dunkel stürzen können (sog. Blackouts).

In der Betriebswirtschaftswirtschaftslehre wird unter Effizienz der rationale Umgang mit knappen Ressourcen verstanden, es handelt sich also um das Verhältnis zwischen dem kurzfristigen Mitteleinsatz und dem erreichten Erfolg. Der konsequente Fokus darauf, hat uns in den vergangenen 250 Jahren sehr weit gebracht. Worum es nun geht, ist letztlich den Effizienzbegriff zu erweitern und dessen Verengung aufzubrechen. Wenn wir als Ökonomen den Resilienzbegriff zulassen und in unsere theoretischen Konzepte einbinden, kommen wir zu einer Effizienz höherer Ordnung, aus Unternehmersicht zu einer Organisation, die nicht so schnell gegen die Wand fährt und kurz- wie auch langfristig erfolgreich sein kann.

Meines Erachtens haben wir in den letzten 30 Jahren nach und nach eine Grenze erreicht. Die Unternehmenssysteme hatten vor der digitalen Revolution Ende der 1980er-Jahre sehr viel mehr an natürlichen Resilienzreserven. Postwege benötigen unendlich viel länger als eine E-Mail und von einer ständigen Erreichbarkeit waren die Mitarbeiter zumindest im Bürobetrieb sehr weit entfernt. Der eingebaute Stress im System war deutlich geringer. Es dürfte kein Zufall sein, dass das Thema Burnout Anfang der 1990er-Jahre erstmals breiter in die öffentliche Diskussion gerückt ist.

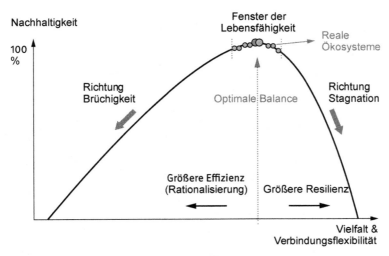

Abb. 2 Fenster der Lebensfähigkeit in natürlichen Ökosystemen. (Nach Lietaer et al. 2010, S. 8; deutsche Übersetzung durch den Autor)

2 Von der individuellen Resilienz zur organisationalen Resilienz

2.1 Die Resilienzfaktoren nach Reivich und Shatté

Resilienz ist ein Begriff, der zunächst in der Materialwirtschaft Verwendung fand und hier zur Beschreibung der Rückformungsfähigkeit eines Materials diente. Über ethnologische und sozialpsychogische Studien gelangte der Begriff dann in die Psychologie und schließlich in die Managementliteratur. Es geht also um die Anpassungsfähigkeit und die flexible Widerstandsfähigkeit eines Menschen in herausfordernden Umgebungen oder neuen Situationen. Ein Bild, das hier oft gebracht wird, ist das berühmte Stehaufmännchen. Auch in der Natur können wir viele Bilder für Resilienz entdecken: Der Schwamm, der in Wasser getränkt wieder zur Form zurückfindet oder der Bambus, der sich im starken Sturm elastisch verhält.

Diese Anpassungsfähigkeit haben wir in der sog. VUKA-Welt bitter nötig. Das Akronym ist Anfang der 2000er-Jahre in der Akademie der US-Army entstanden, VUKA steht hierbei für „volatility", „uncertainty", „complexity" und „ambiguity", und in der Tat kommen wir in dieser vernetzten und globalisierten Welt immer weniger zur Ruhe – außer wir steuern dagegen und finden entsprechende Gegenmaßnahmen. Das Resilienzkonzept scheint sich als Gegenmittel immer mehr durchzusetzen und ist auch inzwischen relativ gut ausgearbeitet.

Fast alle individuellen Resilienztrainings bzw. Abhandlungen zur individuellen Resilienz gehen auf die grundlegenden Arbeiten von Reivich und Shatté (2002) zurück. Zu Recht moniert Mourlane (2014), dass die dort erforschten sieben Säulen der Resilienz in den unterschiedlichsten deutschsprachigen Publikationen nicht korrekt zitiert werden. Er stellt die sieben echten Resilienzfaktoren nach Reivich und Shatté vor und bespricht diese in seinem Buch (Mourlane 2014; Erklärungen hier nach Drath 2014, S. 133) ausführlich. Diese sind:

- **Faktor 1: Emotionssteuerung** – die Fähigkeit, destruktive Gefühle mit innerer Distanz wahrzunehmen und zu neutralisieren
- **Faktor 2: Impulskontrolle** – die Fähigkeit, das eigene Verhalten in Krisensituationen zu steuern und sich nicht von langfristigen Zielen abbringen zu lassen
- **Faktor 3: Kausalanalyse** – die Fähigkeit, einen Misserfolg gründlich und nüchtern zu analysieren, um daraus für das nächste Mal zu lernen und den Fehler nicht zu wiederholen
- **Faktor 4: Realistischer Optimismus** – die Überzeugung, dass die eigenen Ziele erreicht werden können, obgleich sich Probleme auf dem Weg auftun werden, die gemeistert werden müssen
- **Faktor 5 Selbstwirksamkeitsüberzeugung** – die Überzeugung, das eigene Geschick selbst beeinflussen zu können und den anstehenden Herausforderungen gewachsen zu sein

- **Faktor 6: Reaching-out/Zielorientierung** – der Wille, sich unabhängig von der Meinung anderer zu entwickeln und sich aus eigenem Antrieb Ziele zu setzen, um diese konsequent zu verfolgen und schließlich auch zu erreichen
- **Faktor 7: Empathie** – die Fähigkeit, die Gefühle einer anderen Person nachzuvollziehen und sich in die Lage dieser Person zu hineinzuversetzen

Die gute Nachricht ist nun, dass individuelle Resilienz durch Trainings (für Führungskräfte und Mitarbeiter) deutlich gesteigert werden kann. Aus den genannten Resilienzfaktoren haben viele Trainer Trainingskonzepte entwickelt [neben Mourlane (2014) z. B. Heller (2013), Drath (2014) und Wellensiek (2011, 2012)]. Dieses Feld scheint inzwischen relativ gut und gesichert bearbeitet zu werden. Unklarer bzw. sehr viel mehr in der Diskussion steht meines Erachtens die organisationale Resilienz. Mit dieser werden wir uns in den nächsten Abschnitten fokussiert befassen, da es nicht reicht, Führungskräften oder/und Mitarbeitern individuell Resilienztrainings anzubieten (ob extern oder intern), sondern die Resilienz dauerhaft und tiefgreifend im Unternehmen verankert werden muss. Damit nicht jährlich „das Murmeltier grüßt", das in diesem Fall wahrscheinlich das Gesicht eines Burnouts für die nächsten Führungskräfte hätte. Ein gewonnenes Resilienzniveau im Unternehmen darf nicht gleich wieder verloren gehen.

2.2 Ableitung der organisationalen Resilienzfaktoren aus den individuellen Faktoren

Philipsen und Ziemer (2014) sind Teil der Beratergruppe Xcellience. Sie leiten in ihrem Aufsatz systematisch und parallel die organisationalen Resilienzfaktoren aus dem individuellen Resilienzfaktorenraster von Reivich und Shatté ab. Es ergeben sich dann also neben sieben individuellen Resilienzsäulen auch sieben organisationale.

Zur gleichen Beratergruppe gehören Beyer und Haller (2016), die die sieben Säulen für die Organisation schließlich in folgender Weise ausfüllen:

Situationsakzeptanz:
Resiliente Organisationen

- erkennen die Mehrdeutigkeit einzelner Perspektiven als Zeichen gesunder Realitätswahrnehmung an,
- stimmen Sichtweisen und Fokus zyklisch ab und synchronisieren sich,
- besitzen und überprüfen geteilte Werte als Grundlage der Situationsbeurteilung,
- bekennen sich zu abgestimmten Beurteilungen,
- ertragen bewusst das Bleiben von Diskrepanzen in der Organisation,
- artikulieren gemeinsame Sorgen und Befürchtungen und nutzen diese als Ausgangspunkte für Problemlösungen.

Zukunftsorientierung/Vertrauen:
Resiliente Organisationen

- vertrauen darauf, dass ihre Diversität, Dialogfähigkeit, Gestaltungsfähigkeit, Eigeninitiative und Vernetzung in der Gesellschaft die Erfolgsfaktoren sind, mit denen Krisen wie auch Veränderungen im Sinn der Zukunftsfähigkeit erfolgreich gestaltet werden können.

Lösungsorientierung:
Resiliente Organisationen

- entwickeln abgestimmte Lösungspfade, die auf gemeinsam abgestimmten und akzeptierten Lösungsmethoden fußen;
- zeigen Interesse an der gemeinsamen Problemlösung;
- erarbeiten Lösungen ganzheitlich unter Einbeziehung von Kunden und Lieferanten und den daraus für alle resultierenden Konsequenzen.

Aktivitätsorientierung:
Resiliente Organisationen

- sind umsetzungsorientiert und handeln proaktiv, wenn die Initiative an ihnen ist;
- fördern die Aktivitätsorientierung ihrer Mitglieder und unterstützen diese darin;
- suchen und finden die anstehenden Herausforderungen zunächst im eigenen Verantwortungsbereich und sorgen dann für ganzheitliche Lösungen.

Eigenverantwortlichkeit:
Resiliente Organisationen

- handeln vorbeugend, suchen vorab (systematisch) nach Ursachen für Fehlentwicklungen und Krisen und kalkulieren Scheitern ein;
- verzichten auf die Suche nach Schuldigen;
- übernehmen die Verantwortung für sich und andere.

Kontaktentwicklungsfähigkeit:
Resiliente Organisationen

- überwinden Abteilungs-, Bereichs- und gegebenenfalls Organisationsgrenzen in sinnhafter Weise;
- entwickeln Verständnis für divergierende Interessen;
- artikulieren ihre vitalen Eigeninteressen;
- sorgen für tragfähigen, begründeten Ausgleich;
- zeigen sich angemessen altruistisch und unterstützen entsprechend.

(Zukunfts-)Gestaltungsfähigkeit:
Resiliente Organisationen

- machen sich bewusst und regelmäßig frei von dem, was den Alltag bestimmt, und entwickeln Zukunftsvisionen, die der gemeinsamen Wertebasis entsprechen;
- nutzen schwache Signale als Zukunftsindikatoren; sie wissen, dass der (flüchtige) Erfolg der Gegenwart Feind des Fortschritts sein kann;
- ergreifen die Initiative, um auf breiter Front in angemessener Zeit und angemessenem Rahmen konstruktiv Vorstellungen über die Zukunft ihrer Organisation zu entwickeln, auch wenn das radikale Veränderungen einschließt;
- handeln im besten Sinn präventiv.

Beyer und Haller (2016) nutzen im Beratungskontext ein EDV-Tool, den I-Modeller. So kommen sie in der Evaluation des jeweiligen Unternehmens zu sog. Hebeln, um die wahrgenommene CSR im Unternehmen zu erhöhen. Hebel können dann z.B. sein: Sinn, Einbindung, situationsangemessenes Verhalten, motivierende Wertehaltung usw. Aus den Hebeln werden schließlich konkrete Maßnahmen zur Verbesserung der Unternehmenskultur oder der Strukturen und Prozesse abgeleitet. Hierbei wird letztlich auf bewährtes Instrumentarium zurückgegriffen. Entscheidend ist aber der quasi vollständige Unternehmensscan und die Ableitung der Maßnahmen aus der Gesamtschau.

2.3 Das Resilienzfeldkonzept und die Idee der organisationalen Energie

Drath (2014, S. 183) beklagt, dass Resilienz in der aktuellen Literatur meist nur als rein individuelle Persönlichkeitseigenschaft bzw. Kompetenz angesehen wird, was im Kontext von Unternehmen die Realität nur unzureichend widerspiegelt. Er unternimmt sodann den Versuch, Ansätze eines Konzepts zum Unternehmensklima zu entwickeln. Dieses **Resilienzfeldkonzept** analysiert das Unternehmen hinsichtlich des Klimas. Sind Teamklima oder Resilienzfeld positiv, werden Belastungen eher als Herausforderungen wahrgenommen. Den Mitarbeitern macht es Freude, Energie und Arbeit in eine Projekt hineinzustecken (Drath 2014, S. 185 ff.). Ist das Resilienzfeld negativ, entsteht eine Abwärtsspirale. Extremfall: Bei der France Telecom gab es in den Jahren 2008 und 2009 innerhalb kurzer Zeit drei Dutzend Selbstmorde von Führungskräften und Mitarbeitern. Aber auch in weniger extremen Fällen geht es um Verlust von Leistungsfähigkeit, Kreativität und Agilität der Teammitglieder und des Unternehmens. Individuelle Resilienz und Resilienzfeld sind getrennte Phänomene, die allerdings in Wechselwirkung miteinander sind. Trotz verständlicher und einprägsamer Darstellungen bleibt Drath ein Konzept schuldig, wie man das Phänomen des Resilienzfelds operationaler und messbarer und damit nutzbarer machen könnte. So bleibt es ein eher subjektives Beraterinstrument, um die aktuelle Lage verständlich und deskriptiv zu machen.

Die beschriebenen Ebenen des Resilienzfelds (Zusammensetzung, Lernfähigkeit, Vertrauen und Unterstützung, Konfliktfähigkeit, „commitment", „accountability", Sinn und Identität) und die entsprechende Resilienzsphärenzuordnung (Persönlichkeit, Biographie, Ressourcen, Beziehungen/Authentizität, Haltung und Sinn) ergeben ein ausgezeichnetes Raster für eine umfassende Beratung bzw. für Trainingsansätze.

In gewisser Verwandtschaft zu Drath steht das Konzept der **organisationalen Energie** nach Bruch und Vogel (2005). Sie beschreiben verschiedene Energiezustände, die auch konkret mithilfe von Fragebögen erhoben werden. Heike Bruch und ihr Team haben an der Universität St. Gallen dieses Verfahren zur Ermittlung der organisationalen Energie entwickelt, mit dem sich deren Ausprägung in einem Unternehmensbereich ermitteln lässt (Tab. 1).

Es werden folgende Energiezustände unterschieden:

Tab. 1 Organisationale Energiezustände nach Bruch und Vogel (2005). (Zitiert nach Drath 2014, S. 191)

Produktive Energie	Wünschenswerter Energiezustand, Aufbruchstimmung, hohe emotionale Identifikation und starkes gemeinsames Engagement für Unternehmensziele
Angenehme Trägheit	Hohe Zufriedenheit und Identifikation mit dem Status quo, geringe Handlungsintensität, reduzierte Aufmerksamkeit und Veränderungsfähigkeit
Resignative Trägheit	Geringes Aktivitätsniveau aufgrund hoher Frustration und Gleichgültigkeit, geringes Maß an bereichsübergreifender Kommunikation und Zusammenarbeit
Korrosive Energie	Hohe Anspannung gekoppelt mit inneren Konflikten, Machtkämpfen und Politik, Mitarbeiter arbeiten gegen Unternehmensziele, geringe bis keine Innovationskraft

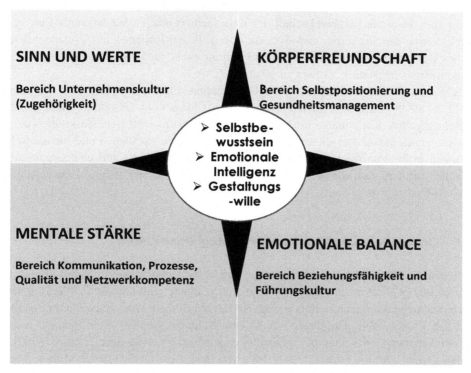

Abb. 3 Gesamtschaubild der Resilienzkompetenzen nach Human-balance-Training. (Wellensiek 2012, S. 70)

2.4 Das ganzheitliche Konzept von Wellensiek (Human-Balance-Training-Kompass)

Wellensiek (2011, 2012) hat in den letzten 8 bis 10 Jahren ein umfassendes Konzept entwickelt, um die Resilienz der Mitarbeiter, der Teams, der Führungskräfte zu steigern. Ihr Konzept kann ganzheitlich genannt werden, da sie mit sog. Human-Balance-Training(HBT)-Kompassen jeweils vier Dimensionen systematisch abscannt und daraufhin Übungen und Maßnahmen abstellt (Abb. 3).

Wellensiek geht davon aus, dass sich echte organisationale Resilienz nur dann entwickelt, wenn die Führungskräfte auch genügend Persönlichkeitsentwicklung betrieben haben, um eine achtsame, bewusste Haltung auch in Stresssituationen langfristig durchzuhalten. Schließlich sollten unterschiedslos Mitarbeiter wie Führungskräfte in Resilienztechniken ausreichend geschult werden. Ausgangspunkt sind also eher der Bereich Selbstpositionierung und Gesundheitsmanagement sowie eine neue Beziehungsfähigkeit und Führungskultur. Sozusagen im Nachgang – zwar nicht automatisch, aber doch mit einer gewissen Leichtigkeit – werden dann die Prozesse und Strukturen angepasst. Schließlich befinden wir uns auf einem neuen Level resilienter Unternehmenskultur. Für Wellensiek steht aber die Änderungsbereitschaft des Einzelnen absolut im Vordergrund. Eine reine Veränderung der Strukturen und Prozesse oder z. B. ein isoliertes, aufgesetztes betriebliches Gesundheitsmanagementprogramm hält sie nicht für tiefgreifend genug, um ein Unternehmen nachhaltig resilient zu gestalten.

Ein umfassender Resilienz-TÜV für Organisationen (zusammengefasst in Wellensiek 2012, S. 89–90) sieht die fünf Dimensionen Gestaltungswille, Gesundheitsmanagement, Führungskultur, Kommunikation/Prozesse/Qualität sowie Unternehmenskultur vor. Es spricht vieles dafür, dass dieses parallele Abarbeiten von sachlichen und menschlichen Themen in Summe die vielversprechendste Vorgehensweise ist, um eine Organisation wirklich resilient zu machen. Andererseits bleibt bei Wellensiek meines Erachtens noch die ‚Trainerbrille' dominant.

2.5 Organisationale Resilienz für strategielose Zeiten

Välikangas (2010, die als Professorin der Betriebswirtschaftslehre in Finnland und den USA lehrt) geht davon aus, dass eine strategische Planung im klassischen Sinn für viele Unternehmen nicht mehr zielführend ist. Sie spricht deshalb von strategielosen Zeiten in der sog. VUKA-Welt. Alte Rezepte funktionieren immer weniger! Zum Beispiel scheint es auf den ersten Blick sinnvoll, Innovationen aus Best Practices abzuleiten, in Wirklichkeit kommen aber die echten Innovationen von unkonventionellen neuen Mitbewerbern, die dann den Markt aufrollen.

Was tun? Välinkangas empfiehlt den Unternehmen auf organisationale Resilienz zu setzen. In einer Zeit der Übergangsphasen und Umbrüche gilt es, eine Kraft zu entwickeln, um mit den ständigen Umbrüchen umzugehen. Zudem tun Unternehmen oft zu viel, sie gleichen einem hektischen Autofahrer, der auf der Autobahn im Stau steht, oder eben einem Manager kurz vor dem Burnout. Auch das ist definitiv nicht zielführend.

Välikangas (2010, S. 92) beschreibt die Dimensionen der organisationalen Resilienz, die sie in widerstandsfähigen erfolgreichen US-amerikanischen Unternehmen gefunden hat, wie folgt (zusammengefasst nach Starecek 2013, S. 153):

- **Diversität:** Organisationen steigern ihre Resilienz, indem sie die Anzahl der unterschiedlichen Perspektiven, Meinungen, Ansichten im Inneren erhöhen.
- **Einfallsreichtum:** Resiliente Organisationen machen aus wenig viel, sie nutzen Ressourcenknappheit für Innovationen.
- **Robustheit:** Organisationen sind robust gestaltet, wenn es ihnen gelingt, in Turbulenzen im Tun zu bleiben anstatt zu erstarren.
- **Antizipation:** Resiliente Organisationen hören auf leise Signale, die Veränderungen ankündigen.
- **Ausdauer:** Die Kultur resilienter Organisationen ist durch Beharrlichkeit, Zähigkeit und Leidensfähigkeit gekennzeichnet.

Välikangas bleibt keineswegs im Nebulösen. Die fünf Dimensionen organisationaler Resilienz werden sehr genau beschrieben und sehr viele Unternehmensbeispiele werden berücksichtigt (empirische Grundlage). Das sind Ansätze, die im deutschsprachigen Raum noch viel zu wenig aufgegriffen wurden und die es gilt, weiter auszuwerten.

3 Struktur und Kultur des Unternehmens nachhaltig in Richtung Resilienz ändern – zur Perspektive

3.1 Weiche und harte Faktoren gleichermaßen berücksichtigen

Der Resilienzansatz erlaubt es grundsätzlich, weiche und harte Faktoren gleichermaßen anzugehen. Eigentlich allen vorgestellten Ansätze ist bewusst, dass das Thema Resilienz nur dann von Erfolg gekrönt sein wird, wenn die Situation der führenden Personen wie auch der Mitarbeiter untersucht und gestärkt wird. Das sind zunächst individuelle Trainings. Die individuelle Resilienz kann übrigens nach Reivich und Shatté mit dem „resilience factor inventory" (RFI) standardisiert gemessen werden. Die verschiedenen Ansätze betrachten in unterschiedlichem Maß die Unternehmenskultur. Persönlichkeitsentwicklung („soft skills"), gelebte Werte und Haltungen sollten letztlich zu einer resilienten Vertrauenskultur führen.

Wir dürfen aber die Ebene der Strukturen und Prozesse nicht vernachlässigen. Und in der Tat, wenn nicht Prozesse und Strukturen so angegangen werden, dass das Unternehmen nachhaltig resilient gehalten wird, dann werden die Personalentwicklungsmaßnahmen zumindest mittelfristig verpuffen. Angegangen werden müssen deshalb z. B. auch Abläufe und Prozesse zur Ermittlung von Überbelastungen, energiefressende Meetingkulturen, unrealistische Zielvereinbarungsverfahren usw. So entsteht dann nach und nach ein Unternehmen, dass auf beiden Beinen steht: Effizienz und Resilienz. Das nachfolgende Schema nach Wilber macht dies in einer Gesamtschau noch einmal optisch deutlich.

3.2 Resilienzsteigerung im Unternehmen nach dem Vier-Quadranten-Schema nach Wilber

Ansatzpunkte zur Resilienzsteigerung im Unternehmen – Versuch der Systematisierung
Ansatzpunkte zur Beeinflussung der Resilienz in der Unternehmung, zugeordnet nach dem Quadrantenschema von Ken Wilber (2007)

OBEN – LINKS	OBEN – RECHTS
Innen-individuell (absichtsbezogen)	**Außen – Individuell (verhaltensbezogen)**
Ansatz generell: Individuelles Resilienztraining für Führungskräfte und Mitarbeiter [z. B. Jutta Heller (2013), Denis Mourlane (2014), Sylvia K. Wellensiek]	*Ansatz generell: Berufliches Gesundheitsmanagement*
Achtsamkeit/Meditation (Kohtes und Rosman, in diesem Band)	Verhaltensregeln zur Burn-out-Prävention, zur bewussten Ernährung, zum pfleglichen Umgang mit dem Körper, Pausenregelungen usw
Beeinflussung der individuellen Resilienzfaktoren nach Reivich und Shatté (2002)	Vorbildverhalten der Führungskräfte
UNTEN – LINKS	**UNTEN – RECHTS**
Innen – kollektiv(kulturell)	**Außen – kollektiv (sozial)**
Ansatz generell: Unternehmenskultur/ Führungskultur	*Ansatz generell: Kommunikation, Prozesse und Strukturen im Unternehmen*
Ansatz Resilienzfeld (Drath 2014)	Qualitätsmanagement
Ansatz organisationale Energie (Bruch 2005)	Ansatz von Välikangas (2010)
Ganzheitlicher Ansatz Human-Balance-Training" (Wellensiek, 2011, 2012)	Hebel Ansatz von Beyer und Haller (2016)

4 Fazit

In der Betriebswirtschaftslehre und bei Unternehmern und Führungskräften herrscht nach wie vor ein mehr oder minder **reines Effizienzdenken** (ökonomisches Prinzip, Sachebene) vor. Mit Bewusstwerdung des komplementären Verhältnisses von Effizienz und Resilienz kann unternehmerisches Handeln begründet auf eine neue Grundlage gestellt werden. Wem der langfristige und dennoch dynamische Unternehmenserfolg wichtig ist, der wird sich gern dem **Resilienzthema** (sozial-ökologisches Prinzip, menschliche Ebene) annähern.

Der Beitrag macht klar, dass sich das Thema nicht auf die Förderung individueller Resilienz reduzieren lässt, sondern (z. B. nach dem Vier-Quadranten-Schema) ganzheitlich zu behandeln ist. Alleine dieser systematische Blick lässt viele neue Aspekte erkennen. Insgesamt steht die Betrachtung organisationaler Resilienz am Anfang.

Es fehlen sowohl ausdiskutierte reife Konzepte, über die mehr oder minder ein wissenschaftlicher Konsens besteht, wie auch solide empirische Studien. Die Bertelsmann-Studie (Mourlane und Hollmann in diesem Band) nimmt hier erste Aspekte auf. Eine andere Lücke ist sicher auch die Operationalisierung und letztlich auch nutzbringende Quantifizierung der Konzepte Effizienz und Resilienz im Zusammenspiel, z. B. in einer entsprechend ausgearbeiteten **neuartigen „Balanced Scorecard"**. Wenn so für jeden Betriebswirtschaftler und Unternehmer unmittelbar und klar ersichtlich wird, wie die beiden scheinbaren Antagonisten auch quantitativ zusammenspielen, dann wäre das ein weiterer konkreter Schritt in Richtung nachhaltiger Unternehmensführung.

Literatur

Beyer J, Haller H (2016) CSR & Resilienz. Entmystifizierung, Wiederentdeckung und Nutzung eines Lebensprinzips. In: Hänsel M, Kaz K (Hrsg) CSR und gesunde Führung. Werteorientierte Unternehmensführung und organisationale Resilienzsteigerung. Springer, Heidelberg

Bruch H, Vogel B (2005) Organisationale Energie. Wie Sie das Potential Ihrer Unternehmung ausschöpfen. Gabler, Wiesbaden

Drath K (2014) Resilienz in der Unternehmensführung. Was Manager und ihre Teams stark macht. Haufe, Freiburg

Goerner SJ, Lietaer B, Ulanowicz RE (2009) Quantifying economic sustainability. Implications for enterprise theory, policy and practice. Ecol Econ 69(1): 76–81

Heller J (2013) Resilienz. 7 Schlüssel für mehr innere Stärke. Gräfe & Unzer, München

Mourlane D (2014) Resilienz. Die unentdeckte Fähigkeit der wirklich Erfolgreichen. Business Village, Göttingen

Lietaer B, et al. (2010) Is our monetary structure a systemic cause for financial instability? Evidence and Remedies from Nature, Journal of Future Studies, Special Issue in the Financial Crises

Philipsen G, Ziemer F (2014) Mit Resilienz zu nachhaltigem Unternehmenserfolg. Wirtschaftsinformatik & Management 2/2014:68–76

Reivich K, Shatté A (2002) The resilience factor. Broadway Books, USA

Starecek M (2013) Organisationale Resilienz für strategielose Zeiten. Psychol Österreich 2/2013:152–157

Välikangas L (2010) The resilient organization. How adaptive cultures thrive even when strategy fails. McGrawHill, USA

Wellensiek SK (2011) Handbuch Resilienz-Training. Widerstandskraft und Flexibilität für Unternehmen und Mitarbeiter. Beltz, Weinheim und Basel

Wellensiek SK (2012) Resilienz-Training für Führende. So stärken Sie Ihre Widerstandskraft und die Ihrer Mitarbeiter. Beltz, Weinheim und Basel

Wilber K (2007) Integrale Spiritualität. Spirituelle Intelligenz rettet die Welt. Kösel, München

Karl Kaz Studium der Wirtschaftswissenschaften (Diplom-Ökonom), danach wissenschaftlicher Mitarbeiter, Lehrer, Dozent, Trainer und schließlich im Verlagsmanagement tätig als Redaktionsleiter, Verlagsleiter und Geschäftsführer. Derzeit als Verlagsleiter Deutschland des hep-Verlags und als Berater und Businesscoach tätig.

Im Spannungsfeld von Unternehmenskultur, Bildung und Gesundheit

Bernd Schmid und Thorsten Veith

Deutsch Was macht Mitarbeiter krank?

Schmid Sehr vereinfacht würde ich sagen: Für die meisten Leute haben Komplexität und Dynamik enorm zugenommen. Sie müssen sehr viel mehr Rollen wahrnehmen, sie haben mehr Kontexte, auf die sie sich beziehen müssen und mehr Beziehungen, die sie gestalten müssen. Jeder muss ein sehr komplexes Potpourri bedienen und muss für sich Prioritäten konfigurieren, die aus ganz unterschiedlichen Logiken kommen.

Selbst wenn in einem Unternehmen gesunde Verhältnisse bestehen, also kein übermäßiger Druck besteht, ist allein diese Komplexität eine Herausforderung, auf die viele Menschen mit ihrer professionellen Qualifizierung nicht vorbereitet sind. Die meisten haben ja einfach einen Beruf gelernt oder sich in bestimmte Rollen in Organisationen eingearbeitet.

Es wäre also schon anspruchsvoll genug unter günstigen Verhältnissen! Aber wie wir alle wissen, sind die Verhältnisse für viele Menschen nicht günstig. Das heißt: Sie sind nicht mehr in festen Teams, Zugehörigkeiten und Beständigkeiten aller Art sind infrage gestellt. Oft wissen sie nicht mehr, ob ihr Know-how trägt. Das Unternehmen sieht sich mit Unsicherheiten und erhöhten Anforderungen konfrontiert – und oft genug antwortet

---

Interview geführt von Christian Deutsch
Christian Deutsch, freier Redakteur und Journalist in Heidelberg, führte durch das Gespräch.
www.redaktion-hd.de

B. Schmid (✉) · T. Veith
Institut für systemische Beratung Wiesloch, Wiesloch, Deutschland
E-Mail: schmid@isb-w.eu

T. Veith
E-Mail: veith@isb-w.eu

es dann mit Druck anstatt mit Intelligenz, guter Beziehungspflege und modernen Führungskonzepten. „Wir wollen von Ihnen folgende Zahlen sehen" heißt das Motto. Und bei der Umsetzung werden die Leute dann von ihren Führungskräften allein gelassen. Es trifft dann oft die, die das höchste Verantwortungsgefühl haben. Die tun ihr Bestes, leisten enorm viel. Wenn aber Menschen zu beständig Stress haben oder die Zuversicht verlieren, dass sie die Ziele erreichen, dann haben sie irgendwann Land unter. Das zeigt sich in unterschiedlichem Ausweichverhalten, in Suchtverhalten – sie werden krank.

Veith Von vielen wird das in Organisationen so erlebt. In der Arbeit mit unseren Teilnehmern wird es Thema. Sie schildern dies in Supervisionen und Intervisionen[1], wenn sie sich also austauschen und gemeinsam lernen: Es findet keine Führung statt, sondern der Druck wird einfach weiter nach unten gegeben. Gerade die jüngeren Kollegen sind hoch motiviert und zunächst auch stressresistent. Dennoch bestehen unterschwellige Prozesse, die sie nicht wahrnehmen möchten, die dann dazu führen, dass diese Leute irgendwann aus der Bahn kippen. Formal existiert zwar eine Führungsstruktur, aber auch die Führungskräfte stehen unter einem so hohen Druck, dass sie keinen anderen Weg sehen, als den Druck nach unten zu delegieren. Dann verschiebt sich das nach unten – und die letzten, die die Aufgaben dann ausführen müssen, bekommen Land unter. Hinzu kommt, dass viele nicht gelernt haben, Prioritäten zu setzen. Sie haben keine professionelle Eigensteuerung erlernt, können nicht abwägen, was noch in ihr Raster passt. Damit verbunden ist immer auch die Befürchtung, wenn ich eine Aufgabe nicht übernehme, wirkt sich das negativ auf mein Standing aus. Das ist dann das Thema Kultur: Darf jemand eine Aufgabe ablehnen, wenn er ausgelastet ist?

Metaprofessionalität erwerben

Schmid Viele versuchen dann, die Übersichtlichkeit herzustellen, indem sie ihren Horizont kleiner machen und dort dann ungemein gründlich arbeiten wollen. Manche Gründlichkeiten machen aber heute in den oft sehr leichtlebigen Prozessen, bei denen man ständig am Umorganisieren ist, gar keinen Sinn. Andere Dinge müssen dagegen von der Substanz her gründlich durchdacht werden, wenn auch von der Form her sehr flüssig bleiben. Notwendig sind daher ganz neue Qualifikationen. Die Menschen müssen eine Art von Professionalität erwerben, die sie in verschiedenen, auch schnell wechselnden Rollen ausleben können. Das ist das, was wir Metaprofessionalität nennen.

Deutsch Können Sie das an einem Beispiel erläutern?

Schmid Wir haben einen Arbeitskreis Demografie geplant. Bis dahin sind es noch drei Monate. Würden wir heute schon bis ins Detail eine Tagesordnung erstellen und alle Abläufe planen, wäre das viel zu früh. Denn noch steht nicht fest, wer zu- und absagt. Stattdessen müssen wir eine Vorstellung bilden, was wir im Wesentlichen machen wollen – worin der Geist der Sache, die Kultur liegt. Wenn es jemandem schwer fällt, diese eher

---

[1] Zum Konzept der Intervision und dessen Einführung in Organisationen: Schmid et al. 2010.

abstrakten Dinge zu begreifen und stattdessen an einer perfekten Oberfläche arbeitet, kann er sich daran aufreiben und erbringt dennoch nur eine Minderleistung gemessen an dem, was heute gefordert ist.

Veith Das ist eine Kompetenz, die man als junger Kollege in der Ausbildung kaum vermittelt bekommt. Sehr viele junge Nachwuchskräfte sind fachlich kompetent, diese Formen der Metaprofessionalität sind jedoch nicht Teil ihrer Ausbildung und ihres Studiums.

Schmid Das ganze Bildungssystem hat sich darauf noch nicht eingestellt. Die Leute müssen lernen, bei sich zu sein, sich relativ geborgen zu fühlen, obwohl viele Dinge in der Schwebe bleiben.

Veith Deshalb machen wir uns für Mentorenmodelle stark, um den Teil nachzuholen, der in der Ausbildung zu kurz gekommen ist. Die Idee dabei ist, ältere und erfahrene Kollegen mit jüngeren zusammenzubringen, um genau dieses Defizit durch deren Erfahrungswerte auszugleichen.

Schmid Wobei wir hier feststellen: Wenn ältere Mitarbeiter die jungen Leute einfach nur betreuen, ohne selbst sich noch einmal auf den Lernweg zu begeben, ohne selbst noch einmal neu zu verflüssigen, was sie an Kompetenz und an Lebenserfahrung haben, dann funktioniert das oft nicht richtig. Deshalb haben wir für diese Mitarbeiter spezielle Curricula entwickelt.

Deutsch Das ist ein interessantes eigenes Thema, das wir einmal getrennt aufgreifen sollten.

Schmid Ja, aber das Problem ist: Das ist einerseits ein eigenes Thema, andererseits ist es eine Perspektive, die man mitdenken muss. Man kann die Themen eben nicht in unterschiedliche Kästchen tun, denn im Alltag kommen diese verschiedenen Themen ja immer ganz konkret zusammen.

Deutsch Als Journalist denke ich eher in Einzelaspekten, die ich thematisch hochziehen kann.

Schmid Da haben wir das gleiche Problem. Da haben Sie als Schreiber wie auch das lesende Publikum das gleiche Problem: Die wollen gern die Dinge in separaten Kästchen haben. Daraus entsteht dann eine unübersichtliche Menge, die keiner mehr handhaben kann.
Stattdessen müssen wir mental auf eine andere Ebene kommen. Wir müssen die konkreten Dinge konkret lassen, sie aber nach verschiedenen Gesichtspunkten sinnhaft konfigurieren. Das heißt, es muss nach ökonomischen Gesichtspunkten Sinn machen, es muss nach Bildungsgesichtspunkten Sinn machen, es muss nach Gesundheits- und kulturpflege-

rischen Gesichtspunkten Sinn machen. Wir können nicht für jedes Thema eigene Bühnen und eigene Rollen schaffen. Dafür reichen die Ressourcen nicht. Es ist heute eine schöpferische Integration ganz verschiedener Steuerungsprinzipien in ganz konkreten Aktionen verlangt, für die wir in vielem noch nicht gerüstet sind. Es ist natürlich viel einfacher, zu jedem Thema ein eigenes Stück zu machen. Doch bei der Leistungsverdichtung, die heute von uns erwartet wird, kommen wir damit nirgends mehr hin.

Gesundheit als Perspektive begreifen

Schmid Wir unterscheiden immer zwischen Perspektiven und Gegenständen. Auch wenn Sie das Thema als Gegenstand darstellen – eigentlich ist es eine Perspektive.

Deutsch Das heißt?

Schmid Ich versuche, es immer an einem Beispiel aus dem Krankenhaus klar zu machen. Psychosomatik, dass man also die seelische Situation eines Menschen mit berücksichtigt, ist eine Perspektive jeder Medizin. Aber was machen die Krankenhäuser? Sie machen eine Abteilung für Psychosomatik auf. Das ist ein Widerspruch. Besser als gar nichts, aber Thema verfehlt! Und so ist es mit dem Gesundheitsthema, mit dem Sinnthema, mit dem Professionalitätsthema. Dass man sagt: Jetzt arbeiten wir erst einmal, und daneben entwickeln wir auch noch Professionalität, wenn wir mal Zeit haben. Das sollen ein paar Fachleute für uns machen, während wir normal weiterarbeiten. Das funktioniert halt nicht.

> **Gesundheit als Perspektive**
> „Individuelle, verhaltensbezogene Einzelmaßnahmen (Rückenschule, Antistressseminare und ähnliche Formate), die sinnvoll eingesetzt werden können, müssen im Unternehmen dauerhaft mit der Perspektive Gesundheit in betriebliche Prozesse und Strukturen kombiniert und in die Kultur(en) integriert werden. Wie kann man sich das vorstellen? So verstanden ist Gesundheit kein eigener Gegenstand, sondern eine Perspektive auf alle (Leistungs- und Wertschöpfungs-)Prozesse in der Organisation. Nur dann gelingt die Umsetzung von Vorhaben und Zielen in Richtung eines anderen Umgangs mit Gesundheit. Gesundheit wird Systemqualität." (Veith 2014, S. 235 f.)

Deutsch Zurück zum Thema Gesundheit. Die Probleme haben Sie geschildert.

Schmid Eines möchte ich dazu sagen. Eines der Probleme mit der Gesundheit ist folgendes: Junge Menschen haben immer, solange die Organismen jung sind, enormes kreatives Potenzial und enorme Selbstausbeutungs- und Leidensfähigkeiten – und auch, wenn man es positiv ausdrückt, enormes Engagement. Solange wir auch noch ein Überangebot an jungen Leuten haben – was nicht mehr lang so bleiben wird –, sind sie auch zu jeder

Selbstausbeutung bereit. Viel zu wenig fordern sie von den Unternehmen, gesunde und vernünftige Bedingungen zu schaffen. Sie tun das auch deshalb nicht, weil die Spätfolgen dieser frühen Selbstausbeutung erst in 10 bis 15 Jahren auflaufen werden. Solange die Unternehmen noch glauben, dass sie diese Mitarbeiter dann einfach austauschen können, arbeiten die nach dem Vogel-friss-oder-stirb-Prinzip.

Deutsch Hat dieser Zusammenhang zu den krankmachenden Strukturen in den Unternehmen geführt?

Schmid Ich würde das nicht kausal so sagen. Aber es fehlt dadurch die Dringlichkeit, darüber nachzudenken. Wenn die Leute dann jenseits der Lebensmitte merken, die Kompensationen gelingen nicht mehr so leicht, wenn sich dann die ersten strukturellen Schäden, wenn sich Ermüdung und Berufsmüdigkeit zeigen, dann hat das eben eine lange Vorgeschichte. Während der ersten 30 Jahre, in denen sie die Ursachen legen, spüren sie nicht die Notwendigkeit, etwas zu tun. Es bedarf daher einer kulturellen Vernunft aller Beteiligten, um frühzeitig zu verstehen, was dem Menschen gerechte Bedingungen sind. Aber zugegeben: Es ist schwer zu verlangen von einem Manager, der unter Druck ist, einem jungen Menschen zu sagen: „Ich bewahre dich vor deiner Selbstausbeutung". Denn der muss ja für jeden, der sich krumm legt und ihm hilft, etwas wegzuschaffen, auch gottfroh sein.

Psychische Gesundheit im Unternehmenskontext
Psychische Gesundheit im Unternehmenskontext ist dann gegeben, wenn ein Mensch seinen Beruf und seine Funktionen in dieser Organisation so ausfüllen kann, dass er seine Leistungen i. d. R. ohne anhaltenden Stress erbringen kann. Dies geschieht ohne länger andauernde Beeinträchtigung seines körperlichen und seelischen Funktionierens und Wohlbefindens und ohne, dass Raubbau an seinem Privatleben oder an seiner altersgemäßen Entwicklung betrieben wird.

Deutsch Diese Grundhaltung lässt sich schwer verändern.

Schmid Natürlich. Da sind ja keine Bösewichte am Werk. Da sind Leute, die versuchen, ihre Situation bestmöglich zu bewältigen. Doch die Logiken der heutigen Zeit verlangen oft sehr viel mehr kulturelle Vernunft als früher, um nicht Entwicklungen zu dulden oder mit zu fördern, die dann nachher erhebliche Auswirkungen auf Seele und Körper haben.
Ökonomische Notwendigkeit

Veith Auf dem Forum des Helm Stierlin Instituts in Heidelberg zum Thema Gesundheit und Arbeitswelten ist deutlich herausgekommen: Es werden im betrieblichen Gesundheitsmanagement oft viele Einzelmaßnahmen ergriffen, aber recht wenig wird in Bezug darauf getan, wie sich die Organisation weiterentwickelt und wie Abläufen und Strukturen geschaffen werden können, die nicht pathogen sind, sondern eher gesund machen. Da gibt es auf Organisationsseite noch einen wichtigen Part, der gestaltet werden muss, um diese neue Führungskultur zu schaffen. Dr. Franz Netta, Vice President Human Resources bei der Bertelsmann AG, hat das auf der Tagung ganz klar formuliert. Der hat es ja auf die Formel verkürzt: Wenn ihr gut führt, habt ihr gesunde Mitarbeiter und ein gutes Betriebsergebnis.

Schmid Da hat sich die Welt ja auch verändert. In den vergangenen Wachstumszeiten konnte man alles, was an Fehlern gemacht wurde, mit Zuwächsen abdecken. Das läuft in vielen Bereichen nicht mehr so. Zudem bringt es der demografische Wandel mit sich, dass ein Unternehmen nicht mehr einfach junge Kräfte nachbekommt.

Wenn die Unternehmen tatsächlich die Leute länger halten wollen, weil die Nachwuchskräfte fehlen, dann werden sie schon aus ökonomischer Notwendigkeit neu über die größeren Zusammenhänge der Gesunderhaltung, der Employability, nachdenken. Und das heißt: Nicht in den ersten zehn Jahren des Berufslebens alle Reserven und alle interessanten Möglichkeiten verpulvern! Die Firmen werden dann auch merken, dass es keinen Sinn hat, junge Leute zu früh ständig in zu große Schuhe zu stellen. Was will man so jemandem nachher dann auch noch bieten? Ein Unternehmen wird also mehr die längerfristige Pflege von Mitarbeitern im Blick haben, einfach, weil es sonst zu viele kaputte Leute hat, die es nicht mehr richtig einsetzen kann.

Deutsch Entscheidend ist also das ökonomische Argument.

Schmid Nur wenn Sie die Zusammenhänge zwischen ökonomischer Kalkulation und menschlichem Schicksal klar machen können, werden diese Zusammenhänge in die Steuerung der Wirtschaft wirklich Eingang finden. Hier liegt auch die Rolle der Politik, die aus ihren politischen Maximen Gesetze macht, die für die Unternehmen dann eine kalkulatorische Größe sind. Wir können das nicht, weil wir keine Gesetzgeber sind. Wir können aber versuchen, die Zusammenhänge verständlich zu machen, sodass die, die sie berücksichtigen wollen, die richtigen Landkarten darüber im Kopf haben, was eigentlich menschengerecht ist. Mehr können wir nicht tun.

Veith Der ökonomische Zusammenhang wird ja mittlerweile von verschiedenen Seiten klargestellt und vermittelt. Wenn man diesen Zusammenhang zwischen Gesundheitsvorsorge und betriebswirtschaftlichen Ergebnissen darstellt, leuchtet das jedem zahlengetriebenen Manager ein.

Deutsch Dem steht das kurzfristige Denken in vielen Unternehmen entgegen. Wenn ein Manager nur für vier Jahre am Ruder ist, will er in dieser Zeit möglichst gute Ergebnisse erzielen.

Schmid Vier Jahre laufen die Verträge. Tatsächlich sind es nur zweieinhalb. Aber wir dürfen uns da nicht zu sehr am alltäglichen Wahnsinn orientieren. Das ist in vieler Hinsicht eine verkehrte Situation. Daran können wir uns nicht ausrichten. Wir müssen uns auf das längerfristig Menschliche und Vernünftige ausrichten. Irgendwann werden die Investoren auch merken, dass man nicht endlos menschliche oder natürliche Ressourcen verbrauchen kann, ohne dass man dafür bezahlen muss.

Deutsch Sie plädieren also für eine nachhaltige Unternehmensführung?

Schmid Ja, natürlich – auch weil ich meine, dass das auch das ökonomisch Vernünftige ist. Wir verwenden einen ganz klassischen Ökonomiebegriff: Ökonomie ist die intelligente Kombination von Produktionsfaktoren zur Erzeugung eines Mehrwerts. Und der Mehrwert kann ja für Menschen letztlich nur menschliche Wohlfahrt sein. Alles andere, also Geld oder sonst etwas anzuhäufen, ist nicht wirklich ökonomisch. Oft ist es nicht einmal intelligent. Das ist unser Ökonomieverständnis. Wenn man den Menschen versteht und ernst nimmt, wenn man Wohlfahrt mehrt und gleichzeitig Wirtschaften so gestaltet, dass der Mensch darin sinnvoll leben und seine Kompetenzen voll zum Einsatz bringen kann, dann hebt sich der Gegensatz zwischen Ökonomie und Menschenverständnis recht leicht auf.

Umdenken im Generationendialog

Schmid Wir erleben viele junge Leute, gerade die begabtesten, die auch intelligent genug sind, dass sie mehr vom Leben wollen als nur zu funktionieren. Diese Leute werden auch Ansprüche stellen und danach fragen, welchen Sinn es für sie macht, in einer Organisation zu arbeiten und wie sie das mit ihren Lebenszielen kombinieren können. Da mit der demografischen Entwicklung junge kompetente Menschen zunehmend zur Mangelware werden, hoffe ich, dass die Unternehmen allein schon aufgrund des Konkurrenzdrucks menschengerechtere Bedingungen bieten werden.

Veith Wobei ich die Erfahrung mache, dass die Guten von den Unternehmen so gut eingedeckt werden.

Schmid … dass sie ihnen durch viele Privilegien die Vernunft abkaufen!

Veith Ja genau. Intelligente Leute verausgaben sich dermaßen, dass sie wie in eine Trance geraten. Und wenn du sie herausnimmst und mit ihnen sprichst, sagen sie: „Ja, es ist mir klar". Aber sobald sie wieder im System drin sind.

Schmid Deshalb brauchen wir den Generationendialog. Hier in diesem Raum sitzen ja manchmal 55-Jährige und 35-Jährige. Wenn der 35-Jährige seelisch begreift, wie es dem 55-Jährigen geht, der alles mitgemacht und erreicht hat, was er damit erreichen wollte – und dann dessen Lebensbilanz sieht, geht das manchmal schon zu Herzen.

Deutsch Wie gelingt es, die Generationen ernsthaft zusammenzuführen?

Schmid Dazu braucht man eine Bildungskultur, wo solche Dialoge auch wirklich stattfinden. Das haben wir hier.

Positive Unternehmensbeispiele

Veith Wobei ich schon den Eindruck habe, dass es Unternehmen gibt, die bereits verantwortungsvoll mit der Gesundheit ihrer Mitarbeiter umgehen. Es gibt in der Region einige Unternehmen, die sich dessen bewusst sind und Gesundheit eben nicht als Einzelthema begreifen, sondern erkennen, dass es mit vielen anderen Themen verflochten ist.

Schmid Und man sieht natürlich, dass auch ein kapitalmarktgetriebenes Unternehmen die Leute in der Region pflegen muss – weil es die Fachleute eben nicht in Indien bekommt, die es braucht, um beispielsweise bestimmte Maschinen zusammenzubauen.

Veith Es handelt sich um technologisch hoch anspruchsvolle Produkte, die eine hohe Zahl an qualifizierten Mitarbeitern erfordern. Vieles wird hier vor Ort gemacht.

Schmid … über 80 % Fertigungstiefe. Eine solche Maschine – das ist auch eine schöne Metapher: Wenn irgendwo im gesamten Prozess geschludert wird, funktioniert das Ganze nicht. Es macht uns klar: Wir müssen alle Aspekte versorgen, sonst funktioniert das Gesamtergebnis nicht. Es ist ein schönes Sinnbild für nachhaltiges Wirtschaften und für den Brückenschlag zwischen der Sorgfalt dem Einzelnen gegenüber und der globalen Orientierung.

Ansatzpunkt ist die Bildung

Schmid Das Thema ist Gesundheit. Dennoch möchte ich auf die Perspektive Bildung Wert legen. Diese Mentalitäten müssen in den Menschen erzeugt werden, von Jugend auf. Deswegen ist die Frage des erfolgreichen und menschengerechten Wirtschaftens immer auch eine Frage der wirtschafts- und menschengerechten Bildung. Und da hängen wir sehr hinterher, auch wenn jetzt durch Debatten und demnächst zu erwartende schwindende Studentenzahlen, die zur Konkurrenz zwischen den Bildungseinrichtungen führen, einiges in Bewegung kommt.

Deutsch Das wirkt zwar langsam, doch liegt dort, in der Bildung, wohl der entscheidende Hebel?

Veith Das glaube ich auch. In unseren Weiterbildungsveranstaltungen geht es immer auch um diese Themen, um Gestaltungskraft in menschengerechten und leistungsorientierten Organisationen. Da geht es nicht speziell um das Gesundheitsthema. Es geht um die Frage der Humanität und der leistungsfähigen menschengerechten Organisation und um Lernen und Austausch – mit Wissenschaftlern, mit Praktikern, mit Professionellen. Und zwar mit solchen, die damit nicht eine neue Mode und ein neues Geschäft aufmachen wollen, sondern ihr Ding ein stückweit schon hingekriegt haben und an differenzierten hochwertigen Fragestellungen interessiert sind.

Ganzheitliches Drei-Welten-Modell

Deutsch Noch einmal zurück zum Unternehmer, der ja kurzfristiger agieren muss. Was würden Sie dem raten?

Schmid So pauschale Ratschläge kann man nicht geben.

Deutsch Dann spitzen wir die Frage zu: Kranke Mitarbeiter werden zum Betriebsarzt geschickt, Rückenschulen werden eingerichtet, Gesundheitschecks angeboten. Reicht das?

Schmid Wir haben ein Drei-Welten-Modell der Persönlichkeit. Der Mensch ist eben ein Mensch in diesen drei verschiedenen Welten gleichzeitig – der Professionswelt, der Privatwelt und der Organisationswelt. Ein Unternehmen, das sagt: es geht mich nichts an, was du an deinem Wochenende machst, ob du dich gesundheitlich ruinierst, sieht die Dinge zu kurz. Die Haltung: „Ich sehe deine Arbeitskraft, und solange ich die bekomme, kaufe ich dir sie ab – und wenn ich sie nicht mehr bekomme, wirst du in irgendein Sozialsystem abgeschoben" – diese Haltung wird so nicht mehr funktionieren. Nicht nur deshalb, weil die Sozialsysteme es nicht mehr tragen. Wenn diese Menschen aus dem finanziellen System herausfallen, bekommen wir zudem ein kulturelles Umweltproblem.

Das heißt, die Unternehmen müssen ganzheitlicher denken. Sie müssen überlegen, wie sind die Leute professionalisiert: Was ist ihr Berufs- und Lebensweg, was ist ihre Würde, ihr Selbstverständnis? Und damit sind wir wieder beim Thema der Bildung. Wir kommen aber auch zu dem Punkt, dass die Unternehmen Gesprächsformen finden müssen, um mit den Mitarbeitern darüber zu sprechen, wie sie in der Privatwelt mit sich umgehen: „Können wir miteinander reden, wenn du am Montagmorgen sichtlich unter Spätfolgen von gesundheitsschädigendem Verhalten am Wochenende stehst?"

Hier müssen die Unternehmen ganz langsam ihre Perspektive erweitern. Das geht nicht einfach, denn wir haben keine Sprache dafür. Unser Verständnis ist auch, dass das Privatleben das Unternehmen nichts angeht. Wir erleben eine relativ strikte Trennung zwischen Beruf und Privatem.

Deutsch Was ich eigentlich richtig finde. Ich würde mir vom Unternehmen nicht vorschreiben lassen, ins Fitnessstudio zu gehen oder jeden Tag einen Lauf zu machen.

Schmid Wir denken da viel zu schnell an normative Vorgaben. Da zeigt sich auch die Hilflosigkeit, dass man nicht weiß, wie man sonst darüber reden soll. Stattdessen müssen wir anfangen, miteinander verantwortlich zu reden: Wie gehst du mit dir um, wie gehe ich mit mir um? Nicht im Sinn von „ich mache dir Vorgaben", sondern „es liegt mir an dir" (Abb. 1).

Abb. 1 Das Drei-Welten-Modell der Persönlichkeit

Schmid 1990

Deutsch Ist das wirklich Aufgabe des Vorgesetzten?

Veith Schon. In bestimmten Unternehmen sieht man es auch so, dass ein großer Teil der gesundheitlichen Probleme durch den Lebensstil geprägt ist und nicht durch die Arbeit. Es ist für Unternehmen schon ein Anliegen, einem 30- oder 50-Jährigen nicht nur einen gesunden Arbeitsplatz zu geben, sondern auch dafür Sorge zu tragen, dass er sein Leben so führt, dass er dem Unternehmen nicht in wenigen Jahren verloren geht. Das ist natürlich schon eine Gratwanderung mit Blick darauf, wie stark sich ein Unternehmen einmischen darf. Aber aus Unternehmenssicht ist es jedenfalls ein relevanter Punkt, zu sehen: Der Arbeitsplatz an sich ist gar nicht unbedingt krankmachend, sondern es ist die Kombination aus verschiedenen Elementen – und der eigene Lebensstil gehört da eben mit dazu. Und da ist es notwendig, diesen Teil mit einzubeziehen.

Schmid Wir denken einfach immer zu schnell in Kontrolle. Die Uneinsichtigen durch Kontrolle zu kriegen, ist immer der schwerste Akt, der aber als erster herangezogen wird. Der einfachere Akt liegt darin, die Menschen anzusprechen, die selbst bereits aufgeschlossen sind. Denen fehlt das Gespräch oder ein Stück Aufklärung, denen fehlt eine kollegiale Beziehung, bei der man miteinander redet. Also: Viele Kulturmöglichkeiten schaffen, um diese Menschen zu gewinnen. Im Grunde will ja jeder gesund und glücklich sein. Aber er ist unaufgeklärt, erleidet so viel Frustration, blendet Dinge aus und denkt, es geht auch so. Er macht sich nicht klar, dass der ältere Arbeitnehmer, der jetzt geht, vom Arbeitsplatz weg muss, weil er sich einen Gesundheitsschaden durch Raubbau an sich selbst zugezogen hat. Das wird dann totgeschwiegen und weggedrückt. Da gibt es doch sehr viel mehr Möglichkeiten, das zum Gegenstand der wechselseitigen Fürsorge zu machen. Das sind alles Dinge, die nichts mit Kontrolle oder Vorgaben zu tun haben.

Veith Aus meiner Sicht – und das ist auch ein Punkt meiner Arbeit – ist Gesundheit ein wichtiger Teil der Führungsarbeit. Dass also die Führungskräfte zunächst für sich selbst den richtigen Umgang finden: Wie gehe ich mit den Belastungen um, mit all den dynamischen Elementen um mich herum? Dann aber auch überlegen, welchen Einfluss und welche Gestaltungsmöglichkeiten habe ich für meine Mitarbeiter? Aus meiner Sicht ist es wichtig, die Führungskraft in das Thema Gesundheit stärker mit einzubeziehen. Denn es ist ein wichtiger Hebel.

Schmid Man muss aufpassen, dass man Führungskraft nicht nur in ihrer klassischen hierarchischen Funktion sieht. Führungskraft heißt ja heute auch Projektleiter, heißt Kooperationspartner, heißt Netzwerkbetreiber. In vieler Hinsicht sind wir einander Partner, führen einander. Die klassische hierarchische Führung ist nur eine Dimension.
Führungskräfte haben Kulturverantwortung

Schmid Neben dem, dass jeder ein Maß an persönlicher Steuerungskompetenz und Verantwortung für sein Leben übernehmen muss, sind die Menschen aber auch Sozialwesen. Das heißt die Mitarbeiter eines Unternehmens machen die Dinge halt so, wie man sie hier macht. Sie sind Gruppenwesen, orientieren sich an anderen. Deshalb muss ein Unternehmen auch überlegen, welche Rituale, welche Selbstverständlichkeiten, welche unterschwelligen Meinungen bestehen. Es kommen also strukturelle und kulturgestalterische Elemente hinzu. Da sind dann Kulturexperten gefragt – wobei diese Kulturgestalter natürlich keine Extraleute sein dürfen, sondern die sein müssen, die für den Geschäftsprozess Verantwortung tragen.

Deutsch Die Führungskräfte haben da eine ganz zentrale Funktion?

Schmid Kulturverantwortung!

Deutsch Wodurch sie dann auch die Gesundheit der Mitarbeiter beeinflussen.

> **Führung und Gesundheit**
> „Hier sind Führungskräfte als Kulturprotagonisten, ja als „Kulturexperten" gefragt – wieder steht das Zusammenspiel von Führung und Gesundheit im Fokus (Kromm und Frank 2009). Wobei diese Kulturgestalter gerade die sein sollten, die auch den Geschäftsprozess betreiben: Gesundheit muss als Aspekt einer ganzheitlichen Führung und Führungskultur begriffen werden. Führungskräfte überschätzen oft ihren Einfluss auf Mitarbeiter und unterschätzen allerdings ihren Einfluss auf Kultur. Die klassische hierarchische Führung ist nur eine Dimension, die natürlich eingebunden werden muss. Jenseits ihrer klassischen hierarchischen Funktion selbst heißt Führungskraft heute auch Kooperationspartner oder Netzwerkbetreiber zu sein. In vie-

> ler Hinsicht sind wir einander Partner, führen einander. In der Qualität sowohl der vertikalen wie auch der horizontalen Beziehungen drückt sich Unternehmenskultur aus, die in der jetzigen Zeit geradezu eine Art Renaissance erlebt (Badura 2009)." (Veith 2014, S. 237)

Schmid Das muss man unter dem Aspekt einer ganzheitlichen Führung sehen.

Ihre Frage war, was kann man dem Unternehmer raten. Er sollte mitdenken, ob das, was ein Mitarbeiter im Unternehmen tut, eine Wechselwirkung hat zu seinem Privatleben, zu seinem Selbstverständnis: Ist es eine gute Wechselwirkung? Was können wir dafür tun, damit der Einfluss auf das Privatleben positiv ist? Und auch umgekehrt: Wie können wir von der Wechselwirkung profitieren? Das ist auch der Grund, warum wir hier in der Region viele Initiativen ergreifen, die die Lebensbedingungen der Menschen verbessern sollen. Die Wirtschaft rechnet sich aus, dass das auch den Produktionsprozessen zugutekommt.

Deutsch Da geht es also um die Dimension Privatwelt. Das andere ist die Professionswelt?

Schmid Richtig. Für das Unternehmen hat das dann viel mit Weiterbildung zu tun. Kann jemand, während er bei mir arbeitet, sich gleichzeitig so entwickeln, dass er längerfristig einen zu ihm passenden Berufslebensweg gehen kann? Dass er Unternehmer in eigener Sache bleiben kann? Wenn er mir wertvoll ist, muss ich mich mit ihm auch ernsthaft auseinandersetzen: Was braucht er, damit es stimmt für ihn, und was brauchen wir, damit es für uns stimmt? Es geht also darum, dass die Menschen im Unternehmen und das Unternehmen mit seiner Kultur in einem ernsthaften Dialog sind: Wie passen wir zueinander? Was müssen wir tun, damit es für dich Sinn macht, hier zu arbeiten? Und was musst du tun, dass es für dich weiterhin Sinn macht, hier zu arbeiten? Was können wir beide tun, damit es auch für das Unternehmen weiter Sinn macht, dass Du hier arbeitest? Und wie können wir darüber sprechen? Nur wenn das gut zueinander passt, wird zusammen die höchste Wirksamkeit und die höchste Zufriedenheit erreicht.

Verantwortlich in Bezug für das Ganze

Deutsch Die Mitarbeiter sollten also mitgestalten und mitbestimmen können?

Schmid Klar. Aber nicht in dieser basisdemokratischen Weise. Es können nicht alle über alles diskutieren und bei allem mitreden. Es muss eine geschichtete Dialogkultur im Unternehmen geben – dass man mit der Zeit auch weiß, wer mit wem über was sinnvollerweise redet.

Deutsch Die Gesamtzusammenhänge müssen alle verstehen?

Schmid Wir haben hierzu ein Verantwortungsmodell: Man ist verantwortlich für etwas, aber man ist immer gleichzeitig verantwortlich in Bezug auf das Ganze. Man muss eine Vorstellung haben, wie die eigene Verantwortlichkeit mit den anderen zusammenspielt. Denn nur das Zusammenspiel macht den Erfolg des Unternehmens, der wiederum notwendig ist auf Dauer für meinen persönlichen Erfolg. Wenn ich da nur auf meinen Bereich sehe und mir da eine Nische herausarbeite, die nicht mit dem anderen zusammenspielt, wird es schwierig.

Deutsch Ist das nicht genau das, was mancher Mitarbeiter gerne tut – sich eine Nische sichern und um alles andere nicht zu kümmern?

> **Organisationskultur**
> „Organisationskultur meint gelebte Antworten auf Fragen der Leistungserbringung und der Lebensqualität der beteiligten Menschen in formellen und informellen Bereichen des Zusammenwirkens.
> Der Begriff *Kultur* kann dabei beschreibend verwendet werden oder Werte setzend. Zum einen geht es also um die Beschreibung gegenwärtig gelebter Antworten, zum anderen um Vorstellungen, wie Antworten ausfallen könnten und sollten." (Schmid und Messmer 2005, S. 207)

Schmid Ich bin ein Mensch, der eher an gute Motivation denkt. Wenn aber jemand keine Chance sieht, die Vielfalt der Anforderungen zu verarbeiten, wenn es keine Kultur des Miteinanders gibt, wenn ihn niemand darauf anspricht, dann wird er eben versuchen, seinen Horizont kleiner zu machen und sein Aufgabenfeld innerhalb dieses Horizonts für sich zu optimieren – selbst wenn er spürt, da ist auch etwas Ausbeuterisches dabei. Ich glaube aber, das ist sekundär. Denn er spürt auch irgendwo, dass das an der Würde zehrt. Das mag man nur oft nicht wahrnehmen, sondern es wird in eigenartiger Verkehrung in Opferhaltungen und zusätzliche Ansprüche verkehrt.

In einen Passungsdialog einsteigen

Schmid Was ich anhand eines Schemas verdeutliche: „Deine Person, dein Können und wie du es in deine Funktion einbringst, das muss abgeglichen werden mit der Organisation und ihren wichtigsten Prozessen, die das Kerngeschäft ermöglichen. Das ist die andere Seite deiner Funktion." An dieser Stelle muss man in einen Passungsdialog steigen. Ich glaube, dass die meisten Menschen, wenn ihnen ein guter Weg geboten wird, in diesen Dialog zu gehen, das lieber wollen als in einer Nische zu verharren (Abb. 2).

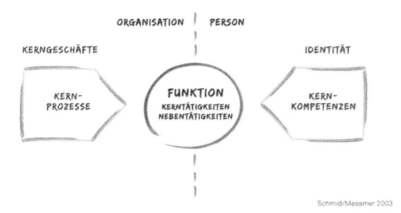

Abb. 2 Der Passungssystemkreis

Deutsch Ist es Aufgabe der Führungskraft, in diesen Dialog einzusteigen und einen Mitarbeiter aus einer solchen Nische herauszuholen?

Schmid Klar, natürlich.

> **Passung**
> „Wir verstehen unter optimaler Passung, dass eine Funktion so gestaltet ist, dass sie optimal den Kernprozessen und damit dem Kerngeschäft dient und gleichzeitig darin die Kernkompetenzen der Person wirkungsvoll zum Tragen kommen können." (Schmid und Messmer 2005, S. 28)
> Wieslocher Kompetenzformel
> Mitarbeiterkompetenz = Rollenkompetenz × Berufsfeldkompetenz × Passung
> (Schmid und Messmer 2005, S. 34)

Deutsch Also muss man der Führungskraft Instrumente an die Hand geben, so etwas aufzubrechen.

Schmid Ja, wobei wir einen anderen Ansatz haben. Wenn sich Fehlentwicklungen schon zu Gewohnheiten verfestigt haben, ist es immer schwerer. Wichtig ist deshalb dort, wo wir Neuanfänge machen, von vornherein mit einer ganz anderen Kultur anzufangen. Dann haben wir es viel leichter. Die Pädagogik der normalen Entwicklung ist viel einfacher, als die Pädagogik der schwer Erziehbaren. Das Problem ist nur, dass wir immer als erstes über die schwierigste Situation nachdenken. Und dann hat man leicht das Gefühl: Kann man das überhaupt schaffen? Dann denkt man schnell an Kontrolle und autoritäre Maßnahmen – und nimmt sich ein Stück Diskussion und Argumente weg, die gar nicht so kompliziert sind, wenn man sie frühzeitig in ganz normalen Entwicklungen berücksichtigt. Es sind kleine, einfach leistbare Dinge, die zusammen Kultur machen.

Deutsch Das leuchtet ein. Aber angenommen, ein Unternehmen ist bereits in einer verfahrenen Situation und der Unternehmer oder Vorgesetzte möchte diesen Dialog schaffen. Wie kann er da vorgehen?

Schmid Auch da habe ich wieder das gleiche Problem. Als erstes möchte er gerne dort aufräumen, wo seine Missstände am größten sind. Ich sage dann immer andersherum: Nein, fang dort an, wo die Missstände nicht so groß sind. Suche die zusammen, die das möchten, die eine gewisse Kompetenz haben und die auch eine Bedeutung im Unternehmen haben. Und fangt zusammen mit einer anderen Kultur an.

Deutsch Also mit denen zusammenarbeiten, die diese neue Kultur ohnehin schon leben möchten?

Schmid Ja. Und das strahlt dann auf die anderen und sorgt dafür, dass daraus langsam eine kulturtragende Mehrheit wird. Und vor allem: Reibt euch nicht an den Problemfällen auf, denn die gewinnt ihr nicht so schnell. Die sind am schwersten zu überzeugen – und dann denkt ihr schnell in Disziplinierung, Kontrolle und Maßnahmen. Aus diesen Maßnahmen entstehen dann Kontrollsysteme, die dann die Gutwilligen knechten und mit Verwaltung überziehen, aber die, die man kriegen will, nicht erreichen. Das ist ein typisch deutscher Denkfehler…

Deutsch … der am Ende zum Gegenteil führt.

Schmid Ja. Daher sind diese brachialen Vorstellungen, wie man so etwas lösen kann, oft kontraproduktiv und machen die Sache noch schlimmer.

Organisation und Gesundheit

Veith Was mir bei der Beschäftigung mit dem Thema immer wieder aufgefallen ist: Es fehlt meist noch eine Verbindung zwischen Individuum und Organisation, zwischen Gesundheitsmaßnahmen und projekten und Themen der Organisations- und Kulturentwicklung. Das ist schon ein wichtiger Punkt: Was bedeuten salutogene Aspekte auch für die Organisation, für die Kultur, für die Art und Weise, wie wir Prozesse strukturieren, wie wir Abläufe organisieren? Darin liegt ein großes Potenzial – diese beiden Perspektiven, Individuum und Organisation, stärker miteinander zu verbinden, als es im Moment der Fall ist. Wesentlich dabei ist das Mindset, die Haltung, aus der heraus agiert wird. Welche Programmatik hinter dem steht, was in Sachen Organisationskultur, Führung, Gesundheit im Unternehmen gemacht wird. Damit müssen dann einzelne Projekte und Maßnahmen verbunden werden, die als solche auch ihre Berechtigung und ihren Zweck haben, aber isoliert angesetzt wenig Sinn stiften. Damit sind wir auch wieder beim Zusammenspiel Gesundheit – Führung – Kulturentwicklung (Abb. 3).

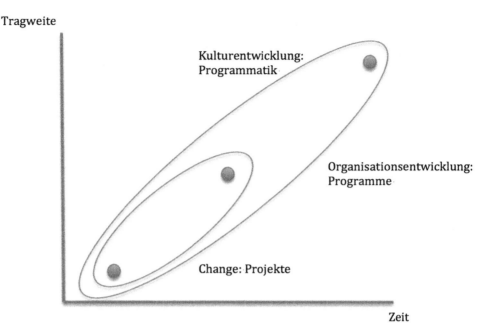

Abb. 3 Spektrum der Initiativen zu Gesundheit und Führung

Deutsch Gesundheitsmanagement in die Organisation einbinden. Das ist auch das Thema Ihrer Promotion?

Veith Ja. Da geht es im Wesentlichen darum, die Führungskraft zum einen dafür zu sensibilisieren, einen anderen Umgang mit sich selbst in diesen anfordernden Kontexten zu schaffen – sich also persönlich dafür zu sensibilisieren und weiterzuqualifizieren. Zum anderen die Führungskraft auch dafür sensibel zu machen, dass sie eine Gestaltungsmöglichkeit mit Blick auf die Kultur und mit Blick auf die Ablauforganisation hat; dass Führungskräfte also auch für eine gesundheitsförderliche Arbeitsgestaltung und gesundheitsförderliche kulturelle Gestaltung zu sorgen haben…

Schmid … im Zusammenspiel mit den Leistungsprozessen! Dass da nicht wieder so eine Trennung hereinkommt, denn der Vorgesetzte ist ja kein Sozialarbeiter.

Veith Das haben wir immer wieder betont: Die Gestaltung des Gemeinwesens in der Organisation, Partizipation, Beteiligung am Wertschöpfungsprozess – das wird das zentrale Erfolgskriterium der nächsten Jahre sein. Also die Art und Weise, wie Leute miteinander umgehen und wie sie selbst Verantwortung übernehmen für bestimmte Aufgaben, wie sie aber auch im Zusammenspiel mit den anderen immer wieder dazu beitragen, diesen Wertschöpfungsprozess zu unterstützen (Abb. 4).

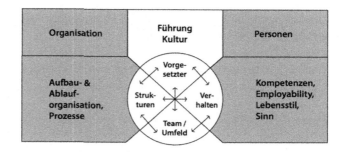

Abb. 4 Gesunde Entwicklung in Organisationen (Veith und Schweitzer 2009)

Gesundheit als Steuerungsdimension

Deutsch Alle Maßnahmen haben also immer den Bezug zum Wertschöpfungsprozess?

Schmid Sonst hat es keine Chance – sonst ist es gut gemeint, aber nicht gut gemacht. Das ist auch unser Anliegen, das unseres Instituts, der Promotion von Herrn Veith, auch der Zusammenarbeit mit Kollegen der Medizinpsychologie in Heidelberg, dass wir da auch ein Stück Landkarten im Kopf verändern. Dass man nicht sagt: Der Vorgesetzte muss sich jetzt mal um die Gesundheit seiner Mitarbeiter kümmern. Das ist nicht gemeint. Vielmehr muss er bei der Steuerung der Leistungsprozesse Gesundheit als eine Steuerungsdimension einbeziehen – und nicht auch da wieder eine Extrabühne aufmachen.

Deutsch Darin liegt der ganzheitliche Ansatz?

Schmid Ja. Wir neigen dazu, die Dinge zu trennen, die zusammengehören und dann getrennt zu bearbeiten – und dann merken wir, dass die Ressourcen nicht reichen.

Deutsch Deshalb wird Gesundheit oft auch einfach an den Betriebsarzt abgedrückt.

Schmid Ja, das ist wie bei dem Beispiel mit der Psychosomatik. Es gibt natürlich Dinge, die der Betriebsarzt auch machen muss. Aber der Betriebsarzt kann nicht für Gesundheit im Betrieb sorgen. Vielmehr braucht es eine Gesundheitsperspektive im Wirtschaften. Da sind wir dann wieder bei der Weiterbildung. Es ist wichtig, dass die Leute Ganzheitlichkeit lernen. Das muss sich dann ganz konkret in Steuerungskompetenz, im Aufsetzen von Strukturen und Prozessen, in Personalauswahl und Personalführung zeigen. Also eigentlich in Wirtschaftskultur – und die Gesundheitskultur ist ein Teil der Wirtschaftskultur.

Deutsch Ähnlich wie beim Umweltschutz, der ja auch in diese Kultur eingebunden werden sollte.

Schmid Natürlich. Wenn man daraus separate Abteilungen macht, dann sind das Feigenblätter.

Deutsch Es reicht also nicht, dass eine Führungskraft das Thema Gesundheit nur erkennt und separate Maßnahmen ergreift?

Veith Das wäre besser als nichts. Wenn sie das Thema Gesundheit aber dann wieder als eigene Schiene sieht, ist nicht so viel geholfen.

Deutsch Also: keine zwei Bühnen, wie Sie sagen.

Schmid Und da sind wir dann wieder bei der Personalentwicklung und bei der Frage: Wie entsteht die Professionsentwicklung, welches Selbstverständnis hat jemand, wenn er Manager ist? Diese Entwicklung findet häufig in jungen Jahren statt und ist prägend fürs ganze Leben.

Deutsch Eine solche Nachwuchskraft sollte dann ja in ein Unternehmen kommen, dessen Kultur diese ganzheitliche Professionalisierung unterstützt. In anderen Unternehmen wird sie es schwer haben.

Schmid Schwer ist es auch schon an der Hochschule, wo die Fakultäten total fragmentiert für irgendwelche Teilaspekte zuständig sind. Dort ist ja niemand in der Lage, die Gesamt- und Zusammenschau zu sehen. Das taucht dann immer erst hinten dran bei den Praktika auf. Denn im konkreten Vollzug kann man die Dinge dann nicht mehr separieren, da finden sie immer zusammen statt.

Deutsch Wie begegnen Sie in Ihrem Institut dieser Gefahr, sich in Teilaspekten zu verlieren?

Schmid Wir haben eine andere, ganzheitliche Ausbildungskultur. Von Anfang an setzen wir uns mit den Teilperspektiven, die für eine gute Steuerung wichtig sind, immer am konkreten Beispiel auseinander – sodass wir uns gar nicht erst erlauben, die Sachen als separate Mentalitäten zu leben. Der Lernprozess ist damit schon ein Bild dafür, dass man die Dinge im Konkreten zusammenbringen muss. Die Teilnehmer müssen dann lernen, die Dinge einfach zu lassen, nicht unnötig aufzublähen, sie konkretisierbar zu machen, sie mit dem eigenen Gefühl für sich selbst und die anderen zu verbinden, sie mit den wirtschaftlichen Notwendigkeiten und mit dem Zeitbudget zu verbinden. So entsteht eine intelligente Kombination von Faktoren, die zusammen gute Führung, gute Steuerung ausmachen. Und das ist bei uns von vornherein das Hauptelement des Bildungsprozesses.

Die Fähigkeit, zu verdichten und zu integrieren

Veith In vielen Organisationen ist es noch so, dass einzelne Bereiche nicht einmal miteinander kooperieren. Da gibt es dann das Gesundheitsmanagement oder den betriebsärztlichen Dienst – und es gibt die Personalentwicklung und davon getrennt eine Organisationsentwicklung. Die arbeiten nicht miteinander zusammen oder stehen sogar in Konkurrenz zueinander.

Schmid Das ist oft auch eine Folge davon, dass verschiedene Berufsstände in diese verschiedenen Abteilungen kommen. Und da sind wir wieder bei der Professionsbildung. Diese Leute fühlen sich von ihrem Berufsselbstverständnis für die ergänzenden Belange auch gar nicht zuständig. Ein Beispiel ist die klassische Personalverwaltung und die Personalentwicklung. Obwohl beiden Abteilungen klar sein müsste, dass sie an einem Strang ziehen müssen, wenn auch mit verschiedenen Mitteln. Bei den einen herrschen oft die Juristen vor, bei den anderen eher die Pädagogen und Psychologen. Die Gruppen haben verschiedene Lebensverständnisse, haben aufgrund ihrer Professionen gewohnheitsmäßige Prioritäten. Sie haben nie gelernt, zum Beispiel aus pädagogischer Sicht mit den juristischen Belangen anzukoppeln. Oder zu fragen: Was muss ich vom Juristischen wissen, ohne ein Jurist werden zu müssen? Oder wie muss ich mich mit den Juristen verständigen, dass wir zusammen an einem Strang ziehen können?

Also: Ganzheitlichkeit in diesem modern verstandenen Sinn und Integrierbarkeit – also wirklich die Fähigkeit zu verdichten, zu integrieren – sind die geistigen Herausforderungen unserer Zeit.

Deutsch Haben wir noch einen Punkt im Zusammenhang mit unserem Thema Gesundheit – Organisation – Führung vergessen?

Schmid Interessant ist: die Metropolregionen sind auf politischer Ebene ein Ausdruck der Erkenntnis, dass ich allein mit meinen wenigen Horizonten nicht mehr leistungsfähig genug sein kann. Ich muss mich qualitativ vernetzen. Dann lernen alle davon. Dass man sich nicht nur als Konkurrenten sieht, sondern gemeinsame Entwicklungen voranbringt, weil die Menschen einsehen, dass die eigenen Horizonte nicht mehr reichen – das scheint mir ein toller Trend.

Deutsch Der Druck ist groß genug, dass ein Umdenken stattfindet?

Schmid Die Zeiten einfacher Strickmuster, die einfach durch Wachstum die Probleme gelöst haben, sind vorbei. Die Krise ist immer Stresspunkt, aber auch Chance der Neubesinnung. Letztlich müssen wir vermutlich auch lernen, stationär zu wirtschaften.

Mittlerweile wird ja vermehrt von Burn-outs, Depression und Suchtproblemen bei Studenten berichtet. Auch bei Schülern kommt es schon vor. Wobei das ja auch ein Glück ist, dass immer jüngere Menschen davon betroffen sind. Sie sind gesund genug, um krank werden zu können. Wenn sie erst mit 50 krank werden und ein ganzes Lebenskonzept daran hängt, sind die Schwierigkeiten viel größer. Vor allem aber: Diese Vorfälle wecken Aufmerksamkeit in der Gesellschaft – weil deutlich wird, dass es nicht nur ein Problem der Alten ist, die nicht mehr mitkönnen.

Veith Wir machen die Erfahrung in den Seminargruppen hier: Die Teilnehmer brauchen einen halben Tag bis einen Tag, bis sie einigermaßen aus ihren Hamsterrädern rauskommen. Dann sind sie in einem anderen Modus der Aufmerksamkeit und der Selbstvergewisserung: Wer bin ich professionell und wohin geht für mich meine professionelle Entwicklung? Was davon findet sich in meiner Organisation wieder und wie kann ich meine Arbeit verbessern und dabei mir selbst treu sein?

Schmid Das ist auch mit ein Grund, warum sie herkommen. Manche, die schon länger kommen, sagen auch, ihnen ist das Thema zweitrangig – weil sie wissen: hier komme ich zu mir, hier bekomme ich Abstand, hier besinne ich mich. Hier habe ich eine Art von Gesprächen, die in mir Qualitäten wieder nahe bringen, meine Batterien wieder aufladen. Wir bilden nicht nur für bestimmte Fertigkeiten, sondern für ein lebenslanges Lernen und Professions-Dialog-Verständnis aus. Das behalten auch viele bei. Das ist für sie lebenslang eine Regenerations- und immer wieder Ausrichtungsmöglichkeit in einer Welt, die oft sehr zentrifugal ist.

Literatur

Badura B (2009) Berichtswesen – Warum Sozialkapital in die Bilanz muss. In: Kromm W, Frank G (Hrsg) Unternehmensressource Gesundheit. Weshalb die Folgen schlechter Führung kein Arzt heilen kann. Symposion Publishing, Düsseldorf

Kromm W, Frank G (2009) Unternehmensressource Gesundheit. Weshalb die Folgen schlechter Führung kein Arzt heilen kann. Symposion Publishing, Düsseldorf

Schmid B, Messmer A (2005) Systemische Personal-, Organisations- und Kulturentwicklung. Edition Humanistische Psychologie, Bergisch-Gladbach

Schmid B, Veith T, Weidner I (2010) Einführung in die kollegiale Beratung. Carl-Auer Verlag, Heidelberg

Schmid B et al (2014) Systemische Organisationsentwicklung. Change und Organisationskultur gemeinsam gestalten. Schäffer-Poeschel Verlag, Stuttgart

Veith T (2014) Die gesunde Organisation. In: Schmid B (Hrsg) Systemische Organisationsentwicklung. Change und Organisationskultur gemeinsam gestalten. Schäffer-Poeschel Verlag, Stuttgart

Veith T, Schweitzer J (2009) Das große Ganze. Betriebliches Gesundheitsmanagement. Personalwirtschaft 08:30–32

Dr. Phil. Bernd Schmid ist Leitfigur der isb GmbH, Wiesloch (seit 1984) und des isb-Professionellen-Netzwerkes. Studium der Wirtschaftswissenschaften, Erziehungswissenschaften und Psychologie. Er ist u. a. Ehrenmitglied der Systemischen Gesellschaft, Ehrenvorsitzender des Präsidiums Deutscher Bundesverband Coaching, Preisträger des Eric Berne Memorial Award 2007 der Internationalen TA-Gesellschaft (ITAA) und des Wissenschaftspreises 1988 der Europäischen TA-Gesellschaft (EATA), des Life achievement award 2014 der Petersberger Trainertage und Autor von Essays zu persönlichen und professionellen Themen (www.blog.bernd-schmid.com) sowie zahlreicher Veröffentlichungen in Schrift, Video und Audio. Tätig als internationaler Referent, Lern- und Professionskulturentwickler, Unternehmer und Gründer von Initiativen und Verbänden, dabei Mentor und Konzeptentwickler für das Feld Organisation und im Rahmen der Schmid-Stiftung (www.schmid-stiftung.org) und für das Nutzen von Organisationsentwicklungs- und Coaching-Know-how für das Zusammenwirken von Profit- und Non-Profit-Unternehmertum.

Thorsten Veith ist Leiter der isb GmbH, Wiesloch (www.isb-w.eu). Studium der Sozialwissenschaften an der Universität Heidelberg und am Institut d'Études Politiques (IEP) SciencePo Paris. Arbeitsschwerpunkte und Publikationen im Bereich Management und Beratung, kollegiale Beratung, arbeitsplatznahe Lern- und Qualifizierungssysteme, Gesunde Organisation & Gesunde Systeme, systemisches Kompetenzportfolio und Portfolioarbeit sowie systemische Didaktik und Lernkultur in Organisationen.

Lehrbeauftragter an Universitäten und Hochschulen sowie Berater und Teamcoach im Profit- und Non-Profit-Bereich. Entwickler und Leiter der Lern- und Potenzialwerkstatt für Nachwuchskräfte zur Kompetenzentwicklung für die Arbeitswelt der Zukunft. Leiter der systemischen Beraterausbildung für Junior Professionals im Rhein-Main-Neckar-Raum (www.systemisch-beraten.de).

Laufende Dissertation in der Sektion Medizinische Organisationspsychologie des Instituts für medizinische Psychologie am Universitätsklinikum Heidelberg zum Thema Gesundheitsentwicklung bei Führungskräften.

Corporate Social Responsibility und Resilienz – Entmystifizierung, Wiederentdeckung und Nutzung eines Lebensprinzips

Jürgen Beyer und Horst Haller

1 Corporate Social Responsibility und Resilienz

Corporate Social Responsibility (CSR), Corporate Citizenship und CSR-Management sind Ausdruck eines sich heute zunehmend verändernden Blicks auf das unternehmerische Handeln. Kamen Unternehmer und Unternehmen zunächst aus der Mitte der Gesellschaft und waren Teil dieser (Patron und Patronat), haben sich auf dem Weg der Verbetriebswirtschaftlichung des Unternehmertums zunehmend isolierende egozentrierte Sichtweisen entwickelt, die den Gesamtbezug von Unternehmen und Gesellschaft erodieren ließen. Partikularinteressen mit dem Anspruch der Teiloptimierung sind in den Vordergrund getreten und haben zunehmend gesellschaftliche Konfrontationslinien entstehen lassen, die heute u. a. ihren Ausdruck in der Gründung unterschiedlicher Graswurzelbewegungen finden.

Unternehmer und Manager mit Weitblick bewerten die Konfrontationen mit diesen Organisationen und die zunehmend kritische Distanz ihrer Klientel als existenziell bedrohliche Entwicklung, erkennen mutmaßliche Ursachen und denken über ihre bisherigen Positionen nach.

CSR ist insofern sicherlich als rückbesinnender Anspruch und CSR-Management als Alternative zu verstehen. Soll beides nicht als neuer Marketingtrick ausgemacht und interpretiert werden, stehen Unternehmer und Unternehmen vor der Herausforderung,

---

J. Beyer (✉)
Jürgen Beyer Consulting, Königswinter, Deutschland
E-Mail: info@beyer-consulting.de

H. Haller
Renningen, Deutschland
E-Mail: kontakt@hhrc.de

authentisch unter Beweis zu stellen, warum der Anspruch CSR für sie zur bedeutungsvollen Haltung geworden ist und mit welchen Ansätzen und Maßnahmen sie an der Realisierung dieses Anspruchs arbeiten wollen.

Insofern ist CSR kein bezugsloses, freischwebend formuliertes Konstrukt, sondern eingebettet in einen Vorstellungs- und Wertekanon menschlichen Handelns, Führens und besonders assoziiert mit dem Begriff der Nachhaltigkeit (Wikipedia 2015), was letztlich schonenden Umgang mit allen Ressourcen im Sinn von Erhaltung der Regenerations- und Anpassungsfähigkeit des Gesamtsystems bedeutet.

In diesem Sinn soll der vorliegende Beitrag dazu beitragen, CSR als Unternehmeranspruch zu stützen, Verwandtschaften zum Konzept der organisationalen Resilienz aufzuzeigen und wechselseitige Abhängigkeiten darzustellen. Organisationale Resilienz verstehen wir dabei als ein Konzept zum Verständnis der nachhaltigen Überlebensfähigkeit von Unternehmen, während CSR den speziellen Teil der nachhaltigen gesellschaftlichen Einbettung des Unternehmens umfasst.

Um zunächst das Verständnis für den Bezug von CSR zur Resilienz und umgekehrt zu schärfen, macht es Sinn, sich mit den Begriffen zu beschäftigen.

Resilienz ist eine der Kernkompetenzen des Menschen. Nicht nur die Fähigkeit, auch unter schwierigen Bedingungen zu überleben, ist damit gemeint, sondern auch die Fähigkeit, das Beste daraus zu machen und sich weiterzuentwickeln. Diese Störungstoleranz, als Fähigkeit mit Störungen elastisch zu hantieren, ist nicht nur uns Menschen, sondern auch dem Leben an sich inhärent. Resilienz ist also urmenschlich (Mourlane 2013)[1] und wir können sie von uns selbst und von der Natur vom Leben lernen[2].

Wir stellen diese Fähigkeit im Leben vielfach unter Beweis. Schon die Geburt ist ein Vorgang, der uns ganz fordert, ändern sich doch die Umweltbedingungen radikal und oft auch unter großen Schmerzen für die beteiligten Parteien. Das Heranwachsen fordert diese Fähigkeit immer wieder, ob durch den Eintritt in den Kindergarten, die Schule oder die Pubertät; alle diese Ereignisse bzw. Prozesse, die wir i. d. R. gut bewältigen oder gar brauchen, um unser eigenes Leben zu lernen, zeigen, dass wir eine resiliente Grundausstattung haben. Resilient ist ein Organismus, solange die lebensgünstigen Faktoren überwiegen (Antonovski 1997).

Wie verhält sich das nun mit den von Menschen geschaffenen Organisationen, die geprägt sind von Menschen mit ganz unterschiedlichen Erfahrungen, Herkünften, Werten, Absichten und Wünschen? Hier gilt der Satz:

Organisationen kann man resilient gestalten.

---

[1] Denis Mourlane bezieht die Fähigkeit auf den Umgang mit Rückschlägen. Wir erweitern in unserer Arbeit das Konzept auf jegliche Art von störendem Einfluss, der das bisherige Denken und Handeln infrage stellt.
[2] Wären die Menschen und die Natur nicht resilient, wir wären heute anders oder nicht mehr existent.

Sie sind es aber durchaus nicht automatisch oder von Natur aus wie die Menschen, in denen Resilienz natürlich angelegt ist. Das Wort gestalten gibt schon einen Fingerzeig, worum es hier geht. Denn, so wie das Leben sich von uns wünscht, dass wir es gestaltend leben, so ist Gestaltung eines der wesentlichen Kriterien des Überlebens von Organisationen und ihrer gesunden Führung. Sie kann also durchaus in manchen Organisationen angetroffen werden, wenn diese viel erlebt, Räume genutzt und sich verändert bzw. aktiv angepasst haben.

Doch zunächst einige weitere grundsätzliche Bemerkungen: Bei der Betrachtung unseres Gegenstands ist aus unserer Sicht ein ganzheitlicher, offener Ansatz zu wählen, der die mit Descartes und Newton[3] begonnenen reduktionistischen Betrachtungsweisen überwindet. Einige ihrer Ansätze, wie z. B. die monokausale Beschreibung von Systemzusammenhängen, hatten ihre Bedeutung für ihre Zeit – sind jedoch schon lange aus unserer Zeit herausgefallen. Nichtsdestoweniger scheinen viele in der überbordenden Managementliteratur zu findende Rezepte immer noch en vogue zu sein: „Tue dies, dann wird jenes geschehen…"; viele, meist nicht eingehaltene Versprechen. Oder um mit Gary Hamel (2012, S. 209 ff.) zu sprechen, der deutlich macht, wie wenig zeitgemäß viele dieser Konzepte sind: *„Die Führung Ihres Unternehmens liegt weitgehend in den Händen einer kleinen Gruppe lang verstorbener Theoretiker und Praktiker, die zu Beginn des 20. Jahrhunderts die Regeln und Konventionen des ‚modernen' Managements erfanden. Diese Vordenker sind die Poltergeister, die in der mittlerweile veralteten Maschinerie des Managements herumspuken."*

Wir werden uns hier mit Denkweisen[4] beschäftigen, die von wechselseitiger Beeinflussung ganz unterschiedlicher Faktoren ausgehen. Faktoren sind für uns gleichermaßen die sog. „hard facts" wie auch die „soft facts".

Unsere Absicht mit dieser Betrachtungsweise ist es, konkret Stellhebel und Maßnahmen zu benennen und ansatzweise zu beschreiben, mit denen Organisationen zur Resilienz geführt werden können, bzw. Organisationen ihre Resilienz pflegen können. Dabei stützen wir uns ganz bewusst auf das Konzept der sieben Säulen individueller Resilienz (Reivich und Shatté 2002), das wir in die Welt der Organisationen transponiert haben.

Wir führen keine neue Theorie ein, auch nicht in den später von uns vorgeschlagenen Maßnahmen. Vielmehr greifen wir zu ganzheitlichen „tools" aus dem Change-Management oder auch zu therapeutischen Kontexten, die inzwischen ihren Platz dort gefunden haben, wo erkannt wurde, dass nicht nur die Dinge zählen, die man messen, wiegen oder zählen kann – obwohl gerade unser Ansatz durchaus ganz klare, messbare Beziehungen aufzeigt.

Damit wollen wir Resilienz entmystifizieren und das innewohnende Repertoire erschließen, empirisch, erfahrungsgeleitet und nachvollziehbar.

---

[3] Siehe hierzu auch die Ausführungen zum cartesianischen Dualismus (Trennung von Geist und Materie nach Descartes)

[4] … wie sie Anfang der1990er-Jahre durch Peter Senge und zuvor von Heinz von Förster gedacht und eingeführt worden sind.

Gleichzeitig sind wir uns aber auch dessen bewusst, dass dies nur ein weiterer Beitrag zur Klärung des Sachverhalts Resilienz sein wird.

2 Das Resilienzkonzept des Lebens

2.1 Natürlichkeit der Resilienz

Wie bereits dargestellt ist Resilienz ein zutiefst immanentes Konzept[5] (Maturana 1984) menschlichen Lebens. Auf die Frage, wo im Menschen dieses Konzept verortet werden kann, bieten sich abhängig vom Ausgangspunkt der Betrachtung unterschiedliche Erklärungen an. Eine, die den Neurowissenschaften entstammt, verweist auf das limbische System des Gehirns, in dem in komplexer Wechselwirkung mit anderen Bereichen des Gehirns Haltungen und Verhaltensweisen entwickelt, ausgelöst und verändert werden (Roth und Stüber 2014). Wohl wissend, dass viele unserer Haltungen und Verhaltensweisen einer ererbten Disposition entstammen, wird ihre Veränderbarkeit, nicht nur lang- sondern auch kurzfristig, zunehmend zur Gewissheit.

Forscher bezeichnen unser Gehirn also neuroplastisch, d. h die Nervenzellen sind in der Lage, sich in Funktionalität und Masse zu verändern. Wir lernen! Letztlich kann diese Veränderung auf epigenetischem Weg auch die Disposition zukünftiger Generationen verändern.

Was bedeutet dies nun für die Resilienz und resilientes Verhalten. Zum Ersten ist Resilienz eine Frage der Disposition, zum Zweiten ist sie in ihrer Ausprägung veränderbar (Lernen!) und zum Dritten hat jede und jeder Einzelne Einfluss auf seine bzw. ihre persönliche Veränderung. Hier sei uns der Verweis auf Viktor Frankl[6] erlaubt, der einmal sagte: „Über unsere geistige Kraft sind wir in der Lage, uns sowohl über die psychische wie die somatische[7] Ebene zu erheben und diese zu beeinflussen" und mit dem Hinweis „ich muss mir nicht alles von mir gefallen lassen" ergänzte.

Über die Mechanismen des organisationalen Lernens sind wir in der Lage, individuelle Lernerfahrungen im Bereich der Resilienz zu teilen, anderen verfügbar zu machen und uns gemeinschaftlich als Organisation zu entwickeln.

Lernen bedeutet in diesem Zusammenhang ganz praktisch, das Haltungs- und Verhaltensrepertoire mit Blick auf seine Tauglichkeit zu prüfen, nicht alles permanent neu zu erfinden, Bewährtes bis auf Weiteres zu erhalten und zu stärken und, wo immer nötig oder sinnvoll, Neues zu erfinden und auszuprobieren.

---

[5] Vgl hierzu auch die Arbeiten von Humberto Maturana: Drei grundlegende biologische Konzepte bestimmen die Entwicklung des Lebens von Metazellern vom Beginn bis zu deren Lebensende, 1) Autopoiesis – die Fähigkeit, sich immer wieder aus sich selbst zu erzeugen, 2) Ontogenese – die Fähigkeit der Anpassung und des Wandels ohne Verlust ihrer Organisation – 3) Strukturelle Kopplung – die Fähigkeit zur Interaktion.

[6] *Viktor Frankl, Wiener Psychologe und Neurologe, Begründer der Logotherapie und Existenzanalyse (1905–1997).

[7] Die körperliche Ebene, d. Verf.

2.2 Warum wir davon ausgehen, dass Resilienz mehr als Widerstandskraft ist

Al Siebert spricht in seinen Ausführungen (Siebert 2005) zur Resilienz vom menschlichen Phänomen des „bounce back from setbacks", also vom elastischen Zurückfedern von Rückschlägen.

Widerstandskraft als Synonym für Resilienz, wie es in der deutschsprachigen Literatur bisweilen verwendet wird, beschreibt der Duden hingegen als Beständigkeit, Festigkeit, Härte, Robustheit, Stabilität, Unempfindlichkeit, Unverwüstlichkeit, Widerstandskraft, Zähigkeit; Pferdenatur (umgangssprachlich); Immunität (besonders Medizin, Biologie); Resistenz (Biologie, Medizin). Widerstandskraft beschreibt damit eine Momentaufnahme der Existenz, in der Energie eingesetzt wird, um Widrigkeiten abprallen zu lassen. Resilienz im Sinn von Al Siebert ist mehr als das. Es ist Verformen und sich verändernd Zurückkommen[8].

Resilienz bedeutet also, organismuseigene Energie aktiv neu zu formieren, um Bewegungen in Gang zu bringen und ihnen Richtung zu geben.

Resilienter Umgang mit Störungen zeigt sich ferner, wenn nach einem bearbeiteten Impuls und der damit verbundenen Veränderung, bisweilen auch nach einer Verletzung, ein **neuer** Pfad entsteht.

Die Eigenschaft, sich wieder im alten Zustand einzuschwingen, ist eine Eigenschaft lebloser Systeme. Lebendige Systeme entwickeln sich weiter (Abb. 1).

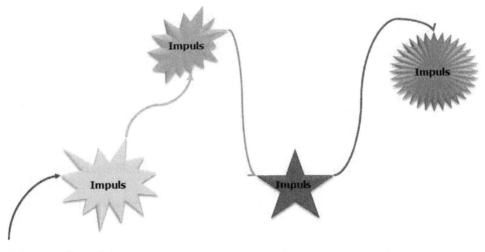

Abb. 1 Resilienzpfade

---

[8] Beobachten Sie den Aufschlag eines Balls auf dem Boden und sein Zurückspringen in Zeitlupe. Sie werden eine fortwährende Verformung während des gesamten Vorgangs wahrnehmen, die aufgrund der inhärenten Kräfte entsteht.

Abb. 2 Energien der Resilienz

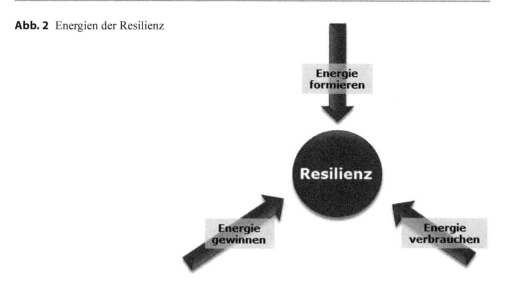

Resilienz reaktiv gedacht, beschreibt ein Konzept zur Verteidigung des Status quo, das kurativ stabilisieren soll. Resilienz im Verständnis Vieler geht idealisierend von einem zumindest länger anhaltenden Zustand des Gleichgewichts und der Ausgeglichenheit aus. Dieser Zustand, so wird unterstellt, scheint als Zielzustand beschreibbar zu sein. Damit scheint auch der Weg dorthin recht klar zu sein: ein Patentrezept eben.

Wir gehen hingegen von einer Dynamik der Resilienz aus, von einem Oszillieren zwischen Extremen auf der Zeitachse. Resilienz atmet nach unserem Verständnis.

Insofern verlangt der handlungsorientierte Umgang mit Resilienz aus unserer Sicht neben dem Blick auf die Formierung von Energie gleichzeitig den Blick auf Energieverlust und Energetisierung zu lenken (Abb. 2).

Dieses Verständnis von Resilienz macht das Hantieren mit ihr nicht unbedingt einfacher, insbesondere dann, wenn zur intrapersonellen Komplexität noch die Komplexität von Teams, Abteilungen und Bereichen einer Organisation hinzukommt.

3 Elemente der Resilienz und (Grundlagen) der Resilienzbasis

Wie oben bereits herausgestellt, ist der Ausgangspunkt unserer Betrachtungen das Modell der sieben Säulen der Resilienz, das sich entlang der unterschiedlichen empirischen Forschungen der Vergangenheit entwickelt hat. Dazu gehören z. B. die Arbeiten von Karen Reivich und Andrew Shatté und anderer (Rampe 2010). Bisweilen erwecken diese Darstellungen den Eindruck, die einzelnen Resilienzsäulen seien disjunkt. Das ist einem mehr oder minder beschreibenden Ansatz geschuldet, um das Phänomen Resilienz zu fassen, Strukturen zu erkennen und zu verstehen (Abb. 3).

Abgeleitet aus dem Modell der persönlichen Resilienz beschreibt das Modell der organisationalen Resilienz Haltungen, Einstellungen und Orientierungen, in denen sich

Corporate Social Responsibility und Resilienz

Abb. 3 Säulen der Resilienz nach Reivich & Shatté

Unternehmen/Organisationen hinsichtlich ihrer langfristigen Überlebensfähigkeit unterscheiden. Notwendige Voraussetzung, dass die Säulen der Resilienz wirksam werden können, ist das Vorhandensein tragfähiger Organisationsstrukturen, adäquater Ausstattung und Professionalität im Handeln und in den Wertschöpfungs- und Unterstützungsprozessen. Diese sieben Säulen sind:

- Situationsakzeptanz,
- Zukunftsorientierung, Zukunftsvertrauen,
- Lösungsorientierung,
- Aktivitätsorientierung,
- Eigenverantwortlichkeit,
- Kontaktentwicklungsfähigkeit und
- Zukunftsgestaltungsfähigkeit.

Weiter zeigt die Beobachtung der Resilienz, dass eine resilient entwickelte Organisation ihrerseits wiederum die Säulen und das Fundament stärkend beeinflusst; ein Hinweis darauf, dass die Entwicklung der Resilienz einer spezifischen Dynamik unterliegt (Abb. 4).

In der direkten Gegenüberstellung der persönlichen und der Organisationsperspektive lassen sich die einzelnen Säulen beschreiben (Tab. 1).

Das Säulenmodell der Resilienz ist geeignet und hilfreich, wenn es darum geht, dem Begriff der organisationalen Resilienz beschreibend nahe zu kommen. Genau dies ist allerdings auch seine Begrenzung.

Abb. 4 Die Rückkopplungen der Resilienzsäulen

Steht man vor der Aufgabe, resiliente Organisationen schaffen zu wollen und damit mittelbar die CSR des Unternehmens zu beeinflussen, wird es notwendig, das Modell handlungsorientiert weiterzuentwickeln. Es gilt, zunächst Hebel zu identifizieren, die auf die Säulen einwirken und diese Hebel in einem weiteren Schritt mit praktikablen Maßnahmen zu unterlegen.

Die Entwicklungsarbeiten der *Xcellience – Institut für organisationale Resilienz* haben hier zu einem Ansatz geführt, der diesem Anspruch näher kommt (Philipsen und Ziemer 2014; Abb. 5).

Abb. 5 7-Ebenenmodell von Xcellience

Tab. 1 Beschreibung der Resilienzfaktoren

Die Resilienzfaktoren *und Synonyme*	Resiliente Individuen…	Resiliente Organisationen…
Situationsakzeptanz *Das Leben nehmen und erleben, wie es kommt*	… leben die Haltung: es ist wie es ist und nichts lässt sich festhalten … verdrängen ihre Gefühle und Ängste nicht, sondern lassen sie zu	… erkennen die Mehrdeutigkeit (Rüegg-Stürm 2015) einzelner Perspektiven als Zeichen gesunder Realitätswahrnehmung an … stimmen Sichtweisen und Fokus zyklisch ab und synchronisieren sich … besitzen und überprüfen geteilte Werte als Grundlage der Situationsbeurteilung … bekennen sich zu abgestimmten Beurteilungen … ertragen bewusst das Bleiben von Diskrepanzen in der Organisation … artikulieren gemeinsame Sorgen und Befürchtungen und nutzen diese als Ausgangspunkt für Problemlösungen
Zukunftsorientierung (-vertrauen) *Die optimistische Grundhaltung zum Leben beziehen*	… vertrauen darauf, dass das Leben auf lange Sicht mehr Gutes als Schlechtes bringt … sind davon überzeugt, dass Krisen zeitlich begrenzt sind und überwunden werden können	… vertrauen darauf, dass ihre Diversität, Dialogfähigkeit, Gestaltungsfähigkeit, Eigeninitiative und Vernetzung in der Gesellschaft die Erfolgsfaktoren sind, mit denen Krisen wie auch Veränderungen im Sinn der Zukunftsfähigkeit erfolgreich gestaltet werden können

Tab. 1 (Fortsetzung)

Die Resilienzfaktoren *und Synonyme*	Resiliente Individuen…	Resiliente Organisationen…
Lösungsorientierung *Die Herausforderung des Lebens als Anlass für die Lösungssuche nutzen*	… schauen nach vorn. Sie sind davon überzeugt, die eigenen Lebensumstände positiv beeinflussen zu können, und suchen nach Lösungen und danach, was sie selbst beitragen können	… entwickeln abgestimmte Lösungspfade, die auf gemeinsam abgestimmten und akzeptierten Lösungsmethoden fußen … zeigen Interesse an der gemeinsamen Problemlösung … erarbeiten Lösungen ganzheitlich unter Einbeziehung von Kunden und Lieferanten und den daraus für alle resultierenden Konsequenzen
Aktivitätsorientierung *Auf der Fahrerseite Platz nehmen*	… bleiben nicht im Zustand von Hilflosigkeit oder Lähmung. Sie verlieren die Zukunft nicht aus den Augen, sondern machen eine Bestandsaufnahme und konzentrieren sich auf das, was sie selbst verändern und beeinflussen können. Sie ergreifen die Initiative und werden aktiv … sorgen für sich	… sind umsetzungsorientiert und handeln, wenn die Initiative an ihnen ist – proaktiv … fördern die Aktivitätsorientierung ihrer Mitglieder und unterstützen diese darin … suchen und finden die anstehenden Herausforderungen zunächst im eigenen Verantwortungsbereich und sorgen dann für ganzheitliche Lösungen
Eigenverantwortlichkeit *Die Opferrollen aktiv verlassen.*	… reflektieren ihren eigenen Anteil an der Krise, aber unterlassen destruktive Selbstanklagen … beleuchten die Lage realistisch von allen Seiten … übernehmen die Verantwortung für sich	… handeln vorbeugend, suchen vorab (systematisch) nach Ursachen für Fehlentwicklungen und Krisen und kalkulieren Scheitern ein … verzichten auf die Suche nach Schuldigen … übernehmen die Verantwortung für sich und andere

Tab. 1 (Fortsetzung)

Die Resilienzfaktoren *und Synonyme*	Resiliente Individuen…	Resiliente Organisationen…
Kontaktentwicklungs-fähigkeit *Die Fähigkeit, andere einzubeziehen, einsetzen*	… suchen sich Hilfe und versuchen nicht alles allein zu lösen … teilen sich in ihren Sorgen mit und umgeben sich bewusst mit Menschen, die sie annehmen, einfühlsam und hilfreich sind … sind gleichermaßen bereit anderen zu helfen, wenn diese ihre Unterstützung brauchen	… überwinden Abteilungs-, Bereichs- und gegebenenfalls Organisationsgrenzen in sinnhafter Weise … entwickeln Verständnis für divergierende Interessen … artikulieren ihre vitalen Eigeninteressen … sorgen für tragfähigen, begründeten Ausgleich … zeigen sich angemessen altruistisch und unterstützen entsprechend
(Zukunfts-) Gestaltungsfähigkeit *Die Zukunft mit ihren Eventualitäten in den Blick nehmen und flexibel planen*	… sind sich durchaus bewusst, dass es immer wieder Schwierigkeiten/Krisen geben wird und befassen sich gedanklich damit … bereiten sich auf die Zukunft vor und betreiben vorausschauendes Krisenmanagement	… machen sich bewusst und regelmäßig frei von dem, was den Alltag bestimmt und entwickeln Zukunftsvisionen, die der gemeinsamen Wertebasis entsprechen … nutzen schwache Signale als Zukunftsindikatoren. Sie wissen, dass der (flüchtige) Erfolg der Gegenwart Feind des Fortschritts sein kann … ergreifen die Initiative, um auf breiter Front in angemessener Zeit und angemessenem Rahmen konstruktiv Vorstellungen über die Zukunft ihrer Organisation zu entwickeln, auch wenn das radikale Veränderungen einschließt … handeln im besten Sinn präventiv

Die sieben Ebenen des Xcellience-Modells stellen also eine Weiterentwicklung des Säulenmodells dar und beschreiben sog. Resilienzqualitäten. Xcellience nimmt Anleihen bei Robert Dilts et al. (2006) und bezeichnet mit diesen Resilienzqualitäten Interventionsebenen, über die mit Blick auf die Resilienz Einfluss auf Mitarbeiter, Führung und auf die Organisation als solches genommen wird. Die Entwicklung der Resilienz in den oben beschriebenen Säulen (Mitarbeiter – Führung – Organisation) wird demnach dadurch gefördert, dass über die **Sinngebung** bzw. **-identifikation** die **Einbindung** in der Organisation unterstützt wird und sich auf diesem Weg das angemessene **Selbstbewusstsein** in der Organisation entfaltet. Dieses Selbstbewusstsein wird zum Ausgangspunkt **konstruktiver Werthaltungen**, aus denen **situationsangemessene Verhaltensweisen** entstehen können.

Letztlich können diese Interventionsebenen die Voraussetzungen für die Schaffung offener, robuster und angemessener Rahmenbedingungen sein.

Mit diesem Ansatz wurde ein weiterer Schritt in Richtung zielführender Maßnahmen zur Resilienzentwicklung geleistet. Charakteristisch am Xcellience-Modell ist der Hinweis auf die wechselseitigen Abhängigkeiten zwischen den Ebenen (Abb. 6).

Aus der Praxis wissen wir, dass die Beachtung der genannten wechselseitigen Abhängigkeiten (Interdependenzen) zwischen den Säulen im Säulenmodell der Resilienz (Resilienzfaktoren)[9] bzw. zwischen den Ebenen des Xcellience-Modells bedeutsam für den Erfolg der Resilienzarbeit ist. Sie stellen ursächliche Zusammenhänge dar, die positiv wie negativ, d. h. verstärkend, aber auch hemmend wirken können.

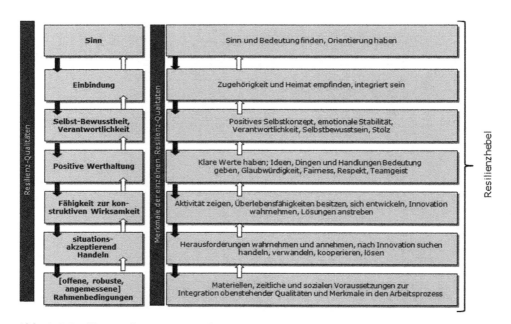

Abb. 6 7-Resilienzqualitäten von Xcellience

---

[9] D.Verf.: teilweise werden für die Säulen der Resilienz synonym Begriffe wie Resilienzfaktor verwendet.

Insofern ist es sinnvoll, die Abhängigkeiten genauer unter die Lupe zu nehmen, um über die Klärung der Wirkungsmechanismen möglicherweise zu stabileren Prognosen hinsichtlich der potenziellen Wirkungen von Interventionsbündeln und Maßnahmen zu kommen.

4 Resilienz dynamisch gesehen

Unternehmen und Organisationen jeglicher Art, deren Elemente in Interaktion stehen, werden als soziale Systeme bezeichnet (Luhmann 1987). Das besondere Interesse gilt dabei ihrem Langzeitverhalten, also der Frage, wie sich die Interaktion ihrer Elemente (Menschen, Haltungen, Einstellungen, Verhaltensweisen etc.) über die Zeit verändert, welche Elemente welche Einflussstärke entwickeln und welche Effekte sich damit erklären lassen.

Da nach unseren Erkenntnissen davon ausgegangen werden darf, dass auch die einzelnen Säulen bzw. Ebenen der Resilienz in Form von Schleifen und Rückkopplungen miteinander vernetzt sind, haben wir es auch bei der Resilienz mit einem sozialen System zu tun, das aus verkoppelten Elementen besteht. Das macht Resilienz zu einem kybernetischen Phänomen (von Foerster 1993) und erfordert, sich auf den Weg einer systemischen Betrachtung zu begeben.

Ausgangspunkt systemischer Betrachtungen ist, wie gesagt, das Wissen, dass die Einzelteile/Elemente lebender Systeme, ob Individuum oder Organisation, in sog. vermaschten Regelkreisen miteinander verkoppelt sind (Senge 1994, 2003).

- Die Kopplungen können, wie bereits oben eingeführt, unterschiedliche Formen annehmen. Sie können verstärkend oder hemmend wirken, dynamisch zwischen beiden Wirkungsrichtungen wechseln und sich in ihr Gegenteil verkehren.
- Die Kopplungen zwischen den Elementen können unterschiedlich intensiv sein, wobei sich auch diese Intensität verändern kann.
- Die Kopplungen können erwartete und unerwartete Nebenwirkungsschleifen entstehen lassen.

Lebende Systeme repräsentieren Zusammenhänge hoher Komplexität. Die Zusammenhänge sind vielfältig und nicht zwingend eindeutig. Die Ergebnisse des Systemverhaltens sind nur in Grenzen vorhersagbar. Lebende Systeme sind nicht trivial, auch Resilienz ist damit nicht trivial. Das bedeutet: Es gibt voraussichtlich keine einfachen Erklärungen der Input-Output-Beziehungen und damit keine kochrezeptartigen Bedienungsanleitungen für die Resilienzerzeugung.

Vor allem Führungskräfte in Organisationen und Organisationsentwickler sind damit gefordert, **ihre** Organisation genau mit dem Blick auf Mustererkennung[10] zu betrachten,

---

[10] Archetypen der Organisation im Sinn von Peter M. Senge.

um die angemessenen Interventionen (Hebel und Cluster von Hebeln) zu identifizieren, mit denen die Resilienz gefördert werden kann. Auf die Entwicklung von passenden Hebeln werden wir im Kapitel Resiliente Organisationen schaffen eingehen.

Komplexe Zusammenhänge wie die Grundlagen resilienter Organisationen haben ferner die Eigenschaft, schwer beschreibbar zu sein. Mehr als vier Wirkfaktoren lassen sich in aller Regel kaum ohne Nutzung geeigneter Werkzeuge betrachten und analysieren. Mit der vielfach geforderten Komplexitätsreduktion, d. h. der Ausblendung bestimmter Zusammenhänge, wie sie regelmäßig in Managementkreisen gefordert wird, wächst die Gefahr, relevante Regelkreise und damit ihre Wirkungen unter den Tisch fallen zu lassen.

Es ist deshalb angeraten, zur Aufarbeitung komplexer Zusammenhänge Werkzeuge aus der Kiste der „system dynamics" zu nutzen, die in der Lage sind, die o. g. Kopplungsverhältnisse darzustellen. Diese Arbeitsmethode nennt man **systemische Modellierung**[11]. Bei unserer Auseinandersetzung mit den Resilienzzusammenhängen arbeiten wir modellierend.

Wir setzen für unsere Modellierung das Softwaretool iMODELLER® CONSIDEO GmbH, Lübeck, Deutschland; Neumann 2013) ein.

- Der iMODELLER® ist in der Lage, sowohl qualitative wie auch quantitative Wirkungsbeziehungen darzustellen und zu verknüpfen, und kann sie in ihrer Intensität und ihrer Wirkung im Zeitverlauf abbilden.
- Er erlaubt es, die Zusammenhänge umgangssprachlich zu formulieren und folgt einer einfachen und eingängigen Notation.
- Er erlaubt Auswertungen aus allen relevanten Perspektiven des gesamten Systemzusammenhangs.
- Er eignet sich für den Einsatz in Workshopformaten auch mit größeren Gruppen. Dies ist insbesondere deshalb wichtig, weil zur Abschätzung von Wirkungszusammenhängen häufig breites Expertenwissen in Präsenz erfordert wird.

Die Faktorzusammenhänge werden in der Software wie in Abb. 7 beschrieben dargestellt.

Der jeweilige Wirkungszusammenhang konkretisiert sich in der Software weiter über die Festlegung der Wirkungsintensität (z. B. schwach – mittel – stark oder durch diskrete Werte) und die Festlegung der zeitlichen Wirkung (kurz-, mittel- oder langfristig).

---

[11] Grundsätzliches zur Modellierung: Modelle sind die Abbilder einer Realität. Sie sind nicht, auch wenn dies immer wieder gleichgesetzt wird, die Realität selbst. Modelle beschreiben die Verhältnisse im System aus der notgedrungenermaßen selektiven Sicht ihrer Beobachter. Insofern ist es bedeutsam für die Modellqualität, d. h. für die Abbildung einer Realität, dass die Beobachter über hinreichend Erfahrung, also Expertise, mit dem System verfügen. Weiter gilt, dass hinzukommende weitere Beobachter zusätzliche Sinnweisen in die Modellierung einbringen können.

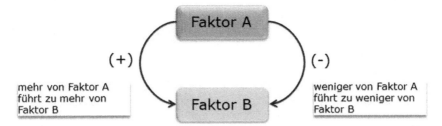

Abb. 7 Darstellung der Faktorenbeziehungen des Softwaretools iMODELLER® (CONSIDEO GmbH, Lübeck, Deutschland)

4.1 Entstehung des vorliegenden Resilienzmodells

Auf der Grundlage der allgemeinen Annahmen zur Modellbildung haben wir in einer Gruppe von Resilienzexperten, die sich mehrheitlich aus Organisationsentwicklern und Coaches zusammensetzen, unseren Modellansatz aufgesetzt.

Er erhebt bei aller Seriosität des Modellbaus weder den Anspruch auf absolute Richtigkeit noch den auf Vollständigkeit. Das Modell will lediglich mit zunehmendem Ausbau eine zunehmend bessere Entscheidungshilfe für die Auswahl passender Maßnahmen zur Resilienzentwicklung und -förderung liefern. Es kann und soll nicht als Entscheidungssystem die menschliche Kompetenz ersetzen.

In diesem Sinn freuen sich alle beteiligten Kollegen über weitere externe Anregungen, die der Erweiterung des Modells dienen.

Unser Modell ist qualitativ; es werden verschiedene Resilienzelemente abgebildet. Dabei haben wir uns von dem in Abb. 8 dargestellten Grundmodell leiten lassen.

Die eigentliche Systementwicklung, die Auswahl und Bezeichnung der Faktoren/Elemente sowie die Festlegung der Verbindungen und ihrer Intensitäten geschah in einer Serie von Expertendialogen, einem durchaus gängigen Verfahren, wenn es darum geht, komplexe Sachverhalte zu erfassen. Experten diskutierten die Sinnhaftigkeit und Plausibilität der Elementverbindungen in ihrer Intensität und ihrer zeitlichen Wirkung und vereinbarten sich auf eine Festlegung. Danach wurde das Modell in Zusammenarbeit mit weiteren Experten einer Sichtprüfung auf Validität unterzogen, indem die einzelnen Elementbeziehungen iterativ genau analysiert wurden.

Die Erkenntnisse daraus haben dann in aktuellen Beratungsprozessen Eingang gefunden und sind im Wesentlichen bestätigt worden.

Nach unserem aktuellen Diskussions- und Erkenntnisstand lässt nun sich unser Gesamtmodell der Resilienz und die Auswirkungen auf die CSR mit dem iMODELLER® darstellen (Abb. 9).

Bedeutsamer als die reine Modelldarstellung sind die Ergebnisse des Analyseschritts, der zur Erkenntnismatrix führt (Abb. 10).

In Abb. 10 ist zu erkennen, dass sämtliche Resilienzfaktoren und -hebel verstärkend auf die Wahrnehmung der CSR im Unternehmen wirken. Dies bedeutet keinesfalls,

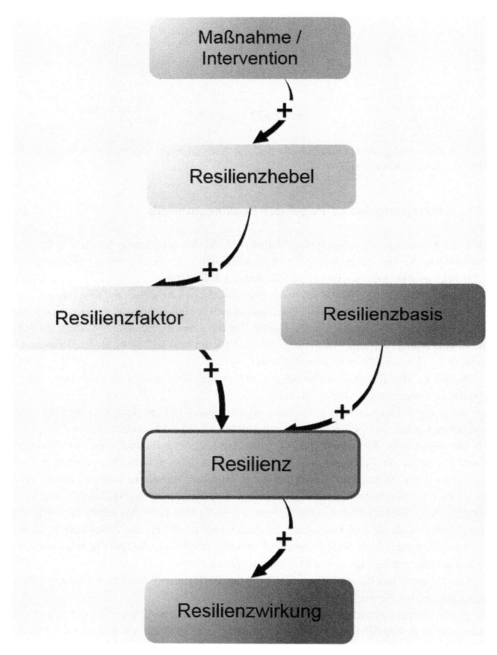

Abb. 8 Das Resilienzgrundmodell. *Blau* Modellkern (das resiliente Unternehmen), *gelb* Resilienzfaktoren (Säulen der Resilienz, die das resiliente Unternehmen bestimmen), *orange* Resilienzhebel (sieben Ebenen der Resilienz nach Xcellience, die auf die Resilienzfaktoren wirken), *braun* Resilienzbasis (Fundament der Resilienz), *grün* Maßnahmen (Maßnahmenbündel oder einzelne Maßnahmen, die auf die Hebel einwirken), *aubergine* Resilienzwirkungen (Auswirkungen des resilienten Unternehmens)

Corporate Social Responsibility und Resilienz

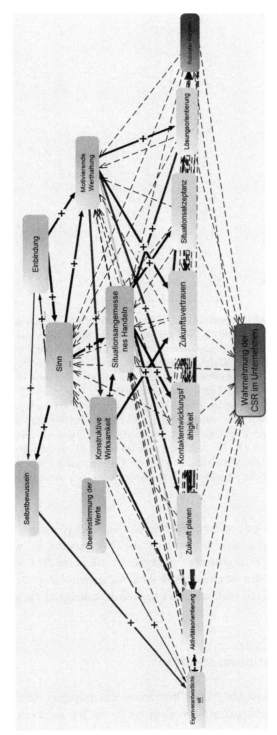

Abb. 9 Abbildung Gesamtmodell von Resilienz und Corporate Social Responsibility (*CSR*) mit den vom Expertenteam identifizierten Resilienzelementen. Perspektiven, in denen andere Elemente ins Zentrum gerückt sind, geben dem Modellbild natürlich ein anderes Aussehen. *Durchgezogene Linien* direkte Verbindungen zwischen den Resilienzelementen, *gestrichelte Linien* indirekte Verbindungen (weitere Elemente sind involviert). *gelb* Resilienzfaktoren, *orange* Resilienzhebel, *aubergine* Wirkungsnetz von Resilienzfaktoren und Resilienzhebel aus der spezifischen Perspektive der Resilienzwirkung „Wahrnehmung der CSR im Unternehmen"

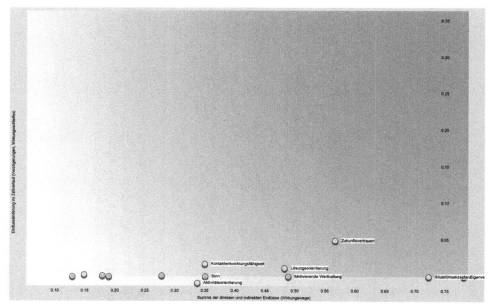

Abb. 10 Die Entwicklung der Wirkungsstärke und -richtung der Einflussfaktoren auf die Wahrnehmung der Corporate Social Responsibility (CSR) aus langfristiger Sicht. Die „insight matrix" des iMODELLER® zeigt die Wirkung der ausgewählten Einflussfaktoren auf einen Zielfaktor, in unserem Fall auf die Wahrnehmung der CSR des Unternehmens. Der Vergleich der Positionen auf der x-Achse zeigt die positive (*grünes* und *gelbes Feld*) bzw. die negative Wirkung (*blaues* und *rotes Feld*) der jeweiligen Faktoren auf die Resilienz des Unternehmens. Die relative Position auf dem positiven Ast der y-Achse (*blaues* und *grünes Feld*) bzw. dem negativen Ast der y-Achse (*rotes* und *gelbes Feld*) zeigt die zunehmende bzw. nachlassende Wirkung der betrachteten Einflussfaktoren auf die Resilienz des Unternehmens im Zeitverlauf. Die relativen Positionen ergeben sich aus dem Durchlauf aller Wirkungsschleifen. Der Hersteller Consideo (Lübeck, Deutschland) unterscheidet in seiner Betrachtungsweise eine kurz-, mittel- und langfristige Simulation der Einflussfaktoren. Diese entsteht durch eine unterschiedliche Anzahl von Simulationsläufen. Erläuterungen zu den Feldern befinden sich in Tab. 2

dass die Elemente immer positiv wirken. Es bedeutet auch, dass wenn durch fehlende Eigenverantwortlichkeit eine negative Wirkung auf die CSR entsteht, ein weiteres Nachlassen eigenverantwortlichen Engagements den negativen Effekt auf die CSR deutlich beschleunigt. Das gilt auch für den Resilienzfaktor Aktivitätsorientierung. Dessen Wirkung ist kurzfristig zunächst weniger stark ausgeprägt, jedoch ansteigend (x-Achse), nimmt aber im Zeitverlauf stetig ab.

5 Resiliente Organisationen schaffen

Anhand eines Modellausschnitts (Abb. 11) wollen wir nun demonstrieren, welche praktischen Ableitungen aus der Modellierung gewonnen werden können. Wir haben dazu einen Ausschnitt gewählt, in dem Maßnahmen direkt sowie indirekt wirken. Eigenverantwortlichkeit

Tab. 2 Erläuterungen zu den Feldern bzw. Quadranten der Abb. 10

Quadrant	Wirkungsentwicklung	Zugeordnete Faktoren
Grün	Weniger oder stark positive Wirkung, mehr oder weniger zunehmend	Einbindung (Hebel)
		Eigenverantwortlichkeit (Faktor)
		Konstruktive Wirksamkeit
		Kontaktentwicklungsfähigkeit (Faktor)
		Lösungsorientierung (Faktor)
		Motivierende Werthaltung (Hebel)
		Selbstbewusstsein (Hebel)
		Sinn (Hebel)
		Situationsakzeptanz (Faktor)
		Situationsangemessenes Verhalten (Hebel)
		Zukunft planen (Faktor)
		Zukunftsvertrauen (Faktor)
		Übereinstimmung der Werte
Gelb	Weniger oder stark positive Wirkung, mehr oder weniger abnehmend	Aktivitätsorientierung (Faktor)
Blau	Weniger oder stark negative Wirkung, mehr oder weniger zunehmend	
Rot	Weniger oder stark negative Wirkung, mehr oder weniger abnehmend	

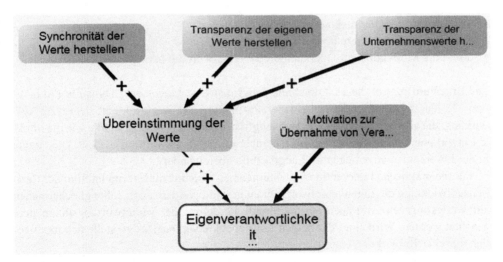

Abb. 11 Modellausschnitt

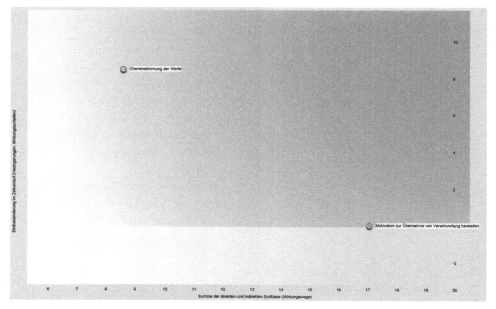

Abb. 12 Erkenntnismatrix Eigenverantwortlichkeit kurzfristig

ist dabei der gewählte Resilienzfaktor des Gesamtmodells. Übereinstimmung der Werte ist einer der Hebel, der auf sie einwirkt. Die Maßnahmen, mit denen hier agiert wird, sind:

- Transparenz der eigenen Werte herstellen,
- Transparenz der Unternehmenswerte herstellen,
- Synchronizität der Werte herstellen und
- direkt die Motivation zur Übernahme von Verantwortung herstellen.

Die Erkenntnismatrix dieses Ausschnitts zeigt nun eine interessante Dynamik (Abb. 12 und 13). Kurzfristig zeigt der Hebel Übereinstimmung der Werte nur eine begrenzte Auswirkung, die aber zunimmt, bis sie dann langfristig dieselbe Wirkungsstärke wie die direkte Einwirkung auf die Motivation zur Übernahme von Verantwortung erreicht. Die Punkte in der Erkenntnismatrix liegen im Langfristbild übereinander.

Für die praktische Intervention im Unternehmen bedeutet dies: wenn im Sinn der Resilienzentwicklung die Eigenverantwortlichkeit gestärkt werden muss, sollte gleichermaßen auf Wertekongruenz wie auch auf die direkte Förderung der Verantwortungsübernahme geachtet werden. Wird einer der beiden Ansatzpunkte vernachlässigt, stellt sich mutmaßlich nur eine Teilwirkung ein.

Aus der Analyse eines hinreichend ausformulierten Modells (Resilienzsäule/-faktor ← Hebel ← Maßnahmen) lässt sich nun ableiten, welche Maßnahmen sich als adäquat für die Beeinflussung der spezifischen Resilienzsituation eines Unternehmens darstellen.

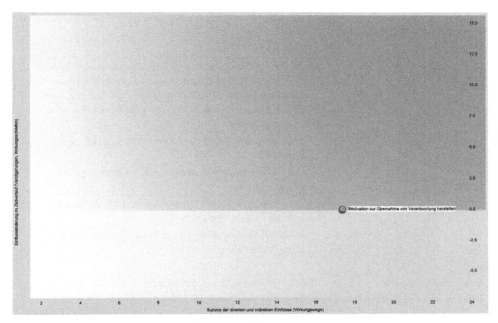

Abb. 13 Erkenntnismatrix Eigenverantwortlichkeit langfristig

6 Kleine Beispiele für die Entwicklung resilienter Klimata

Beispielhaft stellen wir in Tab. 3 eine Auswahl von Interventionen/Maßnahmen dar, die nachhaltig Einfluss auf die Stärkung der Unternehmensresilienz genommen haben.

7 Resilienz und Missbrauch

Betrachtet man nun die Kontexte, in denen der Begriff benutzt wird, so geschah und geschieht das oftmals mit der Unterstellung, dass unsere Organisationen und/oder die darin beschäftigten Menschen nicht mehr leistungsfähig, belastbar oder zeitgemäß seien. Resilienz wurde und wird als eine Art Wundermittel geschildert, das weiterhilft in Zeiten des Stresses, der Krisen.

Uns liegt daran, mit unserem Denk- und Handlungsansatz **nicht** zur (weiteren) Selbstausbeutung von Menschen beizutragen oder den Toolkit verantwortungsloser Manager und Kurzfristprofiteure, die sich zahlreich finden lassen, anzureichern.

Vielmehr wollen wir zu ganzheitlichen Lösungen im Interesse aller (der gesamten Schöpfung) beitragen. Damit haben wir gesunde Führung und Selbstführung im Blick, die dazu beitragen, dass aus kreierten Dysbalancen wieder natürliche Gleichgewichte entstehen, die sich weiterentwickeln können, aus sich heraus. Das ist unser Erkenntnisinteresse.

Tab. 3 Interventionen bzw. Maßnahmen, die auf die Stärkung der Unternehmensresilienz nachhaltig Einfluss genommen haben

Resilienzebene(n)	Intervention
Sinn – Einbindung	In einem Unternehmen mit strikter Trennung von Funktionen und Verantwortlichkeiten wurden, ausgelöst durch einen Großauftrag, integrative Maßnahmen ergriffen, die innerhalb weniger Wochen zu nachhaltiger Veränderung der Arbeitsbeziehung führten
	Einbindung aller Beteiligten in die Auftragsziele und –ansprüche
	Persönliche Bekanntmachung des Kundenteams mit dem Lieferantenteam
	Aktive Förderung einer Open-door- und Unterstützungskultur durch die Projektleitung
	Aktive Beteiligung aller bei der Lösungssuche während der Auftragsabwicklung
	…
Sinn – Selbstbewusstheit – Verantwortlichkeit – situationsangemessenes Handeln	In einem Unternehmen, das sich mit seinen Leistungen in einem sich dramatisch verändernden Wettbewerbsumfeld stand, wurde die Rückbesinnung auf die existenziellen Wurzeln und die Ableitung von Werten und konkreten Verantwortlichkeiten unterstützt und begleitet
	Klärung des Existenzsinns (wofür braucht man uns, was ist unsere Existenzberechtigung als Unternehmen: gestern – heute – morgen)
	Ableitung des Wertekanons (wie wollen wir unsere Existenzberechtigung erfüllen)
	Ausarbeitung der Verhaltensleitlinien als Instrument der Mitarbeiterführung
Konstruktive Wirksamkeit	In einem klassisch nach Kaminstrukturen geordnetem Unternehmen wurde die Kultur systematisch durch Workshops, entlang der mit den Mitarbeitern neu definierten Prozessketten, verändert
	Aktive Einbindung aller Ebenen in die Neudefinition der Prozessketten
	Festlegung und Monitoring neuer, gemeinsamer Ziele mit Gehaltsrelevanz
	Ausbildung und Einsatz von internen Trainern, um das Unternehmen in der gesamten Fläche zu erreichen

Tab. 3 (Fortsetzung)

Resilienzebene(n)	Intervention
Selbstbewusstheit – Sinn – Konstruktive Wirksamkeit – optimistische Werthaltung	In einem bedeutenden Unternehmen der Automobilzulieferindustrie wurde ein fünftägiges Leadership- und Socialcompetence-Training für alle weltweiten Führungskräfte konzipiert und durchgeführt
	Erarbeitung eines individuellen Selbstverständnisses
	Verdeutlichung der eigenen Handlungsmöglichkeiten
	Ausarbeitung eines gemeinsamen Verständnisses von Konstruktivität und Selbstverantwortung
	Sichtbarmachung und Anwendung eines zeitgemäßen, gemeinsamen und kulturübergreifenden Führungsverständnisses

8 Empfehlungen für Interventionen zur Entwicklung resilienter Klimata

In einem klassischen Veränderungs-/Entwicklungsansatz lassen sich natürlich auch Interventionen zur Resilienzentwicklung realisieren. Wir empfehlen dazu den Aufsetzpunkt mit einer breit angelegten Messung zu ermitteln. Mit Blick auf Mitarbeiter, Führung und Organisation erheben wir die wahrgenommene Resilienz mithilfe skalierter Befragung und interpretieren sie mit den Betroffenen/Beteiligten entlang einem angepassten Resilienzbasismodell[12], um Veränderungspotenziale zu identifizieren. Darauf abgestellte Programme dienen v. a. dem Zweck, kurativ Defizite auszuräumen, aber im Sinn von quasi Schutzimpfungen präventiv zu wirken und unternehmensweit die Sensorik für kritische Entwicklungen zu implementieren und die Handlungsfähigkeit nachhaltig zu stärken. Als ein Beispiel für diese Herangehensweise ist sicherlich die des Unternehmers Elon Musk zu werten (Abb. 14).

Vielfach schauen Organisationen gerade in kritischen Phasen zunächst zurück. Sie vergewissern sich, wie sie Herausforderungen bisher gemeistert haben. Lösungen aus der Vergangenheit taugen aber nur bedingt im Hier-und-Jetzt. Deswegen ist es eine wichtige Fähigkeit resilienter Organisationen, auf der Basis schwacher Signale nach vorne zu schauen und in Szenarien zu antizipieren, was geschehen kann. Dies im Wissen, dass damit keineswegs Gewissheiten geschaffen werden können, aber Annahmen, die Orientierung und Verhaltenssicherheit geben können.

Ganz bewusst schaffen solche Organisationen Räume, in den „out of the box" gegangen werden kann. Sie tun das oft in nicht alltäglichen Umgebungen, lassen sich dabei gerne ebenso hinterfragen wie inspirieren von branchenfremden Erfahrungen und Personen, um aus ihren Denkschablonen auszubrechen.

---

[12] Bislang haben wir in verschiedenen Fällen Modellausschnitte bearbeitet und verifiziert. In absehbarer Zukunft werden diese Teilmodelle integriert.

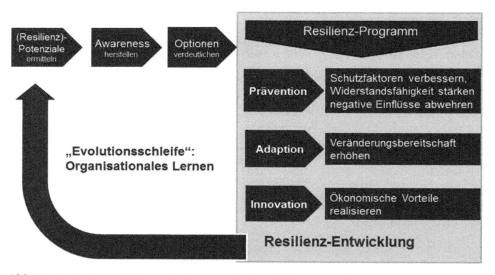

Abb. 14 Evolutionsschleife der Resilienzentwicklung (Vgl. www.xcellience.com)

Das ist schwer geworden in Zeiten, als man alles „lean" strukturiert hat – auch das Denken. Natürlich hat die Beraterzunft davon profitiert – zweimal. Einmal bei der Einführung solcher Konzepte, die zwar für die Berater viel Sinn machten, aber die mittelfristige Zukunft der Unternehmen verunmöglichen, weil jeder nur noch einen Meter voraus denken kann. Ein zweites Mal, wenn diese Unternehmen dann in der Krise sind und keine Kapazität haben, mit der sie alleine aus ihren Problemen heraus kommen. Man könnte auch sagen: in die Abhängigkeit verführt.

So hätte v. a. die deutsche Automobilindustrie frühzeitig nicht nur über das Auto hinausdenken müssen und dies auch bewusstseinsbildend vermarkten müssen, um die Käuferschichten zu mobilisieren, die sie jetzt brauchen. Nicht umsonst hat Elon Musk bei Tesla vorwiegend Menschen beschäftigt, in deren Blut kein Benzin fließt, sondern deren Credo eher die „interconnectivity" ist. So ist es auch in seinem Unternehmen SpaceX, dessen Bestreben die Wiederverwendbarkeit von Raketenteilen zu erschwinglichen Preisen ist und damit Ressourcen schont. Sein eigenes Credo ist langfristige Nachhaltigkeit und nicht kurzfristiger Profit.

Kurzfristiges Profitdenken dominiert leider noch viel zu sehr, vielleicht auch unheilige Allianzen zwischen den rohstoffbeherrschenden Industrien und ihren Hauptkunden.

9 Fazit – Führung zur Resilienz ist der Beitrag zur Corporate Social Responsibility

Resilienz und CSR sind untrennbar miteinander verbunden. Denn ohne Resilienz sind CSR und die inkludierte Nachhaltigkeit kaum vorstellbar. Insofern macht es viel Sinn, in einer Reihe über CSR dem Thema der organisationalen Resilienz einen Platz zu geben und damit Raum zu schaffen für Nachdenklichkeit, Achtsamkeit und Verantwortungsübernahme, ohne die weder CSR noch Resilienz denkbar wären. Zugleich geht es uns auch darum, den Begriff Resilienz zu entmystifizieren und das innewohnende Repertoire zu erschließen – empirisch, erfahrungsgeleitet und nachvollziehbar.

Nachhaltigkeit ist heute in aller Munde. In Politik und Wirtschaft tragen viele, die sich in der Öffentlichkeit besonders verantwortungsvoll darstellen möchten, Nachhaltigkeit wie eine Monstranz vor sich her, fordern sie – meist von den anderen – ein, tun sich selbst aber außerordentlich schwer, Nachhaltigkeit zu praktizieren. Selbst im Denken von Politik und Wirtschaft ist Nachhaltigkeit noch nicht wirklich angekommen. Es gibt tausend gute Gründe, warum Nachhaltigkeit gerade hier und jetzt nicht berücksichtigt werden kann. Das bedeutet nicht, dass sie vielen oder manchen nicht am Herzen liegt, sondern eher, dass ständig quasi eine „neue Sau durch das Dorf getrieben werden muss", da die bisherigen Konzepte nicht weit genug gegriffen haben oder vielmehr greifen durften.

Insofern ist dieser Beitrag ein Plädoyer dafür, inne zu halten mit dem permanent Neuen und dafür systemisch, systematisch und ganzheitlich an die Sache heranzugehen und dabei Vorhandenes, vielleicht Altes und Bewährtes anders, weiter und auch besser zu nutzen. Eben genau auf das zu schauen, was jetzt ist, mit Achtsamkeit und Schärfe zugleich.

CSR hat Nachhaltigkeit ganzheitlicher gefasst, fokussiert und in den Rahmen organisatorischen Handelns gestellt. Durch die Verbindung von Nachhaltigkeit und Verantwortung entsteht ein umfassender Anspruch für das Handeln von und in Organisationen in Bezug auf die Betroffenen und gleichzeitig ein Anspruch, der über den Tag hinausgeht.

An dieser Stelle begegnen sich Resilienz und CSR: Resilienz das „b-elastische" Ergebnis von Haltungen und Verhaltensweisen, das CSR ermöglicht.

10 Ausblick

Wir hoffen, dass in unserem Beitrag deutlich wird, dass sowohl Resilienz als auch CSR im Wesentlichen „men-made" sind, also als individuelle Konstrukte und Denkfiguren entstehen oder als Ergebnis sozialer Interaktion zu verstehen sind. Sie sind also, ohne deshalb beliebig zu sein, das Ergebnis unserer Gehirnleistung/en.

Insofern ist damit zu rechnen, dass aus den Neurowissenschaften, die in der letzten Dekade einen immensen Wissens- und Verständniszuwachs erreichen, mit weiteren Impulsen zu rechnen ist. Insbesondere der Zusammenhang zwischen Resilienz und Führung scheint an Transparenz zu gewinnen (Reinhardt 2014).

Wir sind außerordentlich gespannt auf die Anregungen, die wir von dort erhalten werden.

Literatur

Antonovski A (1997) Salutogenese. Zur Entmystifizierung der Gesundheit. Dgvt, Tübingen. (Hrsg. Von Alexa Franke)

Dilts RB, Hallbom T, Smith S (2006) Identität, Glaubenssysteme und Gesundheit: Höhere Ebenen der NLP-Veränderungsarbeit. Junfermann, Paderborn

Hamel G (2012) Worauf es jetzt wirklich ankommt. Wiley, Weinheim

Luhmann N, (1987) Soziale Systeme. Suhrkamp, Frankfurt

Maturana H (1984) Der Baum der Erkenntnis. Bern
Mourlane D (2013) Resilienz, die unentdeckte Fähigkeit der wirklich Erfolgreichen. Business Village, Göttingen
Neumann K (2013) Qualitative und quantitative Wirkungsmodellierung. Norderstedt
Philipsen G, Ziemer F (2014) Mit Resilienz zu nachhaltigem Unternehmenserfolg. Wirtschaftsinformatik & Management – Zeitschrift für Business IT 2-2014
Rampe M (2010) Der R-Faktor das Geheimnis unserer inneren Stärke. Books on demand, Norderstedt
Reinhardt R (2014) Neuroleadership – Empirische Überprüfung und Nutzenpotenziale für die Praxis. Oldenbourg De Gruyter, München
Reivich K, Shatté A (2002) The resilience factor. Broadway Books, New York
Roth G, Stüber N (2014) Wie das Gehirn die Seele macht. Klett-Cotta, Stuttgart
Rüegg-Stürm J. et al. (2015) Multirationales Management – Fünf Bearbeitungsformen für sich widersprechende Rationalitäten in Organisationen. Zeitschrift für Unternehmensentwicklung und Change Management 2-2015
Senge PM (1994) The fifth discipline fieldbook. Currency Doubleday, New York
Senge PM (2003) Die fünfte Diszipin, 9. Aufl. Klett-Cotta, Stuttgart
Siebert A (2005) The resiliency advantage. Berret-Koehler, San Francisco
von Foerster H (1993) KybernEtik. Merve, Berlin
Wikipedia https://de.wikipedia.org/w/index.php?title=Nachhaltigkeit&oldid=151048572

Jürgen Beyer (1951) hat als Offizier der Luftwaffe nach dem Studium der Pädagogik im Erfahrungsfeld eines Einsatzverbands gelernt, was Führung und Verantwortung bedeutet. Angereichert durch einen Experteneinsatz in Argentinien hat er dann einige Jahre als Human-Ressources-Manager internationaler Unternehmen in leitender Funktion gewirkt, bevor er Partner eines international führenden Beratungsunternehmens in Sachen Change-Management wurde. Seit 1998 arbeitet er selbständig in verschiedenen Netzwerken vorwiegend für internationale Konzerne als Coach und Berater. 2003 hat das Thema Resilienz ihn erreicht und seither nicht mehr losgelassen. Eine ausgeprägte spirituelle Praxis, hergeleitet aus verschiedenen Traditionen, prägt seine Haltung und Wirkung.

Horst Haller [1951] ist seit mehr als 20 Jahren Organisations- und Führungskräfteentwickler und Coach mit Diplom der Universität Mannheim in Betriebswirtschaftslehre. Mit einem breiten Erfahrungsspektrum aus Betriebswirtschaft und Informatik, einem ausgewiesenen eigenen Hintergrund als Führungskraft und einer soliden theoretischen, sozialpsychologischen und systemischen Fundierung befasst er sich nun seit dem Anfang dieses Jahrzehnts empirisch mit dem Geheimnis resilienter Unternehmen. Er engagiert sich dafür, dass in Unternehmen unterschiedlichster Herkunft und Größe dieses Geheimnis zum offenen Geheimnis wird, zunehmend auf dem Hintergrund der aktuellen Erkenntnisse der Neurowissenschaften.

Mit dialogischer Führung zu einer gesunden Unternehmenskultur – Unternehmensbeispiel dm-drogerie markt GmbH + Co. KG

Interview mit Mike Metzger, verantwortlich für den Bereich MitarbeiterEntwicklung bei dm-drogerie markt GmbH + Co. KG

Mike Metzger

Frage Was kennzeichnet die Führungskultur bei dm?

Metzger Ich kann es vielleicht an meinem eigenen Werdegang illustrieren. Ich bin vor 12 Jahren aus einem klassischen Lebensmittelhandel gekommen und habe dort als Gebietsverkaufsleiter im Vertrieb gearbeitet. In der Führung wurde dort v. a. nach dem klassischen Harzburger Modell mit Anweisung und Kontrolle gearbeitet. Nach fünf Jahren war ich da ziemlich ernüchtert, da die Führungstätigkeit sich doch immer wiederholt hat: Vorgaben machen, die man selbst vom Vorgesetzten erhalten hat und dann nach Checklisten kontrollieren. Von Selbstführung war da keine Spur, auch nicht bei den Führungskräften. Zu dieser Zeit las ich das Buch von Dietz und Kracht „Dialogische Führung: Grundlagen – Praxis – Fallbeispiel: dm-drogerie markt". Ich war damals noch unsicher, ob das nur eine gute Marketingstrategie ist oder ob die wirklich etwas anderes versuchen, aber es hat mich so fasziniert, dass ich mich bei dm beworben habe. Schon das Einstellungsgespräch war deutlich anders, als ich es gewohnt war. Nach einem Gespräch mit dem Geschäftsführer saß ich einer Gruppe von etwa 15 Personen gegenüber, teils aus meinem zukünftigen Verantwortungsbereich, aber auch aus dem Sekretariat und aus anderen Abteilungen, die ganz unterschiedliche Fragen eingebracht haben. Das Gespräch war ziemlich intensiv und

---

Das Interview führte Dr. Markus Hänsel mit Mike Metzger am 8.6.2015 in Karlsruhe

---

M. Metzger (✉)
dm-drogerie markt GmbH + Co. KG, Karlsruhe, Deutschland
E-Mail: mike.metzger@dm.de

etwas stressig, aber der Geschäftsführer und die Kollegen haben sich so eine breite Meinungsbasis geschaffen und auch ich habe das Unternehmen sofort aus vielen Perspektiven erlebt.

Die nächste Irritation war, dass es keine klare Stellenbeschreibung gab, sondern ich war angehalten, in der Einarbeitungszeit erst mal verschiedene Märkte und Geschäftsbereiche kennenzulernen. Was mir sofort auffiel, war, dass sich die Filialleiter sehr selbstständig verhielten und weitreichende Entscheidungen selbst trafen, z. B. bei der Einstellung von Mitarbeitern oder der Gestaltung des Markts. Die Grundlage dafür ist, dass jeder Filialleiter völlig transparent die Wirtschaftlichkeit seines Markts bewerten kann und dafür die nötigen Zahlen bekommt. So etwas kannte ich bisher vom Handel nicht. Die Philosophie dahinter ist, dass das Wissen um die finanzielle Situation ihres Markts den Filialleitern ermöglichen soll, weitgehend selbstständig arbeiten zu können. Der Filialleiter kann etwa in die Preisgestaltung im Markt aktiv eingreifen, wenn es die Mitbewerbersituation erfordert – es gibt zwar nationale Preise, aber die letzte Entscheidung wird vor Ort getroffen. Das geht natürlich nur, wenn der Filialleiter die genaue Preisspanne und Marge kennt. Und es versetzt diesen zunehmend in die Lage, den Markt unternehmerisch disponiert zu führen. Das war radikal anders als in früheren Unternehmen, wo die Zahlen hauptsächlich zur Kontrolle aus der Zentrale dienten, damit Druck gemacht werden kann, wenn die Erwartungen nicht erfüllt waren. Oder es wurde mit Belohnungssystemen und Prämien gearbeitet, die bewirken sollten, dass Mitarbeiter und Führungskräfte immer effizienter und am Rand ihrer Kapazität arbeiten. Bonussysteme sind aber, wie ich dann bei dm gelernt habe, im Kern Malussysteme, weil diese eben nicht mit der freien Initiative der Menschen rechnen. Das wiederum wirkt im negativen Sinn viel nachhaltiger auf das Bewusstsein der Menschen, als Anreizsysteme dies vermögen. „Zutrauen veredelt den Menschen, ewige Vormundschaft hemmt sein Reifen", so bringt dies der preußische Reformator Freiherr von Stein auf den Punkt.

Diese Unterschiede waren natürlich zu Beginn, als ich aus einer herkömmlichen Discounterkultur kam, ziemlich große Irritationen – so geht es vielen neuen Führungskräften, wenn sie bei dm anfangen. Aber mir wurde schnell klar, dass diese Rahmenbedingungen und ein Menschenbild, das Selbstführung und Initiative in jedem Menschen zugrunde legt, in der Arbeit unmittelbar Sinn machen. Und man wächst dann zunehmend in die Kultur hinein, wenn es einem ein persönliches Anliegen wird, dies mitzugestalten. Es bedeutet gleichzeitig eine hohe Anforderung: Das Modell der dialogischen Führung, formuliert von Herrn Dietz und Herrn Kracht, geht ja davon aus, dass jeder Mensch unternehmerisch tätig ist, und betrachtet den Menschen, ob als Mitarbeiter oder als Kunden, als Ziel oder Zweck des Unternehmens, nicht als Mittel. Wenn die Menschen spüren, dass sich jemand wirklich um sie bemüht und beispielsweise Umsatz eine mögliche Folge, aber eben nicht das Ziel ist, kann dies zur Kulturfrage werden. Dieser starke Bezug zur Kultur drückt sich in der Kommunikation zum Kunden durch das Motto „Hier bin ich Mensch, hier kauf' ich ein" und auf dem Rücken der Arbeitskleidung der Mitarbeiter im Markt, „Wir machen den Unterschied", aus. Diese beiden kurzen Aussagen sind sozusagen die verdichtete Antwort zur Führungskultur innerhalb von dm und darüber hinaus.

Frage Wie lernt das Unternehmen neue Führungskräfte ein?

Metzger Es gibt bei dm kein einheitliches Schema, auch hier gehen die dafür Verantwortlichen verschiedene Wege. Zunächst ist jeder, der hier anfängt, angehalten, sich permanent mit dieser Frage auseinanderzusetzen, was für ihn oder sie genau Führung in diesem Unternehmen heißt und wie er durch seine Funktion zum Gesamten beitragen kann. Ein Baustein, den wir dazu anbieten, sind unsere Seminare zu dialogischer Führung. Wir machen das als Tandem: ein Trainer des zuständigen Friedrich von Hardenberg Instituts für Kulturwissenschaften und eine interne Führungskraft. Manche wählen ein sog. Patenmodell, bei dem eine erfahrene und eine neue Führungskraft in eine Lernbeziehung gehen und sehr alltagsnah mit den Themen arbeiten.

Wir versuchen, insgesamt viele Anlässe zu schaffen, bei denen wir uns mit Führungsfragen auseinandersetzen können. Dieser Autausch ist nicht immer formell anberaumt, sondern findet oft informell statt, auf Initiative der einzelnen Führungskräfte. Hier wird nicht Theoriewissen ausgetauscht, sondern unmittelbare Erfahrungen, was Führungskräfte in einer bestimmten Situation machen, wie sie mit Problemstellungen umgehen und was sie persönlich dabei bewegt.

Nehmen wir als Beispiel einen typischen Fall in der Einarbeitungsphase: Wenn ein Filialleiter aus einem anderen Unternehmen kommt, wird er dazu tendieren, auch bei dm im Markt mit den alten Konzepten zu arbeiten. Wenn er merkt, dass sich seine Mitarbeiter weniger initiativ zeigen, geht er mit anderen Führungskräften darüber in den Dialog. Es geht nicht darum, wer etwas richtig oder falsch macht, sondern sich darüber auszutauschen, welche unterschiedlichen Vorgehensweisen welche Auswirkungen haben. Oft versuchen neue Führungskräfte nach einem genauen Plan vorzugehen, wer was wann zu machen hat. Sie hören dann aber von den Kollegen, dass die Mitarbeiter bei der Erstellung der Einsatzpläne einbezogen werden oder sogar im Dialog mit dem Filialleiter die Initiative dabei haben. Das führt dazu, dass die Mitarbeiter genauer schauen, wann welche Stoßzeiten auftreten, Mitverantwortung für einen stimmigen Gesamtplan übernehmen und natürlich letztlich zufriedener sind, wenn die Arbeitszeiten mehr ihren Bedürfnissen entsprechen. Voraussetzung ist, dass sich die Mitarbeiter im Team in einem Planungsprozess mit den unterschiedlichen Bedürfnissen auseinandersetzen. Das Interessante dabei ist, dass sich die Mitarbeiter in so einem Autausch nicht nur mit der Planung im engeren Sinn auseinandersetzen, sondern auch mit sich als Team und auch damit, was der Markt insgesamt braucht. Das braucht wiederum eine Führung, die mit den Mitarbeitern bezüglich der Planungsfragen in einen offenen Dialog geht und nachfragt, wenn sie der Meinung ist, das Team hat sich z. B. deutlich über- oder unterbesetzt. Nicht mit dem Ziel der Kontrolle, sondern um im gemeinsamen Durchdenken der Konsequenzen eine Abschätzung zu leisten, was am besten funktioniert.

Wenn sich Mitarbeiter nicht initiativ zeigen, dann bin ich als Führungskraft also immer angehalten zu überlegen: Wie könnte ich die Rahmenbedingungen so gestalten, dass ich die unternehmerische Initiative der Einzelnen mehr fördere? Das heißt auch, dass wir als Führungskräfte in jeder Situation neu entscheiden müssen, wie wir vorgehen und die

Auswirkung unseres Handelns hinterher reflektieren. Auch mir passiert es immer wieder, dass ich nach einem Gespräche denke, dass ich zu viele Vorgaben gemacht habe oder manchmal auch zu wenige. Die konsequente Auseinandersetzung mit der Frage ist das entscheidende im Führungshandeln.

Frage Das heißt, dass sie sich über sensible Führungsfragen sehr offen austauschen müssen, was ja unter Führungskräften nicht immer selbstverständlich ist.

Metzger Ich habe die Erfahrung, dass ich als Führungskraft in einer Kultur nur dann etwas ernte, wenn ich auch bereit bin, etwas zu säen und einen eigenen Beitrag in die Kultur zu geben. Ich habe bei dm am Anfang sehr viel durch das Verhalten meines Ressortverantwortlicher gelernt, der diese Offenheit vorgelebt hat, ohne mir zu sagen, wie ich es dann selbst machen soll. Man wird durch die Kultur also immer darauf aufmerksam gemacht, dass man selbstverantwortlich handelt und sich mit den Auswirkungen auseinandersetzen muss. Das ist für die meisten gerade zu Beginn ein sehr hoher Anspruch und sie brauchen daher Unterstützung. Als ich in der Einarbeitungszeit einen Markt in der Eröffnung unterstützen sollte, wollte ich von meinem Einarbeitungspaten wissen, was ich tun sollte. Der verwies mich auf das Prinzip LidA (Lernen in der Arbeit), wiederum verbunden mit der Freiheit den Prozess zu gestalten – das war für mich in der Situation wenig beflügelnd, weil es einfach keinen festen Rahmen gab, so wie ich es gewohnt war. Aber es war gleichzeitig auch ein entscheidender Impuls aus den gewohnten Bahnen zu kommen.

Frage Wie wird diese Kultur von der Ausbildung und Qualifizierung her entwickelt?

Metzger Wir haben ein Ausbildungskonzept, das von Anfang an dezidiert auf Eigeninitiative setzt. Viele der aktuell 3200 Auszubildenden bleiben im Unternehmen und einige werden dann später einmal Filialleiter. Auch diese jungen Menschen müssen sich meist auf einen anderen Lernstil einstellen. In der Schule lernen sie die meisten vorgegebenen Inhalte im Frontalstil. Das führt dann zu Prägungen wie „Sag mir, was ich tun soll" oder „Ich darf keinen Fehler machen". In den Märkten bekommen die Auszubildenden in ihren ersten Tagen ein weißes Blatt, mit dem sie sich im Markt umschauen, alles aufzeichnen sollen und dann eine eigene Einschätzung des Sortimentaufbaus abgeben. Dann sehen die Auszubildenden durchaus oft Dinge, die man verbessern kann, die den anderen einfach nicht mehr auffallen. Da merkt man als Führungskraft, dass man oft in seinen Routinen denkt und handelt. Die Gefahr ist dann natürlich, dass man einfach abblockt nach dem Motto „Das machen wir halt so". Wenn ich mich dagegen überwinde, diesen neuen Blick zuzulassen, dann entdecke ich tatsächlich immer etwas, das ich verbessern kann, und gleichzeitig fördere ich beim anderen die Lust sich initiativ einzubringen.

Frage Das erzeugt ja auch eine Erwartungshaltung in punkto Führung. Wie gelingt es denn bei dieser hohen Freiheit, eine einheitliche Führungskultur im Unternehmen zu etablieren?

Metzger Wir sehen in einem großen Unternehmen natürlich durchaus Unterschiede bei der Führung, da hätte ich nicht den Anspruch einer völlig homogenen Führungskultur. Das wäre ja auch bei einer Grundhaltung, die von Selbstführung und Gestaltungsfreiheit ausgeht, paradox. Was das Thema gesunde Führung angeht, merke ich den größten Unterschied daran, dass ich mich in einer Unternehmenskultur, die auf Vorgaben und Kontrolle beruht, immer wieder als Opfer der Umstände oder der anderen fühlte und zugleich Täter war, um in dem Bild zu bleiben, für Maßnahmen, die ich selbst nicht entschieden hatte. Das führt dann eher in eine Absicherungs- und Legitimationshaltung, in der jeder auch nur so weit geht, wie er muss und wie es ihm nicht schadet. Über Fehler wird da nicht gesprochen. Bei dm dagegen mischt sich jeder in ganz viele Themengebiete ein – in meinem Bereich MitarbeiterEntwicklung beispielsweise hat natürlich jeder eine Meinung, was richtig und wichtig ist. Diese Vielfalt ist manchmal anstrengend, wenn es darum geht, etwas aufeinander Abgestimmtes zu machen. Wir haben ja eine sehr flache Hierarchie, und dazu eine Tendenz, die Verantwortung subsidiär z. B. für MitarbeiterEntwicklung stark bei den Märkten selbst zu lassen. Die Filialleiter und Gebietsverantwortlichen sind frei darin, wie sie die Mitarbeiter weiterbilden. Aus dieser Grundhaltung muss ich mich dann zum Beispiel in meiner Funktion fragen, wie ich diese Prozesse aus der zentralen Position heraus unterstützen und fördern kann.

Im Ausbildungswesen sind wir etwas konformer, da es hier auch Gesetze und Vorgaben gibt. Aber auch hier sind die Wege für viele neu und ungewohnt: Jeder der Auszubildenden geht z. B. durch eine Reihe von Theaterworkshops, die wir bei dm Abenteuer Kultur nennen. Die Künstler, die diese Workshops leiten, versuchen mit den Mitarbeitern in einer bestimmten Zeit ein Stück auf die Beine zu stellen. Der Weg dahin ist völlig offen und wird durch die Gruppe bestimmt, also was für ein Stück gespielt wird, was die Rollen darin sind, wie das Ganze auf der Bühne gespielt wird usw. Von außen sieht man am Ende dann nur das fertige Stück, das etwa eine Stunde lang ist, mit allen gelernten Rollen und Texten. Bei der Aufführung sitzen oft Eltern und Verwandte der Lernlinge, wie bei uns die Azubis heißen, und sagen ganz beeindruckt, so hätten sie ihre Kinder noch nie erlebt. Der eigentliche Lernprozess, bei dem sich die Rolle und das Selbstbild der Lernlinge entwickelt, wenn sie über sich hinauswachsen, passiert aber quasi im Hintergrund. Auch die Filialleiter und wir als Bereichsverantwortliche sehen die jungen Menschen danach ganz anders, mit einem ganz anderen Blick auf deren Fähigkeiten und Potenziale. Ich denke dann daran zurück, wie schwer es für mich war, meine erste kleine Wertschätzungsrede am Ende einer Abenteuer-Kultur-Veranstaltung mit nur zwei, drei Sätzen zu halten. Zu erleben, wie die neuen Mitarbeiter hier eine ganze Stunde auf der Bühne mit viel Redeanteil meistern, das beindruckt dann natürlich umso mehr.

An diesem Beispiel zeigt sich die zentrale Haltung, dass das Unternehmen für die Menschen da ist und nicht umgekehrt. Im Rahmen des Projekts Abenteuer Kultur beschreibt beispielsweise ein Workshopteilnehmer, wie er im Stück mit der Aufgabe umgeht, eine Katze zu spielen. Obwohl er zunächst keine Ahnung hat, wie er da rangehen soll, findet er seinen eigenen Weg. Das ist für mich eine Frage der Potenzialentfaltung, man spürt, er hat eine Entdeckung gemacht, die für ihn wertvoll ist. Wenn also die Lernlinge erleben, wie sie in diesem Programm so gefordert und unterstützt werden, dass sie etwas völlig Neues und Unerwartetes schaffen, dann hat das einen enormen Effekt auf deren weitere Entwicklung und ihr Verhalten. Wir messen das nicht in klassischen Kompetenzmodellen, sondern sehen den direkten Unterschied, wie die jungen Menschen danach an ihre Arbeit herangehen und wie sie sich im Team einbringen.

Wenn wir einen dieser Unternehmenspreise bekommen haben, z. B. für Kundenfreundlichkeit, werden wir manchmal gefragt, was denn der besondere Kniff dabei wäre. Aber es gibt kein Patentrezept, wir haben nicht einmal ein Seminar zum Thema Kundenfreundlichkeit – man muss vielmehr die entsprechenden Rahmenbedingungen schaffen, damit sich eine entsprechende Haltung und ein Bewusstsein in die Richtung entwickeln. Das läßt sich eben nicht anweisen oder trainieren. In anderen Unternehmen gibt es beispielsweise die Regel, dass man einen Kunden ansprechen muss, wenn er sich auf eine gewisse Distanz nähert, mit standardisierten Sprüchen. Das wirkt dann völlig künstlich und läuft auf eine völlige Entmündigung der Mitarbeiter hinaus.

Frage Wie gehen sie mit Fehlern im Arbeitsalltag um?

Metzger Man sagt ja oft Fehler sind erlaubt, aber eigentlich müssten wir realisieren: Fehler passieren einfach. Die entscheidende Frage ist dann: Was machen wir damit? Vertrauen und Offenheit sind da ganz entscheidend. Das wird auch mal enttäuscht werden, denn die Erwartung, dass sich Potenziale entfalten, lässt sich ja nicht einfach bestimmen. Wenn das ausbleibt, dann müssen wir offen miteinander sprechen und die wechselseitigen Erwartungen abgleichen.

Frage Offensichtlich hat Götz W. Werner, der Gründer des Unternehmens dm, eine prägende Bedeutung. Welche Rolle spielt er?

Metzger Seine Rolle ist natürlich seit der Gründung enorm wichtig. Die Entwicklung von dm war ja zunächst einmal die eines ganz normalen Unternehmens und auch Herr Werner hat nicht von heute auf morgen mit einem Knopfdruck die Kultur verändert. Das ist vielmehr das Produkt einer langen Auseinandersetzung mit der eigenen Biographie und auch dem Menschenbild, das beispielsweise von der Anthroposophie beeinflusst ist. Als ich ins Unternehmen kam, dachte ich, die haben jetzt irgendein Rezept gefunden, wie sie die Kultur so aufsetzen können, aber das gab es so nicht. Die Arbeit an der Kultur ist eine tagtägliche Auseinandersetzung, die jeder führen muss. Jeder kann in seinem Umfeld dazu beitragen und hier etwas bewegen, durch sein Handeln und seine Entscheidungen. Dazu gehört auch, dass ich mich damit beschäftige, wenn ich nicht mit der erlebten Kultur einverstanden bin oder einfach eine andere Sichtweise habe.

Als ich in meiner Einarbeitungszeit auf einer Führungskräftetagung war, hat mich Götz Werner angesprochen, wie meine Eindrücke zu dm sind. Ich dachte zu Beginn, dass das jetzt eine höfliche Floskel ist, aber es wurde dann ein halbstündiges intensives Gespräch daraus, wie ich die Märkte erlebt habe, wie mich die Kollegen angesprochen haben, was ich verbessern würde usw. Mir ist erst später klar geworden, dass Herr Werner hier die Gelegenheit nutzt, durch diese Gespräche immer wieder einen neuen Blick auf das Unternehmen zu werfen. Dieses Interesse, die Dinge, auch wenn sie scheinbar bekannt sind, immer wieder neu zu entdecken, das hat mich sehr beeindruckt und ist mir als wesentliche Haltung geblieben. Denn Interesse und Wertschätzung kann man nicht anweisen, das ist eine Haltung, die aus dem Selbstverständnis heraus erwachsen muss, dass Menschen auf Potenzialentfaltung aus sind und sich prinzipiell sinnvoll und gestaltend einbringen wollen.

Götz Werner macht das oft an konkreten Erfahrungen fest, die er bei Filialbesuchen sammelt, zu denen er sich regelmäßig Zeit nimmt: Bei einem solchen Besuch begegnete ihm eine Mitarbeiterin mit den Worten: Einen Moment, ich bin nur die geringfügig Beschäftigte, ich hole jemand anderen. Die Frage, die sich daraus ergab, war, wie können wir die Rahmenbedingungen so gestalten, dass sich wirklich alle Mitarbeiter so verbunden und ermächtigt fühlen, mit einem Kunden umzugehen, egal, was für Arbeitszeiten sie haben. Sich als geringfügig beschäftigt zu betrachten macht ja auch etwas mit dem eigenen Bewusstsein gegenüber dem Kunden. Dem ist es letztlich egal, was für Arbeitszeiten ein Mitarbeiter hat, er erwartet jemanden, der ihn kompetent bedient.

Ein anderes Beispiel, das wir auf einer Führungskräftetagung diskutierten: Ein Kunde kommt in die Filiale, kurz vor Ladenschluss, will ein paar Dinge kaufen und entdeckt, dass er sein Geld vergessen hat. Die Verkäuferin kennt den Kunden gut und entscheidet, ihm die Ware dennoch mitzugeben, er könne ja später bezahlen. Die Frage an die Führungskräfte war: Was machen Sie? Normalerweise wäre das ein Grund für eine Abmahnung; das Prinzip Ware-gegen-Geld, um drohenden Inventurverlust zu vermeiden, wird im Handel sehr hoch gehalten. In der Diskussion dieser Situation wurde deutlich, dass es hier aber zwei Perspektiven gibt: Es ist zu begrüßen, dass die Mitarbeiterin selbstständig gehandelt hat, sie kannte den Kunden gut genug, hat ihm vertraut und in dieser Situation dem Kundenwunsch entsprochen – gleichzeitig können wir aus diesem Verhalten keine Regel machen, im Sinn von Wir-geben-den-Kunden-die-Ware-ohne-Bezahlung-mit. Anhand dieser kleinen Situation wurde dann besprochen, wie man damit umgeht, wenn wir im Sinn der situativen Selbstverantwortung auch Regeln übertreten. Das bleibt am Ende offen, ohne Regel, wie man sich zu verhalten hat, sondern mehr mit einem Bewusstsein, um welche Fragen es geht. Daher gibt es auch keine Regel, dass jeder Mitarbeiter das Recht hat, an jedem Ort und ohne Zusammenhang zum Aufgabenbereich seine Potenziale zu entfalten. Nicht jede Initiative wird umgesetzt, auch in meinem Bereich nicht. Das Entscheidende ist die Transparenz und Nachvollziehbarkeit der Abstimmungsprozesse und dann die Rückmeldung, warum etwas weiter verfolgt werden kann oder warum nicht. Diese Rückbindung von Entscheidungsprozessen ist wichtig, damit es nicht auf Willkür oder den berühmten Nasenfaktor hinausläuft, was letztlich Initiative hemmt.

Frage Aus einer klassischen Führungssicht würde man sich immer noch fragen, wie bei all dieser Freiheit abgestimmte Arbeitsprozesse entstehen, ohne dass aus der Vielfalt Chaos wird und man Geld und Zeit verschwendet.

Metzger Im Modell der dialogischen Führung werden diese Kernfragen immer wieder behandelt: Wie kommen wir zu Ideen und Entscheidungen? Wenn sich jemand wirklich für ein Projekt verantwortlich fühlt, dann übernimmt er auch Verantwortung für den Prozess, wen man als Mitstreiter sucht, wer informiert und mit eingebunden werden muss. Natürlich haben wir auch ein Projektwesen, in dem man dann über Mailverteiler ein Projekt vorstellt und die entsprechenden Abstimmungsprozesse initiiert.

Die heutige Form der Organisationsstruktur war sicherlich eine zentrale und aus damaliger Sicht sehr mutige Entscheidung. Zuvor gab es ein eher herkömmliches Modell, wie es bei Aldi u. a. praktiziert wird, mit Bezirks-, Regional- und Filialleitern. Götz Werner hatte aufgrund vieler Erfahrungen beobachtet, dass die meisten Filialleiter in ihrer Initiative durch die nächste Führungsebene eher gebremst wurden und viele Aufgaben, etwa einfache Beschaffungs- oder Reparaturfragen, großen bürokratischen Aufwand nach sich zogen. Daraufhin entschied er, die Ebene der Bezirksleiter abzuschaffen. Statt acht Märkten hatte die nächste Ebene plötzlich 10–25 Märkte zu betreuen – gleichzeitig bekamen die Märkte selbst ein viel höheres Maß an Selbstverantwortung und Entscheidungsfreiheit. Da gab es natürlich viel Verunsicherung und Gegenwind – an dieser Stelle war dann ganz klar die Vision des Unternehmers Götz Werner gefragt. Die Zeitungen haben damals getitelt „Filialen an die Macht", aber für viele Mitarbeiter intern war das ein radikaler Umbruch. Der Schritt, der Entwicklung des Unternehmens mit der steigenden Komplexität des Geschäfts nicht mit mehr Kontrolle zu begegnen, sondern mit mehr Freiheit und Vertrauen vor Ort, war sicherlich einer der stärksten visionären Impulse, die das Unternehmen geprägt haben. Natürlich mussten dann im Nachgang viele Prozesse verändert und neu geschaffen werden. dm hatte eine klassische Innenrevision, die durch das Unternehmen zog und die Zahlen kontrollierte – bis sich in der neuen Firmenstruktur die Filialleiter verständigten, dass sie eigentlich am meisten lernten, wenn sie sich untereinander revisionieren. Als ich ins Unternehmen kam, dachte ich, dass damit Manipulationsmöglichkeiten Tür und Tor geöffnet sein könnten. Mein Eindruck ist jedoch, dass mit dem Wandel hin zu einer stärker von Vertrauen geprägten Zusammenarbeitskultur klassische Kontrollinstrumente zunehmend nicht mehr als stimmig empfunden wurden und sich wandeln mussten. Natürlich passiert hier, wie überall, auch menschlich Fehlerhaftes, aber es wird nicht von vornherein unterstellt.

Frage Welche Wechselwirkung sehen sie nun zum Thema gesunde Führung?

Metzger Wenn man die Freiheit und die Verantwortung zu handeln wahrnimmt und auch zugesprochen bekommt, dann wirkt das diametral entgegen dem Erleben, Opfer der Umstände zu sein. Dieses Gefühl, selbst handeln zu können, ist nach meiner Erfahrung wohl eher der Gesunderhaltung zuträglich.

Gleichzeitig frage ich mich, was diese Freiheit mit Menschen macht, die neu ins Unternehmen kommen und nach einem Handlungsrahmen suchen. Die Unsicherheit und die Ängste, die so entstehen, müssen wiederum aufgefangen werden – nicht mit Regeln, sondern im Gespräch. Wenn es wenige Regeln, Anweisungen oder Stellenbeschreibungen gibt, liegt darin auf der anderen Seite auch die Gefahr von Verunsicherung oder Überforderung, wenn es nicht zur individuellen Person und Entwicklung passt. Ohne die Regelungen stellt sich viel stärker die Frage, wie achte ich auf mich selbst und wie bin ich mit den Kollegen in Kontakt. Eine repressive Kultur, die einfach anweist, ist möglicherweise besser regulierbar, durch Betriebsvereinbarungen und ähnliches. Aber wenn die hohe Anforderung und die Gefahr der Überforderung von innen kommen, ist es eine andere Frage, wie wir das wieder regulieren. Wir sind in der Abteilung der MitarbeiterEntwicklung in den letzten Jahren stark gewachsen, mit einem deutlich breiteren Aufgabenspektrum. Als Mitarbeiterverantwortlicher muss ich ausloten, wo welche Arbeitsbelastung entstehen kann und ich aktiv das Gespräch suchen muss. Da entsteht eine andere Führungsaufgabe, als einfach immer anzuschieben, es geht eher darum, ein gemeinsames Bewusstsein zu schaffen, wo Leistungen und Erwartungen von innen und von außen in einer guten Balance sind. Wenn man hier wieder eine Regel schafft und nach 17 Uhr die Server abstellt, ist die Grenze klar, aber das würde bei dm einen Aufschrei geben, weil dann die freie Zeitdisposition in Frage gestellt wäre. In großen Teilen meines Teams gibt es beispielsweise keine Stechkarte, meine Mitarbeiter müssen sich in puncto Zeit nicht vor mir rechtfertigen. Gleichzeitig haben wir natürlich auch Projekte und Aufgaben abzuschließen, was immer mal Zeitdruck verursachen kann. Hier ist also ein schmaler Grat, dass die selbstbestimmte Zeiteinteilung nicht so zu einer perfiden Selbstüberforderung führt.

Frage Das ist ja oft der Vorwurf gegen freizügige Modelle der Zeiteinteilung, dass sie zu freiwilliger Selbstausbeutung führen.

Metzger Wir haben natürlich auch Mitarbeiter, die Anzeichen für Überforderung zeigen, das bleibt in so einem großen Unternehmen nicht aus. Wir sehen das, obwohl wir in der Unternehmenskultur natürlich versuchen, die Mitarbeiter so weit wie möglich im Blick zu haben. Die Frage ist, wie man die selbstgestaltete Zeiteinteilung erhält, bei der ich z. B. entscheiden kann, das Projekt heute noch fertig zu machen, auch wenn es dann 19 Uhr wird, und gleichzeitig niemand fragt, wenn ich dann am nächsten Tag erst um 11 Uhr erscheine. Wir haben natürlich einen Betriebsrat und ein Sozialmanagement, an das man sich wenden kann. Wer will, der kann auf eigenen Wunsch auch wieder an der Zeiterfassung teilnehmen. Aber die meisten wollen nicht zurück, weil sie die Möglichkeit, dies individuell steuern zu können, schätzen. Natürlich beobachtet man als Mitarbeiterverantwortlicher auch Menschen, die sich in höchstem Maß mit ihrer Aufgabe verbinden und eben auch die Freiheit haben, dem nachzugehen. Da braucht es einfach früh genug den Kontakt und Dialog, um gemeinsam auszuloten, wo es hingehen kann, damit jemand nicht nur sich selbst, sondern auch seine Umwelt nicht überfordert. Man muss als Führungskraft hier den Blick ganz anders schärfen, als in der Auseinandersetzung mit Regelwerken und Kontrollmechanismen.

Das heißt auch Auseinandersetzung mit der eigenen Angst vor Kontrollverlust: Ich mache immer mehr die Erfahrung, dass in den meisten Projekten so viel Erfahrung und Ideen zusammenkommen, aus denen etwas wirklich Neues entsteht, was nicht passiert wäre, wenn ich den Projekten sofort eine Richtung gegeben hätte. Dann kommt die Wertschätzung und Motivation auch stärker aus der Sache heraus und nicht mehr so stark vom Vorgesetzten. Das fehlt manchem zunächst, führt aber meistens zu mehr Selbstführung. Alles, was zu mehr Selbststeuerungsfähigkeit führt, ist wohl die nachhaltigste Vorkehrung gegen Selbstausbeutung, der Weg dorthin steinig und schwer. Führung legitimiert sich dann zunehmend, indem sie zu Selbstführung führt. Wir brauchen dafür meiner Einschätzung nach nicht mehr Regeln, wohl aber mehr Vertrauen und Zutrauen und echte menschliche Zuwendung in der Führung.

Mike Metzger Dipl.-Betriebswirt (FH) Personal- und Ausbildungswesen, ist nach fünf Jahren im Lebensmittelvertrieb seit 2004 bei dm-drogerie markt GmbH + Co. KG und dort seit 2008 im Ressort Mitarbeiter für den Bereich MitarbeiterEntwicklung verantwortlich. Dies umfasst die strategische Ausrichtung aller Aus- und Weiterbildungsaktivitäten, die konzeptionelle Ausgestaltung in Form von Lernangeboten, Lernmedien und -materialien. 2014 hat er einen Fernstudiengang mit einem Master of Arts in Erwachsenenbildung abgeschlossen.

Werteorientierung als Gesundheitsfaktor am Beispiel der STP Unternehmensgruppe

Interview mit Bettina Andrae, Leiterin des Teams Personal der STP Unternehmensgruppe

Bettina Andrae

Das Interview führte Dr. Markus Hänsel am 8.6.2015 in Karlsruhe

Frage Unsere These im Band ist, dass die Werteorientierung und die Kultur im Unternehmen einen Einfluss auf gesunde Führung haben. Was macht die Führungs- und Unternehmenskultur von STP Holding aus?

Andrae Unsere Werte sind seit Unternehmensgründung explizit im Unternehmen lebendig und leiten unser Handeln, von der weitläufigen Strategie bis zum konkreten Handeln im Alltag. Entscheidend ist dabei natürlich, dass sie dabei von der Geschäftsleitung vorgelebt werden. Bildlich gesprochen müssen die Werte durch das ganze Unternehmen „suppen", weil man das ja nicht irgendwie anweisen kann. Die Kultur, die daraus entsteht, hängt in einem mittelständischen Unternehmen dann auch sehr eng mit dem Menschenbild der Gründer zusammen und wie es sich auf die Mitarbeitenden auswirkt. Ein expliziter Teil der Firmenphilosophie dazu lautet „Der Erfolg von STP ist der Erfolg eines jeden einzelnen Mitarbeiters! Jeder Mitarbeiter ist ein qualifiziertes und geschätztes Mitglied der STP-Gemeinschaft. Er genießt Vertrauen, Respekt, Förderung und Integrität."

Bei uns stehen der menschliche Kontakt und die Art, wie wir Beziehungen im Alltag aufbauen und führen, stark im Vordergrund. Wir produzieren ja keine Produkte, die man einfach mit den Händen fassen kann oder in Stückzahlen messen kann. Als IT-Unternehmen sind wir vielmehr angewiesen auf die geistige Leistung des Menschen, der hier sein Know-how einbringt und der so mit den anderen zusammenarbeitet, dass ein Gewinn für

---

B. Andrae (✉)
STP Holding GmbH, Karlsruhe, Deutschland
E-Mail: Bettina.Andrae@stp-holding.com

© Springer-Verlag Berlin Heidelberg 2016
M. Hänsel, K. Kaz (Hrsg.), *CSR und gesunde Führung*, Management-Reihe Corporate Social Responsibility, DOI 10.1007/978-3-662-48692-4_7

den Kunden entsteht. Der wesentliche Rahmen dafür ist, dass sich alle einbringen können, wollen und dürfen – das ist die Grundlage, auf der unsere Arbeits- und Unternehmenskultur steht. Wenn das gelingt, können wir sagen, das Unternehmen ist erfolgreich.

Frage Ihre Aufmerksamkeit ist also auch sehr auf die Mitarbeiter gerichtet?

Andrae Herr Thies, unser Vorstandsvorsitzender, sagt oft augenzwinkernd, um 18:00 Uhr am Feierabend verlässt das wichtigste Kapital die Firma, das sind alle, die hier arbeiten. Dabei geht es nicht nur um deren Output und Ergebnisse, sondern auch um eine Atmosphäre, die das gemeinsame Arbeiten ermöglicht und Leistung entstehen lässt. Hier ist für mich eine Verbindung zur gesunden Führung: Wenn sich alle Mitarbeitenden wirklich an ihrem Arbeitsplatz wohl fühlen und wissen, ich darf hier mit allem sein, was ich bin, wie ich bin und was ich zu geben habe, und das wird auch gerne genommen und wertgeschätzt. Krankheit, die arbeitsbedingt ist, entsteht ja oft durch eine Dysbalance im Unternehmen, wenn der Ausgleich von Geben und Nehmen nicht stimmt, wenn Wertschätzung ausbleibt oder das Gefühl für eigene Gestaltungsmöglichkeit verloren geht. Wenn die Menschen, die hier arbeiten, wirklich wissen und spüren, dass sie heute einen wichtigen Beitrag geleistet haben, gemeinsam mit allen anderen Kolleginnen und Kollegen, dann ist das nicht nur befriedigend, sondern nach unserer Überzeugung auch stärkend für ihre Gesundheit. Natürlich gibt es mal Tage, an denen es nicht so optimal läuft – aber im Großen und Ganzen sollte jeder hier spüren, dass er hier am richtigen Platz ist.

Frage Was kann Führung dazu beitragen, dass eine solche Arbeitsatmosphäre und Kultur entsteht?

Andrae Erst einmal sollte Führung nicht behindern. Ich glaube, man kann Menschen nicht einfach motivieren, im Sinn einer direkten Beeinflussung, sondern man sollte v. a. alles unterlassen, was sie demotiviert. Dazu ist es entscheidend, dass alle, die bei uns arbeiten, prinzipiell den Rahmen und den Freiraum haben, ihre Arbeit so zu gestalten, wie es für sie optimal ist. Wir haben dazu ein Instrument eingeführt, das sogenannten Scrum, um diesen Rahmen auch im Arbeitsprozess gewährleisten zu können. Die Grundidee von Scrum ist, dass ein Team, das an einem Projekt arbeitet, sich prinzipiell selbst organisiert, d. h. selbst einschätzt, wie lange es für eine Entwicklungsetappe brauchen wird, wann es welche Ergebnisse erreichen kann und welche Aufgaben und Rollen dann zu verteilen sind. Prinzipiell ist die gemeinsame Reflexion in der Zusammenarbeit ein wichtiges Element: Im Scrum-Prozess beispielsweise findet am Ende einer sog. Sprintphase, ein Arbeitsabschnitt im Gesamtprozess, ein Review statt, in dem die Ergebnisse und Planung bewertet werden. Dann gibt es noch ein Retrospektive, bei dem im Vordergrund steht, wie das Team zusammengearbeitet hat, was gut geklappt hat und was sich verbessern sollte. Natürlich gibt es auch in dieser Arbeitsform Konflikte und Stressphasen, die in der Zusammenarbeit besprochen und geregelt werden müssen. Da hilft es enorm, wenn die Notwendigkeit des Feedbacks in so einem Instrument fest verankert ist. Auch im Kollegenkreis sind die Führungskräfte angehalten, sich über die Arbeitsrunden hinaus auszutauschen. Das kann man nicht vorschreiben, sondern das ist Teil einer Kultur, wie die Führungskräfte miteinander arbeiten.

Daneben arbeiten wir mit sog. Pair-Programming, wobei jeweils zwei Personen parallel an einem Projekt arbeiten, sich dabei intensiv über ihren Arbeitsprozess austauschen und sich so mit ihrem Wissen und Können ergänzen. Das ermöglicht ein aktives Wissensmanagement, etwa wenn ein Senior-Entwickler mit einem Junior-Entwickler zusammenarbeitet. So ergeben sich automatisch enge Lernprozesse, die vermitteln und optimieren, wie man an Aufgaben herangeht, wie man eine Softwarearchitektur bauen kann und welche unterschiedlichen Lösungsmöglichkeiten für Probleme bestehen. Um diesen Rahmen für diese Instrumente und Prozesse geben zu können, muss die Führung nun prinzipiell den Freiraum dafür geben.

Was prinzipiell von großer Bedeutung ist, ist die Entscheidung, welche Menschen wir an Bord nehmen. Wir achten sehr darauf, dass die Werte, die bei uns gelebt werden, von den Bewerbern geteilt werden. Fachliche Kompetenzen kann man noch später erlernen, aber die passende Haltung, die Persönlichkeit und das Menschenbild ist eher eine Grundvoraussetzung, die bei uns ein entscheidendes Kriterium bei der Einstellung ist. Bei Führungskräften ist diese Voraussetzung umso wichtiger, da die Führung immer eine prägende Wirkung im Unternehmen hat. Die Art wie wir arbeiten, wird nicht funktionieren, wenn jemand als Führung zu dominant ist und dauernd die Fäden in der Hand behalten will; viel wichtiger ist es, dass jemand Vertrauen und Zutrauen in die Kompetenz der anderen mitbringt. Dieses Menschenbild umfasst auch das Bewusstsein der Führungskraft, dass Mitarbeiter und Kollegen ein größeres Bild des Unternehmens ins Auge fassen und es mit erfüllen wollen, d. h. dass jeder nicht nur auf seinen Arbeitsbereich blickt und in seinem „Silo" agiert, sondern immer wieder Bezüge herstellt zum gesamten Unternehmensprozess, der Strategie und der Vision, die hinter dem Unternehmen steht. Solche Bezüge werden bei uns in sog. Quo-vadis-Meetings immer wieder vorgestellt und besprochen. Wenn wir einen großen Auftrag bekommen, so wird das mit der ganzen Firma gefeiert, nicht nur mit dem Bereich, der den Auftrag akquiriert hat. Da ist auch die Entwicklung beteiligt, die ja eine Bestätigung erhält, dass die Produkte und Ideen, die sie generiert hat, so gut beim Kunden ankommen. Wir fördern also bewusst den Blick auf das gemeinsame Ganze, anstatt dass jeder nur auf seinen kleinen Arbeitsbereich starrt und nicht links und rechts davon schaut.

Frage Wie wird eine solche Kultur der Zusammenarbeit etabliert und gepflegt?

Andrae Wir pflegen eine ausgeprägte Prozessorganisation, daher sprechen wir nicht von Abteilungen – auch die Führungskräfte nennen wir Prozessverantwortliche, nicht Abteilungsleiter. Die Wortwahl ist ein Teil der Kultur, die dann in den Arbeitsprozessen gelebt wird. Die einzelnen Arbeitsbereiche haben daher die Möglichkeit, sich in anderen Bereichen zu beteiligen: Bei uns geht also nicht nur die Sales-Abteilung zum Kunden, sondern auch die Mitarbeiter der Entwicklung. Gerade die Entwicklung, deren Mitarbeiter ja gerne als Nerds karikiert werden, weil sie oft tief in den technisch komplexen Prozessen stecken, ist ein hochkommunikativer Prozess. Sales-Mitarbeiter wiederum sind eng mit Kollegen der Entwicklung im Austausch, denn sie müssen ja abstimmen, was, wann und wie beim Kunden angeboten werden kann. Und natürlich brauchen wir dann wieder eine ganz enges Feedback vom Markt, darüber, was die Kunden wollen. Um das zu unterstützen, finden prozessübergreifende Priorisierungsboards statt, in denen die einzelnen Arbeitsprozesse miteinander vernetzt und aufeinander abgestimmt werden. Um diese Beteiligung und Durchlässigkeit zu erreichen, haben wir interne Hospitationen eingeführt: Jeder Mitarbeiter kann so einen anderen Bereich oder auch einen Kunden kennenlernen. Ich habe zum Beispiel eine Zeit in einer Anwaltskanzlei hospitiert. Die haben sich zu Beginn schon etwas gewundert, was jemand von der Personalentwicklung bei ihnen will. Aber für mich stand im Vordergrund, dass ich ja verantwortlich dafür bin, dass nicht nur die interne Zusammenarbeit klappt, sondern auch die Zusammenarbeit in Richtung Kunde.

Für die Mitarbeiterentwicklung und -weiterbildung haben wir zum einen die STP University eingeführt, ein Weiterbildungsformat, in dem Mitarbeiter ihr Wissen gegenseitig zugänglich machen. Wir glauben, dass jeder Mitarbeiter Experte in seinem Bereich ist und für die anderen wertvolles Know-how hat. Dann haben wir noch eine Akademie, deren Angebote von jedem genutzt werden können und in der überfachliche Themen behandelt werden. Auch die Mitarbeitergespräche mit Zielvereinbarungen zwischen Führungskraft und Mitarbeiter haben wir natürlich standardisiert. Darüber hinaus kann der Mitarbeiter ein Entwicklungsgespräch in Anspruch nehmen, das einen größeren Rahmen und längeren Zeitraum der Entwicklung umfasst und als Reflexion für berufliche Standortbestimmung dienen soll.

Frage Was unternehmen Sie in Punkto Vereinbarkeit von Beruf und Familie?

Andrae (STP Informationstechnologie AG hat den BFamily Award verliehen bekommen) Hier haben wir keine festen Regularien, sondern versuchen, flexibel auf die Bedürfnisse der einzelnen Mitarbeiter jeweils gesondert einzugehen. Es gibt ja ganz unterschiedliche Situationen, je nachdem, ob jemand mehr Zeit mit der Familie verbringen möchte, ob er auf eine Kita angewiesen ist, wie die Anfahrtszeiten sind usw. Auch Heimarbeit ist in Absprache mit Führung und Kollegen möglich und wird von allen sehr verantwortungsvoll gehandhabt. Die Mitarbeiter und Teams entscheiden, in welchem Rahmen Arbeitsprojekte von zu Hause bearbeitet werden können, ob man sich für eine Telefonkonferenz von zu Hause dazu schalten kann oder ob man sich persönlich treffen sollte.

Frage Welche Rolle spielt Corporate Social Responsibility (CSR) bei Ihnen und wie positioniert sich das Unternehmen?

Andrae Durch Herrn Suikat (Aufsichtsrat STP Informationstechnologie AG) initiiert, haben wir in den letzten zwei Jahren eine Reihe von Workshops dazu abgehalten. Zum Start wurde zunächst von Grund auf mit allen Beteiligten erarbeitet, wie unser Engagement aussehen soll, was uns beschäftigt und in welchen Bereichen und mit welchen Kompetenzen wir uns einbringen können. Ein wesentliches Ergebnis aus diesem Startworkshop war der Fokus darauf, ein Bewusstsein für soziale Verantwortung zu schaffen. Konkret haben wir dann z. B. beschlossen, bei der Aktion Marktplatz der guten Geschäfte mitzumachen, die von der Paritätischen Wohlfahrt und KPMG initiiert wurde. Hier finden sich Non-Profit-Organisationen und Unternehmen zusammen, die miteinander einen Austausch von bestimmten Leistungen und Kompetenzen vereinbaren, um sich kennenzulernen, einen Austausch jenseits der üblichen Berufsgrenzen zu führen und sich so gegenseitig anzuregen und zu bereichern.

Intern wurden ebenfalls verschiedene Projekte in Angriff genommen, z. B. hat eine Gruppe unseren Verbrauch von Ressourcen und den Gebrauch von Dienstleistungen in puncto Nachhaltigkeit unter die Lupe genommen und etliche Veränderungen bewirkt. Hier gilt es jetzt, das alltägliche Verhalten und die Gewohnheiten zu prüfen. Natürlich ist es eine Herausforderung, dieses Engagement über die Zeit hinweg aufrechtzuerhalten, gerade wenn viele Mitarbeiter auftragsbedingt stark in Projekte eingebunden sind. Wir versuchen daher die Änderungen, die durch CSR-Projekte entstanden sind, oder die Auswirkungen der Aktionen wie Marktplatz der guten Geschäfte immer wieder in das Bewusstsein zu rufen, damit die Mitarbeiter spüren, wie sich ihr Engagement auch für sie selbst auswirkt.

Frage Was bieten Sie konkret für die Gesundheitsförderung im Unternehmen an?

Andrae Wir haben Gesundheitspausen eingeführt, die jeder Mitarbeiter in Anspruch nehmen kann. Dafür kommen externe Anbieter, die für die Mitarbeiter bestimmte Gesundheitsthemen anbieten, wie Massage, Stressbewältigung, Entspannung, und eine Heilpraktikerin. Auch hier wollen wir ein Bewusstsein schaffen, der eigenen Gesundheit im Arbeitsalltag mehr Aufmerksamkeit zu schenken. Wenn die Stressbelastung arbeitsbedingt sehr hoch ist, sind unsere Führungskräfte angehalten, dieses Thema in den Teams anzusprechen und zu reagieren, wenn nötig. Es kommt z. B. vor, dass Führungskräfte Mitarbeiter durchaus Urlaub nahelegen, um keine Überstundenberge anzuhäufen. Wir versuchen, die freie Wahl beim Urlaubsanspruch der Mitarbeiter weitestgehend zu berücksichtigen, da gab es in der Vergangenheit kaum Situationen, wo wir den Zeitraum des Urlaubs verschieben mussten. E-Mails und Anrufe werden in Urlaubszeiten nicht weitergeleitet, aber nicht als Regel, sondern das ist eine Frage der Haltung, dass Führungskräfte und Mitarbeiter sich so organisieren, dass sie sich Urlaubszeiten vertreten können. Natürlich kann es in einem Notfall zu einer Ausnahme kommen, aber die Grundhaltung in den Arbeitsteams ist hier der Respekt vor der Zeit des Anderen.

Bettina Andrae ist seit Januar 2013 bei der STP Unternehmensgruppe tätig, zu Beginn als Personalentwicklerin, dann als Leiterin des Teams Personal. Als Grundlage für ihre aktuelle Tätigkeiten fließen sowohl ihre langjährige Coachingerfahrungen, ihr betriebswirtschaftliches Studium mit Vertiefung Personalmanagement sowie ihre 25 Jahre Berufserfahrung aus der IT- und anderen Branchen ein.

Unternehmensinformation: Für anspruchsvolle Softwarelösungen und Dienstleistungen in den Bereichen Insolvenzverwaltung, Dokumentenmanagement, Kanzleimanagement und Business-intelligence-Lösungen setzen sich 165 begeisterte Mitarbeiter ein. Daher wurde das 1993 gegründete Unternehmen 2011 und 2015 von seinen Mitarbeitenden zum TOP JOB Arbeitgeber gewählt. Der B-Family Award wurde 2011 für das familienfreundliche Unternehmen und 2013 speziell zum Held der Demografie vergeben. Die Initiative Gemeinsam Gewinnen zeichnete STP 2011 als sozial engagiertes Unternehmen aus.

Teil II
Die Führungskraft im Fokus

Führung, Gesundheit und Resilienz

Ergebnisse einer empirischen Studie in deutschen Unternehmen

Denis Mourlane und Detlef Hollmann

1 Ausgangspunkt und Ziele der Studie

Die von allen Krankenkassen berichtete stetig wachsende Zahl von Burn-out-Fällen und von Fehltagen und Berufsunfähigkeiten aufgrund psychologischer Erkrankungen stellen eine zunehmende Herausforderung für die Gesellschaft und die Unternehmen dar. Basierend darauf stellt sich vermehrt die Frage, was Unternehmen für Mitarbeiter und Führungskräfte tun können, um den damit einhergehenden menschlichen und ökonomischen Schäden entgegenzuwirken.

Ansatzpunkte, die verstärkt in diesem Zusammenhang diskutiert werden, sind der Einfluss von Führung auf die psychologische Gesundheit von Menschen ebenso wie der Einsatz von Resilienztrainings im Rahmen des betrieblichen Gesundheitsmanagements (BGM). Resilienztrainings werden in diesem Zusammenhang als Maßnahmen verstanden, die im Rahmen eines ganzheitlich ausgerichteten BGM die psychologische Widerstandsfähigkeit stärken. Sie ergänzen somit eher körperbezogene Maßnahmen, wie sie beispielsweise Sportangebote, Rückenschulungen, Entspannungskurse oder Raucherentwöhnungen darstellen.

Ziel der Studie war es entsprechend, den Zusammenhang zwischen den drei Variablen Führung, Gesundheit und Resilienz genauer zu untersuchen und darauf aufbauend Handlungsempfehlungen abzuleiten.

D. Mourlane (✉)
mourlane management consultants, Frankfurt, Deutschland
E-Mail: dm@mourlane.com

D. Hollmann
Bertelsmann Stiftung, Gütersloh, Deutschland
E-Mail: detlef.hollmann@bertelsmann-stiftung.de

Die Studie ist ein Gemeinschaftsprojekt der Bertelsmann-Stiftung und von mourlane management consultants in Frankfurt und wurde unter wissenschaftlicher Begleitung des Fachbereichs Arbeits- und Organisationspsychologie der Goethe-Universität Frankfurt durchgeführt. Die Studie wurde Ende 2013 abgeschlossen.[1]

2 Aufbau der Studie

2.1 Studienteilnehmer

Insgesamt wurden 564 Personen aus 121 deutschen Unternehmen mithilfe eines Onlinefragebogens untersucht. Bei den befragten Personen handelte es sich um 347 Mitarbeiter und 217 Führungskräfte; der Anteil von Frauen betrug 27,3 %, der Anteil von Männern 72,7 %. Die Ergebnisse wurden streng vertraulich mithilfe des Onlinetools SurveyMonkey® erhoben. Die Teilnahme an der Studie war freiwillig.

2.2 Zentrale Messverfahren

Die Resilienz der Studienteilnehmer wurde mit Unterstützung der deutschen Version des von Dr. Andrew Shatté in den USA entwickelten Resilience Factor Inventory® (RFI®) erhoben. Dieser 60 Fragen umfassende Fragebogen ermöglicht es, die Werte einer Person für die sieben Resilienzfaktoren Emotionssteuerung, Impulskontrolle, Kausalanalyse, realistischer Optimismus, Empathie, Selbstwirksamkeitsüberzeugung und Zielorientierung/Reaching-out zu messen. Darüber hinaus ermöglicht er, analog zum Intelligenzquotienten (IQ), den Resilienzquotienten (RQ), der dem Mittelwert aus den sieben genannten Resilienzfaktoren einer Person entspricht, zu ermitteln.

Das Ausmaß an Burn-out-Symptomen wurde mithilfe des Maslach-Burn-out-Inventars auf Basis der drei Dimensionen Zynismus, emotionale Erschöpfung sowie Gefühl von Leistungsfähigkeit und Effektivität erhoben. Der allgemeine Burn-out-Wert entspricht dem Mittelwert dieser drei Dimensionen. Das Ausmaß an psychosomatischen Beschwerden wurde mithilfe eines 20 Fragen umfassenden Fragebogens erhoben. Der Gesamtwert berechnet sich aus den 20 gestellten Fragen.

Die Güte der Führung wurde mithilfe eines neu entwickelten 71 Fragen umfassenden Fragebogens (5needs®) gemessen. Dieser Fragebogen basiert auf der Hypothese, dass gutes Führungsverhalten gezielt Einfluss auf die psychologischen Grundbedürfnisse eines Menschen nimmt. Die neurobiologisch nachgewiesenen fünf psychologischen und kulturübergreifend gültigen Grundbedürfnisse eines Menschen sind in Anlehnung an die Arbeiten von Klaus Grawe (2004) und Samuel Epstein (1990, 1993)

---

[1] Die Studie wird hier erstmalig veröffentlicht und war bisher nur in einer vorläufigen Form als Broschüre und interne Veröffentlichung der Bertelsmann-Stiftung zugänglich.

- das Bedürfnis nach Orientierung und Kontrolle (Beispielitem: „Meine Führungskraft lässt mich auch eigene Entscheidungen treffen, wo dies sinnvoll ist."),
- das Bedürfnis nach Bindung (Beispielitem: „Meine Führungskraft betont, dass wir ein starkes Team sind."),
- das Bedürfnis nach Selbstwerterhöhung und Selbstwertschutz (Beispielitem: „Meine Führungskraft lobt mich für gute Arbeit."),
- das Bedürfnis nach Lustgewinn und Unlustvermeidung (Beispielitem: „Meine Führungskraft filtert den Druck, den sie selbst hat, in angemessener Weise und leitet diesen nicht einfach an mich weiter.") sowie
- das Bedürfnis nach Kohärenz/Stimmigkeit (Beispielitem: „Meine Führungskraft vermittelt mir die Sinnhaftigkeit meiner Arbeit.").

Darüber hinaus sollten die Studienteilnehmer die Güte ihrer Führungskraft mithilfe einer Skala bewerten. Sie schätzten dabei die Aussage „Meine Führungskraft gehört zu den besten Führungskräften, für die ich je gearbeitet habe" auf einer fünfstufigen Skala (1 trifft nicht zu; 5 trifft voll zu) ein.

2.3 Weitere Messverfahren

Über diese Messverfahren hinaus wurde außerdem die allgemeine Zufriedenheit mit der Arbeit durch vier Fragen erhoben. Außerdem wurde das Big-five-Persönlichkeitsprofil der Studienteilnehmer mithilfe eines Kurzfragebogens erfasst. Entsprechend der Big-five-Theorie (Zusammenfassungen s. Digmann 1990, McCrae und John 1992, Ostendorf und Angleitner 1992) lässt sich mit diesem Fragebogen das Persönlichkeitsprofil eines Menschen auf den Dimensionen Neurotizismus/emotionale Stabilität, Offenheit für Erfahrungen, Gewissenhaftigkeit, Verträglichkeit und Extraversion beschreiben.

3 Zentrale Ergebnisse der Studie

3.1 Allgemeine Hinweise

Es wurden überwiegend Korrelationskoeffizienten berechnet, die auf ihre Signifikanz überprüft wurden. Da davon auszugehen ist, dass nicht nur Faktoren wie die Resilienz eines Menschen oder die erlebte Führung, sondern eine Vielzahl von Variablen in Zusammenhang mit der empfundenen Arbeitszufriedenheit bzw. der Gesundheit eines Menschen stehen, wurden die Korrelationskoeffizienten in Anlehnung an Cohen (1988) interpretiert. Diese Vorgehensweise hat sich in der Praxis als sehr nützlich erwiesen und folgt folgender Regel:

- Hochsignifikante Korrelation um 0,1 = niedriger Zusammenhang zwischen den Variablen
- Hochsignifikante Korrelation um 0,3 = mittlerer Zusammenhang zwischen den Variablen
- Hochsignifikante Korrelation um 0,5 = hoher Zusammenhang zwischen den Variablen

Es sei an dieser Stelle noch einmal darauf hingewiesen, dass eine Korrelation niemals eine Aussage über Ursache-Wirkung-Zusammenhänge zulässt, sondern lediglich einen Hinweis auf solche Zusammenhänge geben kann. Es sei außerdem darauf hingewiesen, dass in diesem Bericht, auch wenn dies nicht immer ausdrücklich erwähnt wird, nur hochsignifikante Korrelationen angegeben werden.

3.2 Resilienz und Gesundheit

Die Grafik in Abb. 1 zeigt die Korrelationen zwischen dem RQ sowie den drei Burn-out-Variablen (emotionale Erschöpfung, Zynismus und Leistungsfähigkeit/Effektivität) und den psychosomatischen Beschwerden der untersuchten Gruppe.

Entsprechend konnten durchgehend mittlere bis hohe Korrelationen zwischen den erhobenen Variablen festgestellt werden. Menschen mit einem hohen RQ berichten somit über ein deutlich höheres Gefühl der Leistungsfähigkeit, sind weniger zynisch und emotional weniger erschöpft. Sie berichten außerdem über tendenziell weniger psychosomatische Beschwerden als Personen mit einem niedrigen RQ.

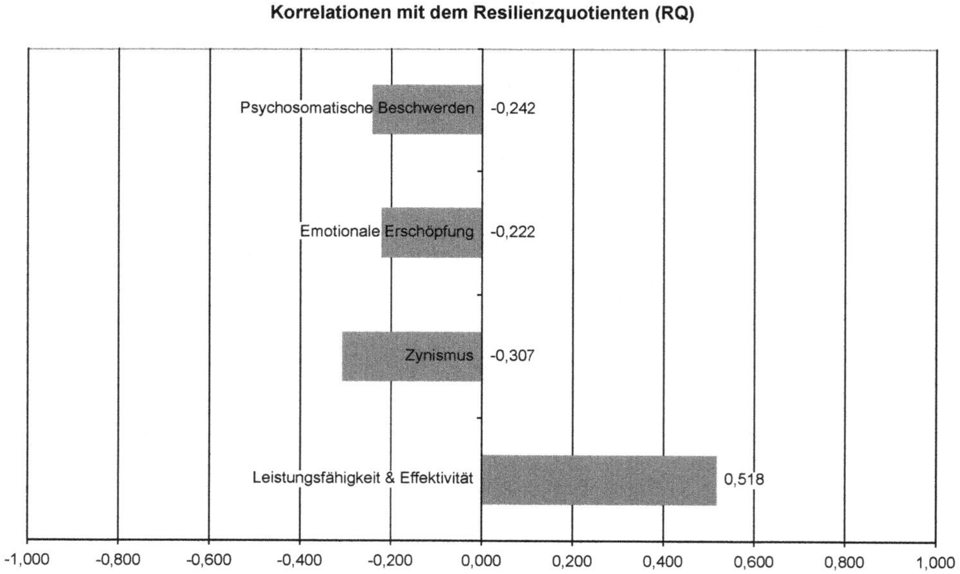

Korrelationen mit dem Resilienzquotienten (RQ)

Psychosomatische Beschwerden	-0,242
Emotionale Erschöpfung	-0,222
Zynismus	-0,307
Leistungsfähigkeit & Effektivität	0,518

Abb. 1 Korrelation zwischen Resilienzquotient, Burn-out-Variablen und psychosomatischen Beschwerden

3.3 Resilienz und Arbeitszufriedenheit

Die Grafik in Abb. 2 zeigt die Korrelationen zwischen der Arbeitszufriedenheit sowie den sieben Resilienzfaktoren und dem RQ der untersuchten Gruppe. Zwischen dem RQ eines Menschen und seiner Arbeitszufriedenheit wurde ein geringer bis mittlerer Zusammenhang ermittelt. Bezogen auf die einzelnen Resilienzfaktoren wurde dieser Zusammenhang bei zielorientierten Menschen (Resilienzfaktor Zielorientierung/Reaching-out), disziplinierten Menschen, die außerdem gut ihr Verhalten in Drucksituationen steuern können (Resilienzfaktor Impulskontrolle), und bei optimistischen Menschen (Resilienzfaktor realistischer Optimismus) am deutlichsten. Mitarbeiter, die sich herausfordernde Ziele setzen, diszipliniert arbeiten und optimistisch sind, berichten somit über eine höhere Arbeitszufriedenheit als Menschen mit geringen Ausprägungen auf diesen Faktoren.

3.4 Resilienz und Führung

Die Grafik in Abb. 3 zeigt die Korrelationen zwischen dem RQ und den fünf auf die Grundbedürfnisse eines Menschen ausgerichteten Führungsdimensionen (Selbstwerterhöhung/Selbstwertschutz, Kohärenz/Stimmigkeit, Zugehörigkeit/Bindung, Lustgewinn/Unlustvermeidung, Kontrolle und Orientierung) sowie dem Mittelwert aus diesen fünf Führungsdimensionen und der Frage „Meine Führungskraft ist eine der besten, für die ich je gearbeitet habe".

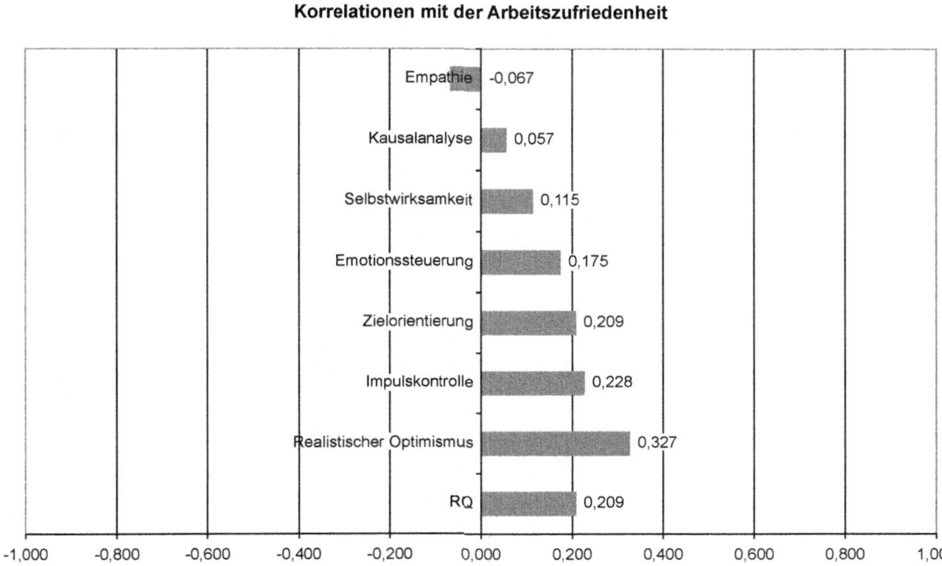

Korrelationen mit der Arbeitszufriedenheit

Empathie	-0,067
Kausalanalyse	0,057
Selbstwirksamkeit	0,115
Emotionssteuerung	0,175
Zielorientierung	0,209
Impulskontrolle	0,228
Realistischer Optimismus	0,327
RQ	0,209

Abb. 2 Korrelationen zwischen der Arbeitszufriedenheit, den Resilienzfaktoren und dem Resilienzquotient

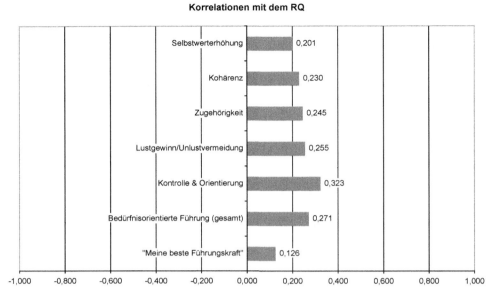

Abb. 3 Korrelationen zwischen dem Resilienzquotienten und den fünf auf die Grundbedürfnisse eines Menschen ausgerichteten Führungsdimensionen (Selbstwerterhöhung/Selbstwertschutz, Kohärenz/Stimmigkeit, Zugehörigkeit/Bindung, Lustgewinn/Unlustvermeidung, Kontrolle und Orientierung) sowie dem Mittelwert aus diesen fünf Führungsdimensionen und der Frage „Meine Führungskraft ist eine der besten, für die ich je gearbeitet habe"

Die Ergebnisse zeigen, dass nur ein geringer Zusammenhang zwischen dem RQ einer Person und der Einschätzung des Vorgesetzten als eine der besten Führungskräfte, die die Person je hatte, besteht. Betrachtet man den Zusammenhang zwischen bedürfnisorientiertem Führungsverhalten gesamthaft und dem RQ, zeigt sich ein mittlerer Zusammenhang. Am stärksten ist dieser zwischen dem RQ und einem Führungsverhalten, das auf das Bedürfnis nach Orientierung und Kontrolle des Mitarbeiters abzielt. Mitarbeiter und Führungskräfte, die ein Gefühl der Kontrolle über ihre Arbeit haben und gleichzeitig Orientierung durch ihren Vorgesetzten erhalten, haben somit einen höheren RQ als Personen, bei denen dies nicht der Fall ist.

3.5 Führung und Gesundheit – Führung und Arbeitszufriedenheit

Die Grafik in Abb. 4 zeigt die Korrelationen zwischen der Einschätzung der eigenen Führungskraft „als eine der besten Führungskräfte für die die Studienteilnehmer jemals gearbeitet haben" sowie der Arbeitszufriedenheit, den drei Burn-out-Variablen und den psychosomatischen Beschwerden.

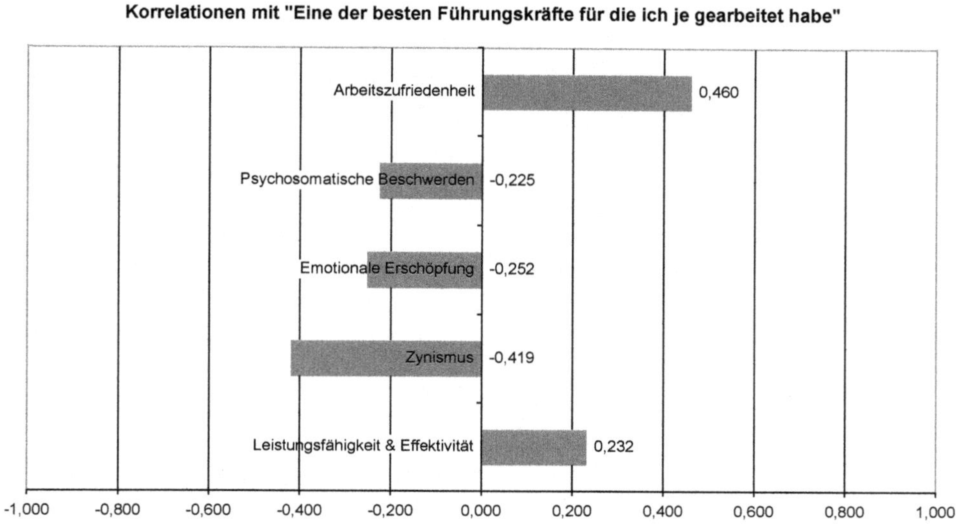

Korrelationen mit "Eine der besten Führungskräfte für die ich je gearbeitet habe"

Variable	Korrelation
Arbeitszufriedenheit	0,460
Psychosomatische Beschwerden	-0,225
Emotionale Erschöpfung	-0,252
Zynismus	-0,419
Leistungsfähigkeit & Effektivität	0,232

Abb. 4 Korrelationen zwischen der Einschätzung der eigenen Führungskraft als eine der besten Führungskräfte für die die Studienteilnehmer jemals gearbeitet haben sowie der Arbeitszufriedenheit, den psychosomatischen Beschwerden und den drei Burn-out-Variablen

In diesem Bereich konnten die in anderen Studien ermittelten mittleren bis hohen Zusammenhänge zwischen der Güte des Führungsverhaltens sowie der erlebten Gesundheit und Arbeitszufriedenheit durchweg bestätigt werden. Menschen, die ihre Führungskraft als eine der besten Führungskräfte für die sie je gearbeitet haben einstufen, sind deutlich zufriedener mit ihrer Arbeit, weniger zynisch, emotional weniger erschöpft und berichten, effektiver in ihrer Arbeit zu sein. Sie berichten außerdem, tendenziell weniger psychosomatische Beschwerden zu haben als Personen, die ihre Führungskraft schlecht einschätzen.

Bemerkenswerterweise konnten diese Zusammenhänge auch für die fünf auf die psychologischen Grundbedürfnisse eines Menschen abzielenden Führungsverhaltensweisen beobachtet werden. Die Grafik in Abb. 5 zeigt den Zusammenhang zwischen dem Mittelwert aus den fünf bedürfnisorientierten Führungsdimensionen (Faktor bedürfnisorientiertes Führungsverhalten) sowie der Arbeitszufriedenheit, den drei Burn-out-Dimensionen und den psychosomatischen Beschwerden.

Mitarbeiter, die das Führungsverhalten ihrer Führungskraft als bedürfnisorientiert beschreiben, sind also ebenfalls deutlich zufriedener mit ihrer Arbeit, weniger zynisch, emotional weniger erschöpft und haben ein größeres Gefühl der Wirksamkeit. Auch hier zeigt sich, dass diese Mitarbeiter über weniger psychosomatische Beschwerden berichten.

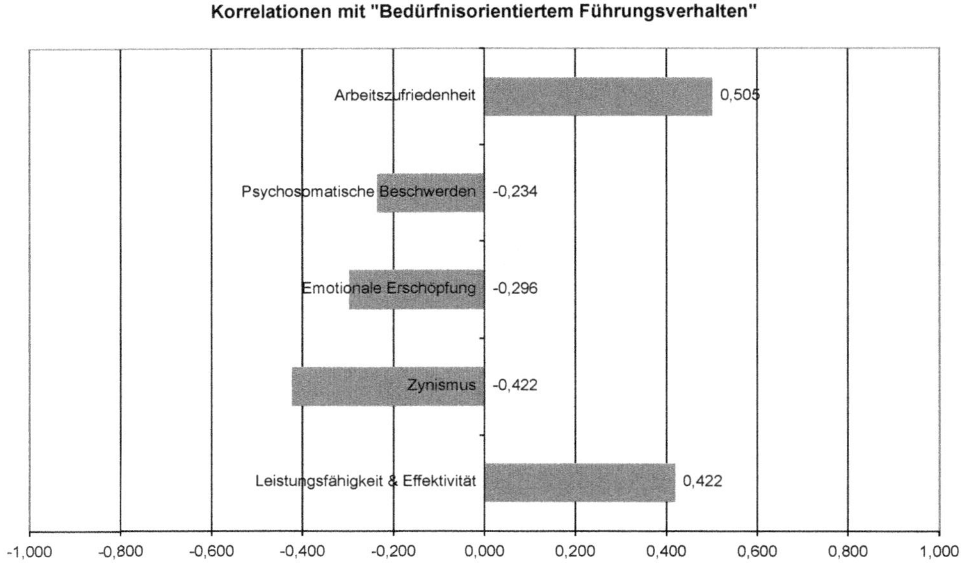

Korrelationen mit "Bedürfnisorientiertem Führungsverhalten"

- Arbeitszufriedenheit: 0,505
- Psychosomatische Beschwerden: -0,234
- Emotionale Erschöpfung: -0,296
- Zynismus: -0,422
- Leistungsfähigkeit & Effektivität: 0,422

Abb. 5 Zusammenhang zwischen dem Mittelwert aus den fünf bedürfnisorientierten Führungsdimensionen (Faktor bedürfnisorientiertes Führungsverhalten) sowie der Arbeitszufriedenheit, den psychosomatischen Beschwerden und den drei Burn-out-Dimensionen

4 Weitere Ergebnisse

4.1 Interindividuelle Unterschiede im Bereich Resilienz

Basierend auf den Daten wurden Unterschiede zwischen Mitarbeitern und Führungskräften und zwischen Männern und Frauen im Bereich Resilienz untersucht und auf ihre Signifikanz getestet.

Die Grafik in Abb. 6 zeigt die Ergebnisse von Mitarbeitern und Führungskräften.

Die statistische Analyse der Unterschiede zeigt, dass Führungskräfte über einen hochsignifikant höheren RQ als Mitarbeiter verfügen ($p=0,000$). Dieser Unterschied konnte für alle Resilienzfaktoren, außer für die Faktoren realistischer Optimismus ($p=0,781$) und Kausalanalyse ($p=0,490$) festgestellt werden. Hier waren die Mitarbeiter den Führungskräften numerisch sogar leicht überlegen.

Die Grafik in Abb. 7 zeigt analog die Ergebnisse von Frauen und Männern im Bereich Resilienz.

Zwischen Frauen und Männern konnten keine Unterschiede bezüglich des RQ festgestellt werden. Bei der Einzelanalyse der Faktoren zeigte sich, dass Frauen Männern im Resilienzfaktor Empathie hochsignifikant überlegen waren ($p=0,000$), während Männer einen signifikant höheren Wert für den Faktor Kausalanalyse ($p=0,039$) haben. Männer

Führung, Gesundheit und Resilienz

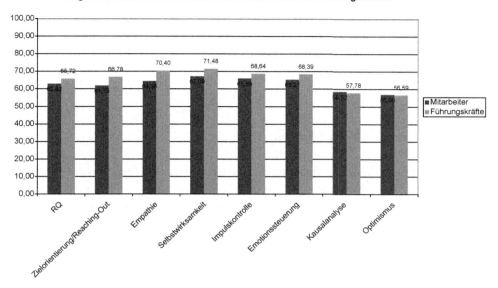

Abb. 6 Resilienzquotienten und Resilienzfaktoren von Mitarbeitern und Führungskräften

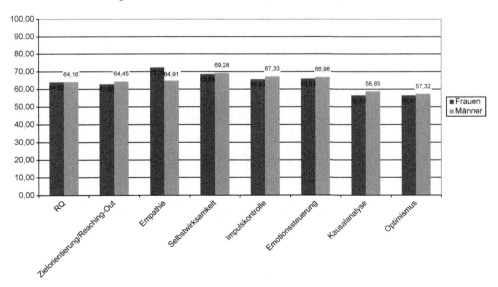

Abb. 7 Resilienzquotienten und Resilienzfaktoren in Abhängigkeit vom Geschlecht

zeigen außerdem tendenziell höhere Werte für die Faktoren Impulskontrolle ($p=0{,}135$) und Zielorientierung/Reaching-out ($p=0{,}161$).

Während Frauen also über eine höherer Empathie verfügen, analysieren Männer Problemstellungen intensiver, sind tendenziell disziplinierter und setzen sich tendenziell häufiger herausfordernde Ziele und verfolgen diese, konsequent und unabhängig von der Meinung anderer.

4.2 Resilienz und Persönlichkeit

Im Rahmen der Studie sollte auch der Frage nachgegangen werden, welche „Big-five-Persönlichkeit" am ehesten einen hochresilienten Menschen beschreibt. Hier konnten die Ergebnisse bereits erfolgter Studien, in denen andere Messverfahren zur Messung der Persönlichkeit und der Resilienz zur Anwendung kamen (Nakaya et al. 2006), weitestgehend bestätigt werden.

Die Grafik in Abb. 8 zeigt die Korrelationen zwischen dem RQ und den fünf verschiedenen Big-five-Persönlichkeitsdimensionen.

Entsprechend existiert ein starker negativer Zusammenhang zwischen dem RQ einer Person und den Werten für die Dimension Neurotizismus. Mittlere Zusammenhänge konnten auf den Dimensionen Offenheit für Erfahrungen, Gewissenhaftigkeit und Verträglichkeit festgestellt werden. Am geringsten war der Zusammenhang zwischen dem RQ und dem Faktor Extraversion.

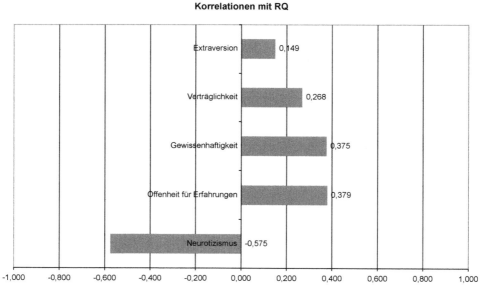

Abb. 8 Korrelationen zwischen dem Resilienzquotienten und den fünf verschiedenen Big-five-Persönlichkeitsdimensionen

5 Zusammenfassung und Fazit

5.1 Interpretation der Ergebnisse

Die Ergebnisse der Studie geben einen starken Hinweis darauf, dass ein bedeutender Zusammenhang zwischen dem Ausmaß an Resilienz eines Menschen und dem Auftreten von Burn-out-Symptomen und psychosomatischen Beschwerden besteht. Die ermittelten Korrelationen erlauben, wie oben bereits erwähnt, keine klaren Aussagen über Ursache-Wirkung-Zusammenhänge. Hierzu bedarf es noch weiterführender Studien. Da aber davon auszugehen ist, dass es sich bei den Resilienzfaktoren um eher stabile Merkmale einer Person handelt (vgl. Optimismus, Selbstwirksamkeitsüberzeugung, Zielorientierung, Empathie), liegt die Vermutung nahe, dass die Resilienz eines Menschen eher die erlebte Gesundheit der Person beeinflusst, als dies umgekehrt der Fall ist. Wir haben entsprechend starke Hinweise darauf, dass es sich bei der Resilienz einer Person, um einen protektiven Faktor gegen Burn-out und weitere psychosomatische Beschwerden handelt. Dies trifft allerdings nicht auf alle Resilienzfaktoren zu. Die stärksten Zusammenhänge konnten hier zwischen den Gesundheitsvariablen und den Resilienzfaktoren Emotionssteuerung und Impulskontrolle festgestellt werden, während der Resilienzfaktor Empathie so gut wie keinen Zusammenhang zu Burn-out-Symptomen oder psychosomatischen Beschwerden aufweist. Empathie kann also nicht als protektiver Faktor gegen das Auftreten von Burn-out angesehen werden. Ebenso wenig kann er als ein burn-out-fördernder Faktor angesehen werden.

Die Hypothese, dass Resilienz insgesamt als protektiver Faktor angesehen werden kann, wird auch durch die Korrelationen zwischen dem RQ einer Person und der beim Menschen weitestgehend stabilen Big-five-Dimension Neurotizismus unterstützt. Dies zeigt, dass hochresiliente Menschen weniger anfällig dafür sind, an neurotischen Störungen zu erkranken und entsprechend auch von außen als emotional stabil wahrgenommen werden. Darüber hinaus zeichnen sich hochresiliente Menschen durch ihre Offenheit gegenüber neuen Erfahrungen aus, sind diszipliniert und gewissenhaft bei der Erledigung ihrer Aufgaben sowie verträglich im Umgang mit Menschen. Der Persönlichkeitsaspekt Extraversion erlaubt scheinbar in nur sehr geringem Maß die Vorhersage darüber, ob eine Person als resilient oder nicht bezeichnet werden kann. Entsprechend können resiliente Menschen sowohl intro- als auch extrovertiert sein.

Nimmt man die Übernahmen einer Führungsfunktion als ein Zeichen für beruflichen Erfolg, dann geben die Unterschiede zwischen Führungskräften und Mitarbeitern im Bereich Resilienz einen deutlichen Hinweis auf den Zusammenhang zwischen Resilienz und beruflichem Erfolg. Auch hier lässt sich allerdings nicht endgültig sagen, ob sich die resilienteren Führungskräfte nach der Übernahme einer Führungsfunktion zu solchen Menschen entwickelt haben oder ob die verschiedenen Resilienzfaktoren dazu geführt haben, dass diese Personen von den entsprechenden Entscheidern zu Führungskräften ernannt wurden. Da aber davon auszugehen ist, dass die Wahrnehmung von emotionaler Ausgeglichenheit (vgl. Emotionssteuerung), Disziplin (vgl. Impulskontrolle), Selbstvertrauen (vgl. Selbstwirksamkeit), Empathie und hoher Zielorientierung die Entscheidung, einen Mitarbeiter zu einer Führungskraft zu ernennen, positiv beeinflusst, liegt die Vermutung nahe, dass diese Faktoren auch schon vor dieser Entscheidung vorgelegen haben bzw. diese stark beeinflusst haben.

5.2 Fazit und Ausblick

Auf der Basis der vorliegenden Daten können folgende vier Kernaussagen getroffen werden:

Resilienz und Gesundheit
Menschen mit einer hohen Resilienz berichten über weniger Burn-out-Symptome und psychosomatische Beschwerden. Da man die Resilienz eines Menschen trainieren und weiterentwickeln kann, könnte eine Integration von Resilienztrainings in das betriebliche Gesundheitsmanagement eines Unternehmens einen positiven Einfluss auf die einleitend berichteten hohen Fehltage und Fälle von Berufsunfähigkeit aufgrund psychologischer Erkrankungen haben. Dies trifft umso mehr zu, da eine in der Höhe überraschende Korrelation zwischen der Big-five-Dimension Neurotizismus und dem RQ eines Menschen besteht.

Neben Resilienztrainings erscheinen auch Maßnahmen aus dem Bereich der Achtsamkeitsmeditation wie sie Mindfullness-based-stress-reduction(MBSR)-Kurse als sinnvolle Interventionen. Zahlreiche neuere wissenschaftliche Studien zeigen, dass diese Maßnahmen insbesondere das Konzentrationsvermögen, die Fähigkeit seine Emotionen zu steuern, die Empathie und die Willenskraft von Menschen steigert. Regelmäßige Meditierer nehmen durch die Beeinflussung der Faktoren Impulskontrolle, Emotionssteuerung, Empathie und Selbstwirksamkeit also auch indirekt Einfluss auf ihre Resilienz. Die Tatsache, dass Menschen, die regelmäßig meditieren auch über weniger Burn-out-Symptome berichten, stützt diese Annahme.

Führung und Gesundheit
In dieser Studie wurde erneut ein starker Hinweis darauf gefunden, dass Führungskräfte mit ihrem Führungsverhalten einen bedeutenden Einfluss auf die Gesundheit und die Arbeitszufriedenheit der Mitarbeiter haben. Es wurde außerdem zum ersten Mal gezeigt, dass dies in hohem Maß für ein Führungsverhalten zutrifft, das auf die psychologischen Grundbedürfnisse eines Menschen nach Orientierung und Kontrolle, nach Sinn und Stimmigkeit (Kohärenz), nach Lustgewinn und Unlustvermeidung, nach Selbstwerterhöhung und Selbstwertschutz sowie nach Bindung abzielt. Der größte Zusammenhang bestand hier zu dem Faktor Kohärenz, also dem Bedürfnis nach Sinn und Stimmigkeit eines Menschen. Dies gibt wiederum einen starken Hinweis darauf, dass Führungskräfte vor allem durch ein authentisches, vorbildliches und sinnvermittelndes Führungsverhalten einen positiven Einfluss auf die Zufriedenheit und die Gesundheit ihrer Mitarbeiter nehmen können.

Vergleichbare Annahmen werden derzeit unter den Begriffen Neuroleadership oder gehirngerechte Führung vertreten. Hierfür gibt es zwei Gründe. Einerseits die Tatsache, dass die oben geschilderten psychologischen Grundbedürfnisse des Menschen auch auf neurobiologischer Ebene von Klaus Grawe in seinem Buch „Neuropsychotherapie" hergeleitet werden. Anderseits aufgrund der Tatsache, dass Prinzipien, die eine neurobiologische Fundierung haben, derzeit als besonders seriös und glaubwürdig wahrgenommen werden. Wir vertreten jedoch die Auffassung, dass die Ausdrücke Neuroleadership oder gehirngerechte Führung dringend durch beispielsweise den Begriff bedürfnisorientierte Führung ausgetauscht bzw. ergänzt werden sollten. Ganz einfach aus dem Grund, dass man sicherlich kaum einen Mitarbeiter finden wird, der von seiner derzeitigen oder zukünftigen Führungskraft auf die Frage „Was ist dein Führungsstil?" gerne hören möchte „Ich führe dich nach den Prinzipien des Neuroleadership" oder „Ich führe dich entsprechend deinem Gehirn". Beide Begriffe drängen den Mitarbeiter in eine eher passive Rolle und klingen, mit Verlaub, fast beleidigend. Es erscheint hier viel sinnvoller und gewinnbringender, von einer Führung zu sprechen, die die Grundbedürfnisse des Menschen, in den Mittelpunkt rückt. Am Ende handelt es sich um das Gleiche aber die Akzeptanz dieses Modells bei den Führungskräften und den Mitarbeitern verspricht eine viel größere zu sein und zu werden.

Führung und Resilienz
Das Führungsverhalten einer Führungskraft und der RQ eines Mitarbeiters stehen in einem geringem bis mittleren Zusammenhang zueinander. Am höchsten war der Zusammenhang bei einem Führungsverhalten, das auf das Bedürfnis nach Orientierung und Kontrolle der Mitarbeiter abzielt. Entsprechend können Führungskräfte wahrscheinlich am ehesten die Resilienz ihrer Mitarbeiter fördern, wenn sie diesen einerseits Orientierung, andererseits aber auch ein gewisses Maß an Kontrolle über ihren Arbeitsbereich und ihre Aufgaben geben und somit, deren Selbstwirksamkeitsüberzeugung fördern.

Die Führungskraft der Zukunft?
Definiert man die Übernahme einer Führungsfunktion als ein Zeichen für beruflichen Erfolg, so kann der Resilienzquotient eines Menschen als ein wichtiger Prädiktor für beruflichen Erfolg angesehen werden. Dies zeigt sich daran, dass Führungskräfte über einen höheren RQ als Mitarbeiter verfügen. Dies trifft vor allem auf die Resilienzfaktoren Emotionssteuerung, Impulskontrolle, Selbstwirksamkeitsüberzeugung, Zielorientierung und Empathie zu. Umgangssprachlich bedeutet dies, dass Führungskräfte ihre Gefühle wahrnehmen und steuern können, über viel Disziplin verfügen, in Drucksituationen ruhig bleiben, davon überzeugt sind, dass sie Dinge beeinflussen können und sich gut in andere Menschen hinein versetzen können. Sie geben sich außerdem nicht mit dem Staus quo zufrieden, sondern setzen sich nach einem einmal erreichten Ziel neue Herausforderungen und verfolgen diese konsequent und relativ unabhängig von der Meinung anderer Menschen.

Da die Güte von Führungskräften einen entscheidenden Einfluss auf den Erfolg eines Unternehmens hat, könnte dem RQ eines Mitarbeiters in Zukunft eine verstärkte Aufmerksamkeit einerseits bei der Auswahl von Führungskräften und andererseits bei der Entwicklung von Führungskräften geschenkt werden. Dies trifft umso mehr zu, da der Faktor Resilienz, als Fähigkeit mit Rückschlägen, Veränderungen, Ungewissheit und Druck umzugehen, aufgrund der steigenden Dynamik und Komplexität der Wirtschaftswelt in Zukunft wahrscheinlich immer mehr an Bedeutung gewinnen wird.

Literatur

Cohen J (1988) Statistical power analysis for the behavioral sciences, 2. Aufl. Hillsdale, New Jersey

Digmann JM (1990) Personality structure: emergence of the five-factor model. In: Rosenzweig MR, Porter LW (Hrsg) Annual Review of Psychology, Bd 41. Annual Reviews, Palo Alto, S 417–440

Epstein S (1990) Cognitive-experiential self-theory. In: Pervin L. (Hrsg) Handbook of personality. Theory and research. Guilford, New York, S 165–192

Epstein S (1993) Implications of cognitive-experiential self-theory for personality and developmental psychology. In: Funder D, Parke R, Tomlinson-Keasy C, Widaman K (Hrsg) Studying lives through time: personality and development. American Psychological Association, Washington DC, S 399–438

Grawe K (2004) Neuropsychotherapie. Hogrefe, Göttingen

Hülsheger UR, Alberts HJEM, Feinholdt A, Lang JWB (2013) Benefits of mindfulness at work: on the role of mindfulness in emotion regulation, emotional exhaustion, and job satisfaction. J Appl Psychol 98:310–325

Hülsheger UR, Schewe AF (2011) On the costs and benefits of emotional labor: a meta-analysis of three decades of research. J Occup Health Psychol 16:361–389

McCrae RR, John OP (1992) An introduction to the five-factor model and its application. J Personal 60:175–215

Mourlane D (2012) Resilienz: Die unentdeckte Fähigkeit der wirklich Erfolgreichen. BusinessVillage, Göttingen

Mourlane D (2015) Emotional Leading: Die Kunst, sich und andere richtig zu führen. dtv, München (unveröffentlicht, erscheint Dezember 2015)

Nakaya M, Oshio A, Kaneko H (2006) Correlations for adolescent resilience scale with big five personality traits. Psychological Reports 98:927–930

Ostendorf F, Angleitner A (1992) On the generality and comprehensiveness of the Five-Factor model of personality. Evidence for five robust factors in questionnaire data. In: Caprara GV, van Heck GL (Hrsg) Modern personality psychology. Critical reviews and new directions. Wheatsheaf, Harvester, S 73–109

Dr. Denis Mourlane ist Managing Director von mourlane management consultants. Er hat über zehn Jahre Erfahrung in den Bereichen Diagnostik und Begleitung von Entwicklungsprozessen auf individueller, Team- und Organisationsebene.

Er verfügt über ein Diplom in Psychologie der Universität Marburg, ist ehemaliger Stipendiat der Christoph-Dornier-Stiftung, approbierter Psychologischer Psychotherapeut und verfügt über eine Ausbildung als Systemischer Berater und Coach nach dbvc e. V. Er wurde an der Wilhelms-Universität-Münster promoviert (magna cum laude). Er spricht fließend Deutsch, Französisch und Englisch.

Detlef Hollmann ist Senior Project Manager bei der Bertelsmann-Stiftung und arbeitet im Programm „Unternehmen in der Gesellschaft" mit. Seine derzeitigen Arbeitsthemen sind Arbeits- und Lebensperspektiven in Deutschland und Corporate Responsiblity Index (CRI). Herr Hollmann ist Soziologe und hat an verschiedenen Publikationen mitgewirkt, u. a. Die Akte Personal, Die erschöpfte Arbeitswelt und Flexible Arbeitswelten.

Navigieren im Dilemma

Landkarten für die gesunde (Selbst-)Führung

Julika Zwack, Ulrike Bossmann und Jochen Schweitzer

In Zeiten von Arbeitsverdichtung und Beschleunigung (Haubl und Voß 2011), der Zunahme von psychisch bedingten Fehlzeiten (Bundespsychotherapeutenkammer 2012) und alternden Belegschaften (Schweitzer und Bossmann 2013) werden Führungskräfte zunehmend mit der Forderung nach gesunder Führung konfrontiert und für ihre Vorbild- und Multiplikatorwirkung sensibilisiert. Führungskräfte sollen stärker als bisher auf das Verhalten und die Motivation ihrer Mitarbeiter sowie auf die Gestaltung von Arbeitsabläufen in gesundheitsförderlicher Weise einwirken. Die eigene Gesundheit und eine gesunde Selbstführung gelten als zentrale Voraussetzung. Das leuchtet ein, denn zahlreiche Untersuchungen belegen den Zusammenhang zwischen der Arbeits- und Gesundheitssituation von Führungskräften, ihrem Führungsverhalten und dessen Einfluss auf die psychische und körperliche Gesundheit und die Arbeitszufriedenheit ihrer Mitarbeiter (Lohmann-Haislah 2012).

J. Zwack (✉) · U. Bossmann · J. Schweitzer
Universitätsklinikum Heidelberg, Heidelberg, Deutschland
E-Mail: mail@julikazwack.de

U. Bossmann
E-Mail: bossmann@potenziallisten.de

J. Schweitzer
E-Mail: Jochen.Schweitzer-Rothers@med.uni-heidelberg.de

© Springer-Verlag Berlin Heidelberg 2016
M. Hänsel, K. Kaz (Hrsg.), *CSR und gesunde Führung*, Management-Reihe Corporate Social Responsibility, DOI 10.1007/978-3-662-48692-4_9

1 Gesunde (Selbst-)Führung: das theoretisch Wünschenswerte

Die Überlegungen zur gesunden Führung fußen mehrheitlich auf gut beforschten arbeitspsychologischen und arbeitsmedizinischen Theorien, die erklären, unter welchen Bedingungen Arbeit krank machen oder gesund halten kann (vgl. Schweitzer und Bossmann 2014). Das Anforderungs-Kontroll-Modell (Karasek 1979) betont die Bedeutung von Freiheitsgraden und Entscheidungsspielräumen bei der Ausführung von Arbeitstätigkeiten. Das Modell der beruflichen Gratifikationskrise (Siegrist 1996) zeigt die Notwendigkeit eines balancierten Verhältnisses aus erlebten Anstrengungen und erhaltenen materiellen wie immateriellen Belohnungen auf. Mit seiner Konsistenztheorie verweist Klaus Grawe (2004) auf die Befriedigung vier elementarer Grundbedürfnisse (Bedürfnis nach Orientierung und Kontrolle, nach Lustgewinn und Unlustvermeidung, nach Selbstwerterhöhung und Selbstwertschutz sowie nach Bindung), um Stress und stressbedingten Folgeerkrankungen vorzubeugen. Implikationen für die gesunde Führung (die der Mitarbeiter oder die eigene) lassen sich aus den Modellvorhersagen und Befunden zuhauf ableiten:

- „Grenzen Sie sich ab und sagen Sie auch mal Nein."
- „Wertschätzen Sie Ihre Mitarbeiter regelmäßig."
- „Räumen Sie Ihren Mitarbeitern Handlungsspielräume und Mitbestimmungsmöglichkeiten ein."
- „Sorgen Sie dafür, dass auch Sie selbst ausreichend Handlungsspielräume haben."
- „Stärken Sie das soziale Klima in Ihrem Team."

So weit so gut: Die Empfehlungen sind naheliegend, theoretisch wie empirisch gut begründet und wünschenswert, da sie im Ergebnis die Gesundheit fördern würden. In der Praxis ist es jedoch alles andere als einfach, all das umzusetzen.

Regelmäßig treffen wir in unseren Beratungen, Coachings und Therapien auf Menschen, die sich im Beruf überfordert und überlastet fühlen. Dies gilt auch für Führungskräfte, denen i. d. R. mehr Freiheitsgrade, Gratifikationen und Handlungsspielräume zugeschrieben werden. Insbesondere mittlere Führungskräfte berichten im Vergleich zu Führungskräften aus dem oberen Management über stärkere emotionale Erschöpfung (Pangert und Schüpbach 2011). Wie ist dies zu erklären?

2 Führungskräfte im Spannungsfeld der Anforderungen

Betrachten wir die besondere Situation mittlerer Führungskräfte durch die Brille der systemischen Organisationstheorie (vgl. Luhmann 2000; Simon 2013a, zur Übersicht v. Schlippe und Schweitzer 2012), stoßen wir auf eine von Branchen, Betriebsgrößen oder anderen Unternehmensspezifika unabhängige Gemeinsamkeit. Überall sehen sich Führungskräfte in ihrer betrieblichen Rolle mit widersprüchlichen Anforderungen und paradoxen Aufträgen konfrontiert[1].

Führungskräfte agieren in einem Kontext, in dem verschiedene Anspruchsgruppen zum Teil sehr unterschiedliche Erwartungen an sie stellen. Kunden, Mitarbeiter, eventuell vorhandene Aktionäre, mindestens aber Geschäftsführer oder Inhaber von Betrieben – sie alle verfolgen unterschiedliche Interessen und folgen verschiedenen Begründungs- und Handlungslogiken. Mitarbeiterinteressen gewinnen angesichts demografischer Entwicklungen an Bedeutung, die Globalisierung und ein zunehmender Wettbewerb verweisen auf den Stellenwert wirtschaftlicher Interessen. Hinzu kommen gesellschaftliche Anforderungen an gutes Unternehmertum, beispielsweise Forderungen nach Nachhaltigkeit oder der Übernahme von sozialer Verantwortung. Soll ein Unternehmen dauerhaft überleben, müssen Führungskräfte allen relevanten Umwelten Rechnung tragen (Simon 2013b). Insbesondere mittlere Führungskräfte bewegen sich am Knotenpunkt aller Anspruchsgruppen und sehen sich einer Reihe paradoxer Aufträge gegenüber. Einerseits sollen ehrgeizige Produktivitätsvorgaben erreicht werden, andererseits die Bedürfnisse von Mitarbeitern berücksichtigt, Verständnis für deren Leistungshemmnisse aufgebracht und die Mitarbeiter gesunderhaltend geführt werden. Jede Vorgabe kann in sich selbst widerspruchsfrei sein, aus ihrem Aufeinandertreffen folgen in der Praxis entgegengesetzte Verhaltens- und Verfahrenskonsequenzen. Ehrgeizige Leistungsvorgaben und Gewinnziele des Unternehmens erreicht man kurz- und mittelfristig am schnellsten, indem alle Mitarbeiter viel und/oder schnell arbeiten, Ressourcen zur Kostenreduktion eingespart werden und Führungskräfte mehr ansagen als nachfragen („Mitarbeiter einnorden"). Eine aufgabenbezogene Mitarbeiter- und Gesundheitsorientierung dagegen braucht Zeit für Entwicklung, zuweilen Entschleunigung und regelmäßige Kommunikation.

Auch die funktionale Differenzierung in Betrieben beinhaltet Spannungsfelder für die Führungskräfte: Controller haben auf Kosteneinsparpotenziale, Personaler auf oft kostenverursachende Personalmaßnahmen, Beschäftigte der Produktion auf die möglichst fehlerfreie und preiswerte Herstellung zu achten, Vertriebler sollen Produkte oder Dienstleistungen an den Mann und die Entwicklung Innovationen hervorbringen.

---

[1] In einem seit Herbst 2014 laufenden Forschungsprojekt untersuchen wir in der Sektion Medizinische Organisationspsychologie am Universitätsklinikum in Heidelberg in aktuell zwei Kooperationsbetrieben die Dilemmata mittlerer Führungskräfte und interessieren uns dafür, wie mit den unvermeidbaren und erwartbaren Widersprüchen so umgegangen werden kann, dass sich Führungskräfte ihre Gesundheit und Freude am Beruf erhalten. Im Fokus der Studie stehen mittlere Führungskräfte, die in ihrer betrieblichen Rolle im Sandwich ganz besonders gefordert sind. Die aus qualitativen Interviews abgeleiteten Erkenntnisse übersetzen wir in ein zielgruppenspezifisches Resilienztraining, das gesunderhaltende Strategien für den Umgang mit belastenden Widersprüchen und Zwickmühlen des Berufsalltags mittlerer Führungskräfte in den Mittelpunkt stellt.

> **Beispiel**
> Ein Abteilungsleiter des Vertriebs zieht einen großen Auftrag an Land. Der Kunde kauft die Produkte des Unternehmens mit spezifischen, aufwendigen Sonderausstattungen. Finanziell ein lohnendes Geschäft. Glücklich darüber, einen wirklich großen Fisch an der Angel zu haben, gibt der Abteilungsleiter die frohe Botschaft an den Produktionsleiter weiter. Dieser ist alles andere als begeistert: Er präferiert den Verkauf von Standardausführungen, die einfach, weitgehend fehlerfrei und in sehr hoher Qualität produziert werden können. Der Abteilungsleiter versteht die Welt nicht mehr und fragt sich, wie er sich in zukünftigen Kundengesprächen verhalten soll – schließlich werden er und seine Abteilung am Auftragsvolumen gemessen. Gleichzeitig möchte er den Kollegen der Produktion nicht verprellen.

Durch die Struktur von Organisationen werden für die Führungskräfte logisch unentscheidbare Dauerkonflikte geschaffen (Simon 2013b). Ob im beschriebenen Beispiel Sonderlösungen verkauft oder nicht verkauft werden, muss für jeden Kunden immer wieder neu entschieden werden.

3 Variationen organisationaler Zwickmühlen

Die inhaltlichen Pole berufsbezogener Dilemmata variieren. Die oben skizzierte Dialektik von schnellem Profit und humanistischen Idealen („jedes Jahr 5 % mehr Umsatz bzw. Kosteneinsparung" vs. „die Mitarbeiter da abholen, wo sie stehen, einbinden und mitnehmen") ist nur eine von vielen Spielarten. Widersprüche können sich ebenso ergeben aus strukturellen und kulturellen Notwendigkeiten auf der einen („der Bericht für das Qualitätswesen muss geschrieben werden, auch wenn ihn keiner liest") und aufgabenorientierten Bedürfnissen auf der anderen Seite („ich habe so viel wichtigere Arbeit auf dem Tisch liegen"). Klassisch ist auch der Widerspruch aus Innovationserfordernissen („wir brauchen neue Produkte/Angebote/Strukturen") und der Wahrung etablierter Interessen („unsere Traditionen und Bewährtes sollten wir pflegen") oder der Widerspruch zwischen der Erledigung operativer Aufgaben („fleißig mitarbeiten") und Führungsaufgaben („Entwicklung begleiten, Ziele vereinbaren"). Widersprüche können sich auch ergeben zwischen der Organisationsrolle („schnell und kostengünstig ein Teil entwickeln, das den größten Profit bringt") und der professionellen Identität („mit langem Atem den persönlich sinnhaften Goldstandard verfolgen") oder dem Widerspruch zwischen dem Grundsatz der Gleichheit aller Mitarbeiter („niemanden bevorzugen oder benachteiligen") und der Berücksichtigung von Einzelfällen („diese Situation erfordert wegen der besonderen Situation von Mitarbeiter A eine individuelle Lösung").

▶ Wer die an ihn gerichteten Forderungen als strikte, unabänderliche, immer zu befolgende Regeln verinnerlicht und versucht, ihnen gleichzeitig zu entsprechen, kann schnell in Zwickmühlen geraten.

Solche Zwickmühlen oder Dilemmata („lemma", griech. das Angenommene), können sich überall dort ergeben, wo sich eine Person entscheiden muss zwischen mindestens zwei („di") Möglichkeiten („lemmata"), die beide gleich gut oder schlecht sind und im Widerspruch zueinander stehen (Fischer 2012, S. 246). Im Erleben führt ein Dilemma schnell in Konflikte, mal mehr intrapsychisch, mal mehr zwischenmenschlich. Man fühlt sich gefangen und vermindert handlungsfähig.

Die widersprüchlichen Aufforderungen sind rational nicht auf- bzw. einzulösen („egal, wie oft ich die Vor- und Nachteile der Entscheidungsoptionen prüfe, es kommt immer bei Fitfy-fifty raus").

> **Beispiel**
>
> In einer Organisation wird eine Zentralstelle für die Abwicklung logistischer Aufgaben für die gesamte Unternehmensgruppe eingerichtet. Bisher haben diese Aufgaben alle Betriebe an den jeweiligen Standorten selbstständig erledigt. Der für die neue Corporate-Funktion zuständige Abteilungsleiter verfügt über die fachliche Weisungsbefugnis. Im Alltag stellt sich heraus, dass viele Standorte trotz Zustimmungsbekundungen den an sie gestellten Aufforderungen nicht nachkommen („da wird gut taktiert"). Der Abteilungsleiter erlebt sich in einem Dilemma: Er hat den Eindruck, ständig an die Standortverantwortlichen zu appellieren. Die Vorteile der neuen Stelle und der Veränderungen aufzuzeigen, bringe nur begrenzt etwas („Die sehen nur, dass es für sie selbst Aufwand bedeutet. Sie werden selbst an ihren Ergebnissen gemessen und deswegen sind die Vorgaben der Unternehmensgruppe zweitrangig"). Ab und an hat er deswegen auch schon Wege der Eskalation über die Geschäftsführung gesucht. Das führt zwar zu den gewünschten Ergebnissen in einer konkreten Sachfrage, aber auch zu einer Blockadehaltung bei denen, mit denen er auch weiterhin zusammenarbeiten muss („Wenn ich ständig eskaliere, machen die komplett dicht").

Es zeigt sich *die Logik des Dilemmata*: Eine Entscheidung muss getroffen werden. Egal, welche Entscheidung getroffen wird, es ist die falsche: Der Weg der Eskalation bringt Probleme in der dauerhaft angelegten Zusammenarbeit. Die Situation einfach laufen zu lassen und darauf zu hoffen, dass sie sich verbessert, verhindert die Einhaltung des vorgegebenen Zeitplans. Zugleich zieht die Entscheidung für die eine Seite („eskalieren") zumindest gefühlt die Notwendigkeit einer Entscheidung für die andere Seite („wieder schön Wetter machen") nach sich.

Viele Dilemmata ergeben sich aus den *Begrenzungen von Raum und Zeit*, denen wir Menschen unterworfen sind. Ich kann nicht zwei Dinge gleichzeitig tun („beim Meeting mit dem Geschäftsführer die Quartalszahlen berichten und Mitarbeitergespräche führen") und auch nicht an zwei Orten gleichzeitig sein („entweder ich arbeite noch an dieser oder jener Sache oder ich gehe heim zur Familie"). Wenn es jedoch die Notwendigkeit gibt, beide Optionen zu realisieren (beide Handlungen zu vollziehen), und diese voneinander in beschriebener Weise abhängig sind, gerät der Mensch in die Klemme.

Wie existenziell sich diese Klemme anfühlen kann, wissen viele aus dem Versuch, angesichts überbordender Aufgabenpakete sowohl den beruflichen Anforderungen als auch denen der Familie, der Freunde und des eigenen Körpers gerecht zu werden (Work-life-Balance). Auch hier gilt in der konkreten Situation: Wie ich mich entscheide („heimgehen oder länger arbeiten"), es ist falsch. Die Entscheidung für den Feierabend verschärft die Notwendigkeit, mehr zu arbeiten („der Stapel wächst"). Vielleicht erhalte ich als Führungskraft auch unangenehme Nachfragen („wieso ist das noch nicht fertig"), sehe mich den Kommentaren anderer ausgesetzt („Meier, bist du jetzt auch unter die Beamten gegangen") oder gehe Risiken ein („die Karriere machen andere"). Wenn ich mich andererseits entscheide, länger zu arbeiten, so verschärft dies die Notwendigkeit des Heimgehens: Der eigene Regenerationsbedarf steigt, die Frau oder der Mann wird sauer, weil man kaum mehr daheim ist („ach, ist der Herr/die Dame auch mal wieder da", „die Kinder sagen Sie zu mir").

Diese Situationen laden dazu ein, zwischen den unterschiedlichen Entscheidungsoptionen hin und her zu überlegen. Man will ja schließlich nicht falsch entscheiden. Diese Oszillation zwischen beiden Seiten braucht meist Zeit, verhindert eine Entscheidung und kann in Ohnmacht münden („egal, wie ich es drehe und wende, es gibt keine gute Lösung"). Führungskräfte, die in diesen Situationen nicht – oder zumindest nicht bewusst – entscheiden, gibt es viele. Meist stellt sich dann ein Gefühl maximaler Fremdbestimmung ein („ich muss arbeiten, ich habe keine Wahl"; „die Mehrarbeit muss ich anordnen, das geht gar nicht anders"), irgendwann vielleicht auch Zynismus („wofür tue ich mir das alles eigentlich an"). Von einer gesundheitsfördernden Selbstführung oder einer gesunden Mitarbeiterführung ist der Betroffene in diesen Momenten meist weit entfernt.

4 Paradoxe Kommunikation als verschärfende Bedingung

Verschärft werden Zwickmühlen durch *paradoxe Kommunikation*. Von paradoxer Kommunikation sprechen wir, wenn so getan wird, als könnten widersprüchliche Dinge gleichzeitig getan werden. Viele Leitbilder von Unternehmen sind ein Beispiel dafür. Dort werden wirtschaftliche Ziele gleichberechtigt neben soziale und ökologische Ziele gesetzt. In der Praxis gibt es in Organisationen meist eine dominante Entscheidungslogik (in Wirtschaftsunternehmen häufig Wirtschaftlichkeit und Effizienz). Wird durch ambivalenzfrei formulierte Leitbilder suggeriert, soziale und ökologische Ziele würden dazu nicht im Widerspruch stehen, ist der Weg zum Dilemma für die Führungskraft nicht weit:

> Es ist schwer, glaubhaft als mitarbeiterorientiert zu gelten, wenn man 300 Mitarbeitern eines Standorts eröffnen darf, dass dieser in 2 Jahren dicht gemacht wird.

Auf die Spitze kann dies durch Unternehmensmissionen und Claims wie „Nichts ist unmöglich" oder „We are family" getrieben werden. Die an unserem Praxisforschungsprojekt teilnehmenden Führungskräfte zeigen uns mit ihren Interviewantworten, dass in

Unternehmen – meist unbeabsichtigt – eine Reihe paradoxer Botschaften kursieren. Exemplarisch seien genannt:

- Die Aussage „Du darfst jederzeit zu mir kommen bei Problemen" bei gleichzeitiger Gefahr, als Dauernörgler abgetan zu werden, wenn Probleme ohne zeitgleichen Lösungsvorschlag präsentiert werden.
- Die Forderung, für teamorientierte Zusammenarbeit zu sorgen bei gleichzeitig am Einzelkämpfertum orientierter Anreizstruktur.
- Der Anspruch, stets transparent zu kommunizieren bei gleichzeitig umfangreicher Schweigepflicht.

Ein Interviewteilnehmer bringt das Wesen dieser Doppelbotschaften auf den Punkt:

> Du weißt genau, man kriegt es nicht hin, hat aber trotzdem den Druck, dass man es hinbekommen muss.

Auch *absolutistische Selbsterwartungen* („mit gutem Zeitmanagement ist alles zu schaffen", „ich bin dann eine gute Führungskraft, wenn ich stets ein offenes Ohr für meine Mitarbeiter habe") können Dilemmata verschärfen.

> **Beispiel**
>
> Im Coaching trifft eine der Autorinnen auf eine mittlere Führungskraft. Anlass für das Coaching ist die Sorge um einen Abteilungsleiter im Bereich der Konstruktion. Er habe bereits lange sehr viel Stress und sei dadurch stark psychisch belastet. Im Erstgespräch berichtet er, in seinem Bereich herrsche seit Jahren Personalmangel. Die bisherigen Versuche, qualifiziertes Personal zu gewinnen, seien gescheitert. Er arbeite bereits seit Jahren erheblich mehr. Ein Audit vor mehreren Monaten habe bestätigt, was alle schon wussten – sein Bereich sei ein Engpassbereich. Er berichtet zudem, dass er in den vergangenen Monaten zunehmend weniger und schlechter schlafe, dass er sich immer mehr Sorgen mache, wie lange er die anstehenden Aufgaben noch bewältigen könne und dass in den letzten Wochen selbst ein verlängertes Wochenende nicht ausreichen würde, um am Montag erholt an den Arbeitsplatz zu kommen. Als Vorbereitung auf das Coaching hat er in den letzten zwei Wochen dokumentiert, welche Aufgaben er wann und wie erledigt. Seine erste Idee für ein Ziel des Coachings ist der gemeinsame Blick auf diese Aufstellung und die Identifikation von Optimierungspotenzial. Die Führungskraft hält an der Idee fest, die Aufgabenfülle müsste durch eine weitere Optimierung doch noch irgendwie zu bewältigen sein. Dass der Auftrag („mach den Job genauso gut wie du ihn machen würdest, wenn du vier Personen mehr hättest") unmöglich zu erfüllen ist, kommt ihm zunächst überhaupt nicht in den Sinn.

Die skizzierte Mehrdeutigkeit des Führungsalltags ist kein vermeidbares und auch kein im engeren Sinn lösbares Problem. Mit ihr kann und sollte immer gerechnet werden, auch in idealen Organisationen. Führungskräfte sind in Betrieben dazu da, Unentscheidbares zu entscheiden (Förster v. 1993) und dort, wo es keine objektiv richtigen Entscheidungen gibt, für Orientierung zu sorgen (Zwack und Pannicke 2009; Zwack und Schweitzer 2009). Wer dauerhaft als Führungskraft in Organisationen arbeiten möchte und dabei sich und andere gesund erhalten will, braucht deshalb Navigationskompetenzen im Umgang mit den alltäglichen Dilemmata des Berufsalltags.

5   Als Führungskraft navigieren im Dilemma – was hilft?

Im ersten Schritt ist dafür die Abkehr *von der richtigen hin zur persönlich verantworteten Entscheidung* maßgeblich. Dies eröffnet Spielräume, setzt aber voraus, Abschied zu nehmen vom Versuch, das Unmögliche möglich zu machen, es z. B. Mitarbeitern wie Geschäftsführung *gleichermaßen und gleichzeitig* recht zu machen. Wie schwierig dies in der Praxis sein kann, verdeutlicht das folgende Beispiel:

> **Beispiel**
> Eine mittlere Führungskraft aus einem Industriebetrieb beauftragt ein Coaching, weil sich in ihr eine immer größere Unzufriedenheit breit macht. Im Erstgespräch berichtet der Abteilungsleiter über die derzeitigen Rahmenbedingungen: sehr anspruchsvolle Abteilungsziele, große Umstrukturierung im gesamten Betrieb mit der Folge, dass ihm zwei Stellen gestrichen wurden, der Aufgabenbereich der Abteilung ist jedoch weiter gewachsen. Die Stimmung im Team habe sich deutlich verschlechtert. Konkret sucht er Anregungen für den Umgang mit einem langjährigen Mitarbeiter. Diesen schätze er persönlich und für sein Engagement in der Vergangenheit. Aufgrund einer psychischen Erkrankung sei der Mitarbeiter in den letzten beiden Jahren wiederholt und über Monate hinweg ausgefallen. Der Mitarbeiter sei wieder da, aber noch nicht voll einsatzfähig und wird es wohl auch nicht mehr sein. In der Personaleinsatzplanung wird der Mitarbeiter aber als voller „Kopf" gerechnet. Die Kollegen hätten den kranken Mitarbeiter in der Vergangenheit mitgetragen, der Unmut über die dadurch entstehende Mehrarbeit sei aber zuletzt immer größer geworden. Nun stehen die nächsten Zielvereinbarungsgespräche an und er wisse nicht, was er tun solle: „Wenn ich dem kranken Mitarbeiter jetzt wieder mehr Leistung abverlange, fällt er mir möglicherweise ganz aus. Das kann ich mir in der jetzigen Situation nicht leisten. Und außerdem will ich nicht schuld sein, dass es ihm nicht gut geht, nur weil die (damit meint er die Geschäftsführung) zu hohe Ziele setzen". Er beschreibt aber auch die andere Seite: „Wenn ich ihn nicht fordere, werden wir unsere Abteilungsziele kaum erreichen und die Kollegen werden irgendwann eine Revolte anzetteln. Außerdem wird mir das negativ ausgelegt."

Der Abteilungsleiter erlebt die organisationale Umwelt als unveränderbar und sich selbst als gefangen. Er muss Dinge verantworten („Mitarbeiter, die weniger leisten als sie sollten"), auf die er nur begrenzt Einfluss hat. Seine eigenen Werte sind in Gefahr, wenn er auf der Leistung besteht und der notwendigen Fürsorge für den langjährigen Mitarbeiter nicht nachkommt. Gleichzeitig steht sein Renommee als Führungskraft auf dem Spiel. Er ringt mit der Frage: Wem gegenüber bin ich loyal? Eine für alle Beteiligten gleich gute Lösung ist nicht zu finden. In seinem Erleben sind seine Handlungsspielräume auf ein Minimum reduziert („mir sind die Hände gebunden"). Seine bisherigen Lösungsversuche („selbst mehr operativ arbeiten", „Beratung für den kranken Mitarbeiter, damit der sich stabilisiert", „die Anrechnung des Minderleisters zur Reduktion der Abteilungsziele") münden in Frustration und die eher gesundheitsschädlichen Bilanz: „Egal, was ich mache, am Ende kommt nichts Gutes bei rum.". Er wirkt resigniert („ich weiß nicht, was ich noch tun soll"). Die innere Haltung („eigentlich müsste es doch gehen.") behält er jedoch bei.

Die *bewusste Reflexion der eigenen Dilemmata* bildet den *Ausgangspunkt für das gesundheitsförderliche* (und in diesem Sinn kluge) *Navigieren in der eigenen Organisation*. Folgende Schritte können hierbei hilfreich sein:

5.1 „Ent-Täuschung" – Widersprüchlichkeiten als Normalfall akzeptieren

Ein konstruktiver Umgang mit widersprüchlichen Anforderungen setzt voraus, die Widersprüche als normal und vorhersehbar anzuerkennen („Organisationen sind Orte, an denen sich Paradoxien entfalten"). Kein noch so gutes Zeit- und Selbstmanagement ermöglicht es, unmögliche Aufträge zu erfüllen. Diese bewusst angestrebte Selbst-Ent-Täuschung (Zwack und Pannicke 2009) bildet die Voraussetzung, um im Sinn der anfangs beschriebenen Modelle wieder zu (inneren) Handlungsspielräumen zurückzufinden, Verausgabung und Belohnung zu balancieren und die eigenen Grundbedürfnisse zu befriedigen.

5.2 Die Entscheidungsspielregeln und Unternehmenskultur reflektieren

Wie wird aktuell mit Widersprüchlichkeiten umgegangen? Worüber wird (nicht) gesprochen? Was darf man (nicht) sagen? Was bedeutet es für mich, gegenüber diesen impliziten und expliziten Spielregeln loyal zu bleiben? Was gewinne ich dadurch – und welche Preise zahle ich?

Ein Bewusstsein kultureller Spielregeln schafft neue Wahlmöglichkeiten. Mithilfe von Metakommunikation („ich bin mir bewusst, dass es bisher nicht üblich ist, diese Dinge anzusprechen …") können kleinere Kulturbrüche gewagt und auf ihre Auswirkungen hin beobachtet werden. Sehr häufig sind die ausgelösten Irritationen geringer als befürchtet.

5.3 Explizite und implizite Aufträge bewusst hinterfragen und sich ihnen gegenüber positionieren

Wer die Komponenten des Dilemmata verstehen will, kann für sich selbst ein sog. Auftragskarussell (Schlippe v. 2009) erstellen. Im Kern geht es dabei um die Beantwortung der Frage *„Welche widersprüchlichen Aufträge werden in der von mir als ausweglos erlebten Situation von wem und wie an mich gestellt?"*. Ziel ist es, die bis dato meist unbewusst wirkenden Zwickmühlen in den Fokus der Aufmerksamkeit zu nehmen. Dafür werden auf einem Blatt zu einer als Zwickmühle erlebten Situation alle inneren („welche inneren Aufträge spüre ich in Bezug auf diese Situation, d. h. wann bin ich mit mir zufrieden") und äußeren Aufträge (von den Kollegen, von Vorgesetzten, Kunden, Mitarbeitern,…) als Imperative aufgeschrieben. Innere Stimmen können mahnend („auf Schwache darfst du nicht noch draufschlagen") oder auch fürsorglich sein („du musst die armen Kollegen doch schützen"). Äußere Stimmen können explizit (z. B. „entlaste uns") oder auch implizit sein („hab immer ein offenes Ohr für mich", „gib mir Sicherheit"). Im Anschluss werden die Aufträge markiert, die in besonders starkem Widerspruch zueinander stehen. In der weiteren Auseinandersetzung mit den Aufträgen kann zunächst zwischen formaler und persönlich gefühlter Verantwortung differenziert werden:

- Wofür genau bin ich hier zuständig? (z. B. laut Arbeitsvertrag, Dienststellenbeschreibung, Organigramm). Bin ich formal verpflichtet, dieses Problem zu lösen? Wenn nein, wessen Verantwortung übernehme ich derzeit?
- Wem gehöre ich organisatorisch an? Hilft diese Art der strukturellen (Nicht-)Anbindung bei der Erfüllung meines Auftrags oder wird es dadurch schwieriger? Wer muss mit an Bord, um den Auftrag sinnvoll(er) bearbeiten zu können?
- Kann ich dieses Problem lösen? Stehen mir dafür ausreichend Ressourcen (z. B. Zeit, Geld, Personal, Weisungsrechte) zur Verfügung? Wenn nicht, wer muss davon wissen?
- Welche Konsequenzen zieht eine Entscheidung in die eine oder andere Richtung nach sich? Mit welchen der zu erwartenden organisationalen Nebenwirkungen kann ich besser bzw. schlechter leben?

Um wieder Handlungsspielräume zurückzugewinnen, werden in einem letzten Schritt unter der Berücksichtigung aller bisheriger Überlegungen die Aufträge kritisch daraufhin geprüft, welche Aufträge

- die Führungskraft so annehmen will, wie sie sind;
- die Führungskraft ablehnt;
- die Führungskraft in dieser Form ablehnt, aber ein Gegenangebot formulieren kann („so nehme ich den Auftrag nicht an, aber ich biete an, dass…")

Die Übung unterstützt eine bewusste Positionierung im Dilemma und damit das Entscheiden und Priorisieren: Welche der Anforderungen ist für mich als Person wichtiger als andere, welcher Anforderung gegenüber kann und will ich mich mit geringerem Risiko ganz oder teilweise ungehorsam[2] zeigen? Solche Entscheidungen verlangen je nach Situation mehr oder weniger Mut[3].

5.4 Eigene Sinnkriterien und Werthaltungen

Führungskräfte können eigene Werthaltungen und Sinnkriterien als Basis für bewusste Investitions- und Entscheidungsprozesse nutzen (vgl. Zwack und Eck 2014): Umso unauflösbarer eine Situation ist, umso bedeutsamer sind Fragen wie: „Wofür möchte ich stehen, unabhängig vom Ergebnis?" „Was kann ich noch mittragen, was nicht mehr, wo ziehe ich die Reißleine?" „Wofür trage ich Entscheidungen mit, die mir nicht passen, die ich aber ich nicht ändern kann?" „Wann bin ich mit mir im Reinen, auch wenn es keine gute Lösung gibt?"

> **Beispiel**
>
> Im Lauf des Coachings entscheidet die Führungskraft, den Mitarbeiter von der diesjährigen Zielvereinbarung auszunehmen. Das Gespräch mit seinen restlichen Mitarbeitern bereitet er im Coaching vor und stellt vor Ort überrascht fest, dass die (gemeint ist die Geschäftsführung) das mittragen. Man findet es gut, dass der Chef sich so einsetzt für die Leute. Der Unmut über die Abteilungsziele bleibt. Den gilt es auszuhalten. Parallel suchen wir im Coaching nach Wegen, wie die Solidarität der Kollegen nicht zum Dauerzustand werden muss. Dafür fragen der einsatzeingeschränkte Mitarbeiter, der Betriebsarzt und die Führungskraft gemeinsam beim Integrationsfachdienst um Beratung an.

Im Beispiel wird deutlich: In der konkreten dilemmatischen Situation gibt es keine perfekte Lösung. Vermutlich auch keine zu 100 % stimmige, denn ein Teil der Ambivalenz bleibt; ebenso wie die Widersprüche, die zwangsläufig in der Interaktion mit unterschiedlichen

---

[2] Die Frage, wann mehr oder minder dosierter Ungehorsam eine innerbetrieblich sinnvolle Praxis sein kann, scheint uns in der Organisationsberatung bislang unzureichend diskutiert. Sie stammt aus den politischen Konzepten des gewaltfreien Widerstands mit Mahatma Gandhi und Martin Luther King als bekanntesten Protagonisten. In der systemischen Sozialarbeit ist sie bereits zum Buchtitel geworden (Conen 2014). Uns scheint, dass erfolgreiche Führungskräfte immer relativ viel Ungehorsam praktizieren, diesen aber so gut dosieren und kommunizieren, dass dies ihnen als Führungsstärke ausgelegt wird.

[3] Was fördert den Mut von (mittleren) Führungskräften? Großenteils bringen sie biografisch schon viel oder wenig Mut in ihre berufliche Rolle mit. Er nimmt aber zu, wenn sie ihre Alternativen im innerbetrieblichen oder außerbetrieblichen Arbeitsmarkt positiv einschätzen und wissen, dass sie notfalls kündigen können und dass dies keine Katastrophe wäre. Auf einer kollektiven Ebene wächst dort solcher Mut, wo solidarischer Austausch mit Kollegen der gleichen Hierarchieebene möglich wird.

Subsystemen entstehen. Sie lassen sich nicht auflösen, sondern müssen erkannt, benannt und immer wieder neu ausbalanciert werden.

5.5 Gut begründeten Zick-Zack-Kurs ansteuern

Nicht nur in der Managementliteratur wird das Ideal geradliniger Führungskräfte proklamiert. Aus der hier vertretenen Perspektive handelt eine Führungskraft, die sich ausschließlich für eine Seite entscheidet und dies als fortlaufende Entscheidungsprämisse etabliert vielleicht prinzipientreu, aber nicht rational. Sie wird der Komplexität der Situation nicht gerecht. Wichtige Umwelten (die Mitarbeiter, Vorgesetzte, Kollegen oder auch die private Welt daheim) werden dauerhaft nicht berücksichtigt. Rational im Sinn von der Situation angemessen ist es, angesichts unauflösbarer Widersprüche von Situation zu Situation immer wieder neu zu entscheiden, welchen Werten man den Vorrang gibt. Diese Entscheidung gilt es dann zu verantworten. Statt sich lediglich als Ausführender zu positionieren („ich will auch nicht, aber wir müssen…") heißt dies für Führungskräfte, auch explizit zu ihrer persönlich getroffenen Entscheidung zu stehen: „Ich befinde mich in einem Dilemma. In dieser Situation habe mich in entschieden … zu tun, weil ich möchte…/mir wichtig ist …".

5.6 Metakommunikation – Plausibel und kränkungsfrei begründen, warum man etwas nicht oder nicht wie erwartet tut

Hat sich die Führungskraft für eine der vielen Handlungsoptionen entschieden, die in der fraglichen Situationen theoretisch möglich wären (Pro-kontra-Entscheidung, Sowohl-als-auch-Entscheidung, Weder-noch-Entscheidung, so bedarf es den enttäuschten Auftraggebern gegenüber noch einer plausiblen Begründung. In der Formulierung der eigenen Entscheidung sollte deutlich werden:

- *Respekt gegenüber dem Auftraggeber:* „Dass der Auftrag bzw. die mit ihm verfolgten Anliegen durchaus sinnvoll waren und sind…"
- *Objektive Unmöglichkeit der Ausführung:* „Dass und warum seine Ausführung aber in der gegebenen Situation unmöglich ist…"
- *Kompetenz des absagenden Auftragnehmers:* „Und zwar für jede Führungskraft in derselben Lage, nicht nur für mich."
- *Alternativen, Kompensationen, Hoffnungen:* „Dass man den Auftrag aber später in der Zukunft oder in kleinerer Dosis oder im Fall, dass… vielleicht doch noch realisieren kann."
- *Vergewisserung der Zusammenarbeit:* „Dass man eventuelle Enttäuschungen gut nachvollziehen kann, aber im Dienst einer auch in Zukunft tragfähigen Zusammenarbeit nichts vortäuschen oder suggerieren will, was sich als uneinlösbar erweist".

5.7 Verzicht auf Polarisierung und Personalisierung – Bildung von Koalitionen

Überfordernde Situationen für den Einzelnen wirken sich auf das Miteinander aus. Prototypische Dynamiken, die angesichts von unlösbaren Aufträgen und unauflösbaren Widersprüchen entstehen, lassen sich mit den Begriffen Polarisierung und Personalisierung beschreiben: Personalisierung manifestiert sich in der Idee, alles wäre nur halb so schlimm bzw. sogar gut machbar, wenn nur X nicht so wäre, wie sie/er ist. Das eigene Gefühl von Überforderung und Ohnmacht wird in Schuldzuweisungen an Dritte kanalisiert – dabei kann es sich um einzelne Personen („er/sie ist unfähig, faul, ignorant, …"), aber auch um ganze Bereiche, z. B. die Nachbarabteilung („die haben keine Ahnung") handeln. Begleitet werden personifizierte Ursachenzuschreibungen fast immer auch von Polarisierungstendenzen, erkennbar in Form einer sich radikalisierenden Arbeitsteilung („wir kümmern uns um X – ihr um Y") bzw. diesbezüglichen Abgrenzungskämpfen („dafür sind wir nicht zuständig; entweder ihr macht es auch so, oder alles macht keinen Sinn"). Beide Dynamiken sind menschliche und plausible Reaktionen auf Überforderung und Druck. In der Auswirkung münden sie jedoch in sich verschärfende interaktionelle Abwärtsspiralen, in denen Bereiche, Teams und Führungskräfte untereinander für sich selbst zum Zusatzstressor werden. Die Frage des gemeinsamen Umgangs mit dem, was überfordernd ist, bleibt unbeantwortet bzw. wird in Konflikten unproduktiv verarbeitet. Ein Bewusstsein der Unentrinnbarkeit organisationaler Zwickmühlen samt ihrer Verführungen kann dabei helfen, der Einladung in Polarisierung und Personalisierung zu widerstehen. Einige der Führungskräfte berichteten uns in den Interviews wie sie sich regelmäßig selbst daran erinnern würden, dass auch die Nachbarabteilung oder der als anstrengend und nervtötend erlebte Kollege aus dem ‚Krawattensilo' gerade selbst kräftig strampelt, um nicht unterzugehen und am Ende auch nur um eine gute Lösung für das Unternehmen bemüht ist. Auch hier kann Metakommunikation nützlich sein, um laufende Dynamiken zu entschärfen („die Situation ist für alle schwer – sie lädt dazu ein, eher gegeneinander als miteinander zu arbeiten"). Dadurch wird deutlich: auch wenn wir gemeinsam vorgehen, ist nicht alles machbar – aber unter Umständen mehr bzw. zumindest Wesentliches.

6 Eine kleine Vision zum Schluss

Die hier beschriebenen Strategien fallen ins Reich der Verhaltensprävention. Sie setzen am Einzelnen an und seiner organisationalen Zivilcourage. Unmögliche Aufträge zu enttarnen, nachzuverhandeln oder abzulehnen, immer wieder neu Enttäuschungen bewusst in Kauf zu nehmen, zweitbeste Lösungen zu entwickeln, die dennoch wesentliche Sinnkriterien beinhalten – dies erscheint uns angesichts der aktuellen organisationalen Wirklichkeiten ein elementarer Beitrag zu gesunder (Selbst-)führung. Führungskräfte selbst sind wandelnde Entscheidungsprämissen. Sie prägen die Kultur eines Bereichs wesentlich mit. Wie sie persönlich mit Widersprüchen umgehen, ob sie sie anerkennen, tabuisieren, einseitig berücksichtigen, hat Auswirkungen auf das Gesamtsystem. Als Einzelkämpfer immer wieder neu Beispiel zu geben für einen bewussten Umgang mit dilemmatischen Situationen bleibt dennoch ein anspruchsvolles, zuweilen auch überforderndes Unterfangen. Es stellt sich die Frage, wie eine kluge Navigation durch organisationale Dilemmata auch auf der Ebene des Gesamtsystems gefördert und entwickelt werden kann.

Organisationen als soziale Systeme bestehen aus Kommunikationen (Luhmann 2000). Die Frage, was in Kommunikation gelangt und was exkommuniziert wird, kann überlebensentscheidend werden, z. B. dann, wenn alle wissen: das Projekt fährt an die Wand – und keiner darüber spricht. Wir verfolgen mit unserem Trainingsansatz deshalb auch das Ziel, das Sprechen über Dilemmata und Widersprüche des Organisationsalltags salonfähiger zu machen – und damit den Bereich dessen, worüber kulturell akzeptiert kommuniziert werden kann, zu vergrößern. In den Worten eines Marketingleiters unseres Projektes:

> In unseren Meetings taucht jetzt das Wort Paradoxie immer öfter auf. Ich selbst traue mich häufiger zu sagen, was ist, was geht und was ich nicht für machbar halte. Ich fühle mich nicht mehr so als Versager. Ich kann die Zwickmühle zum Thema machen, ohne dass es immer gleich persönlich genommen wird.

Unter einer Organisationsentwicklungsperspektive folgt aus obigen Überlegungen die Notwendigkeit, Kommunikations- und Reflektionsplattformen zu schaffen, in denen wiederkehrend die zentralen Widersprüche zwischen bestehenden Aufgaben und Anforderungen benannt und der bisherige Umgang damit reflektiert werden kann:

- Wo laufen wir Gefahr, einseitige Strategien zu verfolgen bzw. in Polarisierung und Personalisierung abzugleiten?
- Wo suggerieren wir durch Aussagen und Aufforderungen, dass das Unmögliche eben doch möglich ist?
- An welchen Werten wollen wir uns ausrichten, wenn keine Eindeutigkeit herstellbar ist?
- Was brauchen wir, um auch dann unsere Entscheidung verantworten zu können – und nicht nur als alternativlos auszuführen?

Niederschlag finden würde ein erweiterter Kommunikationsraum nicht zuletzt auch in veränderten Führungs- und Unternehmensleitbildern. Leitbilder, die der prinzipiellen Mehrdeutigkeit von organisationalen Entscheidungen Rechnung tragen und zentrale Widersprüche anerkennen, wären vermutlich bescheidener angelegt. Erfolgskriterium wären dann weniger ohnehin nicht zu realisierende ambivalenzfreie Ideale, sondern eine bewusst verantwortete Navigation durch die zahlreichen Dilemmata des Organisationsalltags.

Literatur

BundesPsychotherapeutenKammer (BPtK) (2012) BPtK-Studie zur Arbeitsunfähigkeit: Psychische Erkrankungen und Burnout. http://www.bptk.de/publikationen/bptk-studie.html. Zugegriffen: 15 Juni 2015

Conen ML (2014) Ungehorsam- eine Überlebensstrategie. Professionelle Helfer zwischen Realität und Qualität. Carl Auer, Heidelberg

Fischer HR (2012) Paradoxien als Quelle von Kreativität. Von Double Binds and Double Minds. Familiendynamik 37(4):244–257

Förster H von (1993) KybernEthik. Merve-Verlag, Berlin

Grawe K (2004) Neuropsychotherapie. Hogrefe, Göttingen

Haubl R, Voß GG (Hrsg) (2011) Riskante Arbeitswelt im Spiegel der Supervision. Eine Studie zu den psychosozialen Auswirkungen spätmoderner Erwerbsarbeit. Vandenhoeck & Ruprecht, Göttingen

Karasek R (1979) Job demands, job decision latitude, and mental strain: implications for job redesign. Adm Sci Q 24:285–308

Lohmann-Haislah A (2012) Stressreport Deutschland 2012. Psychische Anforderungen, Ressourcen und Befinden, 1. Aufl. Bundesanstalt für Arbeitsschutz und Arbeitsmedizin, Dortmund

Luhmann N (2000) Organisation und Entscheidung. Westdeutscher Verlag, Opladen

Pangert B, Schüpbach H (2011) Arbeitsbedingungen und Gesundheit von Führungskräften auf mittlerer und unterer Hierarchieebene. In: Badura B, Ducki A, Schröder H, Klose J, Macco K (Hrsg) Fehlzeiten-Report 2011. Führung und Gesundheit. Springer, Berlin, S 71–79

Schlippe A von (2009) Das Auftragskarussell als Instrument der Fallsupervision. In: Neumann-Wirsig H (Hrsg) Supervisions-Tools. ManagerSeminare, Bonn, S 226–233

Schlippe A von, Schweitzer J (2012) Lehrbuch der Systemischen Therapie und Beratung I: Das Grundlagenwissen. Vandenhoeck und Ruprecht, Göttingen

Schweitzer J, Bossmann U (Hrsg) (2013) Systemisches Demografiemanagement. Wie kommt Neues zum Älterwerden ins Unternehmen. VS Verlag für Sozialwissenschaften, Wiesbaden

Schweitzer J, Bossmann U (2014) Freiheit, Gleichheit und Brüderlichkeit als überraschend aktuelle betriebliche Gesundheitsthemen im demografischen Wandel. Systeme 28(1):5–26

Siegrist J (1996) Adverse health effects of high-effort/low-reward conditions. J Occup Health Psychol 1(1):27–41

Simon F (2013a) Einführung in die systemische Organisationstheorie. Carl-Auer, Heidelberg

Simon F (2013b) Wenn rechts links ist und links rechts. Paradoxiemanagement in Familie, Wirtschaft und Politik. Carl-Auer, Heidelberg

Zwack J, Eck A (2014) Ambivalenz hat viele Gesichter. Begegnungen mit der Zwiespältigkeit. In: Zwack J, Nicolai L (Hrsg) Systemische Streifzüge. Herausforderungen in Therapie und Beratung. Vandenhoeck & Ruprecht, Göttingen, S 13–35

Zwack J, Pannicke D (2009) Surviving the Organisation. Einige Landkarten zur Navigation im ganz normalen organisationalen Wahnsinn. In: Schreyögg A, Schmidt-Lellek C (Hrsg) Die Organisation in Supervision und Coaching. Organisation, Supervision und Coaching, Bd 3. Verlag für Sozialwissenschaften, Wiesbaden, S 111–125

Zwack J, Schweitzer J (2009) Bausteine systemischer Führungskräftetrainings. Organ, Superv Coach 4:399–412

Dr. Julika Zwack ist Dipl.-Psychologin, Psychologische Psychotherapeutin, Supervisorin und Coach. Seit 2005 Mitarbeiterin der Sektion Medizinische Organisationspsychologie am Universitätsklinikum Heidelberg; daneben niedergelassen als Psychologische Psychotherapeutin. Aktuelle Arbeitsschwerpunkte: Resilienzförderung und Burn-out-Prävention im Beruf, Supervision und Coaching in Einrichtungen des Sozial- und Gesundheitswesens, systemische Weiterbildungen.

Ulrike Bossmann ist Dipl.-Psychologin, Dipl. Betriebswirtin (BA), Systemische Therapeutin, Beraterin und Coach. Sie begleitet freiberuflich individuelle und betriebliche Entwicklungsprozesse (in Coaching, Teamentwicklung und Organisationsberatung) in Profit- und Non-Profit-Organisationen. Daneben ist sie seit 2012 wissenschaftliche Mitarbeiterin in der Sektion Medizinische Organisationspsychologie am Universitätsklinikum Heidelberg. Arbeitsschwerpunkte: Resilienzförderung und Burn-out-Prävention, Demografiemanagement.

Prof. Dr. rer. soc. Jochen Schweitzer ist Professor für medizinische Psychologie und Psychotherapie, Sektionsleiter medizinische Organisationspsychologie und interner Coach/Teamberater am Universitätsklinikum Heidelberg, Lehrender für Systemische Therapie und Systemische Organisationsentwicklung am Helm Stierlin Institut. Autor/Herausgeber von 16 Büchern und knapp 200 Aufsätzen.

Führung für Hochleistung und Gesundheit – Antwort auf steigende Herausforderungen, Krisendynamiken und für eine Kooperations- und Vertrauenskultur im Unternehmen

Victor W. Gotwald

Im folgenden Artikel werden aktuelle Problemdynamiken in Unternehmen, die stark durch globale Trends beeinflusst sind, kurz besprochen und die sich daraus ergebenden Herausforderungen für Führung thematisiert. Da diese Dynamiken vielerorts noch unzureichend reflektiert und gelöst sind, führen sie zu Misserfolgen und fördern psychische und körperliche Belastungen und Erkrankungen bei Führungskräften und Mitarbeitern. Dabei wird auch auf eine problematische Entwicklung in mancher Unternehmenskultur beschrieben, die eine schwächende Wirkung auf die Leitungsfähigkeit der Organisation und der Mitarbeiter hat. All diese kritischen Aspekte können, wenn sie erkannt und verstanden werden, als konkrete Wendepunkte für Verbesserungen und zum Durchbrechen von Misserfolgskreisläufen genutzt werden. In weiterer Folge werden dann weitere Ansatzpunkte für gesunde (Selbst-)Führung benannt und klare Empfehlungen ausgesprochen, die sowohl leistungs- als auch gesundheitsförderlich wirken. Kurze Erfahrungsbeispiele sollen die beschriebenen Dynamiken und Erfolgsfaktoren illustrieren und lebendig machen.

Führungskräfte sollen durch die teilweise kritischen Beschreibungen nicht an den Pranger gestellt, sondern dazu ermutigt werden, sich ihren Führungseinfluss bewusster zu machen und verstärkt für eine gesunde Gestaltung und Führung ihrer Verantwortungsbereiche zu nutzen. Davon profitieren Unternehmen, die Mitarbeiter und nicht zuletzt die Führungskraft selbst.

V. W. Gotwald (✉)
Heidelberg, Deutschland
E-Mail: gotwald@loop.de

1 Warum gesunde Führung? Steigende Herausforderungen für Führung

Bei einer Betrachtung der aktuellen Entwicklungen in Unternehmen und der sich daraus ergebenden Veränderungen der Rahmenbedingungen von Arbeit wird sehr schnell deutlich, dass wir es mit einem umfassenden Wandel zu tun haben, auf den wir uns einstellen müssen und der alle Beteiligten stark fordert und teilweise überfordert. Gesunde Führung ist eine notwendige Antwort auf den dramatischen Anstieg an Anforderungen an Unternehmen und ihre Mitarbeiter, die mit erhöhtem Zeit- und Leistungsdruck, Stress und steigenden gesundheitlichen Risiken einhergehen. Global wirksame Megatrends in Wirtschaft, Technik und Gesellschaft wie Globalisierung, neue, vielfach internetbasierte Technologien, Verlagerung der Wachstumsmärkte und schneller Produktzyklen, häufigere politische und ökologische Krisen, demografischer Wandel in Europa und der Wertwandel, um nur einige zu nennen, führen zu einem enormen Anstieg an Geschwindigkeit, Veränderungsaktivitäten, Leistungs- und Effizienzerhöhung und Innovationsdruck in den Unternehmen. Die sich daraus ergebenden Anforderungen an die Unternehmen, deren Ausrichtung, Strategien, Strukturen, Prozesse, Rollen und die Mitarbeiter selbst, müssen von Führungskräften und Mitarbeiter bewältigt werden, um im globalen Wettbewerb erfolgreich zu bleiben. Aber genau diese Gestaltungsaufgabe von Führungskräften wird aufgrund steigender Komplexität und einer schnellen Dynamik der Einflussgrößen immer schwerer und belastender. Auftretende Zielwidersprüche und schnelle Richtungswechsel sind an der Tagesordnung und machen es notwendiger, aber auch schwieriger, Mitarbeiter rechtzeitig in Veränderungen einzubinden, glaubwürdige Orientierung zu schaffen und funktionierende Strukturen zu gestalten. Vieles scheint nur mehr für kurze Zeit gültig. In dieser stetigen Veränderung gehen stabile Ausrichtungen und funktionierende Prozesse, die die Grundlage effektiver Wertschöpfung sind, leicht verloren oder werden brüchiger. Da sich Mitarbeiter bislang zumeist an stabilen Strategien, Strukturen, Prozessen und Rollen orientieren und daraus Sicherheit schöpfen, entsteht dadurch eine Verunsicherung.

Führungskräfte und Mitarbeiter müssen aber nicht nur damit umzugehen lernen, sondern auch Wege finden, mit den vielfältigen teilweise widersprüchlichen Anforderungen im Unternehmensalltag umzugehen und dabei gleichzeitig die Leistungsfähigkeit steigern (vgl. Hänsel und Gotwald 2014). Das erzeugt vielfach Stress, Ängste und mehr Konflikte zwischen Stakeholdern.

Wie können Führungskräfte unter diesen Rahmenbedingungen eine funktionsfähige Organisation und kontinuierliche Leistungssteigerung schaffen, ohne die Organisation und ihre Mitarbeiter und auch sich selbst zu überfordern? Dieser Herausforderung müssen sich Führungskräfte aller Ebenen heute stellen. Gelingt dies nicht, sind sowohl das Unternehmen als auch seine Mitarbeiter gefährdet.

2 Was ist gesunde Führung?

Führung gestaltet oder beeinflusst (absichtlich aber auch unabsichtlich) die Aufgaben, das Arbeitsumfeld und die Unternehmenskultur in der Mitarbeiter arbeiten und damit auch die Bedingungen für Leistungsfähigkeit und Gesundheit.

Gesundheit soll hier als lebenslanger Prozess der Erfüllung, Stärkung und Balance vielfältiger körperlicher, psychischer, sozialer und seelisch-geistiger Bedürfnisse verstanden werden, der zu einem stimmigen und sinnerfüllten Lebensgefühl und zur Lebensfreude beiträgt und dabei körperliche und psychische Erkrankungen vermeidet (vgl. Lauterbach 2008). Mit Gesundheit ist hier also weit mehr als die Abwesenheit von körperlichen, psychischen und sozialen Krankheitssymptomen gemeint, wie dies auch die Gesundheitsdefinition der Weltgesundheitsorganisation (WHO) vorschlägt.

Die Art und Weise wie Führungskräfte Aufgaben verteilen, vereinbaren, nachhalten und die Führungsbeziehung zu den Mitarbeitern gestalten, wirkt sich direkt als belastender Druck oder förderliche Unterstützung auf die Mitarbeiter aus (vgl. Badura et al. 2011). Aber auch was die Führungskräfte selbst vorleben, erzeugt unmittelbare Resonanz bei ihren Mitarbeitern. Für den Mitarbeiter kann sich Führung also als unterstützende Ressource bei der Aufgabenbewältigung aber auch als Stressor und krankheitsförderliche Belastung erweisen. Dies gilt es, sich als Führungskraft bewusst zu machen und gezielt förderlich zu gestalten. Zentrale Ansatzunkte gesunder Führung sind zum einen die Förderung leistungs- und gesundheitsförderlichen Arbeitsverhaltens und zum anderen die Gestaltung eines ebensolchen Arbeitskontexts. Dadurch wird versucht, präventiv vermeidbare Belastungen zu reduzieren und die eigenen Gesundheitsressourcen der Mitarbeiter zu stärken.

Gesunde Führung ist keine Neuerfindung der Führungsrolle, sondern eine zusätzliche Fokussierung der Führungsarbeit auf die Gesundheit, Motivation und das Wohlgefühl der Mitarbeiter und Teams am Arbeitsplatz im Umfeld wachsender Herausforderungen und ständiger Veränderungen. Die Aufgaben, Ziele, Strukturen, Prozesse und Zusammenarbeit so zu gestalten, dass eine stetige Leistungssteigerung und Weiterentwicklung im Unternehmen erfolgen kann, wird um die Gesunderhaltung der Mitarbeiter und sich selbst ergänzt.

Bei gesunder Führung gelingt es, Mitarbeiter und Führungskräfte zu fordern, zu fördern und weiterzuentwickeln, ohne diese zu überfordern, und damit mittel- oder langfristig Erkrankungen und einen Leistungsabfall zu riskieren. Gesunde Führung fördert auf diese Weise eine nachhaltige Kultur gesunder Leistungsfähigkeit und Entwicklung der Menschen. Gerade vor dem Hintergrund des demografischen Wandels, der dazu führt, dass Mitarbeiter länger im Erwerbsleben bleiben und weniger jüngere Mitarbeiter nachkommen, ist dies eine zentral wichtige Führungsaufgabe, die den Mitarbeitern und dem Unternehmen zugutekommt.

3 Leistung und Gesundheit ist kein Widerspruch – im Gegenteil

Führungskräfte erleben in ihrem Alltag die Forderung nach Leistungssteigerung und den Wunsch nach Gesunderhaltung oftmals als unvereinbaren Zielwiderspruch. Dann werden auch Angebote wie z. B. von Work-life-balance-Trainingsmaßnahmen durch das Unternehmen mitunter als nicht glaubwürdig oder sogar zynisch erlebt und abgelehnt. Haben sie doch vielfach selbst erlebt, dass Leistungsziele und aktuelle Problemlösungen stets vorgehen und mitunter ohne Rücksicht auf (gesundheitliche) Verluste durchgesetzt werden. Oft werden dabei arbeitsbedingt Überlastungen und Krankheitsanzeichen geleugnet, bagatellisiert oder schlicht ignoriert. Unternehmen, die arbeitsbedingt Erkrankungen billigend in Kauf nehmen, machen aber einen massiven Fehler, der negative persönliche und wirtschaftliche Konsequenzen hat. Denn zum einen erhalten sie natürlich bei überforderten, belasteten oder gar erkrankten Führungskräften und Mitarbeitern nicht die erhoffte Hochleistung und zum anderen sind die sozialen und wirtschaftlichen Kosten eines arbeitsbedingten Krankheitsausfalls enorm. Muss z. B. ein anderer Mitarbeiter die Aufgaben übernehmen, zahlt das Unternehmen letztlich doppelt. Wenn der erkrankte Mitarbeiter erlebt hat, dass seine Bedenken, Probleme und sichtbaren Zeichen von Überbelastung, obwohl adressiert, bis zu Erkrankung ignoriert wurden, wird auch seine zukünftige Loyalität und Leistungsbereitschaft sinken.

Hier wird zu oft die Sorgfaltspflicht verletzt, weggesehen und es werden Menschen verheizt. Oft sind die verantwortlichen Führungskräfte dabei selbst unter übergroßem Umsetzungsdruck, selbst ratlos, wie sie das Ziel anders erreichen können oder haben den Überblick über die Aufgabenfülle des Mitarbeiters und seinen Belastungsgrad längst verloren.

Wenn wir aber mittel- und langfristig gute Leistungen oder gar Hochleistung von Mitarbeitern erhalten wollen, ist dies nicht durch permanenten, überhöhten Druck, Angst und Überforderung zu erreichen. In diesem Zustand sind Menschen nicht zu Hochleistungen oder zu den gewünschten und benötigten kreativen und innovativen (Problem-)Lösungen in der Lage. Stattdessen ist dadurch mangelnde Leistung oder Scheitern vorprogrammiert. Die Abb. 1 zeigt einen Teil dieser Überforderungsdynamik und die Rückwirkungen auf das Unternehmen.

Die gewünschte Hochleistung und die stetige Weiterentwicklung erreichen wir nur durch eine hohe, aber nicht überfordernde Anforderung, die zu den Fähigkeiten des Mitarbeiters passt, in Verbindung mit förderlichen Rahmenbedingungen und ausreichenden Ressourcen, mit Zielen und Aufgaben, die auch aus Sicht des Mitarbeiters Sinn machen, verständlich sind und für ihn machbar erscheinen (vgl. Antonovsky 1997). Ist der Mitarbeiter dabei intrinsisch motiviert und wird bei seiner Aufgabe nicht immer wieder gestört, kann er gelegentlich sogar ein echtes Flow-Erlebnis haben, wenn er Erfolge erzielt und über sich selbst hinaus wächst (vgl. Csikszentmihalyi 2004). Dies stärkt das Selbstbewusstsein und die Bereitschaft, sich weiterzuentwickeln und sich den neuen Herausforderungen zu stellen. Alle diese Faktoren haben aber gleichzeitig auch eine positive, bestärkende Wirkung auf die Gesundheit des Mitarbeiters, indem sie belastenden Stress

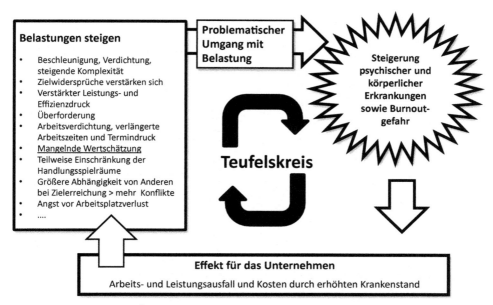

Abb. 1 Teufelskreis von (Über-)Belastung

reduzieren und dessen Ressourcen und damit auch Resilienz stärken. Gesundheit und nachhaltige Leistungsfähigkeit bedingen sich also gegenseitig, und genau das benötigen Unternehmen, um erfolgreich zu sein.

Dazu ist es aber nötig, dass sich die Führungskräfte mit den einzelnen Mitarbeitern und ihren Stärken, Interessen und Potenzialen auseinandersetzen und sich die notwendige Zeit für die Mitarbeiterführung nehmen. Und es muss gelingen, Ressourcen realistisch zu planen und immer wieder zu priorisieren, um sich nicht in der Aufgabenfülle zu verlieren und zu verzetteln, ohne echte Ergebnisse zu erreichen. Die oftmals vorherrschende starke Ziel- und Aufgabenorientierung von Führungskräften sollte heute unbedingt um eine starke Mitarbeiterorientierung ergänzt werden, denn es sind v. a. engagierte, qualifizierte, selbständige und flexible Mitarbeiter, die in der zunehmenden Wissensgesellschaft den wirtschaftlichen Erfolg ermöglichen. Solche Mitarbeiter wollen adäquat geführt und in ihren Potenzialen gefördert werden. Dann sind sie auch bereit und in der Lage, Hochleistung zu erzielen.

4 Krisen in der Unternehmenskultur belasten Mitarbeiter und mindern Unternehmenserfolg

Auch in der Unternehmenskultur bildet sich als Reaktion auf eine Überlastung häufig eine krisenhafte Dynamik ab, die einen Teufelskreislauf erzeugen kann. Da diese eine krankheitsförderliche und leistungsbehindernde Kultur erzeugen und besondere psychische Stressbelastung für Führungskräfte und Mitarbeiter bedeuten, sollen diese kurz dargestellt

Abb. 2 Krisen in der Unternehmenskultur

werden. Als Krisen sind hier entscheidende Höhe- und Wendepunkte einer gefährlichen Entwicklung im Unternehmen gemeint, die eine Verhaltensänderung verlangen, um eine überlebenswichtige Bedrohung abzuwenden. In der Darstellung sollen auch Chancen aufzeigt werden, solche Dynamiken zu durchbrechen.

Die Abb. 2 skizziert diesen Teufelskreis, der in der Folge genauer erläutert wird.

4.1 Führungskrise – „Wir sind doch auch nur Opfer!"

Topmanagern und Führungskräften fehlen oftmals selbst adäquate Antwortmöglichkeiten, Strategien und Ideen, wie man den vielfältigen und steigenden Anforderungen der Unternehmen gerecht werden kann. Besonders in den mittleren und unteren Führungsebenen erleben sich Führungskräfte oftmals nicht mehr als wichtige Gestalter, sondern sogar als Opfer der Situation. Steigender Druck und Arbeitsverdichtung führen gefühlt oder auch real zu immer eingeschränkterem Gestaltungsspielraum. Dies erzeugt bei Führungskräften und Mitarbeitern steigenden Stress und Versagensängste, insbesondere in Verbindung mit mangelnder Wertschätzung für das, was immer noch erfolgreich geleistet wird. Dadurch werden gesunde Leistungsfähigkeit und neue, kreative und mutige Problemlösungen gehemmt und verunmöglicht.

Im Erlebensmodus als Opfer neigen Führungskräfte zur reaktiven Fokussierung auf aktuelle brennende Probleme und kurzfristige Zielerreichung und vollziehen dabei auch mitunter (zu) schnelle und häufige Richtungsänderungen. Der erlebte Druck wird dann oft auch direkt an die Mitarbeiter weitergegeben in der Hoffnung, damit erhöhten Arbeitseinsatz und Erfolg zu erreichen. Wenn sich aber Projekte durch zu kurzsichtigen Aktionismus oder einen Zickzackkurs gegenseitig überholen, versanden und ihre Ziele letztlich verfehlen, entsteht dadurch trotz gesteigertem Einsatz nur eine weitere belastende Misserfolgsspirale. Wenn Führungskräfte sich als wenig handlungsfähige Opfer erleben, entsteht ein erfolgskritisches Gestaltungsvakuum bei zukunftstauglichen Zielen, Strukturen und Prozesse, und Unternehmen geraten weiter in die Defensive.

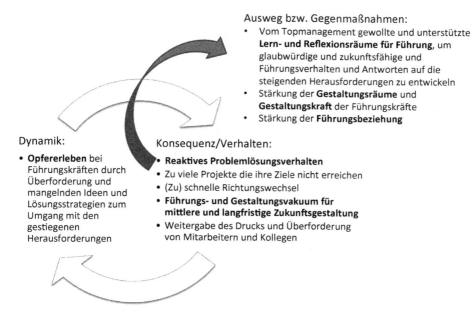

Abb. 3 Opferdynamik bei Führungskräften

Führung muss sich deshalb der eigenen Gestaltungsfreiräume und Gestaltungskraft wieder stärker bewusst werden und dabei auch vom Topmanagement bei Bedarf Bestärkung und Unterstützung erfahren. Dazu sind dezidierte Räume für gemeinsames Führungslernen und gemeinsame Führungsreflexion und eine verstärkte proaktive Beschäftigung mit den zentralen Hebeln und Weichenstellungen für mittel- und langfristigen Unternehmenserfolg nötig (vgl. Armutat et al. 2015). Besonders wichtig ist es, eine glaubwürdige und stringente Führung und Gestaltung der laufenden Veränderungsprozesse zu erreichen. Dies schließt natürlich auch die Reflexion und konsequente Weiterentwicklung der eigenen Führungsrolle unter den aktuellen und zukünftigen Rahmenbedingungen mit ein. Gerade hierbei haben Führungskräfte eine wichtige und kulturprägende Vorbildwirkung auf ihre Mitarbeiter. In herausfordernden Zeiten ist es noch erfolgsentscheidender, tragfähige Führungsbeziehungen zu den Mitarbeitern aufzubauen bzw. beizubehalten und auch auf deren Wohlbefinden und Gesundheit zu achten.

Die Abb. 3 skizziert einen selbstverstärkenden Teufelskreislauf und mögliche Auswege.

4.2 Selbstüberforderung – „Das muss auch noch irgendwie gehen!"

Ein Versuch, den höheren Anforderungen gerecht zu werden besteht schlicht darin, die Arbeitsziele zu erhöhen und zusätzliche Projekte aufzusetzen, in der Hoffnung, dass diese mit gesteigertem Einsatz auch leistbar sind. Da es in der Vergangenheit den Unternehmen immer wieder gelungen ist, durch Effizienzsteigerungen, neue Technologien und Prozesse ihre Leistungsfähigkeit stetig zu erhöhen, wird davon ausgegangen, dass dieses Prinzip weiter funktioniert, auch wenn den Führungskräften mitunter die Ideen ausgehen, wie dies konkret erfolgen soll. Da zu selten bestehende (gegebenenfalls obsolet gewordene) Aufgaben reduziert werden, besteht eine steigende Tendenz zu unrealistisch hohen Zielen und Selbstüberforderung. Verlieren Führungskräfte dann auch noch den Überblick, was sie den Mitarbeitern bereits an Aufgaben ‚über den Zaun geworfen haben' und nehmen dabei die Rückmeldungen ihrer Mitarbeiter zur Überschreitung von realistischen Leistungsgrenzen nicht ernst, dann treiben sie auch ihre Mitarbeiter in eine gesundheitsgefährdende Überforderungsspirale, die Stress und Misserfolg erzeugt. Heike Bruch beschreibt mit dem Begriff der Beschleunigungsfalle eine ähnliche Überlastungsdynamik, die durch ein permanentes Bewegen an der Leistungsgrenze ohne Aussicht auf Regeneration zu verschiedenen negativen und krankheitsförderlichen Konsequenzen führt und weiteres destruktives Verhalten fördert (Bruch und Kowalevski 2013; Bruch und Vogel 2005).

Bemerkenswert erscheint, dass in vielen Unternehmen ein Nein zu unrealistischen Zielen oder Aufgaben von Führungskräften und Mitarbeitern nicht akzeptiert wird, aber eine Antwort im Sinn von „Ok, ich glaube zwar nicht, dass das zu schaffen ist, aber ich werde es versuchen" akzeptiert wird. Die Ziele werden dann zwar meist dennoch nicht erreicht, aber es versucht zu haben, ist anscheinend im Zweifel karriereförderlicher als nach eigener Überzeugung unrealistische Ziele konsequent abzulehnen. Hier zeigt sich wie Hierarchie noch immer agiert und wirkt.

Abbildung 4 zeigt selbstbestärkende Überforderungstendenzen und Auswege auf.

Abb. 4 Selbstüberforderungsdynamik

4.3 Kooperations-, Wertschätzungs- und Vertrauenskrise – „Auf der Suche nach dem Schuldigen"

Werden Ziele verfehlt oder scheitern (Veränderungs-)Projekte, folgen oft gegenseitige Schuldzuweisungen zwischen den Hierarchieebenen und Funktionsbereichen sowie Vorwürfe, man könne sich offensichtlich nicht aufeinander verlassen. Diese Mischung aus Enttäuschung und Abwertung fördert gegenseitiges Misstrauen, den Wunsch nach stärkerer Kontrolle und befördert weitere Konflikte. Hat sich dies erst einmal eingeschlichen, sind oft ‚Silodenken' und rein bereichsbezogene Optimierungen die Folge, die zwar Verbesserungen in den Bereichen bringen können, aber den Unternehmenserfolg nicht gewährleisten. Denn der gesamte Wertschöpfungsprozess (mit Haupt- und Supportfunktionen) muss funktionieren, um wettbewerbsfähige Produkte und Dienstleistungen anzubieten und die Unternehmensziele zu erreichen.

Abbildung 5 zeigt, wie sich negative Tendenzen gegenseitig verstärken, und schlägt Gegenmaßnahmen vor.

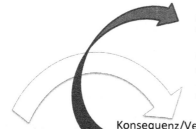

Ausweg bzw. Gegenmaßnahmen:
- **Lernen aus den Misserfolgen** > Post-Project Learning statt Schulzuweisungen
- **Kooperation der Schlüsselbereich** stärken
- Weiterentwicklung und Stärkung der **zentralen Wertschöpfungsprozesse**
- **Bereichsübergreifende** Blickwinkel stärken

Dynamik:
- Mangelnde Wertschätzung, Enttäuschungen, Misserfolge und schlechte Erfahrungen mit Führungskräften und Kollegen und (Veränderungs-) Projekten erzeugen **Misstrauen**.
- Suche nach **Schuldigen**
- Vorleben von Alleingängen
- **Konkurrenz** statt Kooperation
- Aufgabendelegation an Einzelpersonen/-bereiche obwohl nur bereichsübergreifend lösbar

Konsequenz/Verhalten:
- **Schlechte Arbeitsbeziehungen und mehr Konflikte**
- Vermehrte Kontrolle, die wieder Misstrauen fördert
- Vorsicht und verstärkter Selbstschutz
- Egoistisches Verhalten
- Verminderte Motivation und verheimlichen von Problemen und Fehlern
- „Personifizieren" von strukturellen Problemen
- Sub- oder Bereichsoptimierungen statt Gesamtlösungen
- Konkurrenz und Vereinzelung
- „Silodenken" und mangelnde Zusammenarbeit

Abb. 5 Kritische Kooperations-, Wertschätzungs- und Vertrauensdynamik

4.4 Sinn- und Wertekrise

Hat sich aufgrund der oben beschriebenen dysfunktionalen Dynamik eine Kultur mangelnder Kooperation und unzureichender Zielerreichung entwickelt, sinken der Erfolg und auch die Attraktivität des Unternehmens als Arbeitgeber. Mitarbeiter stellen sich berechtigt die Sinnfrage für die eigene Arbeit. „Wozu tue ich mir das an, wenn mein Beitrag weder Sinn macht noch zum Erfolg führt und ich teilweise sogar gegen meine eigenen Wertvorstellungen im Umgang mit anderen Menschen handeln muss?" In dieser Situation wird oft der berechtigte Ruf nach gemeinsam getragenen und gelebten Werten laut, um eine gemeinsame Basis für eine vertrauens- und leistungsbasierte Unternehmenskultur zu schaffen und sich aus der erlebten Negativdynamik zu befreien. Vielen Unternehmen gelingt es, entsprechende Werte zu erstellen und zu kommunizieren, viel schwerer aber fällt es, diese konsequent im alltäglichen Verhalten zu verankern und damit eine echte Kooperationskultur zu erhalten. Solche Kulturveränderungen sind nur in einem konsequenten umfassenden Kulturentwicklungsprozess möglich, der auch Strukturen, Rollen, Prozesse, Führungskräfteauswahl und gegebenenfalls Belohnungssystem auf ihre Passung zu den gewünschten Verhaltenswerten überprüft und wenn nötig harmonisiert. Dazu benötigen Unternehmen aber einen langen Atem in einer kurzatmigen Zeit.

Gerade hier haben das Topmanagement und die Führungskräfte wiederum eine zentrale gestaltende Vorbildrolle, was wiederum die Anforderungen auf sie erhöht und erneut in den Teufelskreislauf führen kann.

In Abb. 6 werden negative Verstärkungen u. a. zwischen mangelhafter Kooperation und Zweifel an der Unternehmensführung skizziert und Gegenmaßnahmen vorgeschlagen.

Abb. 6 Kritische Sinn- und Wertedynamik

5 Ansatzpunkte für gesunde Führung

Nach der bisherigen Darstellung einiger selbstverstärkender Negativkreisläufe und ersten Vorschläge zu Gegenmaßnahmen, sollen nun weitere konkrete Ansatzpunkte für gesunde Führung im Führungsalltag angeboten werden, die gleichzeitig Hochleistung, Arbeitszufriedenheit, Gesundheit und eine Kooperations- und Vertrauenskultur im Unternehmen fördern helfen. Dabei wird bewusst auch bekanntes und bewährtes Führungswissen aufgegriffen und wiederholt, wenn es sich sowohl gesundheits- als auch leistungsförderlich erwiesen hat. Ziel ist, gesunde Führung nicht als Modeerscheinung und gänzlich neuen Führungsansatz zu positionieren, sondern wirkungsvolles Führungsverhalten ins Bewusstsein zu bringen und um weitere Aspekte zu ergänzen. Dies erscheint schon deshalb zentral wichtig, weil wir bei der Positionierung von gesundheits- und leistungsförderlicher Führung auch auf vorhandenen, bewährten Führungskompetenzen der Führungskräfte aufbauen wollen, um von dort eine schrittweise Weiterentwicklung empfehlen (vgl. Gotwald 2013). Wir wollen hierbei auch dazu ermutigen, das Verhaltensrepertoire zu überprüfen und sukzessiv zu ergänzen, ohne den unrealistischen Anspruch, man könnte langjährig gelebtes Führungsverhalten sehr schnell von Grund auf ändern. Das zu fordern, wäre eine weitere Zumutung und Überforderung für Führungskräfte die nicht hilfreich ist.

Führungskräfte können sich von den folgenden beschriebenen Ansatzpunkten in ihrem Verhalten bestärken und inspirieren lassen. Neue, lohnend erscheinende Aspekte können im eigenen Führungskontext ausprobiert und sich als praktikabel und wirkungsvoll erweisen. Nicht alles passt für jeden und in jeden Kontext, allerdings sollte man sich von ersten Rückschlägen nicht entmutigen lassen. Einige Aspekte benötigen Übung, damit sie ihre Wirkung erzeugen und allmählich als stimmig ins eigene Führungsverhalten übernommen werden können.

Die Abb. 7 bietet einen Überblick über konkrete förderliche Handlungsfelder im Alltag, die danach erläutert werden.

5.1 Ziele

Realistische Ziele sind eine zentrale Grundlage für Motivation und Erfolg und stärken dadurch das Selbstbewusstsein und die Bereitschaft, sich auch neuen Herausforderungen zu stellen. Deshalb sollten sich Führungskräfte selbst und ihren Mitarbeitern Erfolgserlebnisse gönnen, indem sie herausfordernde, aber realistische und erreichbare Ziele vereinbaren und darauf achten, dass diese Sinn machen, verstanden werden und auch die notwendigen Ressourcen zur Verfügung stehen. Mitunter sind mehrere kleinere Zwischenziele, die erfolgreich gemeistert werden, förderlicher als einzelne, überhöhte Langfristziele. Kleinere Ziele geben die Möglichkeit, auf dem Weg zu wachsen statt zu entmutigen.

Um realistische Ziele zu erreichen, sind klare unternehmerische Entscheidungen und Prioritäten nötig, wofür die vorhandenen, begrenzten Ressourcen eingesetzt werden wol-

Abb. 7 10 Ansatzpunkte: Führung für Hochleistung *und* Gesundheit

len. Wer sich durch mangelnde Fokussierung und Priorisierung verzettelt, läuft Gefahr, zu überfordern und keine der Ziellinien zu überschreiten.

Beispiel

In einem Workshop von Projektleitern in einem Telekommunikationsunternehmen berichteten die Beteiligten, dass sie Projekte in die Kategorien AAA, AA und A einteilten. Ich fragte nach, was es mit dieser Benennung auf sich habe. Daraufhin wurde mir erläutert, dass A-Projekte solche wären, die unbedingt und ohne Zeitverzögerung umgesetzt werden müssten und dass sie keine B- und C-Projekte mehr hätten. Da es aber bereits zu viele Projekte waren, um sie mit den vorhandenen Ressourcen zeitgerecht umzusetzen, hatten sie selbst eine weitere Priorisierung der Wichtigkeit in AAA, AA und A vorgenommen. Damit war aber das Problem der zu vielen Projekte nicht gelöst. Die bisherigen Versuche, die Projektauftraggeber und Vorgesetzten davon zu überzeugen, Projekte zu reduzieren, waren nicht erfolgreich. Man bestand weiterhin darauf, dass die Projekte zeitgerecht und mit Priorität A betrieben werden müssen. Die Projektleiter standen also vor dem Dilemma, entweder im Voraus klarzumachen, dass es zu viele Projekte für die vorhandenen Ressourcen gab, oder am Ende des Jahres die schlechte Nachricht mitzuteilen, dass nicht alle Projekte geschafft wurden. In einer gemeinsamen Reflexion der Handlungsmöglichkeiten und jeweiligen Konsequenzen wurde deutlich, dass eine Konfliktvermeidung mit den Auftraggebern keine sinnvolle Option war. Sie im Glauben zu belassen, alle A-Projekte könnten zeitgerecht erledigt werden, würde zu große wirtschaftliche und persönliche Risiken mit sich bringen und zusätzlich auch noch andere Bereiche im Unternehmen in Mitleidenschaft ziehen. Deshalb entschied man sich dazu, doch noch einmal den Weg zu versuchen, gut vorbereitet den Auftraggebern und Führungskräften das Dilemma klar zu machen. Diesmal gelang es, die Situation und die Konsequenzen so zu verdeutlichen, dass man die Auftraggeber überzeugte. Danach wurde die Zahl der Projekte gemeinsam reduziert, sodass die gesteckten Ziele auch tatsächlich erreicht werden konnten.

Empfehlung:

- Sorgen Sie für sinnvolle, verständliche, machbare, herausfordernde und möglichst attraktive Ziele, die zu den Kompetenzen passen, und achten Sie auch auf die nötigen Ressourcen und Lernförderung.
- Ambitionierte Zielerreichung motiviert und stärkt Selbstbewusstsein und Vertrauen.
- Unrealistische Ziele erzeugen Misserfolg, Demotivation und Selbstzweifel.

5.2 Organisation

Obgleich es heute durch die vielen Veränderungen im Umfeld und in den Organisationen selbst schwieriger ist, eine funktionierende Organisation mit klaren Strukturen, funktionierenden Prozessen und klaren Rollen zu gestalten, bleibt es eine überlebenswichtige Aufgabe der Führung, genau dafür zu sorgen. Eine nicht funktionierende Organisation ist ein permanentes Ärgernis, belastet Mitarbeiter und reduziert die Leistungsfähigkeit. Wenn Einzelpersonen dann versuchen, grobe Organisationsmängel durch persönlichen Einsatz zu kompensieren, laufen sie fast zwangsläufig in eine krankmachende Überforderung. In Übergangsphasen kann eine gute Projektorganisation des Veränderungsprozesses mit entsprechend definierten Rollen und verbunden mit einer konsequenten Kommunikation mit den betroffenen Mitarbeitern eine noch nicht vorhandene, neue und klare Organisation über ein gewisse Zeit kompensieren helfen. Als ein wichtiger gesundheitserhaltender Faktor haben sich bei vielen Mitarbeitern sinnvolle Handlungs- und Gestaltungsfreiräume und das Erleben von Vertrauen erwiesen. Mitarbeiter wünschen sich auch Klarheit, Orientierung und faire Spielregeln. Lässt sich dies in der Organisation berücksichtigen, schaffen sie leistungs- und gesundheitsförderliche Rahmenbedingungen.

Beispiel

In einem Unternehmen der Automobilzulieferindustrie wunderte und ärgerte man sich darüber, dass in einer bestimmten Position im Produktmanagement, die eine Schnittstellenfunktion zwischen Entwicklung und Vertrieb darstellte, mehrere Stelleninhaber in Folge nach wenigen Monaten das Handtuch warfen. Nachdem man zunächst der Überzeugung war, dass wohl mehrfach die falschen bzw. nicht genügend kompetenten

Personen für die Stelle ausgesucht worden waren, wurde nach dem vierten Wechsel doch noch einmal die Aufgabe und Rolle der Stelle betrachtet. Dabei stellte man fest, dass die Stelle mit zu wenig Entscheidungsbefugnis und Durchsetzungsmacht ausgestattet war und die Träger deshalb im Interessensspannungsfeld zwischen dem relativ autonom agierenden Vertrieb und der Entwicklung nicht ernst genommen und sehr schnell aufgerieben wurden. Durch eine Organisationsänderung, die der Stelle bindende Entscheidungskompetenzen in Bezug auf das Produktportfolio einräumte, änderte sich die Dynamik. Nun waren die Partnerbereiche Vertrieb und Entwicklung bereit, sich auf ein konstruktives Ringen um gute Entscheidungen für ein passendes Produktportfolio einzulassen. Andernfalls mussten sie befürchten, dass ihre Interessen zu wenig Berücksichtigung finden.

Empfehlung:

- Schaffen Sie transparente, funktionale und flexible Strukturen, Prozesse und Rollen und unterstützen Sie eine gemeinsame Weiterentwicklung nach Bedarf.
- Klare Regeln, Verantwortung und Freiräume im Handeln.

5.3 Individualität und Diversität

Die meisten Menschen haben den Wunsch, auch in ihrer Arbeit als Person mit ihren individuellen Stärken erkannt geschätzt und gefördert zu werden. Gelingt es, diese Stärken wertzuschätzen und zu nutzen und die Personen verstärkt gemäß dieser einzusetzen, schaffen wir Bedingungen für befriedigende Arbeitstätigkeit, hohe Leistungsbereitschaft und vielleicht sogar Flow-Erfahrungen für Mitarbeiter. Das gelingt Führungskräften dann, wenn sie sich mit der Individualität jedes einzelnen Teammitglieds auseinandersetzen und insgesamt mit Diversität von Mitarbeitern umgehen können. Es ist ein falsches Verständnis von Fairness, alle an denselben Leistungsparametern zu messen, ohne Unterschiede in Begabung, Interesse, Erfahrung etc. zu berücksichtigen. Der Engpass zur stärkeren Nutzung der Individualität ist hier leider oft die zu geringe Zeit, die für Mitarbeiterführung aufgewandt wird. Regelmäßige Mitarbeitergespräche, aber auch ein bewusster Aufmerksamkeitsfokus auf diesen Aspekt in der alltäglichen Zusammenarbeit können dabei helfen.
Empfehlung:

- Schaffen Sie Freiräume für Individualität.
- Erkennen Sie die individuellen Fähigkeiten, Interessen und Bedürfnisse und pflegen und wertschätzen Sie diese.
- Nicht jeder kann/muss alles können. Es geht um die richtige Person am richtigen Ort.

5.4 Feedback und Wertschätzung

In Unternehmen, die unter Druck stehen, verlagert sich der Aufmerksamkeitsfokus meist sehr stark auf die noch zu lösenden Probleme. Dabei gerät die Wertschätzung und Anerkennung für das was schon bzw. dennoch erfolgreich funktioniert leicht aus dem Blick. Aber gerade in Zeiten von hoher Arbeitsdichte und Herausforderung benötigen Mitarbeiter umso mehr Wertschätzung für ihren Beitrag und Einsatz sowie konstruktives auch kritisches Feedback zur Wirkung ihrer Arbeit. Besonders in Veränderungsprozessen ist es wichtig, immer wieder Bestätigung für die Richtigkeit des Einsatzes und des eingeschlagenen Weges zu erhalten und gegebenenfalls nötige Richtungskorrekturen vorzunehmen.

Leider begegnet uns öfter eine störende Hemmung, Mitarbeitern, Kollegen und besonders der eigenen Führungskraft klares Feedback zu geben. Zu groß ist oft die Angst, durch schlecht gemachtes oder falsch verstandenes kritisches Feedback zu kränken, Motivation zu zerstören und Konflikte auszulösen. Einzelne Führungskräfte befürchten mitunter sogar, dass Mitarbeiter sofort eine Gehaltserhöhung erwarten, wenn sie häufig Lob erfahren. Oft besteht bei Mitarbeitern und noch stärker bei Führungskräften der Wunsch, mehr Feedback zu erhalten, einerseits um Bestätigung zu erfahren, aber auch um Hinweise und Ansatzpunkte für persönliche Weiterentwicklung zu bekommen. Das Bedürfnis nach Weiterentwicklung ist ein weiteres wichtiges Grundbedürfnis und ein Motivationsfaktor für gesunde Leistungsfähigkeit.

Kommen in herausfordernden Zeiten vermehrt Misserfolgserlebnisse und mangelnde Wertschätzung für den gezeigten Einsatz zusammen, belastet dies Mitarbeiter und ein Gefühl der Wirkungs- oder gar Sinnlosigkeit des eigenen Arbeitseinsatzes kann sich einstellen.

In Arbeitsteams und kollegialen Beratungsgruppen von Führungskräften hat es sich als hilfreich erwiesen, gerade in schwierigen Herausforderungen auch regelmäßig mit der Frage, was läuft schon bzw. immer noch gut, zu beschäftigen. Dies kann helfen, aus einer etwaigen Problemtrance auszusteigen und sich durch den Blick auf schon Erreichtes die eigenen Problemlösungsfähigkeiten wieder bewusst zu machen und dabei neue Energie für die noch ungelösten Aufgaben zu entwickeln.

Beispiel

Ein Mitarbeiter hatte von seinem Vorgesetzten den Auftrag erhalten, an einem Rhetorikseminar teilzunehmen und erläuterte mir im Beratungsgespräch, dass er dies als Kränkung empfand, weil er aus seiner Sicht seit Jahren einer der wichtigen Leistungsträger des Bereichs sei und seiner Ansicht nach keinerlei rhetorische Probleme habe. Dies konnte er aber mit seinem Vorgesetzten nicht offen besprechen. Wir vereinbarten, dass ich mit seinem Vorgesetzten bei nächster Gelegenheit ein Gespräch führen würde, um etwas mehr über die Hintergründe zu erfahren, jedoch ohne ihn als Auftraggeber deutlich zu machen, was ihm sehr wichtig war.

Die Führungskraft erläuterte mir im Gespräch, dass er seinem sehr geschätzten Mitarbeiter quasi als Belohnung für die gute Arbeit nun auch einmal ein externes Seminar ermöglichen wolle. Viele andere Mitarbeiter hätten in den letzten Jahren passende Seminaren erhalten, aber der besagte Mitarbeiter habe bislang nie eines benötigt. Im weiteren Gespräch wurde deutlich, dass er seinen Mitarbeiter selten offen lobte, weil er davon ausging, dass dieser ohnehin wisse, wie wichtig er für die Abteilung sei. So hatte er dem Mitarbeiter auch nicht erläutert, dass er ihn mit einem Rhetorikseminar belohnen wollte. Ich schlug der Führungskraft vor, dies offen mit dem Mitarbeiter anzusprechen und ihm die Möglichkeit zu geben, den Hintergrund zu verstehen und gegebenenfalls ein für seine Weiterentwicklung wichtiges und passendes Seminarthema auszuwählen. Später erfuhr ich vom Mitarbeiter, dass er sehr glücklich darüber war, dass er ein direktes, positives Feedback von seinem Vorgesetzten erhalten hatte, was wohl selten vorkam. Und er war auch besonders froh darüber, nicht an einem unnötigen Rhetorikseminar teilnehmen zu müssen, dass er nicht brauchte.

Empfehlung:

- Machen Sie sich (wieder) mit den Kriterien und Spielregeln von konstruktivem Feedback vertraut.
- Geben Sie regelmäßig Feedback auch zu kritischen Aspekten, die eine Veränderung und Weiterentwicklung verlangen, und drücken Sie auch ehrliche Anerkennung, Lob und Wertschätzung aus.
- Holen Sie sich gezielt Feedback ein.

5.5 Fehlerkultur

In vielen Unternehmen herrscht nach wie vor eine Fehlerkultur, die sich durch vertuschen, verstecken, die Schuld bei anderen suchen usw. auszeichnet, weil Fehler verboten und verpönt sind. Mitarbeiter fürchten deshalb teilweise zu Recht negative persönliche Konsequenzen und Sanktionen und das macht Angst. Sicher sollten unnötige Fehler, z. B. aus mangelnder Sorgfalt, vermieden werden, aber gerade wenn neue, innovative Wege erprobt werden sollen, sind diese unvermeidbar. Sie sind auch lernträchtig, wenn wir daraus gezielt Erkenntnisse z. B. über Veränderungs- und Qualifizierungsbedarfe ziehen. Wenn wir wollen, dass Mitarbeiter überschaubare Risiken eingehen, um neue Wege zu gehen, dürfen Fehler nicht übertrieben sanktioniert, sondern müssen als Hinweise zum Lernen und zur Weiterentwicklung genutzt werden.

Beispiel

Zur Vorbereitung einer Projektmanagementqualifizierung in einem Industrieunternehmen vereinbarten wir mit dem Auftraggeber aus der Unternehmensleitung zunächst einiges über die bestehende Kultur im Umgang mit Projekten im Unternehmen in Erfahrung bringen zu wollen, um dann wirklich passgenaue und wirksame Maßnahmen aufsetzen zu können. Bisherige Projektmanagementtrainings hatten dort bislang nur eine geringe Verbesserung der Projektarbeit gebracht. In der Analyse wurde deutlich, dass es einige Problempunkte im Umgang mit den Projekten im Unternehmen gab, die viele der Projektleiter individuell erlebt hatten. Da man dazu aber keinen Austausch pflegte, wurden diese Fehler, wie z. B. zu optimistische Planungen, ungenügend geleitete Projektsteuerkreise, mangelnde Unterstützung der Projekte durch die Führungskräfte, immer wieder wiederholt, anstatt daraus Konsequenzen abzuleiten. Im Zweifel wurden immer die Projektleiter für unzureichende Ergebnisse verantwortlich gemacht, ohne sich der gemeinsamen Verantwortung für das Projektumfeld bewusst zu werden. Die Ergebnisse der Analyse brachten einige Aha-Effekte (z. B. zu wenig gelebte gemeinsame Verantwortung; Konflikte zwischen Bereichen, die u. a. in den Steuerkreisen ausgetragen wurden; zu starker Fokus auf Kontrolle und zu wenig auf Ressourcenunterstützung der Projekte) und zeigten konkrete Ansatzpunkte zur Verbesserung des Projekterfolgs, die weit über die Qualifizierung von Projektmanagern hinausgingen; u. a. wurde das Instrument Post-project-Learning zur gemeinsamen Auswertung von Projekterfahrungen eingeführt.

Empfehlung:

- Nutzen Sie Fehler zum Lernen und nicht für Schuldzuweisung und (Selbst-)Abwertung oder Strafe.
- Nutzen Sie Post-project-Learning, um aus den Erfahrungen gegebenenfalls Erfolgsfaktoren abzuleiten.

5.6 Unterstützung

Um die hohen Herausforderungen der Unternehmen zu bewältigen, benötigen wir eine gutes Maß an bereichsübergreifender Zusammenarbeit und v. a. gegenseitige Unterstützung der Mitarbeiter untereinander und über die Hierarchieeben hinweg. Gemeinsam können Belastungen besser getragen und Problemstellungen viel eher gelöst werden als von Einzelpersonen. Diese Unterstützung beginnt beim Anhören der Situation des Einzelnen, über ganz pragmatische Hilfe in Notsituationen bis hin zu Personalentwicklungsmaßnahmen, bereichsübergreifenden Workshops oder komplexen Organisationsentwicklungsaktivitäten, bei der die relevanten Prozesspartner zusammengebracht werden, um gemeinsam für alle tragfähige Lösungen zu finden. Auch der deutsche Stressreport 2012 unterstreicht die schützende Wirkung der Unterstützung von Mitarbeitern durch ihre Führungskräfte: „Je häufiger die Unterstützung von Vorgesetzten erfolgt, desto geringer ist die Anzahl von gesundheitlichen Beschwerden." (Bundesanstalt für Arbeitsschutz und Arbeitsmedizin 2013, S. 2)

Körperliche und psychische Belastungen oder gar Erkrankungen sollten von der Führungskraft achtsam wahrgenommen und vorsichtig angesprochen und dabei, wenn möglich und passend, Hilfe angeboten werden. Die Führungskraft kann und soll dabei aber nicht zum Gesundheitsberater, (zwangsweisen) Coach oder gar Berater für psychische Problem werden, sondern soll seine gegebenenfalls ehrliche Sorge ausdrücken und kann bei Bedarf auf professionelle Unterstützungsmöglichkeiten hinweisen. Sehr wohl sollen Führungskräfte aber im Rahmen ihrer Führungsrolle unterstützen, indem z. B. Aufgabenverteilung, Veränderung bei Termin- und Leistungsdruck, Umgestaltung der Arbeitsumgebung, Hilfe bei Konfliktlösungen mit Kollegen oder bei Bedarf förderliche Lernmaßnahmen angeboten werden.

Beispiel

Ein Führungsteam eines produzierenden Unternehmens traf sich zu seinem jährlichen Strategieworkshop, um sich auf die anstehenden strategischen und operativen Zielsetzungen für das kommende Jahr einzuschwören. Dabei wurde auch von den Führungskräften offen beschrieben, wie sich der Anspannungsgrad in der Arbeit im letzten Jahr verstärkt hatte. Im Zuge von Kostensenkungs- und Rationalisierungsmaßnahmen wurden neue Strukturen und Prozesse geschaffen, die mit weniger Mitarbeitern die Arbeitsergebnisse erreichen sollen. Die Mitarbeiterzahl wurde bereits entsprechend reduziert, aber die neuen Strukturen und Prozesse waren noch nicht genügend eingespielt, was zu häufigen Störungen und Nacharbeiten führte, die die Führungskräfte der verkleinerten Mannschaft bearbeiten mussten.

Eine Führungskraft beschrieb seine Situation so: „Ich habe derzeit so viele Baustellen, auf die ich achten muss, dass ich das nur noch schaffen kann, wenn ich mich zu 100 % nur noch auf meinen eigenen Verantwortungsbereich konzentriere. Ich kann mich nicht mehr um andere Themen und Nachbarbereiche kümmern. Gleichzeitig bin ich aber sehr stark davon abhängig, dass meine Schnittstellenbereiche perfekt funktionieren und mich bei Bedarf unterstützen". Die Führungskollegen nickten verständnisvoll zustimmend, denn ihnen ging es ähnlich. Gleichzeitig wurde ihnen ihr gemeinsames Dilemma bewusst: Sie können mit einer reinen Konzentration auf den eigenen Bereich und ohne gegenseitige Unterstützung die Herausforderungen im Wertschöpfungsprozess nicht erfolgreich leisten. Im Workshop wurde konkrete Maßnahmen zur gegenseitigen, bereichsübergreifenden Entlastung und Unterstützung erarbeitet, die solange galten, bis die neuen Prozesse eingespielt waren.

Empfehlung:

- Schaffen Sie ein Klima und eine Kultur der gegenseitigen Unterstützung.
- Geben Sie Unterstützung, aber holen Sie sich auch Unterstützung, gerade in schwierigen Situationen.
- Das erleben gegenseitiger Unterstützung stärkt auch den Zusammenhalt und eine positive Zusammenarbeitskultur.

5.7 Gemeinschaft

Herausforderungen und Belastungen lassen sich wie weitgehend bekannt meist leichter in einer Gemeinschaft tragen als allein. Dennoch sind in Zeiten von Arbeitsverdichtung Tendenzen zur Vereinzelung und Vernachlässigung von Gemeinschaft(-saktivitäten) beobachtbar. Durch einen (zu) starken Fokus auf unmittelbare Ergebnis- und Leistungsbeiträge zum Unternehmensergebnis wird die Pflege gemeinsamer Aktivitäten manchmal als kurzfristig zu wenig lohnend eingeschätzt und vernachlässigt. Dabei werden aber informelle unterstützende und wirksame Netzwerke und die Identifizierung mit dem eigenen Bereich und dem Gesamtunternehmen geschwächt. Entsteht dabei eine Tendenz zum Einzelkämpfertum, hat dies bezogen auf Leistungserbringung und bei Belastungen entscheidende Nachteile gegenüber funktionierenden Gemeinschaften. Sie sind in Zeiten von Beschleunigung leichter in der Lage, neue, kreative und adäquate Lösungen zu finden und ihre Ressourcen flexibel zu steuern. Diese stärkenden Fähigkeiten der Gemeinschaft können aber nur dann abgerufen werden, wenn sie auch regelmäßig gepflegt und immer wieder (aus-)geübt werden. Basis dafür ist wiederum ein wertschätzender Umgang miteinander; so können Mitarbeiter sogar Spaß dabei entwickeln, gemeinsam neue Herausforderungen zu lösen.

> **Beispiel**
>
> In meiner 20-jährigen Erfahrung mit internen und externen Führungskräfteentwicklungsprogrammen wird neben den Lernthemen der informelle Austausch und die Vernetzung mit anderen Führungskräften aus anderen Bereichen immer als ein zentraler Mehrwert solcher Programme bezeichnet. Die informellen menschlichen Kontakte helfen den Beteiligten, schnelle relevante Informationen auszutauschen und sich gegenseitig bei Herausforderungen Unterstützung zu holen. Der Zusammenhalt eines tragfähigen Netzwerks benötigt i. d. R. mindesten zwei- bis drei-, im besten Fall mehrtägige Module und ist umso stärker, je mehr die Beteiligten sich intensiv bei gemeinsamen Aufgaben und Übungen miteinander beschäftigt und kennengelernt haben und dabei sowohl Stärken als auch Schwächen des andern erfahren haben.
>
> Obwohl die meisten der Teilnehmer, oft auch nach Jahren, dies als eine zentrale wichtige Erfahrung bezeichnen, sind nur wenige Gruppen in der Lage, dieses Netzwerk gemeinsam über längere Zeit zu pflegen. Im Arbeitsalltag wird anscheinend im Zweifel immer der aktuellen operativen Arbeit der Vorzug gegeben und die Pflege der Gemeinschaft und Vernetzung erhält einen hinteren Rangplatz auf der Prioritätenliste. Bei steigender Arbeitsverdichtung wird diese Tendenz weiter verstärkt.

Empfehlung:

- Fördern Sie Gemeinschaft und eine Atmosphäre von Vertrauen, gegenseitiger Wertschätzung und Verbundenheit.

5.8 Dialog

Ein erster wichtiger Schritt des Herangehens an neue Herausforderung im Arbeitskontext besteht darin, diese zu analysieren. Das erfolgt am besten im Dialog mit Kollegen im Team und/oder mit der Führungskraft oder im privaten Umfeld. Hier können Sichtweisen und Ansatzpunkte ausgetauscht und auch der Bedrohungsgrad einer Situation besser eingeschätzt und abgewogen werden. Dabei geht es gar nicht immer darum, sofort Lösungen zu finden oder Unterstützungsangebote zu bekommen. Allein das offene Besprechen kann schon helfen, die Situation besser zu verstehen und auch emotional zu verarbeiten. Leider erleben wir in Veränderungsprozessen öfters, dass Führungskräfte, die an sich selbst den hohen Anspruch haben, ihren Mitarbeitern gegenüber immer verbindlich antwortfähig zu sein, in Übergangsphasen, wenn wichtige Entscheidungen noch nicht getroffen sind, den Austausch und Dialog mit ihnen vermeiden. Man möchte keine Gerüchte streuen oder falschen Aussagen machen, die später korrigiert werden müssen und die eigene Glaubwürdigkeit belasten. Wird dieser Dialog vermieden, brodelt die Gerüchteküche aber dennoch weiter und dabei werden oftmals fehlende Informationen durch persönliche Befürchtungen der Mitarbeiter ergänzt.

> **Beispiel**
>
> Eine Führungskraft in einem Chemieunternehmen, in dem gerade in einigen Bereichen Mitarbeiter abgebaut wurden, hatte per Microsoft Outlook einen Termin mit einem seiner Mitarbeiter vereinbart, um ein aktuelles Thema zu besprechen. Dabei hatte er aus Flüchtigkeit vergessen, das Thema des Treffens zu erwähnen. Als eine Woche darauf der Termin im Büro der Führungskraft stattfand, sah dieser sich einem vor Angst zitternden Mitarbeiter gegenüber. Der Mitarbeiter hatte aus der aktuellen Verunsicherung über laufende Entlassungsgespräche im Umfeld und der Tatsache, dass kein Thema bei der Besprechungseinladung benannt wurde, fälschlicherweise geschlossen, dass es sich wohl um sein Entlassungsgespräch handeln würde.

Zielführender ist es, im regelmäßigen Dialog mit den Mitarbeitern zu bleiben, um gegenstandslose Befürchtungen zu zerstreuen und offen damit umzugehen, dass in Übergangsituation, solange wichtige Entscheidungen noch offen sind, nicht alle Fragen beantwortbar sind. Auch gute, sorgfältige Entscheidungen benötigen Zeit. Halten Führungskräfte den Dialog aber aktiv aufrecht, erhalten sie aktuelle Wahrnehmungen darüber, was ihre Mitarbeiter beschäftigt, und sie signalisieren ihr Interesse an deren Erleben und Sorgen.

Empfehlung:

- Fördern Sie den offenen Dialog und den Austausch zu Situation und Erleben.
- Binden Sie Kollegen und Mitarbeiter wo möglich ein.

5.9 Balance

Gesundheit bedeutet auch, vielfache Faktoren, beispielsweise Anspannung und Entspannung, Routine und neue Herausforderungen, Gemeinschaft und individuelle Zeit, Ernährung, Bewegung, Ruhezeiten, Pflicht und Muße etc., in eine für die Person passende Balance zu bringen bzw. immer mal wieder Ausgleich nach Überbetonung einer der Pole zu schaffen. Auch in der Arbeit ist eine solche leistungs- und gesundheitsförderliche Balance erstrebenswert, auch wenn dies aufgrund der oben beschriebenen Beschleunigungsdynamik schwieriger wird. Mittel- und langfristig bekommen und erhalten Unternehmen bei einseitiger Belastung von Mitarbeitern keine Spitzenleistungen, weshalb es sich lohnt, auf Ausgleich, z. B. nach Hochbelastungsphasen und einer einseitigen Konzentration auf Themen, zu achten.

Schon die Fairness gebietet nach Phasen starker Belastung auch einen Ausgleich zu schaffen.

Leider sind es bei einer dünnen Personaldecke und steigenden Anforderungen oft gerade Schlüsselpersonen und Leistungsträger die immer wieder unter Zeitdruck die sprichwörtlichen Kohlen aus dem Feuer holen müssen. Gleichzeitig werden aber andere Mitarbeiter mitunter unterfordert, weil sie die notwendigen Fähigkeiten noch nicht haben und nicht gezielt gefördert und entwickelt wurden.

Wird die erfolgsentscheidende Wissensbasis zu Schlüsselaufgaben nicht gezielt auf mehrere Schultern verteilt und werden damit potenzielle Stellvertreter und Nachfolger aufgebaut, steigen die Abhängigkeit des Unternehmens von einzelnen Experten und auch das Risiko für das Unternehmen, sollte diese Person z. B. aus Krankheitsgründen ausfallen.

Empfehlung:

- Achten Sie auf eine Balance von Fordern und Fördern.
- Schaffen/fördern Sie Ausgleich nach einseitigen Belastungen.

5.10 Grenzen

Organisationen, Teams und Menschen haben nur begrenzte Ressourcen und Fähigkeiten.

Dies gilt es, sich gerade in Zeiten von vielfältigen Anforderungen immer wieder bewusst zu machen, um klare Entscheidungen zum Einsatz der vorhandenen Ressourcen und Kompetenzen und Prioritäten zu setzen. Um erfolgreich sein zu können, sollten sich Führungskräfte der eigenen Grenzen und derer ihrer Organisation und Mitarbeiter bewusst werden. Einige persönliche oder im System liegende Grenzen sind endgültig und müssen schlicht respektiert und anerkannt werden. Andere Grenzen sind vielleicht durch neue Verhaltensstrategien, Herangehensweisen, durch Lernen und Übung gezielt schrittweise veränder- und erweiterbar. Natürlich ist schon die Unterscheidung, ob es sich um harte oder veränderbare Grenzen handelt, oft nicht einfach zu treffen und manchmal nur durch Ausprobieren herauszufinden. Als menschverachtend aber erweist sich eine Führungshaltung, die (z. B. aufgrund einer Drucksituation) überhöhte Forderungen stellt und Menschen ins sprichwörtliche kalte Wasser wirft, ohne sich darüber Gedanken zu machen, ob die Forderungen überhaupt leistbar sind.

Auch hier sind Führungskräfte, wie auch bei allen anderen Punkten, kulturprägende Vorbilder für ihre Mitarbeiter und ihre Organisation. Was sie vorleben, wird allzu oft auch von anderen nachgeahmt.

Beispiel

Ein Topmanager in einem Industrieunternehmen hatte die Angewohnheit, in Steuerkreisen Projektleiter mit teilweise unfairen Fragen auf den Zahn zu fühlen und diese immer wieder klein zu machen. Bald prägte sich der Begriff, dass dort Projektleiter ‚gegrillt' würden. Dies löste bei den Mitarbeitern entsprechende Ängste aus. Die gewünschte kreative Leistungssteigerung wurde dadurch nicht erreicht, dafür aber eine Haltung, potenziell kritische Punkte zu verschleiern, um möglichst wenig Angriffsfläche zu liefern. Falls dennoch Probleme offensichtlich wurden, waren Projektleiter dann bemüht nachzuweisen, dass alle vorgeschriebenen Prozessschritte exakt eingehalten wurden und dass Fehler nicht im eigenen Verantwortungsbereich, sondern bei anderen gelegen haben.

Empfehlung:

- Gehen Sie achtsam und verantwortlich mit eigenen und fremden (Leistungs-)Grenzen um.
- Versuchen Sie eine Kultur zu schaffen, in der sinnvoll erweiterbare Grenzen schrittweise durch Entwicklung und Lernen durchlässiger werden können, ohne Menschen dabei zu überfordern.

6 Resümee und Ausblick

Wie in den beschrieben Ausführungen dargestellt, ist eine Überforderung, die zu einem kurzsichtigen Raubbau an der Mitarbeitergesundheit führt, ein massiver Führungsfehler, der Mitarbeiter und Unternehmen schwächt. Ein gesunder Umgang mit Menschen, Organisationen und Ressourcen bedeutet dagegen, diese so einzusetzen und zu nutzen, dass dabei Hochleistung entstehen kann, die gleichzeitig auch die Weiterentwicklungs- und Wachstumsfähigkeit fördert. Dieses Prinzip der Verbindung und Balance der Elemente von Forderung und Entwicklung lässt sich auch auf die Gestaltung von Innovations- und Veränderungsprozessen sinnvoll anwenden. So wie wir auch mit den Ressourcen im

Unternehmen nicht verschwenderisch, unachtsam und zerstörerisch umgehen, dürfen wir schon gar nicht mit dem wichtigsten Erfolgsgarant für das Unternehmen, den Mitarbeitern und Führungskräften, umgehen. In den Werteleitbildern der Unternehmen ist dies längst erkannt und beschrieben; es aber auch in herausfordernden Zeiten in der Unternehmenskultur wirksam und stabil zu verankern, ist eine der zentralen Herausforderungen zukunftsfähiger Führung. Wir empfehlen, begleitete Lern- und Reflexionsräume zu schaffen, in denen Führungskräfte sich gemeinsam dieser Herausforderungen stellen können und konkrete Maßnahmen und Ableitungen für sich selbst und ihre Mitarbeiterführung erarbeiten können.

Literatur

Antonovsky A (1997) Salutogenese. Zur Entmystifizierung von Gesundheit. dgvt-Verlag, Tübingen

Armutat S, Caroli T, Gärtner A, Gotwald V, Nettlenbusch S, Opp M, Pietsch A (2015) Schlüsselkompetenz Reflexionsfähigkeit. Führungskräfteentwicklung der Zukunft. DGFP-PraxisPapiere. Best Practices 01/2015

Badura B, Ducki A, Schröder H, Klose J, Macco K (Hrsg) (2011) Fehlzeiten-Report 2011. Führung und Gesundheit. Zahlen, Daten, Analysen aus allen Branchen der Wirtschaft. Springer-Verlag, Berlin

Bruch H, Kowalevski S (2013) Zwischen Hochleistung und Erschöpfung. Wie Führungskräfte das Potenzial ihrer Mitarbeiter ausschöpfen und Burn-out vermeiden. In: Personalführung 12/2013. Düsseldorf, DGFP

Bruch H, Vogel B (2005) Organisationale Energie. Wie Sie das Potenzial Ihres Unternehmens ausschöpfen. Gabler-Verlag, Wiesbaden

Bundesanstalt für Arbeitsschutz und Arbeitsmedizin (2013) Stressreport Deutschland 2012. Die wichtigsten Ergebnisse. www.baua.de/dok/3430796

Csikszentmihalyi M (2004) Flow im Beruf. Das Geheimnis des Glücks am Arbeitsplatz. Klett-Cotta Verlag, Stuttgart

Gotwald V (2013) Leistungsfähigkeit steigern, ohne die Menschen in Überlastung und Erkrankung zu treiben. Interview in DGFP-News am 15.3.2013. http://www.dgfp.de/aktuelles/dgfp-news/interview-leistungsfaehigkeit-steigern-ohne-die-menschen-in-ueberlastung-und-erkrankung-zu-treiben-3986. Zugegriffen: 30. Mai 2015

Hänsel M, Gotwald V (2014) Den Wald vor lauter Bäumen sehen. Die Arbeit mit inneren Stakeholdern im Change Management. OrganisationsEntwicklung. Z Unternehmensentwicklung Chang Manage 1:58–65

Lauterbach M (2008) Gesundheitscoaching. Strategien und Methoden für Fitness und Lebensbalance im Beruf. Carl-Auer-Verlag, Heidelberg

 **Victor W. Gotwald** ist Psychologe (Mag. Phil.), selbständiger Systemischer Organisationsberater, Trainer und (Gesundheits-)Coach. Außerdem ist er seit 2000 als interner Seniorberater für Management -, Personal- und Organisationsentwicklung in einem global marktführenden Industrieunternehmen tätig und lehrt als Universitätsdozent die Themen (gesunde) Führung, Personal- und Organisationsentwicklung, Change-Management und Hochleistungsteams an verschiedenen Universitäten. Er hat 20 Jahre Erfahrung in den Bereichen Industrie, Versicherungen, Banken und Gesundheitswesen gesammelt. Seine Arbeitsschwerpunkte sind Strategie- und Change-Prozesse, Kooperations- und Vertrauenskultur, Führungskräfteentwicklungsprogramme und -trainings (u. a. Change-Management, gesunde (Selbst-)Führung, zukunftsfähige Führung, Führung im demografischen Wandel, Mitarbeitergespräche, Führungsaufgabe Mitarbeiterentwicklung, Hochleistungsteams, Konfliktmanagement, Kooperation im Wertschöpfungsprozess) sowie Potenzialentwicklung und (Gesundheits-) Coaching.

Wie gewinnt man Führungskräfte für das Thema „Gesund Führen"?

Anne Katrin Matyssek

1 Rückblick: Gesund Führen aus der Sicht einer Beraterin von 2000 bis heute

Das Thema „Gesund Führen" hat seit Mitte der 1990er-Jahre einige Wendungen mitgemacht, die im Folgenden aus der Sicht einer externen Trainerin und Beraterin beleuchtet werden. Dabei werden die Umstände damals den heutigen gegenübergestellt. Der Hintergrund der Autorin sind etwa 400 je zweitägige Seminarveranstaltungen – und natürlich die dazu gehörenden Vorbereitungsgespräche mit Einkäufern und Auftraggebern. Letztere stammten mehrheitlich aus den Personalabteilungen. In einigen wenigen Fällen ging die Initiative zu den Seminaren vom Personal- oder Betriebsrat aus, manchmal auch vom Werksarzt oder vom Gesundheitsmanager.

Unter dem Namen „Gesundheitsgerechte Mitarbeiterführung" wurde das Thema erstmals 2002 offiziell, als es im Leitfaden der Krankenkassenspitzenverbände unter den Präventionsrichtlinien auftauchte (neben Stressbewältigung, Nichtrauchen, Suchtmittelvermeidung, gesunder Ernährung); der Ausdruck stammte von Ute Westerhoff vom Bundesverband der Betriebskrankenkassen (BKK). Das Thema war damit Teil eines Katalogs von Maßnahmen, der seitens der Krankenkassen als förderungswürdig angesehen wurde.

Um die Jahrtausendwende gab es noch sehr wenige Seminarangebote zum Thema „Gesund Führen" bzw. „Gesundheitsgerechte Mitarbeiterführung". Einkäufer waren zumeist Großunternehmen, die sich hiervon eine Senkung des Krankenstands versprachen. Damals wurden Fehlzeiten als motivationsbedingte Abwesenheit verstärkt unter der Frage debattiert, welche Sanktionsmöglichkeiten Führungskräften zur Verfügung stehen, um Absentismus einzudämmen. Der Fürsorgegedanke spielte dabei eine untergeordnete Rolle.

A. K. Matyssek (✉)
do care!, Köln, Deutschland
E-Mail: info@do-care.de

1.1 Veränderungen in den Seminarinhalten

Einige Seminare zum Thema „Gesundheitsgerechte Führung" beinhalteten um die **Jahrtausendwende** auch diagnostische Themen. So lernten die Führungskräfte – je etwa 12 Teilnehmer aus unterschiedlichen Hierarchiestufen – zum Beispiel, woran sie eine Angststörung erkennen könnten, was eine depressive Episode ausmacht und was die Merkmale von Zwangsstörungen sind. Sie erfuhren, wie sie mit schmerzgeplagten Mitarbeitenden umgehen sollten und was im Umgang mit Menschen, die an einer Allergie litten, zu beachten sei.

Diese Themen trafen bei etlichen Führungskräften auf großes Interesse, schossen aber aus (heutiger) Expertensicht weit übers Ziel hinaus: Es kann und sollte beim Thema „Gesund Führen" nicht darum gehen, Führungskräfte zu Diagnostikern oder gar Therapeuten auszubilden. Abgesehen vom zeitlichen Aufwand, den Führungskräfte nicht leisten können: Führungskräfte haben darauf zu achten, dass die Leistung ihrer Mitarbeitenden stimmt und der Teamfrieden nicht gefährdet ist. Ihre Fürsorgepflicht umfasst definitiv nicht die Aufgabe, Krankheiten zu erkennen oder Symptome zu kategorisieren. Damals nicht und heute auch nicht.

Damals war bei vielen Führungskräften die Einstellung anzutreffen, dass man Menschen antreiben und etwa durch Prämien motivieren müsse, damit sie gute Leistungen erbringen. Dementsprechend wurden Gutscheine von Kosmetikfirmen oder Baumärkten verteilt, sobald jemand weniger als zwei Krankheitstage in den vergangenen 12 Monaten aufweisen konnte. Der Erfolg dieser Maßnahmen blieb begrenzt bzw. stellte sich gar nicht erst ein: Es kam häufig zu Unfrieden in der Belegschaft, der sich in Klagen äußerte wie „Was kann ich denn für meine Migräne?!" oder „Der soll mit seiner Grippe zu Hause bleiben, statt uns hier anzustecken.".

Heute hingegen steht der Fürsorgegedanke stärker im Vordergrund. Angesichts der älter werdenden Belegschaften und des überall angekündigten Fachkräftemangels im demographischen Wandel, der auch Personalabteilungen umtreibt, wird es offenbar wichtiger, die vorhandene Belegschaft zu pflegen und ihre Gesundheit zu erhalten.

Das hat auch Auswirkungen auf die Seminarinhalte. Der Kasten zeigt in Form eines Mini-Basis-Programms, wie sich gesundheitsgerechte Führung heute definieren und mit Inhalten füllen lässt, wenn man von der zuvor genannten Definition ausgeht.

Definition „Gesund Führen"
Dafür sorgen, dass sich alle – Führungskraft inbegriffen – am Arbeitsplatz wohler fühlen; primärer Ansatzpunkt ist das zwischenmenschliche Wohlbefinden.
   Basis-Tipps zum gesunden Führen
- Pflegen Sie Ihre wertschätzende Haltung. Menschen wünschen sich Anerkennung für ihre Tätigkeit und ihren Einsatz.
- Sie wünschen sich aber genauso, als Person geschätzt zu werden. Zeigen Sie – sofern gewünscht – Ihr Interesse.

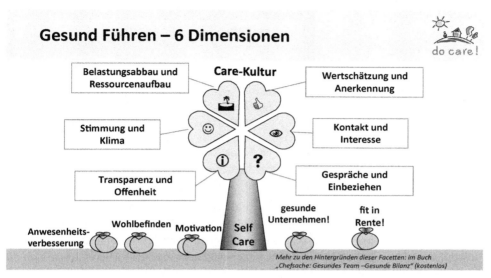

Abb. 1 6 Facetten gesundheitsgerechter Führung

- Gehen Sie in den Dialog. So erfahren Sie, was in den Mitgliedern Ihres Teams vorgeht.
- Sorgen Sie für Transparenz. Mitarbeitende wünschen sich Orientierung und Durchschaubarkeit, z. B. bei Entscheidungen.
- Achten Sie auf das Betriebsklima und pflegen Sie es. Pflegen Sie einen emotional positiven Kontakt zu allen (nicht nur zu Ihren ‚Lieblingen').
- Geben Sie soziale Unterstützung. Machen Sie Mut, auf Überlastung hinzuweisen, und begrenzen Sie die Erreichbarkeit nach Feierabend.

Gesundes Führen ist einfach. Es erfordert Reflektions- und Dialogbereitschaft, aber weder Diagnostik- noch Therapietätigkeit. Als Führungskraft sind Sie verantwortlich für die Leistung Ihres Teams und für den Teamfrieden. Mehr nicht, aber auch nicht weniger(Abb. 1).

1.2 Veränderungen in der Auftragsgestaltung

Die Wünsche der Auftraggeber an die Seminarleitung – sofern sie aus dem Human-Resources(HR)-Bereich stammten – lauteten um die **Jahrtausendwende**: „Bringen Sie den Führungskräften bei, die Blaumacher zu entlarven und die Kranken zu umsorgen." Der Umgang mit den Gesunden und den Anwesenden war kein Thema. Und auch die gesundheitliche Situation der Führungskräfte selbst stand nicht im Aufmerksamkeitsfokus. Erst im Lauf der Zeit (und auf Drängen der Seminarleitung) kam der Auftrag hinzu, den Führungskräften auch eine Unterstützung für den Umgang mit der eigenen Gesundheit an die Hand zu geben.

Abb. 2 Fehlzeiten-Uhr

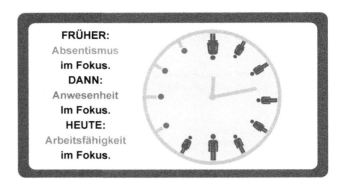

In zwei Extremfällen wurde die Autorin als Seminarleitung im Briefinggespräch vor dem Start einer Seminarreihe gefragt: „Haben Sie keine Tipps, ob man die krankschreibenden Ärzte nicht irgendwo anzeigen kann? Es sind ja immer dieselben, die die Atteste ausstellen und es sich mit den gelben Scheinen so leicht machen". Hierin zeigte sich die Hilflosigkeit der Personalleitung angesichts des Phänomens hoher Krankenstände. Für die Personalleitung ihrerseits war übrigens die Senkung der Fehlzeitenquote Teil ihrer Zielvereinbarung.

Sofern die Initiative von Betriebsräten oder Werksärzten ausging, bezog sich der Auftrag an die Seminarleitung darauf, krankmachende Führungskräfte zu ‚bekehren'. Sie sollten daran erinnert werden, dass in jedem Mitarbeiter und jeder Mitarbeiterin auch ein Mensch steckte, der es verdiente, mit Respekt und Wertschätzung behandelt zu werden. Fehlzeiten waren bei diesen Auftraggebern i. d. R. kein Thema bzw. wenn dann primär aus der Perspektive: „Die Arbeitsbedingungen machen krank".

Heute lautet der Auftrag unabhängig vom Auftraggeber: Führungskräfte für ihre Aufgaben im betrieblichen Gesundheitsmanagement sensibilisieren und ihnen zum Thema „Gesund Führen" vermitteln, woran sie Überlastung bei sich und anderen erkennen können und wie sie Überlastung auf beiden Seiten vorbeugen können. Absentismus als Motivation, Seminare zum „Gesund Führen" einzukaufen, wurde abgelöst durch den Wunsch, Führungskräfte und Mitarbeitende gesund zu erhalten. Ein Werksarzt äußerte hierzu: „Wir sind ja froh, wenn angesichts des Durchschnittsalters unserer Belegschaft der Krankenstand nicht noch weiter steigt; das ist das Ziel unserer Arbeit." (Abb. 2).

1.3 Veränderungen im Verpflichtungsgrad

Früher waren Seminare beim Thema Absentismus noch Pflicht (für die Führungskräfte, deren Abteilung die rote Laterne beim Thema Krankenstand innehatten), wurden später in die Breite gebracht (sprich: alle mussten teilnehmen, wie beim Thema Sucht), bevor man dazu überging, auf freiwillige Teilnahme zu setzen. Inzwischen gehören Seminare zur gesundheitsgerechten Mitarbeiterführung in vielen Unternehmen als Standardbausteine zur Führungskräfteentwicklung.

> **Tipps zur Implementierung des Themas „Gesund Führen" in der Personalentwicklung**
> - Integrieren Sie Seminare, Coachingprozesse und ähnliches zu „Gesund Führen" in die Führungskräfteentwicklung. So wird das Thema selbstverständlich.
> - Setzen Sie bei Seminarveranstaltungen für fertige Führungskräfte auf Freiwilligkeit. Sie haben es mit erwachsenen Menschen zu tun, die selbst entscheiden wollen, was sie lernen.
> - Falls zu den Freiwilligenseminaren immer die Falschen kommen, veranstalten Sie eine Vortragsveranstaltung, bei der die Teilnahme verpflichtend ist und die Absage schriftlich begründet werden muss.

In der Regel sind Veranstaltungen zum Thema „Gesund Führen" **heute** freiwillig. Man baut darauf, dass sich herumspricht: „Dort lernt man als Führungskraft etwas für sich selbst." Wo früher zu Seminarbeginn die Furcht herrschte, wegen eines hohen Krankenstands im Team öffentlich an den Pranger gestellt zu werden („es muss ja fürchterlich sein, sonst wäre das Seminar ja freiwillig"), ist heute eine offenere Atmosphäre spürbar – und die Bereitschaft, sowohl die eigene Haltung zu hinterfragen als auch das eigene Verhalten zu verändern; und zwar im Umgang mit sich selbst und der eigenen Gesundheit ebenso wie im Umgang mit den Mitarbeitenden.

Mit dem nachlassenden Verpflichtungsgrad hinsichtlich der Teilnahme an Veranstaltungen geht auch die Beobachtung einher, dass die Anwesenheitsquote aus den Zielvereinbarungen der Führungskräfte verschwunden ist. Motivation durch Zielvereinbarungen (MbO) – bei vielen Behörden gerade erst eingeführt – gilt für viele Unternehmen schon wieder als überholt. Personalabteilungen verfolgen aktuell eher den Ansatz, die Leitenden für die sog. transformationale Führung (vereinfacht Führung durch Vision) zu gewinnen. Damit ist endgültig der Abschied von der Führungskraft als Blaumacherjäger vollzogen. Heute sind andere Qualitäten gefragt.

1.4 Veränderungen im Führungsverständnis

Früher wurde derjenige zum Chef der Schraubendreher, der der beste Schraubendreher war. In digitalen Zeiten mit virtuellen Teams, erzwungener Mobilität, flexiblen Arbeitszeiten, Projektarbeit in ständig wechselnder Teamzusammensetzung etc. sind bei Führungskräften andere Kompetenzen gefragt als (nur) ein Vorsprung in fachlicher Hinsicht. Sie müssen in der Lage sein, zu delegieren, Entscheidungsprozesse bisweilen auch partizipativ zu gestalten, Rahmenbedingungen gesund zu gestalten und Störungen aus dem Weg zu räumen.

Mit anderen Worten: Das Führungsverständnis ist **heute** ein anderes. Horizontale Karrieren (Fachkarrieren) sind möglich geworden. Wer aufsteigen will im Sinn von mehr Verantwortung, mehr Ansehen, mehr Geld, kann dies heutzutage tun, auch ohne Führungsverantwortung zu übernehmen. Führungsentwicklungsprogramme sorgen durch strukturierte Reflektionsanstöße dafür, dass nur diejenigen „high potentials" Führungskräfte werden, die sich bewusst dafür entscheiden. Aber auch kleine und mittlere Unternehmen, die ohne Führungsentwicklungsprogramme auskommen müssen, fragen heute – anders als um die Jahrtausendwende – Veranstaltungen zu gesundheitsgerechter Führung nach. Auch hier hat sich das Führungsverständnis gewandelt: weg vom Anordnen hin zum Koordinieren und Einbeziehen.

Wenn heute Seminare zum Thema „Gesund Führen" angefragt werden, geht es mehr um die Haltung als ums Verhalten. Nachhaltigkeit ist gewünscht (was etwas irritiert, schließlich hat man auch früher Seminare nicht aus Spaß an der Freude durchgeführt). Häufig wird auch Resilienz bzw. deren Stärkung bei sich selbst und Mitarbeitenden als Themenwunsch geäußert. Einige Zeit galt auch der demographische Wandel als Trendthema, das Auftraggeber gern als Seminarinhalt behandelt wissen wollten.

Viele Auftraggeber aus dem HR-Bereich haben inzwischen die Bedeutung des Themas „Gesund Führen" erkannt – aber sie fürchten sich vor den Reaktionen der Führungskräfte auf entsprechende Angebote oder Vorschläge: „Die haben zu viel zu tun, um sich für so etwas zu interessieren". Als Konsequenz werden alternative Seminarformate nachgefragt, die das operative Arbeitsaufkommen der Führungskräfte stärker berücksichtigen. So werden z. B. zweimal ein Tag im Abstand von einem Monat gewünscht; oder die Durchführung in Form von 6–12 Miniworkshops.

Ganz neu ist, dass die Themen Neinsagen und Grenzensetzen als neue Schlüsselqualifikationen in den Vordergrund rücken und auch teilweise als Auftrag an die Seminarleitung formuliert werden. Ein Werksarzt beispielsweise wollte explizit, dass im Seminar besprochen würde, wie die Führungskräfte sich gegen überhöhte Leistungsanforderungen abgrenzen könnten: Sie müssten erst lernen, Feedback zu geben. Früher hätte dies nicht zu ihrem Aufgabengebiet gehört, weshalb sie diese Kompetenz nie erworben hätten. Mit der Ermutigung zum Neinsagen rücken auch die Arbeitsverhältnisse als potenziell krankmachende Faktoren in den offiziellen Fokus, und zwar nicht nur als Beschwerde seitens der Personalvertretungen. Diese gilt es, als erstes ins Auge zu fassen. Im nächsten Schritt ist wichtig, dass Führungskräfte ihre Einstellung reflektieren. Und erst im dritten Schritt macht es Sinn, das Führungsverhalten im eigentlichen Sinn näher unter die Lupe zu nehmen.

Es ist in der Tat aus heutiger Sicht ein Teilaspekt gesundheitsgerechter Führung, Rückmeldung zu geben und damit nicht nur die eigene Gesundheit zu schützen, sondern auch die des Teams. Solange die Geschäftsleitung nicht weiß, dass bei den Beschäftigten eine Grenze erreicht ist, kann man ihm auch nicht vorwerfen, wenn sie die Schrauben weiter anzieht. Ein Vorstand, der einem Gesund-Führen-Seminar als Gast beiwohnte, formulierte das so: „Wir sind auf Ihre Rückmeldung angewiesen. Woher sollen wir sonst wissen, dass sie an Ihrer Belastungsgrenze angekommen sind?!" Er machte den Anwesenden explizit Mut zum Feedback und versicherte, dass niemand negative Konsequenzen zu befürchten bräuchte. Diese Einstellung ist vielen Führungskräften noch fremd.

> **Klare Prioritätensetzung**
> Es geht primär um die Verhältnisse und sekundär um die Haltung – und erst tertiär um das Verhalten.

1.5 Neue Themen aufgrund von Veränderungen in der Arbeitswelt

Ein Thema, das aktuell stark präsent ist: die Erreichbarkeit. Smartphones und Laptops mit Internetzugang ermöglichen das Arbeiten zu jeder Zeit und an allen Orten. Darin liegen Vorteile, aber auch bis dahin unbekannte Gefahren und Aufgaben. Es fehlen Regeln zum Umgang mit dem Feierabend. Beschäftigte müssen lernen, ihre Erreichbarkeit zu begrenzen und dies auch im Umgang mit ihrer Führungskraft zu verteidigen: Überall und immer arbeiten zu können, bedeutet nicht, überall und immer arbeiten zu müssen. Das Arbeitsschutzgesetz ist diesbezüglich eindeutig, wird aber in der Praxis häufig unterlaufen.

Auch die Informationsüberflutung durch Unmengen an E-Mails ist ein Thema, für das sich viele Führungskräfte im Seminar Tipps wünschen. Dankbar werden erfahrungsgemäß Regeln zum Umgang mit E-Mails angenommen, wie etwa „Was einen in cc erreicht, braucht man nicht zu beantworten", „E-Mails, die einen nach 19 Uhr oder am Wochenende erreichen, braucht man erst am nächsten Arbeitstag zu beantworten" oder „E-Mails, die einen während des Urlaubs erreichen, werden automatisch gelöscht" (der Absender wird hierüber natürlich informiert und erhält eine Information über das Datum der Rückkehr).

Die seelische Gesundheit rückt stärker in den Vordergrund: Die Psyche kommt aus der Tabuzone. Dies zeigt sich beispielsweise daran, dass explizit der Umgang mit psychisch erkrankten Mitarbeitenden als Seminarthema gewünscht wird. Auch Resilienz wird häufig als Themenwunsch geäußert: Mitarbeitende und Führungskräfte sollen in ihrer Widerstandsfähigkeit, z. B. in Umstrukturierungen, gestärkt werden und bildlich gesprochen in der Lage sein, Krisen durch Stehaufmännchenfähigkeiten zu trotzen.

> **Tipps zum Führen in digitalen Zeiten**
> - Achten Sie auch in virtuellen Teams dafür, dass man sich so häufig wie möglich live sieht. Der persönliche Kontakt ist durch nichts zu ersetzen und sorgt dafür, dass weniger Missverständnisse entstehen.
> - Im Livemeeting würden Sie Tee und Kaffee bereitstellen. Fordern Sie auch in der Video- oder Telefonkonferenz dazu auf, sich ein Getränk zu holen. Warten Sie so lange mit dem Besprechen der Inhalte.
> - Achten Sie bei regional verteilten Mitarbeitenden darauf, dass Sie zu denjenigen, die an Ihrem Standort tätig sind, nicht intensiveren Kontakt pflegen als zu den anderen.
> - Verzichten Sie auf Ironie – im schriftlichen Kontakt ohnehin, aber am besten auch bei Videokonferenzen oder am Telefon. Bei letzterem kommt erschwerend hinzu, dass man Ihr Lächeln nicht sieht.

2 Einblick: Reaktionen von Führungskräften auf das Thema „Gesund Führen"

Widerstand ist normal: Die Not dahinter
Führungskräfte reagieren selten mit Begeisterung, wenn die Einführung eines betrieblichen Gesundheitsmanagements angekündigt wird. Und sofern die Teilnahme an Seminaren zum Thema „Gesund Führen" noch verpflichtend ist, regt sich auch hier passiver Widerstand, der sich in Unpünktlichkeit oder fehlender Mitwirkungsbereitschaft äußert. Gut meinende Gesundheitsmanager, Werksärzte oder Personaler, die zur Teilnahme an freiwilligen Seminaren aufrufen, erhalten als Reaktion häufig Sätze wie „Ich habe keine Zeit" oder „Auch das noch".

Wichtig ist für die Organisatoren der Veranstaltungen, solche Absagen nicht persönlich zu nehmen und auch nicht als Ausdruck der Ablehnung des Themas zu deuten. Die Verantwortlichen klagen häufig: „Unsere Führungskräfte sind egoistisch; die interessieren sich nicht für Gesundheit, und schon gar nicht für die Gesundheit ihrer Mitarbeitenden." Die Organisatoren fühlen sich gekränkt und reagieren ihrerseits mit Ablehnung, dabei beruhen solche Äußerungen wie die oben genannten häufig auf einem Missverständnis: Abgelehnt wird nicht die Veranstaltung oder gar das Thema Gesundheit als solches; sondern die Führungskräfte befürchten, dass das Thema für sie Mehrarbeit bedeutet – und zu der sehen sie sich nicht in der Lage.

Hinter der Klage von Führungskräften „Ich habe keine Zeit" steckt eine Not: Da befürchtet jemand, seine Sachaufgabe, die ja ebenfalls Teil der Führungsaufgabe ist, nicht mehr mit in hinreichender Qualität ausführen zu können, wenn er weitere Aufgaben annimmt. Die meisten Menschen haben das Bedürfnis, ihre Arbeit gut zu erledigen. Wenn sie die Qualität ihrer Arbeit bedroht sehen, weil die Quantität das übliche Maß übersteigt, reagieren sie mit einer Verteidigungshaltung und wehren etwaige Anforderungen ab. Das gilt es, für die Organisatoren zu verstehen, damit sie konstruktiv auf den Widerstand der Führungskräfte reagieren können.

2.1 Was Führungskräfte brauchen, um sich dem Thema zu öffnen

Entsprechend der Redensart „Wer sich an den Pranger gestellt fühlt, hat keine offenen Ohren" gilt: Führungskräfte müssen sich verstanden fühlen, bevor sie sich für ein Thema öffnen. Das gilt auch für das Thema Gesundheit. Die meisten Führungskräfte befinden sich einer Sandwichposition. Sie werden mit Anforderungen von mehreren Seiten konfrontiert: Ihre Mitarbeitenden haben Wünsche, die Geschäftsleitung hat Ziele, und das Privatleben und sie selbst stellen ebenfalls Anforderungen an sich.

Organisatoren sollten daher bereits in der Einladung zu einer Veranstaltung darauf hinweisen, dass sie die schwierige Situation der Führungskräfte verstehen. Beispielsweise können sie formulieren, dass sie diese um diese zahlreichen Anforderungen wissen und ihnen – und der Firmenleitung – genau deshalb die Gesundheit der Führenden besonders am Herzen liegt; einerseits wegen der Führungskräfte selber und andererseits, weil sie für die Ausführung ihrer Führungsaufgaben auch gesund sein müssten, denn der Kontakt mit dem Team macht mehr Freude, wenn man sich fit fühlt. Aus diesen Gründen würden nun entsprechende Veranstaltungen angeboten, die den Führungskräften ihren Führungsalltag erleichtern sollen – und zunächst ihre eigene Gesundheit schützen sollen.

Die Logik „wir wollen alle produktiv sein, und dazu müssen wir alle gesund sein" ist sehr einfach und eingängig und stößt i. d. R. bei Führungskräften auf Akzeptanz. Wenn es dann um „Gesund Führen" im eigentlichen Sinn geht, insbesondere um den Umgang mit den Mitarbeitenden, sollte der Hinweis nicht fehlen, dass es beim „Gesund Führen" mehr auf das WIE ankommt als auf das WAS. Mit dieser Anmerkung kann man den Führungskräften die Befürchtung nehmen, dass mit der Teilnahme an der Veranstaltung automatisch Mehraufgaben einhergingen, in die sie viel Zeit investieren müssten.

> **Erfahrung von Praktikern im Themenfeld „Gesund Führen"**
> Damals wie heute gewinnt man Führungskräfte nur über den Umweg ihrer eigenen Gesundheit für gesundheitsgerechtes Führungsverhalten.

2.2 Beispiele für bewährte Veranstaltungsbausteine

Die folgenden Anstöße zur Selbstreflexion haben sich in der Vergangenheit bewährt, wenn es darum ging, Führungskräfte für das Thema „Gesund Führen" zu sensibilisieren.

- Als Einstieg in einer Veranstaltung die Frage: „Wer von Ihnen hat sich heute schon gesund verhalten?" Der Frager sammelt die Antworten, sortiert vielleicht schon nach physischen, psychischen und sozialen Aspekten von Gesundheit, und kommt zu dem Schluss, dass sich alle anwesenden Führungskräfte bereits gesund verhalten hätten – aber offenbar zu bescheiden seien, dies zuzugeben. Schließlich hätten sie alle schon gelacht oder gelächelt. Lächeln senke den Blutdruck und tue den Führungskräften selbst gut; andererseits gebe ein Lächeln auch den Mitarbeitenden das Signal, dass sie willkommen seien und man gern mit ihnen zusammen arbeite. Ein solcher Einstieg in eine Veranstaltung – oder auch in ein normales Meeting – signalisiert: „Gesund führen ist einfach; das können Sie jetzt schon; und das hat auch etwas mit Ihnen und Ihrem eigenen Wohlbefinden zu tun."
- Die Frage „Woran erkennen Sie Stress bei sich und bei anderen?" bietet einen guten Einstieg, wenn es darum geht, die Psyche aus der Tabuzone zu holen. Ein Selbstcheck „Wie verändert sich mein Führungsverhalten unter Stress?" (downloadbar unter www.do-care.de) kann Anregungen geben, das eigene Verhalten zu reflektieren (idealerweise zunächst in Einzelarbeit, dann als Austausch zu zweit und dann erst im Plenum). Er erleichtert Führungskräften auch die Erkenntnis, dass die Umgebungsbedingungen Einfluss nehmen auf das körperliche und psychische Befinden – vor dem Hintergrund,

dass Führungskräfte ihrerseits eine Arbeitsbedingung für ihre Mitarbeitenden darstellen, kann diese Erkenntnis auch Anlass sein, das Führungsverhalten zu reflektieren.
- Jede Führungskraft lernt im Führungskräfteentwicklungsprogramm: Anerkennung ist wichtig. Im Alltag kommt sie trotzdem häufig zu kurz – zumindest aus Mitarbeitersicht. Um diesen Themenkomplex zu reflektieren, hat sich das folgende Vorgehen bewährt. Man fragt Führungskräfte „Wer von Ihnen gibt genug Anerkennung?", zählt die Handzeichen und schließt die Frage an „Und wer von Ihnen bekommt genug Anerkennung?" Das Resultat ist i. d. R. ein Ungleichgewicht: Normalerweise gibt es in jeder Gruppe wesentlich mehr Menschen, die der Meinung sind, dass sie selbst genug Anerkennung geben, als Menschen, die sich in Bezug auf Anerkennung satt fühlen. Diese Diskrepanz und die Gründe für den Anerkennungsmangel (oder Anerkennungsgeiz) kann man mit den Führungskräften diskutieren. Sodann schließt man die Frage an: „Was war eine große Anerkennung in Ihrem Leben, und wie hat die auf Sie gewirkt?" Auf diese Weise reflektieren die Teilnehmenden, basierend auf ihrer eigenen Biographie, die Bedeutung von Anerkennung. Sie werden in der Haltung gestärkt, dass Anerkennung etwas Wertvolles ist – für sie selbst genauso wie für ihre Mitarbeitenden.

3 Durchblick: Praktische Empfehlungen zur Sensibilisierung von Führungskräften

Bewährt hat sich in der Vergangenheit eine Kombination aus einer hochwertig präsentierten Kick-off-Veranstaltung mit einem Vortrag oder Video und anschließendem Catering einerseits und dem Angebot zur vertiefenden Behandlung des Gelernten in Seminaren andererseits. Letztere sollten unbedingt freiwillig sein. Der Vorteil dieses Vorgehens: Ein Vortrag ist wenig intim; die Teilnahme wird also nicht als bedrohlich erlebt. Und wenn obendrein die Geschäftsleitung einlädt und auch die Veranstaltung eröffnen wird, erhält sie dadurch einen offiziellen Charakter und wird viele Führungskräfte anziehen (sie könnten ja etwas Wichtiges verpassen). Die nachfolgenden Seminare sollten die Themen des Vortrags aufgreifen und einzelne Schwerpunkte vertiefen.

Für die Kick-off-Veranstaltung gelten die folgenden Empfehlungen:

- **Locken und verführen** statt drohen und drängen: Lassen Sie die Führungskräfte als „good guys" dastehen, die gute Vorgesetzte sein wollen und denen Sie jetzt noch Unterstützung für ihre gute Arbeit zukommen lassen.
- **Geben Sie das Signal „Sie sind wichtig"** statt „Als Führungskraft können Sie die Leute krank machen".
- **Geben Sie auch ein Fürsorglichkeitssignal an die Führungskräfte selbst**: „Sie haben viel um die Ohren" und „Ihnen soll es gut gehen!" statt „Reduzieren Sie endlich die Quote psychisch Kranker in Ihrem Team!"
- **Haben Sie Verständnis für die arme Sandwich-Führungskraft** statt Zahlendruck pur, der sich womöglich noch in Zielvereinbarungen manifestiert.

- **Versuchen Sie, die Führungskräfte beim eigenen Erleben zu packen** statt ausschließlich Zahlen, Daten, Fakten rund um psychische Erkrankungen oder zum Zusammenhang von Führung und Gesundheit zu vermitteln.
- **Regen Sie an, dass die Geschäftsleitung einlädt** statt dass Pflichtseminare für Vorgesetzte von besonders auffälligen Teams angeordnet werden.

Menschen fragen sich bei allem, was sie tun: „Was habe ich davon?" Das gilt auch für die Teilnahme an Vorträgen oder Seminaren. Sorgen Sie daher für ein hochwertiges Ambiente. Dies kann der schönste Sitzungssaal des Unternehmens sein, sich in der Anwesenheit der Geschäftsleitung zur Begrüßung äußern, aber auch in Obstschalen, frischen Säften oder Fingerfood. Damit erhalten Führungskräfte das Signal: „Diese Veranstaltung ist wichtig." Und damit nehmen sie auch das Thema noch eine Spur ernster.

Tipps, wie Sie Führungskräfte für das Thema gewinnen
- Bieten Sie Veranstaltungen an, die „nur" der Entlastung der Führungskräfte dienen. Sie werden es Ihnen danken.
- Die Geschäftsleitung sollte stets vorangehen, z. B. indem der Vorstand dazu ermutigt, dass man ihm Rückmeldung gibt zum aktuellen Belastungslevel.
- Bitte keine Samstagsveranstaltung; diese würde signalisieren: „Gesund Führen ist Zusatzarbeit, dafür müssen Sie Ihre Freizeit opfern".
- Manche Führungskraft kann man auch über den Umweg Arbeitsschutz oder Gefährdungsanalyse gewinnen (manchen hilft es, dass es dazu gesetzliche Aufträge gibt).
- Holen Sie das Thema Gesundheit aus der Tabuzone. Seien Sie Vorbild – es gibt nichts Überzeugenderes und Unterstützenderes!

---

4 Ausblick: Skizzen für die weitere Entwicklung des Themas

Es ist zu erwarten, dass die psychische Gesundheit in den kommenden Jahren und Jahrzehnten noch stärker in den Vordergrund rücken wird. Die Aussichten sind günstig. Schon heute wirkt Burn-out als trojanisches Pferd für das Thema. Während Psychotherapeuten zu Recht vor der Gefahr warnen, dass depressive Episoden aufgrund der Etikettierung Burn-out nicht als solche erkannt und dementsprechend nicht angemessen behandelt werden, kann man andererseits argumentieren: Besser, man spricht über Burn-out, als dass psychische Erkrankungen noch länger in der Tabuzone bleiben. Es muss möglich werden, in Betrieben auch über psychische Gesundheit zu sprechen.

Die Aufgabe für Führungskräfte lautet auch in Zukunft: Haltet die Beschäftigten arbeitsfähig – körperlich, psychisch, motivational. Wir alle werden uns damit abfinden müssen, dass Beschäftigte – wie wir selbst – öfter nur zu 70 % fit sind; und dennoch arbeiten müssen. In einer älter werdenden Belegschaft ist es normal, dass Menschen trotz reduzierter Arbeitsfähigkeit in den Betrieb kommen und dementsprechend auch nicht volle Leistung erbringen. Wenn sie sich jedes Mal krank melden würden, wären die Unternehmen leer. Eine Führungskraft muss mit denen auskommen, die da sind.

Eine weitere Herausforderung für Führungskräfte ist der fortschreitende Abbau von Hierarchien, der einige Menschen verunsichert. Damit geht ein Wandel im Selbstverständnis von Führung einher, der sich in den letzten zwei Dekaden schon angedeutet hat und in einigen Unternehmen bereits vollzogen wurde: Weg von der Überwachung und Kontrolle der Beschäftigten hin zur Berateraufgabe. Selbstverantwortung, Mitgestaltung und Mündigkeit werden wachsen. Gefordert ist seitens der Führungskräfte dementsprechend ein Vertrauensvorschuss statt Kontrolle.

Die Frage, ob der Mitarbeiter überhaupt anwesend ist, wird angesichts der Zunahme von mobilem Arbeiten vollends von den eigentlichen Fragen abgelöst: „Ist der Mensch arbeitsfähig? Und wie kann ich als Führungskraft dazu beitragen, dass er wieder arbeitsfähig wird?" Gesund Führen wird zukünftig noch mehr als heute bedeuten: nicht nur die Arbeitsfähigkeit zu erhalten und zu fördern, sondern das Beste im Mitarbeiter und der Mitarbeiterin zu wecken – z. B. Motivation durch selbstgesteckte Ziele (ohne die Fessel der formalisierten Zielvereinbarung) und selbstgewählte Aufgaben bis hin zu selbstgewählten Chefs. Ein Reiseveranstalter etwa macht heute schon die Bezahlung der Führungskräfte von den Beurteilungen durch die Mitarbeitenden abhängig. In Zeiten des Fachkräftemangels wird dieses Phänomen vermutlich häufiger zu beobachten sein.

Literatur

Gregersen S, Kuhnert S, Zimber A et al (2011). Führungsverhalten und Gesundheit – Zum Stand der Forschung. Gesundheitswesen 73(1):3–12

Matyssek AK (2011) Gesund führen – sich und andere. Trainingsmanual zur psychosozialen Gesundheitsförderung im Betrieb. bod, Norderstedt

Matyssek AK (2012) Führung und Gesundheit. Ein praktischer Ratgeber zur Förderung der psychosozialen Gesundheit im Betrieb. bod, Norderstedt

Mourlane D, Hollmann D, Trumpold K (2013) Studie „Führung, Gesundheit & Resilienz". Bertelsmann-Stifung. http://www.bertelsmann-stiftung.de/fileadmin/files/user_upload/Fuehrung__Gesundheit__Relienz_Studie.pdf. Zugegriffen: 18. Mai 2015

Rigotti Th, Holstad T, Mohr G, Stempel Ch, Hansen E, Loeb C, Isaksson K, Otto K, Kinnunen U, Perko K (2014) Rewarding and sustainable health promoting leadership, 1. Aufl. Bundesanstalt für Arbeitsschutz und Arbeitsmedizin, Dortmund, 249 Seiten. Projektnummer: F 2199, PDF-Datei

Dr. Anne Katrin Matyssek Die Diplom-Psychologin und approbierte Psychotherapeutin hat an der Universität zu Köln studiert und promoviert. Nach 6 Jahren psychotherapeutischer Tätigkeit in einer ambulanten Praxis machte sie sich unter dem Namen „do care!" als Beraterin zu betrieblichem Gesundheitsmanagement selbständig. Zu ihrem Schwerpunktthema „Führung und Gesundheit" hat sie 6 Bücher und 21 E-Books veröffentlicht, darunter einen Trainerleitfaden für ein zweitägiges Führungskräfteseminar.

Resilienz bedeutet Veränderungen zuzulassen, bis hin zu einem bewussten Scheitern und zur Transformation

Interview mit Sylvia Kéré Wellensiek am 6. Juni 2015 in Murnau

Sylvia K. Wellensiek

Das Interview führte Karl Kaz, einer der Herausgeber dieses Bandes.

KK[1] Herzlich willkommen zu diesem Interview! Ich freue mich auf das Gespräch mit Ihnen, Frau Wellensiek. Sie widmen sich seit Jahren einem ganzheitlichen Führungscoaching und haben nicht nur sehr früh in Deutschland das Thema Resilienz in Organisationen aufgegriffen, sondern in den letzten Jahren hierzu sehr viel publiziert. Wie hat sich Ihre Arbeit im Lauf der Jahre verändert?

SKW Sie hat sich verändert. Eindeutig. Bis 2004 leitete ich ein Seminarhaus und habe dort mit Menschen gearbeitet, die extern ein Seminar gebucht haben, um sich mit ihrem Leben, ihren Potenzialen und Bewusstseinsprozessen auseinanderzusetzen.

Erst 2005/2006 habe ich mich mit meinem ganzheitlichen Ansatz Firmen zugewandt. Ich war zunächst skeptisch und wusste nicht, ob die Firmen mit dieser Art des Coachings etwas anfangen können. Aber zu meiner Freude war schon zu diesem Zeitpunkt eine Offenheit für ganzheitliche Ansätze da. Das war v. a. der Ursache geschuldet, dass viele Personalabteilungen und ihre Geschäftsführungen gemerkt haben, dass sie viel Geld und Zeit in externe Trainings investieren, ohne genügend Wirkung zu erzielen.

Ich kam in Personalabteilungen, in denen mir gesagt wurde, dass es die unterschiedlichen Arten von Training seit 20, 30 Jahren gibt. Wenn nach einem Jahr nachgefragt wird,

---

[1] KK: Karl Kaz; SKW: Sylvia K. Wellensiek.

S. K. Wellensiek (✉)
HBT-Akademie, Riegsee, Deutschland
E-Mail: info@hbt-akademie.de

was bei einem Training hängengeblieben ist, dann fallen den Mitarbeitern höchstens ein paar Highlights ein, ohne dass sich daraus etwas Nachhaltiges und Messbares als Basis entwickelt hat.

Mir wurde sehr schnell klar, dass ich meinen Ansatz des ganzheitlichen Coachings extrem klar, nüchtern und pragmatisch darlegen muss. Dafür habe ich zwei, drei Jahre gebraucht, aber es ist mir gelungen und jetzt erlebe ich ein zunehmendes Interesse an nachhaltiger Persönlichkeits- und Kulturentwicklung. Dieser Blickpunkt ist zwar noch nicht immer im obersten Management angekommen, doch auf der mittleren Führungsebene ist inzwischen großes Interesse, sich fundierter und tiefer mit Themen auseinanderzusetzen.

KK Da passt ja die nächste Frage. Alle bekannten Untersuchungen zeigen, dass die psychosoziale Lage in den Unternehmen bedenklicher wird. Wie bemerken Sie das in Ihrer konkreten Arbeit vor Ort? Gibt es Hinweise im Coaching, in der Organisationsberatung, wo Sie das besonders deutlich spüren?

SKW Ja! Es gibt keine einzige Firma mehr, die nicht Ähnliches berichtet. Die Firmen haben zum Teil keine Vergleiche, deshalb wissen sie nicht, dass es in anderen Branchen oft noch viel schlimmer ist, wie in der eigenen. Die Berichterstattung ist immer die gleiche. Zum einen wird immer mehr Arbeit von immer weniger Menschen verrichtet, zum anderen gibt es eine ungeheure Informationsdichte, eine Informationsflut, ständige Erreichbarkeit. Das sind die Handys, die E-Mails, das Nicht-abschalten-Können und eine bemerkenswerterweise schreckliche Meetingkultur, die gerade im mittleren Management so unendlich viel Zeit verschlingt. Also Dinge, die man mit dem gesunden Menschenverstand, im Grunde genommen sehr schnell identifizieren und ändern kann, die aber unter den heutigen Bedingungen wirklich viele Menschen ins Straucheln bringen.

KK Sie setzen ja ganzheitlich auf einer persönlichen Ebene, auf der Teamleader-Ebene und bei der gesamten Organisation des Unternehmens an. Was sind Ihres Erachtens die Haupthebel, Organisationen als Ganzes nachhaltig resilient zu machen. Und effizient soll es ja trotzdem bleiben. Wie spielen da die Ebenen ineinander?

SKW Ich halte genau diese drei Ebenen für relevant. Von der Reihenfolge her ist es eine Bedingung, dass es mit einem Bewusstseinsprozess der einzelnen Beteiligten beginnt. Ich freue mich wirklich, wenn ich auf allen Ebenen gleichwertig arbeiten kann, also Mitarbeiter, Führungskräfte, oberes Management.

Außer Frage steht, dass sich große Chancen auftun, wenn wir mit Personen arbeiten, die wirklich an Schaltstellen sitzen. Es sollte tatsächlich jedem diese Entwicklungsmöglichkeit zu einem Resilienzprozess freigestellt werden, damit sich in einer Organisation etwas bewegt.

Es geht immer darum, wie eine Einzelperson mit sich selbst umgeht, wie bewusst sie sich reflektiert, wie sie Beziehungen gestaltet, ob das nun unter Kollegen oder auf der hierarchischen Ebene ist.

Um Prozesse in die Hand zu nehmen und einzugreifen, gibt es unterschiedliche Möglichkeiten. Heute werden oft sehr sehr hohe Erwartungen gesetzt. Ein Team erreicht ein Ziel mit Hängen und Würgen und der Vorgesetzte kommt dazu und sagt: Toll, dass ihr das gemacht habt, euer ganzes Jammern über Belastungen ist aber übertrieben, fünf Prozent gehen immer noch.

So ein Zielsetzungsverhalten ist heute fast Standard, und an dieser Stelle braucht es einen Reflexionsprozess, der nicht an der einzelnen Person vorbeigehen kann. Woher kommt überhaupt diese abstruse Haltung, immer mehr und mehr von sich und anderen abzuverlangen? Es braucht Hinterfragungen auf betriebswirtschaftlicher als auch auf kultureller und persönlicher Ebene.

1) Persönlichkeitsentwicklung, 2) Beziehungsgestaltung, 3) Unternehmen. Es funktioniert immer nur über die Kette.

KK Wenn die Führungskräfte im Boot sind, also sich einlassen, gibt es dann nie das Problem, dass die Mitarbeiter nicht mitmachen oder überfordert sind? Wenn Sie dann auch in diesen Prozess mit einsteigen müssen? Der Durchschnittsmitarbeiter?

SKW Das kann man überhaupt nicht sagen. Ich habe schon Geschäftsführer erlebt, gerade im Mittelstand, die unglaublich weit entwickelt waren und gerne ihre Mannschaft mitnehmen wollten. Diese aber sagte, dass der Chef da oben ‚spinnt'. Bei einem Geschäftsführer denken immer alle, dass der doch die Hebel in der Hand hat. Wenn das Team sich allerdings nicht überzeugen lässt, dann ist auch ein reflektierter Geschäftsführer allein auf weiter Flur.

Natürlich habe ich aber schon x-Personalabteilungen erlebt, die sehr ambitioniert waren. Die sich unglaublich viele Gedanken machten, in ihren Teams zusammensaßen und differenzierte Programme erarbeiteten, um ihre Geschäftsführung gut mitnehmen zu können – aber diese hatten kein Interesse. Genauso können tolle Impulse von Mitarbeitern kommen, die entweder aufgenommen werden oder sang- und klanglos versanden.

KK Also, es kann auf jeder Ebene Impulse und Engagement geben oder auch Stagnation und Ablehnung?

SKW Ja!

KK Wo sehen Sie grundsätzlich Grenzen in der Umwandlung einer Organisation? Auf die Gefahr hin, dass so ein Prozess scheitert; können Sie hierzu Beispiele nennen, bei denen es nicht so gut funktioniert hat?

SKW Anfangs dachte ich als Berater, dass sich die meisten Zusammenhänge klar und übersichtlich beschreiben und begreifen lassen, doch das wahre Leben sieht ganz anders aus. Organisationen sind oftmals behäbig. Wenn ein neuer Kurs eingeschlagen wird, dauert es oft Jahre, bis er Wirkung zeigt. Das hat mit eingefahrenen Mustern und Verhaltensstandards zu tun, und natürlich auch damit, dass Unternehmen vielen Unwägbarkeiten von außen ausgeliefert sind. Viele Firmen müssen unablässig kämpfen, um sich am Weltmarkt behaupten zu können. Oftmals werden härter agierende Vorstände eingesetzt, um die Organisationen zu verschlanken. Die große Gefahr dabei ist der Verlust einer langsam und sorgfältig gewachsenen Unternehmenskultur. Loyale Führungskräfte werden nicht gefragt, nicht ins Boot geholt und verlieren Ihr Vertrauen und Ihre Freude an der Arbeit.

Allerdings Heutzutage ist es eine wahnsinnige Leistung, ein Unternehmen gut zu führen. Das steht ganz außer Frage, da kann man jeden bewundern, der diese Aufgabe meistert.

KK Wenn dieses Pendeln nun bewusster gemacht würde, bewusst Effizienz und Nachhaltigkeit ins Spiel käme, wäre dann die Verwirrung weniger groß?

SKW Sie spielen wahrscheinlich auf das interessante Resilienzmodell von Bernard Lietaer[2] an, darauf, was er Vitalitätsfenster nennt, dass unterschreibe ich sofort.

Seitdem ich das gelesen habe, beobachte ich meine eigenen Veränderungsprozesse genauer. Er sagt ja, das optimale Verhältnis zwischen Nachhaltigkeit und Effizienz liegt bei 2:1, also mehr Stabilität in Umstrukturierungsprozessen.

Das ist der optimale Stabilitätspunkt und Resilienzbereich für Systeme, die längerfristig existieren wollen. Da bin ich komplett bei ihm, weil was Unternehmen so zwanghaft schnell ändern wollen – das funktioniert nie! Es ist immer das Gleiche, wenn Menschen nicht wertgeschätzt, nicht wirklich abgeholt oder zu etwas gezwungen werden, dann haben sie so viele Mittel sich dagegen zu stemmen, dass einfach zu viele Kollateralschäden entstehen. Die Mitarbeiter gehen auf Widerstand.

Ich sehe in den Unternehmen keine Opfer, es sind alles auch Täter. Der Mitarbeiter schaut gerne nach oben und sagt, wir werden fremdgesteuert, aber die Geschäftsführer und Vorstände sind genauso fremdgesteuert und müssen auch ihre Rolle erfüllen.

KK Ich möchte hier in dem Gespräch den Fokus besonders auf die organisationale Resilienz legen, also die Unternehmensführung. Provokativ gesagt hilft ein meditierender Manager einer Firma ja nicht unbedingt weiter, könnte ja auch ein Problem sein – wie auch immer. Gibt es irgendwo auch Tendenzen, dass auf Führungsebene ein hohes Bewusstsein da ist, aber das Schiff dann in Schieflage gerät oder passiert so etwas gar nicht?

SKW Ein reflektierter Manager kann nur ein Gewinn sein. An dieser Stelle möchte ich gerne eine Geschichte von meinem Vater[3] erzählen. Er war Insolvenzverwalter und hat immer gesagt, dass wir in Deutschland keine Scheiterkultur haben.

---

[2] Bernard A. Lietaer ist ein belgischer Finanzexperte, der für seine Propagierung von Komplementärwährungen bekannt ist.

[3] Dr. Jobst Wellensiek, Rechtsanwalt für Insolvenzrecht und Seniorpartner bei WELLENSIEK (http://wellensiek.com/experten/).

Bei ihm saßen unendliche viele Unternehmer, bei denen es fünf vor zwölf war, und denen er sagte, dass wenn sie jetzt genau so weitermachen würden, sie immer weiter an den Abgrund rutschen. Die andere Option wäre gewesen, jetzt öffentlich einen Schnitt zu machen und Schadensbegrenzung zu betreiben. Was ist passiert? Die meisten haben ihr Privatvermögen genommen und nochmal investiert, um der Scham zu entgehen.

Ich glaube, wenn ein Mensch reflektiert und offen darüber spricht, wo er an Grenzen stößt und zusätzlich einen Blick dafür hat, wo sich dem Unternehmen Grenzen auftun, dann bieten sich Chancen, wirklich konstruktiv zu untersuchen, welche Möglichkeiten es gibt.

Das, was unter den Tisch gekehrt wird, kann nicht bewusst gesteuert werden. Nur mit den Dingen, die auf den Tisch gelegt werden, können Menschen arbeiten. Ich halte es deshalb für einen Riesengewinn, wenn ein Mensch reflektiert. Jeder hat dafür jedoch seine eigene Technik. Das trennt die Spreu vom Weizen: Wenn ein Mensch den Mut hat hinzuschauen und ungewöhnliche Dinge zu benennen, auch wenn sie gesellschaftlich noch immer stigmatisiert sind.

Ich hatte ein interessantes Erlebnis. Ich war auf einer Podiumsdiskussion eingeladen, auf der ein Unternehmer ganz offen und freimütig von seinem Burn-out berichtete. Er berichtete in aller Ruhe, wie er in eine zunehmende Erschöpfung reingeschlittert ist. Er hatte zunächst einen blinden Fleck und konnte überhaupt nicht mehr unterscheiden, wo privat und wo beruflich war. Sein ganzer Küchentisch war voll von Aktenordnern, an denen er gearbeitet hat. Seine Familie hat er dabei gar nicht mehr wahrgenommen. Nachdem ihm seine Frau in aller Deutlichkeit gespiegelt hatte, dass es so nicht weitergeht, ist er für 30 Tage in eine Fastenklinik gegangen und hat einfach mal den Stecker gezogen.

Im Publikum saßen ungefähr 350 Leute, die gebannt in die Augen dieses Unternehmers schauten. Ich hatte die Möglichkeit, den zuhörenden Menschen ins Gesicht zu schauen, da ich mit auf dem Podium saß, und war sehr berührt von der hohen Konzentration im Raum.

Nach dieser Erzählung fragten mich die Zuhörer, ob dies ein klassisches Beispiel für Burn-out war. Ich sagte ihnen, dass es keine klassischen Beispiele gäbe. Jeder Mensch ist ein Individuum. Aber wenn ich mir diese vielen Augenpaare anschaue und die Stille wahrnehme, die während seiner Geschichte den Raum füllte, dann wissen wir alle zusammen in diesem Moment, dass das ein hochspannender Lebensbericht ist, mit dem wir alle, auch ich, etwas zu tun haben. Jeder auf seine Art und Weise.

Viele Unternehmen, gerade im Mittelstand, leisten tagtäglich Übermenschliches und man muss bewundern, wo Deutschland heute steht. Was die Mittelständler nur über ihren Fleiß, ihre Akribie und über ihr Qualitätsmanagement geschafft haben! Eine tolle Vermarktung bringt nichts, wenn nicht hervorragende, zum Teil weltweit erfolgreiche Produkte dahinter stehen.

Machen Sie sich mal klar, was dahinter steht, wenn sich jemand Schritt für Schritt solide aufbaut, wenn er immer Fleißarbeit leistet, die Liebe zum Detail und die Freundlichkeit mit den Menschen dabei nicht vergisst. Das sind Tugenden, wie die eines ehrbaren Kaufmanns.

Und diese ehrbaren Kaufmänner sitzen da und kommen in den Strudel der Globalisierung. Denen geht auf ihre ehrbare Art die Puste aus, weil sie sich in dieser disziplinierten Art auf diesen globalisierten Märkten behaupten müssen. Das ist ein Irrsinn. Sie müssen also lernen, auf eine achtsame Art, Prioritäten zu setzen, z. B. die 80:20-Regel[4] zu beachten. Das geht den meisten deutschen Unternehmern gegen den Strich, das wollen sie nicht, das will ich eigentlich auch nicht. Aber eine 100%ige Perfektion ist heute nicht mehr möglich.

KK Es ist eben eine typisch deutsche Charakterstruktur, alles möglichst genau zu machen.

SKW … was ich faszinierend finde! Nur kollidiert das Tempo und die Komplexität der globalisierten Wirtschaft mit der Gesellschaftsstruktur der letzten 100 Jahre in Deutschland. Wir haben uns lange Zeit darauf konditioniert, durchzuhalten, Zähne zusammenzubeißen und möglichst perfekt zu agieren, koste es, was es wolle. Es gibt tief intrinsisch verankerte Glaubenssätze: Ich funktioniere, ich halte aus, mache einfach mit, verleugne meine Bedürfnisse, schneide diese weg, obwohl meine Intuition mir sagt, dass da etwas nicht stimmt. Wir wissen ja, wie es in Deutschland gesteuert wurde. Wir sind inzwischen schon sehr bewusst an dieser Stelle.

KK Es ist Tatsache, dass viele Firmen mit dieser Internationalität, mit der Weltwirtschaft, noch nicht gut zurechtkommen. Mittelständler, wir haben ja diese „hidden champions", die Weltmarktführer sind. Das funktioniert noch. Aber sie sind stark unter Anspannung.

SKW Ja, ein klassischer Fall ist, wenn ich in ein schwäbisches Unternehmen reingehe und die Personalabteilung mir unter Tränen beschreibt, wie ihre Spitzenleute komplett unter Druck stehen. Wenn ich ihnen dann ein Angebot mache, wie wir die Thematik mit einem Vortrag zunächst ins Bewusstsein rufen und besprechbar machen könnten, bestehen sofort große Ängste, dass das ungeschriebene Gesetz der kompletten Leistungsbereitschaft infrage gestellt wird. Mich interessiert die Balance zwischen Leistung und Gesundheit. Ich bin fest davon überzeugt, dass man aus einer achtsamen Selbstführung heraus hoch ambitionierte Ziele erreichen kann, ohne dabei auszubrennen.

KK Ist in solchen Firmen die Personaldecke zu dünn?

SWK Ich war letztens in einer Klinik, da stehen 30 Betten leer, da sie zu wenige Pflegekräfte haben. In manchen Branchen ist der Fachkräftemangel deutlich spürbar. Kritisch wird es, wenn dort dann noch viele Mitarbeiter erkranken und die bisher Gesunden immer mehr Arbeit zu verrichten haben.

---

[4] Gemeint ist die Pareto-Regel, häufig lässt sich bei richtiger Prioritätensetzung mit 20 % Einsatz bereits 80 % der Arbeit sinnvoll bewältigen.

Der Mensch und seine Leistungsfähigkeit ist eine kostbare Ressource. Deshalb sollte physische und psychische Gesundheit als strategisches Thema begriffen werden und nicht im betrieblichen Gesundheitsmanagement als Nebenschauplatz abgehandelt werden.

KK Da komme ich jetzt zu der Frage: Es gibt ja Unternehmen, die haben traditionell eine überdurchschnittlich unternehmerische Verantwortung gezeigt. Oder es gibt Unternehmen, die liegen von der Branche her eher am Thema Resilienz, z. B. die Gesundheitsbranche. Haben Sie den Eindruck, dass jetzt auch andere – atypische – Unternehmen in Richtung Resilienz gehen? Da auch mehr die Anforderung suchen, das Thema aufgreifen können? Oder ist es typisch, dass eher Unternehmen, die da näher dran sind, nach dem Thema Resilienz fragen?

SKW Das Interesse ist in den letzten Jahren aus den Sozialbereichen auf Wirtschaft und Verwaltung übergesprungen. Auffallend ist, dass wir an Firmen andocken, die auf alle Fälle einen hohen Kulturstandard haben. Firmen, die für ihre Führung und die Mitarbeiter viel machen und viel reflektieren.

Ich glaube, dass sich ein Unternehmen mit folgender Fragestellung zukunftsfähig aufstellen kann: Wie kann ich Sachebene und menschliche Ebene gleichberechtigt berücksichtigen und miteinander verflechten, auf eine menschlich durchdachte und konsequente Art und Weise.

Ich erlebe, dass viele Mittelständler genau das intuitiv richtig machen, weil sie aus einer klaren Wertehaltung und Ethik kommen und oftmals in ihren Entscheidungen Verstand mit Herz und Hand verbinden.

KK Also der Schlüssel ist: Sachebene und menschliche Ebene – wenn es um Resilienz geht – miteinander zu verbinden?

SKW Ja, anders geht es gar nicht mehr.

KK Sie bilden mittlerweile auch Resilienzmanager für Unternehmen aus – RIO –, die dann im Unternehmen praktisch eine Funktion übernehmen sollen. Also da würde mich jetzt interessieren, was ist das genaue Profil dieser Manager. Vielleicht können Sie noch einiges dazu ausführen?

SKW RIO heißt Resilienztrainer in Organisationen. Natürlich schwebt uns vor, dass diese Trainer eine Stabsstelle bekommen, die direkt am Vorstand aufgehängt ist und tatsächlich auch die strategische Entwicklung mit beraten.

Ich freue mich, wie dieses Ausbildungskonzept aufgenommen und umgesetzt wird. Unternehmen suchen Personen aus, die gute Vorkenntnisse und hohe Akzeptanz besitzen. Das können Führungskräfte sein oder Personen aus der Personalabteilung oder dem betrieblichen Gesundheitsmanagement. Diese werden von uns dann über fünf Module ausgebildet, damit sie interne Resilienzprojekte initiieren und begleiten.

Aktuell machen wir v. a. im Sozialbereich, d. h. in Pflegeheimen, Krankenhäusern, Reha-Einrichtungen etc. Projekte. Aufgrund der extremen personellen Engpässe hat der Sozialbereich das Thema organisationale Resilienz früh aufgegriffen. In zwei bis drei Jahren wird die Wirtschaft nachziehen. Bis dahin können wir vielseitige Erfahrungen sammeln, das ist wichtig.

Das Resilienzsiegel, das wir gerade entwickeln, greift das Wort Resilienzmanagement auf. Resilienz wird im Moment eher noch als Trainingsmaßnahme für Mitarbeiter und mittleres Management gesehen. Ich betrachte das Thema auch aus strategischer Perspektive, die das ganze Unternehmen, in all seinen Prozessen betrifft.

Jetzt sind wir beim Thema Unternehmensberatung. Berater agieren hauptsächlich über die Zahlenebene. Mich interessiert die Verknüpfung von Sach- und menschlicher Ebene. Organisationale Resilienz sucht die Balance zwischen gesunden Zahlen und gesunden Menschen!

Sie hat zum Ziel, den Mitarbeiter und die Führenden im Unternehmen auf allen Ebenen zu entlasten. Sowohl Geschäftsleitung als auch Führungskräfte und Mitarbeiter werden in ihren Aufgaben, Zielen und Herausforderungen gestärkt, sodass sie sowohl motiviert und leistungsfähig als auch widerstandsfähig und vital in der heutigen Arbeitswelt agieren können. Das neu entwickelte Resilienzsiegel nimmt nicht nur die bestehenden Systeme und Maßnahmen eines Unternehmens in Augenschein, sondern auch die Unternehmensleitung, Führungskräfte, Mitarbeiter und sogar die Kunden werden gleichermaßen in den Mittelpunkt der Entwicklungen gestellt.

KK Unternehmer wollen ja i. d. R. handfeste Ergebnisse. Das HBT-Konzept, das Training usw. ist ja inzwischen sehr beliebt. Bei der Außenwahrnehmung geht man davon aus, da muss ja etwas dran sein, das ist ja erfolgreich. Wie wird es aber objektiv greifbar, messbar?

SKW Alle unsere Trainings werden genau evaluiert und in den meisten Unternehmen in ihrer Wirkung längerfristig nachverfolgt. Wir sind in vielen Fällen von den Entwicklungen ganz begeistert, wobei jeder Prozess seine Höhen und Tiefen und sein Vor und Zurück in sich trägt.

Ein Schlüsselerlebnis war für mich kürzlich die Angebotserstellung für einen großen Automobilzulieferer. Ich bin noch nie von einer Firma soweit durchleuchtet worden. Die haben ganz Deutschland gescannt, sechs verschiedene Anbieter eingeladen, mich intensiv interviewt und mir dann gesagt, dass es mit Abstand nichts so akribisch Aufbereitetes wie das HBT-Konzept gibt. Persönliche Resilienz verbunden mit dem Thema Führungsebene und Organisation. Von daher weiß ich: Die Methode und deren Aufbau ist fundiert angelegt und in ihrer Art einzigartig.

Das Resilienzsiegel wird keine übliche Zertifizierung, die über Fragebögen verläuft, sondern ist sehr interaktiv aufgebaut. Entwicklung initiiert sich über Bewusstseinsprozesse, bei denen alle Beteiligte am Tisch sitzen und sich ihrer Realität stellen; also sich das eigene Verhalten und die Kommunikation mit den anderen im Team anschauen. Nur dadurch kommen sie zu dem Punkt, dass sie sich gemeinsam für neue Wege entscheiden.

Messbarkeit entsteht für mich letztendlich, wenn ich Menschen vor mir sitzen habe und wirklich real erlebe, dass sie in einen Wandlungsprozess eintreten. Der restliche Prozess fällt dann meistens in die richtige Richtung. Wie beim Dominoprinzip.

Noch ein Aspekt zum Thema Messbarkeit: Als ich kürzlich zum europaweit größten Controller-Kongress eingeladen war, saßen 550 betriebswirtschaftlich geprägte Personen vor mir. Ich habe sie gefragt, wieviel Geld, Zeit und Nerven bei ihnen im Unternehmen verloren gehen: a) wegen der schlechten Kommunikation, b) wegen den Narzissmen, c) wegen den internen Machtkämpfen, d) wegen den schlecht geführten Meetings, d) wegen den zu hoch gesteckten Zielen, durch die Mitarbeiter verbrannt werden.

Diese Betrachtung stieß auf große Resonanz (und Erheiterung). Die meisten waren davon überzeugt, dass es heute nicht mehr um fachliche Themen geht, bzw. Optimierung der Prozesse, Qualitätsmanagementmaßnahmen etc. In der Führungs- und Unternehmenskultur liegen derweilen die harten Zahlen verborgen.

KK Messung heißt ja, Mitarbeiterzufriedenheit, Messung heißt doch weniger Krankenstand, weniger Absentismus, in Befragungen zu mehr Freude an der Arbeit usw. ist ja auch Messung. Das ist eine weiche Art der Messung, aber auch eine Messung.

SKW Ich würde mich nie auf das Versprechen einlassen, den Krankenstand zu senken, weil das an so vielen Faktoren und Unwägbarkeiten hängt.

Schauen wir uns die Entwicklung der Neue Initiative Qualität der Arbeit (INQA) an, die vor zehn Jahren einen großen Fokus auf Messbarkeit gelegt hat. Viele Instrumentarien wurden entwickelt und ausprobiert. Heute geht es mehr um eine insgesamte Wahrnehmung des Unternehmens.

Messergebnisse können täuschen, es sieht formal gut aus und dann steckt z. B. Angst statt gesunde Unternehmenskultur hinter einer niedrigen Krankheitsquote. Wie immer ist es der gute Mittelweg. Einen Teil messen, benennen und vor allen Dingen beobachten, was tatsächlich passiert.

KK Ich fasse dann mal so zusammen: Wenn Sie also mit Zahlen intelligent umgehen, dann können Sie auch bei einer unternehmerischen Vertrauenskultur solche Werte gut diskutieren und bewerten, den Hintergrund auch erkennen. Zahlen sind aber nicht alles.

SWK Ich begleite eine mittelständische Firma seit zehn Jahren, ein Beratungsunternehmen, das für die großen Automobil-Player arbeitet und unglaublich klassisch begann. Ich habe zunächst einen Geschäftsführer gecoacht, dann den zweiten, dann habe ich die zweite Führungsebene gecoacht. Das hat Wirkung über das ganze Unternehmen gehabt. Die sind so etwas von megaerfolgreich. Sie wachsen und wachsen und werden jetzt von ihrem Wachstum eingeholt. Bisher haben sie sich unter ihrem Wachstum stabilisiert und alles hat super funktioniert. Ein Paradebeispiel wie man daran gehen kann, wenn die Geschäftsführung voll mitzieht.

Doch plötzlich bin ich mir nicht sicher, wie es weitergehen wird bei dieser Firma. Es haben sich so viele Dinge geändert, sodass sie in einen Strudel von Unwägbarkeiten geraten sind. Die Lebenswege der beiden Geschäftsführer entwickeln sich gerade auseinander. Der eine ist plötzlich stärker und der andere ist ein bisschen schwächer. Die Frage ist, ob diese Firma jetzt ins Straucheln kommt.

Diese Situation ist sehr unangenehm und anstrengend für sie, aber gleichzeitig bringt sie ihnen eine unglaublich wichtige Erfahrung. Neben dem ständigen Erfolg auch die Möglichkeit des Scheiterns. Sie haben über lange Jahre eine Superperformance für sich gezeigt und das ganz sauber durchhalten können. Jetzt haben sie das Gefühl, sie werden gehäutet. Da könnte ich noch x-Seminare schalten, das greift gar nicht, weil die Existenz scheinbar gerade einen anderen Plan hat.

Solche Situationen kenne ich aus eigener Lebenserfahrung sehr gut. Da wende ich nach bestem Wissen und Gewissen alle Instrumente an und trotzdem nimmt das Leben eine unerwartete Wende und ich merke wie mich die Existenz gerade mal wieder so richtig scheitern lassen will. Und trotzdem wird es interessant, wie ich resilient scheitere.

KK Ist es denn so, dass eine Firma unter allen Umständen weiter existieren muss oder ist es nicht auch ein normaler Gang der Dinge, dass vielleicht – so wie in der Natur auch – Dinge auch enden können und es darum geht, dann damit vernünftig umzugehen.

SKW Im Resilienzgedanken steckt eine sehr starke Haltung, dem Leben mit all seinen Höhen und Tiefen offen und kreativ zu begegnen. Die Kernkompetenz eines resilienten Menschen ist: Aus wenig viel zu machen, d. h. sich bei Verknappung und Verlust nicht zu verlieren, sondern an sich zu glauben und sich neu zu erfinden. Am konsequentesten und berührendsten hat es Viktor Frankl formuliert. Nach seiner grauenhaften Zeit im KZ hat er das Buch verfasst: „…trotzdem Ja zum Leben sagen" (Frankl 2009).

Was für ein Mut, eine Hingabe, eine Versöhnungskraft, ein Vertrauen in die Schöpfung!

Resilienz heißt zupacken und gestalten und gleichzeitig auch loslassen und Veränderungen und Wandlungen zuzulassen. Nach dem Verlust, dem Scheitern, dem gefühlten Zusammenbruch können wir wieder aufstehen und bemerken, wieviel Kraft, Geduld und Lebensreife zwischenzeitlich in uns erwachsen ist. Dieses innere Fundament lässt sich nicht mehr nehmen – es gehört uns, weil wir es uns selbst, im Austausch mit der großen Existenz und ihrer Schicksalshaftigkeit errungen haben.

KK Du kommst zurück, aber du kommst anders zurück …

SKW Es ist phänomenal, wie viele Unternehmen letztlich überleben. Aber was ständig passiert ist, dass innerhalb der Firmen Bereiche sterben. Also ganze Betriebe, die innerhalb einer Firma geschlossen werden.

KK … der Strukturwandel findet innerhalb einer Firma statt. Ein ganzer Bereich stirbt, ein anderer steigt auf.

SKW Genau. Was heißt denn Reorganisation? Dass letztendlich ständig umgeschichtet wird. Ich halte das für einen natürlichen Prozess, auch wenn Menschen dabei entlassen werden und weiterwandern müssen. Es geht immer um die Art und Weise, wie es gemacht wird. Der Ton macht die Musik. Viele Personalabteilungen haben unglaublich viele Mittel in der Hand, damit der Anschluss an neue, oftmals bessere, passendere Arbeitsplätze gelingen kann. Auch in diesen Fällen sehe ich Resilienz als eine Haltung, wirklich mitzugehen und sich nicht um jeden Preis zu sperren. Der Wandlungsprozess des Lebens hat jeder Einzelne in seinem Verantwortungsbereich wahrzunehmen. Wenn du mitgehst, dann kannst du steuern und mitgestalten, sonst wirst du von den Ereignissen eher getrieben oder mitgeschleppt.

KK Ich denke gerade an eine Firma in der Medienbranche, in der ein Freund sehr engagiert als Berater tätig ist. Der stellt sich auch manchmal die Frage, ob die den Wandel schaffen oder ob es darum geht, das Unternehmen in gewisser Weise zum Abschluss zu bringen. Soweit gehen da die Überlegungen der Berater. Aber das traut sich dann keiner öffentlich zu sagen. Weiterhin getrieben und getrieben. Diese Gretchenfrage: Müssen wir ein ganz anderes Business machen. Müssen wir mit dem Bisherigen aufhören. Es wird immer wieder neues Geld reingepumpt – sooft aber, dass sich keiner mehr traut, sich die Gretchenfrage zu stellen. Da gehört wahrscheinlich sehr viel Mut dazu!

SKW Ich kann nur den Hut davor ziehen, wenn solche Veränderungsprozesse gut gemanagt werden. Ich arbeite mit einem großen deutschen Energiekonzern, der sich stark auf neue Bereiche fokussiert. Es gibt einfach Branchen, die werden radikal durchgeschüttelt und dabei in Frage gestellt. Trotzdem gibt es in diesen Bereichen mutige Vordenker und Unternehmenslenker, die Mut haben und die vor allen Dingen richtige und gute Entscheidungen treffen.

KK Dieser Energiekonzern ist ein Beispiel, wo ja strukturell wahnsinnig umgesteuert wurde und die Menschen so mutig waren, zu sagen, hier müssen wir komplett den Konzern umbauen.

SKW Der Betriebsrat hat drauf eingewirkt, dass das Thema Resilienz aufgegriffen wurde. Es erfolgten zum Teil Umstrukturierungen und auch Entlassungen. Es ging darum, diesen schmerzhaften Prozess mit zu begleiten und den Menschen Kraft und neuen Ausblick zu eröffnen.

Ich habe inzwischen in so vielen Branchen gearbeitet; im Krankenhausbereich, im Pflegebereich, in der Metall- und Elektrobranche, bei Automobilzuliefern, für Lebensmittelketten. Immer mehr Menschen verstehen den Schmerz, der dadurch entsteht, dass die Probleme eines Unternehmens nicht offen angegangen werden. Die spüren die Kollateralschäden, wenn das Unternehmen unter knallharten Bedingungen ohne Berücksichtigung der menschlichen Komponenten geführt wird. An der extrem gut strukturierten HBT-Methode können die Unternehmen andocken.

Das Wesentlichste passiert aber immer in intuitiven Momenten. Wir machen erst etwas Strukturiertes, das wir dann zur Seite legen und letztendlich mit Herz und Seele bearbeiten. Erst wenn die Öffnung und der Kummer zugelassen werden, kann etwas Neues entstehen. Dadurch kommen viele neue Ideen, anders weiter zu machen. Solche Prozesse zu begleiten, so anstrengend sie sich oft gestalten, ist für mich zutiefst sinnvoll, berührend und energiespendend.

KK Letzte mehr grundsätzliche Frage: Wie wird es Ihrer Meinung nach in den nächsten Jahren weitergehen? In Deutschland, in Europa, in der ganzen Wirtschaft? Es leuchtet schon durch, dass das Thema Resilienz wichtiger und wichtiger wird. Was ist Ihre Einschätzung? Es gibt da kritische Faktoren, die uns sehr zum Nachdenken zwingen.

SKW Resilienz ist für mich ein starker Begriff, weil ich finde, dass es das Persönliche mit dem Organisationalen schön verbindet. Wir können aber auch direkt über Bewusstsein sprechen. Wer sein Leben genau reflektiert und hinterfragt, bemerkt, dass unser Dasein mit ständigen Höhen und Tiefen versehen ist. Diese Bewegungen rufen uns auf, an uns zu arbeiten und als Menschen in unserer Liebe und inneren Größe zu wachsen. Dabei sind wir in einer Dualität eingebettet, in der sich das Schöne, das sich Entwickelnde, auch immer wieder mit Einschränkungen und Stagnation paart.

Ich glaube nicht, dass wir uns als Menschheit in einem absoluten Sinn fortentwickeln – denn wo viel Licht ist, da wird auch der Schatten mitwachsen. Diese Welt erscheint mir wie eine Art Schule, in der bestimmte Schulklassen nicht ausradiert werden.

Gerade in unserer Gesellschaft entsteht immer mehr Bewusstsein und Achtsamkeit für sich selbst und privates als auch gesellschaftliches Zusammenleben. Gleichzeitig ereignet sich auf dieser Erde so viel Schrecklichkeit, Gräuel und Grausamkeit. Wenn Sie das weltpolitisch anschauen, leben Volksgruppen wie im tiefsten Mittelalter und gleichzeitig entfalten sich hohe Bewusstseinsstufen im gesellschaftlichen und politischen Leben.

Ich bin als junger Mensch gestartet und dachte immer, man könne die Welt verbessern. Ich bin fest davon überzeugt, dass jeder Mensch die Gabe in sich trägt, sein Leben bewusst und sinnvoll zu gestalten. Wir Menschen können wählen, können Entscheidungen treffen, können in jeder Minute aufbrechen in mehr Wahrhaftigkeit, Ehrlichkeit, Authentizität, Liebe. Dadurch verschönert sich die Welt jeden Moment neu. Aber die Grundstruktur der Dualität bleibt immer erhalten.

Die Gleichzeitigkeit von Licht und Schatten hat für mich etwas unbeschreiblich Verstörendes und Großartiges zugleich. Wenn ich in Unternehmen gehe, stütze ich positive Entwicklung, gleichzeitig hebe ich auf einer anderen Seite auch eine Gegenkraft an. Das bildet sich oft in vielen banalen und auch gewichtigeren Ereignissen ab. Lichte Entwicklung provoziert Gegenwind. Es ist schwer zu akzeptieren, aber es ist so.

Viktor Frankl oder Nelson Mandela haben es uns vorgelebt, wie sie ganz persönlich ihr Schicksal gemeistert haben und das Dunkle in Licht verwandelten. Sie sind Menschen der Liebe und Güte geworden, ausgestattet mit absoluter Klarheit und Verbindlichkeit. Das ist nochmal eine komplett andere Dimension. Da sprechen wir über Transformation. Das ist weder Weiterentwicklung, noch Unternehmensentwicklung oder politische Entwicklung, es ist eine Transformation. Und im Herzen geht es mir um die Transformation.

KK Liebe Frau Wellensiek, vielen herzlichen Dank für das ausführliche und sehr tiefgehende Gespräch.

Literatur

Frankl V (2009) …trotzdem Ja zum Leben sagen: ein Psychologe erlebt das Konzentrationslager. Random House, München

Wellensiek SK (2010) Handbuch Integrales Coaching. Praxis und Theorie für fundierte Einzelbegleitung: Hintergrundwissen, Tools und Übungen. Beltz, Weinheim

Wellensiek SK (2011) Handbuch Resilienz-Training. Widerstandskraft und Flexibilität für Unternehmen und Mitarbeiter. Beltz, Weinheim

Wellensiek SK (2012a) Fels in der Brandung statt Hamster im Rad. In zehn Schritten zu persönlicher Resilienz. Beltz, Weinheim

Wellensiek SK (2012b) Resilienz-Training für Führende. So stärken Sie Ihre Widerstandskraft und die Ihrer Mitarbeiter. Beltz, Weinheim

Wellensiek SK, Galuska J (2014) Resilienz. Kompetenz der Zukunft. Balance halten zwischen Leistung und Gesundheit. Beltz, Weinheim

Sylvia K. Wellensiek ist eine international erfolgreiche Trainerin, Coach, Autorin, Expertin für Unternehmensresilienz, Führungskräfte- und Teamentwicklung, Veränderung und Komplexität, Referentin zahlreicher renommierter Bildungseinrichtungen. Gemeinsam mit ihrem Mann leitet sie ein Trainings-, Beratungs- und Ausbildungsinstitut und begleitet Hochleister aus Wirtschaft und Spitzensport in ihrer individuellen Potenzialentwicklung. Die ausgebildete Diplom-Ingenieurin, Physio- und Psychotherapeutin ist zudem Autorin diverser Veröffentlichungen, u. a. „Integrales Coaching" (Beltz Verlag, 2010), „Resilienz-Training" (Beltz Verlag 2011), „Fels in der Brandung statt Hamster im Rad" (Beltz 2012), „Resilienz-Training für Führende" (Beltz 2012) „Resilienz – Kompetenz der Zukunft" (Beltz 2014).

Gesunde Führung und Mitarbeiterorientierung in der Dienstleistungsbranche – Das Beispiel der CLEAN SERVICEPOWER GmbH

Interview mit Thomas-Michael Baggeler am 29.05.2015 in Bonn

Thomas-Michael Baggeler

KK[1] Lieber Herr Baggeler, herzlichen Dank, dass Sie sich zum Interview bereit erklärt haben. Damit wir uns eine erste Vorstellung von Ihrem Unternehmen machen können, geben Sie uns einige Eckdaten Ihres Unternehmens, Größe, Standort – ich weiß, dass sie mehrere Standorte haben – und auch Schwerpunkte.

TMB Die Größe vom Unternehmen: wir haben 1200 Mitarbeiter; unsere Hauptstandort ist Bonn – das ist unsere Zentrale – dazu kommen Bielefeld, Münster, München, Berlin, Frankfurt, Darmstadt und Stuttgart. Also im westdeutschen Bereich. Unser Hauptschwerpunkt ist die Dienstleistung in der Gebäudereinigung. Dazu kommen die Dienste wie den Service bei Veranstaltungen, bei denen speziell ausgebildete Mitarbeiter zum Einsatz kommen. Darüber hinaus die Glas- und Fassadenreinigung, Winterdienste, Grünanlagenpflege sowie alles, was traditionell zur Gebäudereinigung dazugehört. Was wir darüber hinaus als einziger Gebäudereiniger einsetzen, ist die vitale Reinigung, d. h. wir haben ein Reinigungsverfahren entwickelt, das mit speziellen Reinigungsmitteln arbeitet, die vital energetisch aufgeladen sind und aktive Mikroorganismen haben. Das Ziel ist, damit eine gute Energie und Atmosphäre in die Räume zu bringen und die Umwelt aktiv durch die Mikroorganismen zu unterstützen.

---

[1] KK = Karl Kaz, TMB = Thomas-Michael Baggeler.

Das Interview führte Karl Kaz, einer der Herausgeber dieses Bandes.

T-M. Baggeler (✉)
CLEAN SERVICEPOWER GmbH, Bonn, Deutschland
E-Mail: t.baggeler@clean.de

© Springer-Verlag Berlin Heidelberg 2016
M. Hänsel, K. Kaz (Hrsg.), *CSR und gesunde Führung,* Management-Reihe Corporate Social Responsibility, DOI 10.1007/978-3-662-48692-4_13

KK Sie haben in den 1990er-Jahren bereits bewusst nach außen hin einen starken Fokus auf Umweltstandards gelegt und das sieht man auch an den entsprechenden Zertifizierungsmaßnahmen. Vielleicht können Sie dazu noch etwas sagen?

TMB Seit 1995 sind wir zertifiziert. Wir haben mit dem Nachhaltigkeitsgedanken schon Jahre zuvor begonnen. Zu Beginn wollte ich, dass meine Mitarbeiter Freude an der Arbeit haben, in die Eigenverantwortung kommen. Die Umwelt ist mir immer wichtig. Wir haben schon immer viel für die Umwelt getan und nachhaltige Reinigungsmittel eingesetzt; dazu wurden in meinem Büro schon Mitte der 1990er-Jahre gesundheitsfördernde Maßnahmen umgesetzt wie Elektrosmogreduzierung. Es wurden vitale Arbeitsplätze geschaffen, um Mitarbeiter gesunde Arbeitsbedingungen zu geben. Dazu kam später die CO_2-Reduzierung durch den Einsatz damals von Gasautos. Generell schauen wir immer bei allem Tun und durch einen nachhaltigen Einkauf, was für die Umwelt, für die Menschen und Mitarbeiter gut ist und zum Wohl der Erde. Die Zertifizierung später war ein natürlicher Vorgang, der dann organisch und wie von selbst kam. Ich habe dann entschieden, dass wir uns zertifizieren lassen, weil alles seit Jahren bei uns im Unternehmen schon realisiert war. Dazu wurden seit den 1990er-Jahren Büroarbeitsplätze geschaffen, die Mitarbeiter unterstützen: Wie aktive Raumvitalisierungsmaßnahmen, um Mitarbeiter optimal zu unterstützen; dies ist ein Grund, warum unser Krankenstand so gering ist. Sie sehen als kleines Beispiel die Teppiche, die sind gelb. Das habe ich bewusst nach der Erdfarbe gewählt und keine schwarzen oder blauen Teppiche, somit ist die Erdung bei den Mitarbeiter eher gegeben. Die Mutter Erde hat viele Braun- und Gelbtöne, wie z. B. am Strand oder auf Feldwegen. Alle unsere Schreibtische sind aus Holz und nach dem goldenen Schnitt konzipiert. Naturmaterialien und harmonische kosmische errechnete Maße an Möbeln schwingen angenehmer für den Mitarbeiter. Es geht immer wieder um die Verbindung zu unserer Natur, je mehr Verbindung wir zu unserem wahren Selbst und zu unserem Ursprung haben, desto mehr achten wir auf die Erhaltung der Erde und gehen wertschätzender miteinander um.

KK Das betrifft jetzt Ihre Mitarbeiter. Aber in den Unternehmen, für die sie tätig sind, haben sie einen Einfluss darauf im Sinn der Beratung?

TMB Hier kann ich den Einfluss darauf nehmen im Sinn von Beratung und vor allem dem eigenen Vorleben. Bei den Mitarbeitern vor Ort nehmen meine Führungsmitarbeiter aktiv Einfluss, in dem Sinne, dass die Mitarbeiter von Clean Service Power wertschätzend, mit Achtung und Respekt geführt werden. Ich achte darauf, dass das Wir-Gefühl, dass wir eine große Familie sind, gelebt wird und immer ein Bestandteil des Unternehmens bleibt. Die Gerätschaften, die die Mitarbeiter bekommen, haben besten Standard und sind nachhaltig eingekauft. Ich lege Wert auf hochwertige Ausstattung, für die Dienstkleidung und bei den Fahrzeugen für meine Mitarbeiter. Ich bin der Auffassung, unsere Mitarbeiter müssen wie eine Top-Servicekraft aussehen. Das Image und die Wertschätzung für meine Mitarbeiter wird sichtbar. Der Kunde bekommt so die Wertschätzung, die dem Mitarbeiter zusteht auch im außen mit. Dieses gute Aussehen im Äußeren fördert dann auch eine andere Wertschätzung sich selbst gegenüber. Wie man kommt gegangen, so wird man empfangen. Das ist ein alter Spruch, den ich wichtig finde, als Wertschätzung meiner Arbeit gegenüber.

KK Das führt uns jetzt zur nächsten Frage: 2005 sind sie im Unternehmen noch einen Schritt weitergegangen. Man könnte jetzt von einen umfassenden Nachhaltigkeitskonzept sprechen. Dimension: ökologisch/sozialökonomisch. Können Sie dazu nochmal etwas sagen?

TMB Ökologisch. Sozialökonomisch. Das ist selbstverständlich für mich als Unternehmer. Ich habe mit meinem Unternehmen, der CLEAN SERVICEPOWER GmbH, 2006 den internationalen Spirit at Work Award gewonnen. Es ist wichtig, Werte aus der sozialökonomischen Sicht heraus zu erschaffen. Diese Werte existierten lange vor 2005. Meine Idee war ein Gebäudereinigungsunternehmen zu gründen im Sinn von: Ich mache es besser für Mitarbeiter und für die Welt. Für viele Unternehmer ist der Mitarbeiter eine ausführende Kraft mit einer Kostenstelle und dem Ziel, möglichst viel Profit zu erbringen. Meine Intention war immer zu sagen, ich und meine Mitarbeiter sollen Spaß und Freude bei der Arbeit haben, und ich habe das verbunden sowohl in der sozialen und ökologischen Form als auch mit den ökonomischen Notwendigkeiten. Wichtig für mich ist, ein Unternehmen zu führen, das dabei Gewinne erwirtschaftet. Die Balance muss stimmen. Ich weiß, dass beides gut geht, selbst in der Gebäudereinigung, miteinander erfolgreich für den Kunden und für die Mitarbeiter meines Unternehmens zu verbinden. Ich setze Spiritualität und einen wertschätzenden Teamgeist verbunden mit einem optimalen Einsatz für den Kunden in meinem Unternehmen CLEAN SERVICEPOWER GmbH täglich um. Viele Ideen und Tools, die ich mit meinen Mitarbeitern in den letzten 15 Jahren umgesetzt habe, sind erfolgreich für alle Beteiligten. Manche Ideen waren weniger erfolgreich. Das gehört dazu, nur durch das Tun, weiß ich, ob es richtig ist. Durch das Umsetzen von neuen Inspirationen im Unternehmen habe ich erfahren, was sinnhaft ist und was nicht. Das Lernen bei uns ist wie bei einem Kind. Es fällt, bevor es lernt zu gehen, auch immer mal hin und lernt dabei die richtigen Schritte zu tun, bis es dann optimal gehen kann. Dann kommt die nächste Entwicklungsstufe. Wie in meinem Unternehmen immer eine weitere Entwicklung hin zu bestem Service verbunden mit Spirit und Freude im Tun. Der Kunde darf das Gefühl haben, hier kommen Mitarbeiter von Clean, die haben Freude an ihrer Arbeit, die haben Spaß, sie fühlen sich meinem ganzen Unternehmen verbunden und arbeiten genauso wertschätzend im Objekt unserer Kunden. Das ist bis heute für mich wichtig und wird immer mehr mein Streben sein. Das spiegelt sich in der Qualität der Arbeit vor Ort wieder, beim Kunden. Bei uns ist täglich neu Schnelligkeit, Achtsamkeit und Qualität im Objekt der Kunden gefragt. Die Dienstleistungen von uns sind davon geprägt, dass Einsatzbereitschaft sich mit dem Wissen paart, dass der Mitarbeiter nachhaltig und pfleglich mit den Materialien vor Ort umgehen muss. Wir reinigen eine ganze Bandbreite an hochwertigen und teuren Materialien unserer Kunden. Dies erfordert von unseren Mitarbeitern, dass sie achtsam arbeiten. Dazu mit Freude, mit dem Team und dass wir das an den Kunden werteorientiert weitergeben. Das ist eine Grundidee, die ich entwickelt habe und die wohlwollend bei unseren Kunden umgesetzt wird.

KK Damit haben sie die Fragen nach den Unternehmenswerten und der Unternehmenskultur schon weithin beantwortet …

TMB Die Unternehmenskultur und die Unternehmenswerte verändern sich im Lauf der Zeit immer weiter. Das sind ergebnisoffene Prozesse. Sie können ja nicht definieren, ich mache jetzt diese Unternehmenskultur und die bleibt jetzt immer so. Die Basis achtsam und wertschätzend miteinander umzugehen zum Wohle aller Beteiligten bleibt immer bestehen. Neue Werte entstehen dann, wenn die Welt wie jetzt immer weiter digitalisiert wird. Ein neuer Wert, den ich hinzugenommen habe, ist die Herzlichkeit und die Nähe zuzulassen untereinander. Das basiert auf der Überzeugung, dass wir alle miteinander verbunden sind mit dem göttlichen Funken in uns. Ob Allah oder Gott, wir leben erst durch diesen Geist, der in uns allen wohnt. Ich übe mich immer wieder in dieser Demut vor dem Göttlichen, vor dieser Kraft, die so viel größer ist, als ich je sein kann. Wenn ich als Unternehmer meine eigenen Werte habe, wenn ich diese lebe und repräsentiere, dann können auch die Mitarbeiter diese Werte leben. In jeder Zeit ist es wichtig, im Unternehmen Werte zu leben. Wenn wichtige Werte wie Ehrlichkeit, Vertrauen, Respekt dem Alter, den Eltern gegenüber und der Glaube an das Göttliche, die eine Gesellschaft zusammengebracht haben, verloren gehen, dann verlieren wir uns. Viele Märkte und Unternehmen haben sich verloren. Zum Beispiel die wichtige Nahrungsmittelindustrie. Das, wovon wir uns ernähren. Was wird dort noch ehrlich, wertschätzend, achtsam für die Beteiligten produziert? Mit Ausnahme von einigen Bio-Bereichen. Wir müssen bei unserer Nahrung nach Ehrlichkeit auf den Verpackungen suchen. Was dort steht, hat oft mit dem Inhalt wenig Übereinstimmung. Was alles erlaubt ist von Brüssel ist schlichtweg das Gegenteil von Achtsamkeit und Wertschätzung für die Bevölkerung. Es dient ausschließlich der Industrie und dem Geld. geht es weiter in vielen Bereichen bis hin zur Politik. Individualität und Authentizität wird immer weniger geschätzt in der Gesellschaft und in den Unternehmen. Querdenker und Quertuer und Menschen, die wissen was für sie gut ist, die über den Tellerrand hinaus sehen, wahre Führungskräfte, sind oftmals ungemütlich. Der angepasste Mitarbeiter und die angepasste Führungskraft sind oftmals eher gewollt, um das alte System der Ressourcenausbeutung der Erde und der Menschen aufrechtzuerhalten. Heute achte ich in der Menschenführung verbunden mit nachhaltigem Wirtschaften noch mehr auf den Umgang der Mitarbeiter untereinander: Gehen wir herzlich aufeinander zu mit dem göttlichen Funken in uns. Mit Respekt allen Kulturen gegenüber. Wir haben ganz verschiedene Kulturen in unserem Unternehmen. Das ist eine große Herausforderung für die Führung. Dann zum Beispiel, wenn moslemische Frauen moslemische Männer führen müssen … Das geht m. E. vor allem über Wertschätzung und Achtsamkeit.

KK Läuft das einfach durch ihr Vorbild oder gibt es auch entsprechend ergänzend Events und andere Maßnahmen?

TMB Events und Maßnahmen, d. h. es gibt beispielsweise einige Grillfeste und ein Sommerfest, ein Fest im Herbst, im Winter, im Frühjahr, zu dem wir Führungsmitarbeiter und langjährige Mitarbeiterinnen und Mitarbeiter einladen. Es kommen Tourenfahrer, die Vorarbeiter, Servicemitarbeiter, Sonderreiniger bis hin zu den Führungskräften in der Zentrale von Clean. Zu Ostern und Weihnachten gibt es für jeden einen Osterhasen und Weihnachtsmann, dazu eine Karte in verschiedenen Sprachen, sodass sich jeder in seiner Kultur angenommen fühlt. Wir haben eine Unternehmensbroschüre für Mitarbeiter. Diese Mitarbeiterbroschüre ist ebenfalls in verschiedenen Sprachen aufgebaut. Die russischen Mitarbeiter bekommen es in Russisch, die türkischen Mitarbeiter in Türkisch, der Italiener in Italienisch, Deutsche in Deutsch. Damit gebe ich jeder Mitarbeiterin und jedem Mitarbeiter ein Signal für die Wertschätzung seiner Kultur und seiner Sprache. Das ist eine von mehreren Maßnahmen, durch die sich jeder wohlfühlt und auch angenommen und gesehen fühlt.

KK Obwohl wir in Deutschland leben, werden die verschiedenen Sprachen respektiert.

TMB Genau. Damit auch die verschiedenen Kulturen respektiert werden. Sprache ist ja ein wesentliches Merkmal der Kultur.

KK Wenn man den Finger auf die Wunde legt. Vieles ist da jetzt schon gelungen. Gibt es Bereiche, wo sie sagen, es ist noch nicht so ganz rund?

TMB Die gibt es überall. Mein Team und ich erleben jeden Tag neue Herausforderungen, die es gilt zum Wohle aller zu lösen. Es gibt Mitarbeiter., die wollen unsere Kultur nicht leben. Es gibt Kunden, die eine bessere Leistung möchten. Wir sind ein Dienstleistungsunternehmen. Das bedeutet jeden Tag neu die Aufgabe zu 100% im Sinne des Kunden mit unseren Werten zu erfüllen. Ganz wichtig ist, dass die Führungskräfte, die mittlere Managementebene und darunter die Objektleitung und die Bereichsleiter die Kultur, die ich lebe, weitergeben. Meine Führungsmitarbeiter vor Ort, die geben unsere Werte weiter. Wenn ich es optimal geschafft habe, sie zu erreichen, dann wird der Clean-Weg vor Ort gelebt. Das ist oft so. Wir erleben auch schon mal in Mitarbeiterbefragungen, dass das ein oder andere nicht optimal läuft. Dann bedeutet das für uns herauszufinden, was wir besser machen können und mit den Mitarbeitern Gespräche zu führen. Dann erfolgt sofort die Verbesserung. Mir sind die Gespräche mit meinen Mitarbeitern wichtig. Weg von dem, dass der Mitarbeiter ein Prozess ist, hin zu dem menschlichen Prozess, wo der Mitarbeiter eingebunden ist. Er weiß oft besser, wie etwas zu tun ist.

KK Gibt es eine Mitarbeiterbefragung für alle einmal jährlich? Oder wie läuft das bei Ihnen?

TMB Das machen wir bisher nicht offiziell, da meine Führungskräfte tagtäglich vor Ort erfahren, wie die Stimmung und das Miteinander sind. Jetzt lasse ich eine Befragung offiziell von unabhängigen Unternehmen durchführen. Wir wollen aktuell eine neue Internetseite kreieren. Die Basis dieser Internetseite bilden die Mitarbeiter. Ein unabhängiges

Unternehmen macht Interviews mit den Mitarbeitern hier in der Zentrale und auch mit vielen Mitarbeitern vor Ort. Es gibt hierzu einen Fragenkatalog: Wie fühlen Sie sich im Unternehmen? Was finden Sie gut? Werden Sie gut betreut? Was fehlt Ihnen? Wie erleben Sie persönlich Clean? Fühlen Sie sich aufgehoben? Was wollen Sie verbessert haben für sich, für Clean, für das Team? Wo können wir noch besser werden für den Kunden? Wie geht es Ihnen mit Clean. Was wollen Sie verbessert haben? Erfahren Sie für sich genug Wertschätzung?

Diese neue Internetseite ist ein veröffentlichter Spiegel der Unternehmenskultur der CLEAN SERVICEPOWER GmbH. Klar, es gibt sicherlich das ein oder andere, wo wir sagen, ja, das können wir noch besser. Mein Unternehmen ist Wandel und aktiv, um dem Markt gerecht zu werden und den neuen Herausforderungen gewachsen zu sein. Wie in der Natur. Dort wandelt sich alles viermal jährlich; ohne das Ziel: größer, weiter, höher, sondern um zu sein zum Wohle der Erde.

KK Jetzt wollte ich nochmal auf Ihre Führungsmannschaft eingehen. Was zeichnet Ihre Führungsmannschaft besonders aus? Was tun Sie besonderes für Ihr Führungsteam? Das läuft ja nicht von selber. Sie geben ein Vorbild – das habe ich verstanden. Aber darüber hinaus, was gibt es an Instrumenten oder wie kommt die Botschaft ansonsten rüber?

TMB Für die Mitarbeiter draußen vor Ort, da gibt es eher einfache Dinge wie Weihnachtskarten, Geburtstagskarten persönlich, immer wieder mal persönlich präsent sein als Wertschätzung für gute Dienstleistungen. Intern ist für mich neben der fachlichen Bildung die persönliche Weiterentwicklung der Mitarbeiter wichtig. Es werden dazu regelmäßig Inhouse-Seminare durchgeführt, Zum Beispiel werden Sprachtrainingsseminare durchgeführt. Welche Bedeutung hat das gesprochene und geschriebene Wort. Wie ich spreche, so kommt das, was ich sage in die Handlung. Ein Beispiel ist, wie bilde ich einen Aktivsatz. Ein Aktivsatz bedeutet immer, wer macht was, wo und wie. In der Sprache benutzen wir oft Wendungen wie: „Man sollte, es müsste gemacht werden, könnte mal jemand … usw." Hierdurch entsteht keine klare Verantwortlichkeit. Wie die Politiker, die viel sagen, ohne aktiv zu benennen, wer was, wo und wie macht. Wir bei Clean arbeiten viel an der Sprache. Mit den richtigen Sätzen geht auch der Mitarbeiter selbst in die Eigenverantwortung. Das hilft sowohl den Mitarbeitern als auch den Kunden. Für mich ist wichtig, dass der Mitarbeiter für das, was er tut die Verantwortung übernimmt. Auch für das, was er nicht tut. Ich möchte gerne selbstbewusste Menschen und Führungskräfte um mich haben. Die mir sagen dürfen, wenn ich auf dem falschen Kurs bin. Das finde ich gut und richtig, Geld zu verdienen ist wichtig für alle. Genauso wichtig ist, zu wissen, wir haben ein vertrauensvolles, respektvolles Miteinander, wir haben einen Zusammenhalt, es macht Spaß und Freude bei Clean für die Kunden zu arbeiten. Eine weitere Schulungsmaßnahme ist das Alpha-Synapsen-Training nach Lissy Götz, hier werden die Gehirnareale neu trainiert, es werden neue Synapsen gebildet für neue Möglichkeiten. Dann gibt es systemische Aufstellungsarbeit im größeren Sinn für das Unternehmen. Dazu gibt es weitere spezielle Weiterbildungsmaßnahmen. Die persönliche Weiterbildung hin zur Selbstbestimmung wird bei uns sehr intensiv durchgeführt. Der Mitarbeiter, der selbstbestimmt ist und weiß, was er möchte, kann führen und ist glücklich in dem was er tut.

KK Es wird also sehr offen miteinander umgegangen und da tun sie ja einiges für das Miteinander. Wenn eine Führungskraft zu Ihnen sagt, Herr Baggeler, das machen sie falsch wie verhalten sie sich?

TMB Ich habe z. B. zu meiner Personalleitung gesagt, ich möchte die Fahrgelder aus Kostengründen reduzieren. Da kamen verschieden Gegenargumente meiner Personalleitung: Herr Baggeler, das ist zwar richtig, aber auf der anderen Seite profitieren wir nachweislich von motivierten Mitarbeitern. Es kamen noch einige gute Gründe und Argumente von meiner Personalleitung Frau Mies dazu, das Fahrgeld zu belassen. Dann habe ich das Thema wieder zu den Akten gelegt. Also – Sie sehen an diesem kleinen Beispiel, es gibt eine offene Kommunikation mit meiner Führungsmannschaft. Bei Angebotsabgaben und Preisen wird oft mit vielen Beteiligten besprochen, welche Preise wir abgeben. Der Gebäudereinigungsmarkt ist oft von einem Preisdumping geprägt. Ich möchte meine Mitarbeiter eine Bezahlung geben, die im Einklang ist mit einer menschlich machbaren Leistung und Qualität für den Kunden. Ich könnte noch mehrere Beispiele anführen. Die Unternehmensausrichtung wird auch miteinander besprochen. Wenn ich aus unternehmerischer Sicht Kosten reduzieren möchte, kann es durchaus zu intensiven Diskussionen kommen mit meinen Bereichsleitern und Führungskräften: Dann gibt es den erforderlichen Austausch und ich gebe den Argumenten nach, Es ist gut, wenn meine Führungsmitarbeiter mir sagen, Herr Baggeler, über den Prozess müssen wir nochmal nachdenken und reflektieren. Passt das, was wir tun zu unserer Unternehmens- und Wertekultur. Ich bin geborener Unternehmer. Mein Ziel ist, mein Unternehmen nach vorne zu bringen und immer weiterzuentwickeln. Damit unser Service für meine Kunden optimal abläuft – mit Mitarbeiten, die ihre Arbeit achtsam, mit Freude und Qualität durchführen. Verbunden mit dem klaren Bewusstsein und dem Ziel des wirtschaftlichen Erfolgs für mein Unternehmen.

KK Sie sind also nicht beratungsresistent.

TMB Ich bin ja froh, wenn ich Anregungen bekomme. Ich fordere Eigenverantwortung ein. Ich kann zum Glück in Urlaub gehen und das Unternehmen läuft weiter. Meine Führungskräfte und Mitarbeiter arbeiten mit dem Ziel, zum Wohl von Clean verbunden mit dem Wohl des Kunden, unsere Dienstleistung zu erbringen.

KK Könnte man sagen, dass das ein zentrales Argument für gute oder gesunde Führung ist, die Eigenverantwortung auf jeder Ebene zu stärken?

TMB Ja. Es ist mir klar, dass ich auch Mitarbeiter habe, die mir mal sagen: Nein, das sehen wir anders.

KK Sie machen ja auch einiges anders. Können Sie das auch an Zahlen festmachen, z. B. Fluktuationsquote?

TMB Ich habe Mitarbeiter, die sind seit 25 Jahren bei mir. Andere 15 Jahre, 10 Jahre und weniger. Es gibt andere, de gehen früher …

KK Das ist eine Stabilität, die sie im Mitarbeiterbereich haben?

TMB Ja, in der Führungsmannschaft ganz sicher. Es geht uns aber wie allen in der Reinigungsbranche. Wir sind Dienstleister. Das ist ein schwieriges Metier. Ein großer Teil unserer Mitarbeiter sind auch 12, 13, 14, 15 Jahre oder 25 Jahre bei uns. Da lege ich ganz viel Wert darauf, dass die ganz lange bei uns sind.

KK Wie viele Führungskräfte haben sie, auf die sie direkt zugreifen können? Wie ist ihr Unternehmen da aufgebaut?

TMB Direkt kann ich auf 30 Führungskräfte zugreifen, die auch schon mehr als 10 Jahre in meinem Unternehmen sind. Ich habe bewusst eine flache Hierarchie gewählt. Es ist mehr ein Miteinander. Es gibt die Verwaltung mit seinen Abteilungen. Dann die wichtigen Bereichsleiter, sie haben die Verantwortung für 100–200 Mitarbeiter. In den Objekten gibt es die Objektleiter, die haben dann wieder 60–70 Mitarbeiter unter sich, darunter wieder Vorarbeiter, die wieder 10 bis maximal 15 Mitarbeiter unter sich haben. Und dann gibt es noch die Servicekräfte, schließlich gibt es noch den ganzen Bereich Sonderreiniger, die dann auch wieder unterteilt sind und zu denen habe ich allen Zugriff. Der Kern, mit denen wir auch z. B. ein Sommerfest machen, besteht aus 70–80 Leuten, die auch immer regelmäßig mit mir in Kontakt stehen.

KK 70–80 Leute, die sich auch auf verschiedenen Führungsebenen befinden. So einen weiten Führungsscope haben Sie?

TMB Ja, sie können, wenn es wichtig ist, direkt mit mir in Kontakt kommen. Da meine Führungsmannschaft menschlich und qualitativ gut arbeitet, habe ich selten das Thema, dass jemand aus der Sicht der Arbeit zu mir kommt.

KK Es gibt auch keine Missverständnisse, wenn sozusagen eine Hierarchie übersprungen wird? Das geht auch im Guten, da gibt es eine Kultur?

TMB Ja, da gibt es eine Kultur. Wenn es schwierig wird, dann hole ich die Vorgesetzten mit hinzu. Aber, wo haben wir das! Das gibt es ganz selten bei uns. Meistens kommen die nicht, weil es ein fachliches Thema ist, sondern weil es ein persönliches Thema ist: „Können Sie mir helfen?" Die meisten Gespräche sind eigentlich persönliche Themen. Ein paar

Beispiele für typische Fragen: Wenn jemand ein finanzielles Thema hat oder ein Thema mit dem Urlaub oder sagt, „Herr Baggeler, was mache ich jetzt mit der Mitarbeiterin?" Ganz enge Themen. Es gibt ganz selten Themen, die mit dem Kunden direkt zu tun haben oder mit der eigenen Führungspersönlichkeit.

KK Ungewöhnlich. Das erinnert mich ein bisschen an frühere Zeiten, wo der Unternehmer persönlich Kontakt mit der ganzen Belegschaft hatte.

TMB Ja, und das ist einer der Gründe, warum wir Unternehmen als Kunden haben, die 15–20 Jahre bei uns sind. Es gibt eben auch Mitarbeiter, die natürlich lange da sind. Die Qualität ist dann auch da und wird realisiert, draußen vor Ort. Unser großer Vorteil ist: Die Kontinuität, die Wertigkeit, die Wertschätzung. Da kommt selten einer auf die Idee und schreibt sich eine Stunde mehr auf, um mein Unternehmen zu betrügen. Bei uns schreiben viele die eigenen Stunden auf, die sie arbeiten, und das Vertrauen zu meinen Mitarbeitern und Ehrlichkeit gehört für mich zu meiner Unternehmenskultur. Mir ist wichtig, dass ich als Mensch und als Chef wahrgenommen werde. Ich habe selber angefangen in der Gebäudereinigung mit einer Lehre schon mit 15 Jahren. Ich kenne mich im Metier aus. Mein Herz tanzt, wenn mich langjährige Mitarbeiter umarmen und sagen: „Hallo Chef, wie geht es Ihnen!" Ja, das ist so eine Herzlichkeit! Und die trägt mich und mein Unternehmen. Das ist für meine Seele eine wichtige Basis, warum ich Clean führe.

KK Dann ist es ja jetzt schon fast ein bisschen komisch, wenn ich auf bestimmte Indikatoren abhebe. Ich habe gesehen, sie haben einen Umwelt- und Sozialbericht und vielleicht auch noch andere Indikatoren, woran Sie erkennen, dass Sie auf dem richtigen Weg sind. Bei über 1000 Leuten sind ja auch ein Berichtswesen und bestimmte Strukturen wichtig.

TMB Ja, da sind Informationen, die aus der Personalabteilung kommen, wo wir z. B. messen, wieviel Wechsel wir haben. Wie lange sind die Mitarbeiter da, wie ist der Krankenstand. Wenn wir dann merken, da gibt es stärkere Differenzen, schauen wir drauf, das ist natürlich ein Indikator. Wie ist da die Gemütslage? Dazu kommt das Controlling der Zahlen. Auch mit meiner Firmenkultur muss ich wirtschaftlich in der Lage sein, auf dem hart umkämpften Gebäudereinigermarkt zu bestehen. So sichere ich auch Arbeitsplätze.

KK Wenn sie jetzt München mit Bielefeld vergleichen, können Sie direkt sehen, da läuft es gut, da läuft es schlecht.

TMB Bei den Ausgaben sehe ich das monatlich. Die Führungsmitarbeiter vor Ort haben Budgetvorgaben, für ihre Mitarbeiter und für ihren Einkauf. Wenn die Ausgaben oftmals deutlich überzogen wurden, dann ist das ein Finanzproblem. Wenn das vorkommt, dann schauen wir hin, was wir verbessern können und welche Maßnahmen erforderlich sind. Es liegt manchmal an der Führung vor Ort. Da ist aufzupassen – auch bei uns – die gute

Reinigungskraft ist nicht unbedingt ein guter Vorarbeiter und ein guter Vorarbeiter ist nicht unbedingt ein guter Bereichsleiter, wenn es dann darum geht, viele Menschen zu führen. Dann brauchen sie empathische Fähigkeiten. Sie müssen ihre Mitarbeiter und den Kunden aufnehmen, verstehen, inspirieren und begeistern.

KK Das Delegieren muss man lernen, in die neue Rolle hineinwachsen und den Kontakt zu den Mitarbeitern nicht verlieren, mit Herz.

TMB Wir schauen jetzt intensiv auf neue Führungskräfte, die bei uns anfangen. Sie bekommen einen Paten an die Seite gestellt. Die Vergangenheit hat mich gelehrt, dass viel Vertrauensvorschuss nicht immer belohnt wird. Wir schauen darauf, was können sie aktuell, wie sieht es mit der Sprache aus, wie benutzen sie diese, wie gehen sie mit Mitarbeitern um. Bei einem Vorstellungsgespräch sieht die Welt – das, was jemand meint zu können – anders aus, als in der gelebten Praxis. Bei diesem Vorgehen merken wir sehr schnell, wo es erforderlich ist, den neuen Mitarbeiter weiter zu fördern und wir wollen das. Die nächste Stufe, die ich jetzt vielleicht vorhabe, ist, einen Unternehmensbeauftragten einzuführen. Dieser soll unsere Wertekultur nach außen weitergeben. Der Mitarbeiter ist keiner Weisung gebunden. Es ist keine Mitarbeiterstelle in Linie, sondern eine Art Stabsstelle. Es geht darum, wie es sich draußen anfühlt. Wird die Wertekultur wirklich weitergetragen, wie wird es vor Ort in unseren Außenstellen in Deutschland verteilt umgesetzt.

Was ist weiter zu erbringen, um unsere Werte besser zu transportieren bei den Mitarbeitern, damit sich der Kunde und der Mitarbeiter wohlfühlt bei Clean.

KK Können Sie die neue Rolle des Unternehmensbeauftragten noch genauer definieren?

TMB Der hat wirklich eine neue Rolle! Es geht darum, dass vor Ort drauf geschaut wird, wie sich der Mitarbeiter im Unternehmen wirklich fühlt. Ausgenommen sind Sachprobleme. Bei über 1000 Mitarbeitern müssen sie außerhalb jeglicher Anweisung und unabhängig von allen Sachproblemen in die Gruppe reingehen und fragen: „Wie fühlen Sie sich bei Clean?" Man muss ja wissen, ob die Bereichsleiter und Vorarbeiter Werte und Kultur wirklich weiter tragen.

KK Was für ein Profil soll diese Person genau haben?

TMB Die braucht eine sehr hohe Empathiefähigkeit. Die muss das Unternehmen und mich in der Tiefe verstehen.

KK Die Person suchen Sie aber noch?

TMB Wir haben eine geeignete Person. Ich muss sie noch überzeugen, dass das ein guter Job ist. Ich weiß, dass es gut läuft vor Ort, bei den Kunden und ich bin zufrieden. Nun, wie gesagt, ich möchte da noch eine tiefere Ebene reinbekommen.

KK Also ein Ohr bei den Mitarbeitern mit Blick auf die Unternehmenskultur, ob das wirklich gelebt wird, was auf dem Papier steht.

TMB Ich weiß, dass es gelebt wird, aber es sollte noch tiefer gehen. Die Ebene tiefer, dass das auch wirklich von jedem gefühlt wird. Ich möchte kurze Schulungen vor Ort dahingehend nochmal aktivieren. Das Zeitfenster hierfür ist ja auch oft gering, da wird gereinigt, dann wird kurz geschult und dann gehen die Mitarbeiter wieder nach Hause. Diese kurzen Zeitfenster gilt es zu nutzen. Dazu gehört es, mit einfachen Mitteln Atmosphäre zu schaffen. Zum Beispiel ein Stück Kuchen mit rausbringen und dann setzen sie sich zusammen. Da brauchen Sie mal jemanden Neutralen von außen, der ihnen zuhört. Die Vorarbeiter haben gewisse Strukturen, die vorgegeben sind, hier gilt es, neue Anreize zu schaffen, Inspiration.

KK Wie vermeiden Sie es, dass das nicht als zusätzliche Kontrolle empfunden wird?

TMB Die Wertebeauftragte kann zum Beispiel Kaffee und Kuchen mitbringen und sich hinsetzen und v.a. zuhören. Es geht oft um persönliche Sorgen und Nöte, die die Mitarbeiterinnen und Mitarbeiter mitteilen möchten. Das eine oder andere mal können wir dann helfen. Alle Beteiligten freuen sich dann.

KK Wenn dann jemand von oben kommt, kann das ja dann schnell missverstanden werden. Wenn die Kultur stimmt, dann vielleicht nicht.

TMB Eben. Deshalb sehe ich diese Stelle positiv für mein Unternehmen. Gestern war z. B. eine Reinigungskraft da – eine Dame, die hat letzte Woche mal eine Prämie bekommen und eine Karte und sie kam und sagte: „Danke Herr Baggeler, das ist ja so schön bei Ihnen zu arbeiten!" Dieses Feedback hat mein Herz berührt. Ich mag wissen, ob ich meine Mitarbeiter auch im Herzen berühre. Meine Mitarbeiter vor Ort sehe ich ja nicht alle ständig. Die Mitarbeiter bekommen von mir ihre Wertschätzung, sie melden sich nicht alle zurück wie diese Mitarbeiterin. Logisch. Da gilt es zu wissen: Kommt das für die Menschen gut an, was ich als Idee habe. Feedback von den Mitarbeitern ist für unsere Unternehmenskultur ganz wichtig.

KK Sie sind in einer bestimmten Branche. Sie haben eine sehr eigenständige Arbeitsweise für die Branche, einen sehr fortschrittlichen Weg gefunden, aber wie sehen Sie die Zukunft? Wird es linear so weiter laufen oder welche Herausforderungen sehen Sie? Mittelfristig – langfristig für Ihre Firma – für Ihre Branche?

TMB Die erste Herausforderung werden die Mitarbeiter sein. Die guten Mitarbeiter zu behalten, einzusetzen und die beim Kunden vor Ort erfolgreich arbeiten zu lassen; dabei wird entschieden, wie zukunftsfähig mein Unternehmen ist und wieviel Arbeitsplätze ich sichern kann. Das wird generell die große Herausforderung in der Dienstleistungsbranche, ausreichend gute Mitarbeiter zu gewinnen und zu behalten. Es geht um eine Dienstleistung, die keiner sehen mag und doch so wichtig ist. Wir kommen als letzter Dienstleister in ein Objekt, wenn die meisten Angestellten weg sind, wenn die Feste gefeiert sind, der Kellner weg ist, der Koch weg ist, dann kommen wir in das Objekt. Morgens wenn alle wiederkommen, ist unsere Dienstleistung erbracht, zu Arbeitszeiten, wo die meisten Menschen Freizeit haben. Und diese fähigen Menschen wirklich zu bekommen und zu behalten, die diese Arbeit vor Ort ausführen, das ist eine große Herausforderung. Dass gute Mitarbeiter schwer zu bekommen sind, merken wir heute schon. Wir haben Niederlassungen in Deutschland, wo wir Mitarbeiter vor allem durch Mund-zu-Mund-Propaganda bekommen. Annoncen verpuffen oftmals. Wenn sich 10 Mitarbeiter bewerben, kommen oft nur einer oder mit Glück zwei. Ob die dann wirklich arbeiten wollen, stellt sich einen Tag später raus.

Die zweite große Herausforderung in der Dienstleistungsbranche, v. a. in der Gebäudereinigung, ist, die Arbeit nicht um jeden Preis auszuführen, nur um den Auftrag unbedingt zu jedem Preis und auf Kosten der Mitarbeiter zu bekommen. Inwieweit bin ich da mir oder meinen Mitarbeitern treu, um zu sagen, es gibt ein gewisses Maß, die eine Reinigungskraft leisten kann an Quadratmeterleistung in der Stunde. Der Einkäufer des potenziellen Kunden meint, andere bieten es günstig an, das bedeutet aber nicht, dass ich das mache bei einem Vergabegespräch. Es gibt eine gewisse Grenze. Wenn eine Reinigungskraft 500 qm in der Stunde reinigen soll, was von manchen Gebäudereinigern angeboten wird bei Büroreinigung – dann sage ich: „Wunderbar, dann gehen Sie nach Hause und fragen Sie Ihre Frau wieviel qm sie in einer Stunde schafft". Es kommt oft die Botschaft: „Ja, ihre Mitbewerber schaffen das!" Ich sage dann: Wir können das ja mal ablaufen zusammen. Ich bin gerne bereit, da mitzumachen, Sie machen dann aber bitte auch mit und dann gucken wir mal, wie weit wir da kommen mit den qm. Das ist diese Sturheit, die Einkäufer wollen diese Wahrheit nicht sehen. Ich habe auch schon Kunden durch meine ehrliche Einstellung verloren. Beim schwedischen Möbelhaus, das sich sehr sozial nennt, da habe ich das Spiel nicht mit gemacht und einen Brief nach Schweden geschrieben. Da habe ich auch fünf von diesen Häusern verloren. Aber die Entscheidung bleibt, das mache ich nicht mehr.

KK Da setzen Sie dann auch Grenzen und haben auch vielleicht einen finanziellen Nachteil.

TMB Ja, habe ich auch, aber ich möchte in den Spiegel schauen können. Bei einem fairen Einkäufergespräch gehe ich gerne bis an meine Grenze und nehme auch in Kauf, dass ich bei manchen Aufträgen keinen optimalen Gewinn habe. Dafür haben wir ein faires Miteinander. Das haben wir bei unserer jetzigen Kundenstruktur erreicht. Es ist die große Herausforderung, dass man in der Zukunft nicht mehr nur die Dienstleistung und die Reinigung sieht „da wird geputzt", sondern dahinter den Menschen sieht, der die Arbeit ausführt. Zudem kommt es dem Objekt zugute wenn eine qualifizierte Reinigung mit guten Mitarbeitern durchgeführt wird und damit verbunden eine Werterhaltung des Objekts erfolgt. Das Ganze verbunden mit einem ehrlichen Preis. Das bedeutet eine andere Wahrnehmung, eine wertschätzende Wahrnehmung, den Menschen gegenüber, die die Tätigkeit ausüben, vorausgesetzt die Unternehmer sind ehrlich gegenüber ihren Mitarbeiter in der Bezahlung sowie mit dem durchzuführenden Leistungsmaß vor Ort, das ein Mitarbeiter durchführen muss.

KK Es gibt den Billigtrend, es gibt auch den anderen Trend, dass Qualität mehr wahrgenommen wird. Ihr Unternehmen hat jetzt über 1000 Mitarbeiter. Sehen Sie sich da am Limit angekommen oder sehen Sie weiteres Wachstumspotenzial? Streben Sie das überhaupt noch an? Oder sagen Sie, ich habe da jetzt eine Größe erreicht, damit bin ich sehr zufrieden?

TMB Ich strebe Wachstum und Weiterentwicklung als Unternehmer an. Wir haben eine Zeit stagniert, um in den Prozess der Wertschätzung und dieses Wertgefühls zu kommen. Das war für mich und alle eine Entwicklung über längere Zeit. Nach dem Motto: Ich lasse eine Wertetafel schreiben, die hänge ich aus im Eingang. Das ist jetzt von der Führung beschlossen, ab jetzt arbeiten alle Mitarbeiter im Unternehmen danach. Wie ich mein Unternehmen führe, hat mit der eigenen Selbstfindung zu tun. Wo stehe ich? Wo will ich hin? Was tut meinem Herzen gut. Will ich mein Leben mit dem Unternehmen gestalten nach dem Motto ‚Wachstum um jeden Preis'? Dann habe ich mich gefragt: Wo stehe ich eigentlich? Für welchen Wert stehe ich ein? Wo bin ich authentisch? Warum habe ich das Unternehmen gegründet? Dabei ist interessanterweise ein Weiterentwicklungsprozess entstanden. Je mehr ich zu mir komme und für mich selber einstehe und für die eigenen Werte, desto mehr weiß ich, warum ich dieses Unternehmen gegründet habe. Nach diesem längeren Transformationsprozess kamen auf einmal wieder neue Kunden hinzu, die sagen, diese Werte möchten wir auch haben, die Qualität möchten wir haben und dann hat sich das Ganze transformiert und dann kann jetzt auch wieder Wachstum entstehen. Mitarbeiter und Kunden, die andere Werte haben, denen es nur um den Profit geht, nur um das Geldverdienen und um das billigste Angebot, die gehen von allein. Das ist normal. Ich sehe ein gutes Wachstum in unserem Bereich mit meinem Unternehmen mit unserer Werte- und Unternehmenskultur und wir wollen aktiv weiter wachsen. Ich habe den Eindruck, dass immer mehr Unternehmen und Konzerne Werte leben.

KK Sie finden also durchaus neue Kunden, die ernsthaft ähnliche Werte hochhalten. Dadurch haben Sie auch wieder einen größeren Markt. – Es ging jetzt viel um die Unternehmerpersönlichkeit. Entwicklung dieses Unternehmens wäre nicht möglich gewesen ohne ihre Persönlichkeitsentwicklung. Das heißt, das Unternehmen ist sehr stark orientiert auf Ihre Person, wie sie sich entwickelt haben.

TMB Ich glaube, es ist bei jedem Unternehmen, ob meins, ob kleiner oder größer – es ist immer entscheidend, welches Geisteskind dahinter steht und man sagt nicht umsonst, der Fisch fängt vom Kopf an zu stinken. Je mehr ich mich meiner inneren Wahrheit hingebe, meiner inneren Bestimmung, meinem Herzen folge, weshalb ich eigentlich hier bin, warum ich es machen möchte, desto mehr Transformation und Entwicklung entsteht. Transformation entsteht in mir, aber auch im Unternehmen. Unternehmen ist ein Spielfeld von vielen Spielfeldern. Die Frage ist, wo betätige ich mich gerade, und je mehr ich selber zu mir stehe, desto mehr können die Mitarbeiter meines Unternehmens zu sich selbst stehen. Dadurch habe ich authentische Führungskräfte, wahre Perlen. Desto mehr entsteht auch der Geist zum Wohle aller zu arbeiten im Unternehmen, auch ohne mich. Sie können zu sich stehen, mir vertrauen und sich selbst vertrauen. Mit Gottes Führung. Sie können ihrem eigenen Leitbild folgen, ihrem inneren Leitbild des Herzens, dem göttlichen Funken in uns, der jedem Menschen zugetan ist. Was meiner Meinung nach immer mit Wertschätzung, Achtung und dem Fluss der Liebe zu tun hat und zwar in allem, was ich tue und in Bezug auf alle mit denen ich zu tun habe, ob Kunde, Mitarbeiter, Partner oder Freunde. wenn wir dem alle folgten, dann bräuchten wir morgen keinen Hunger mehr zu haben, dann wäre keine Kinderarbeit da. Flüchtlinge bräuchten nicht vor unseren Zäunen zu stehen. Das ist ganz einfach zu tätigen, das ist kein großer Akt. Es ist eine Frage des Herzens in uns. Das können Unternehmen und Konzerne alle durchführen, denn überall arbeiten Menschen, die von dem einen göttlichen Funken durchdrungen sind. Wenn wir alle, als Unternehmer und Konzern, zum Wohle aller arbeiten, können wir damit gute Gewinne machen, ohne Ausbeutung der Menschen, der erde und deren Ressourcen. Kein Konzern würde bankrottgehen, zugegebenermaßen anstatt 10 nur 3 Mrd. Gewinn machen, und jetzt? Das ist das, was mich immer wieder erschreckt an diesen Systemen. Dass dem Gewinn und den Aktionären alles untergeordnet wird. Selbst wenn die Erde leidet und die Menschen verseucht werden durch Pestizide, Quecksilber, Plastik, Antibiotika in der Nahrungsmittelkette.

KK Eine grundsätzlich andere Haltung in der Ökonomie würde ihrer Meinung nach funktionieren?

TMB Das wäre doch sofort umsetzbar. Das beutet einen kleinen Schritt zur Produktion von Wohl und Gesundung aller, und damit auch zum eigenen Wohl und zur eigenen Gesundung. In den Spiegel schauen und sagen, was ist mir eigentlich wirklich wichtig? Welcher Weg verfolgt mein Herz? Mitgenommen an Materiellem hat noch keiner etwas aus dieser Welt. Das haben die Ägypter schon probiert und es hat nachweislich nicht funktioniert. Ein Unternehmen muss Gewinne erzielen, gar keine Frage. Die Frage ist nur, wo setze ich die Grenze, wo fange ich an, andere auszunutzen, wie Mensch, Zier und die Erde, um höhere Gewinne zu erzielen. Ich möchte hier nicht weiter ausführen, wohin uns Teile unseres jetzigen Systems wie Banken, Nahrungsmittel- und Pharmaindustrie gebracht haben. Wenn die alle zum Wohle aller arbeiten und wirtschaften würden, dann sähe die Welt besser aus.

KK Wenn man sieht, dass so ein Unternehmen an der Unternehmerpersönlichkeit orientiert ist, wie sehen Sie das im Hinblick auf langfristige Nachfolgerregelung, Kontinuität, über lange Zeit hinaus. Wenn Sie mal in den Ruhestand gehen sollten, sind Sie darauf vorbereitet? Wäre das ein Bruch im Unternehmen?

TMB Das wäre ein Bruch im Unternehmen weil die Mitarbeiter, die jahrelang bei mir im Unternehmen sind, die leben ja die Kultur. Das kann sich auf einmal nicht ändern. Die Unternehmensnachfolge habe ich noch nicht geregelt, dafür bin ich noch zu jung. Wahrscheinlich wird einer meiner Kinder, vielleicht auch mehrere mein Unternehmen übernehmen. Interesse besteht schon. Der älteste Sohn meiner Frau studiert Wirtschaftsingenieurwesen. Er mag bei mir einsteigen. Ich habe auch die Möglichkeit, dass Mitarbeiter sich am Unternehmen beteiligen mit einer Option. Da bin ich auch am Überlegen, wie wir das gut regeln können, dass auch Mitarbeiter am Unternehmen beteiligt werden. Damit sich auch dieser Geist – es kann mir ja etwas passieren – gut weitergetragen wird und weiter erfolgt. Das sind so die Überlegungen, die ich hierzu habe. Es wird sicherlich keinen Cut geben, da bin ich schon jetzt überzeugt. Dafür sind die Mitarbeiter schon zu lange hier, die das Unternehmen mit tragen.

KK Die Kultur ist schon so tief verankert, dass Sie optimistisch sind, dass das auch hält.

TMB Es sind Mitarbeiter schon 10, 15, 20 Jahre bei mir. Ich rufe z. B. am Sonntag an und sage, es ist etwas passiert, ich brauche euch jetzt hier, dann stehen die alle da. Das ist eine Kultur, die ist gewachsen.

KK Das ist ein schönes Abschlusswort. Vielen Dank für das Gespräch Herr Baggeler.

Michael Baggeler wurde 1960 in Köln geboren. Nach seinem Meisterabschluss im Gebäudereinigerhandwerk gründete er 1988 das Unternehmen CLEAN SERVICEPOWER GmbH, ein Dienstleistungsunternehmen mit ganzheitlichen Konzepten für die Gebäudereinigung und den Gebäudeservice. Das Unternehmen führt er erfolgreich mit über 1000 Mitarbeitern. Seit mehr als 15 Jahren konzentriert er sich auf Werte und schafft somit eine Verbindung zwischen Nachhaltigkeit und Ökologie, Ökonomie und Spiritualität. Dieser ganzheitliche Ansatz der Sinn- und Wertekultur prägt sein Unternehmen.

Teil III
Methodische Ansätze zur Entwicklung gesunder Führung

Gesunde Menschen in gesunden Organisationen – die Wirkungskraft von organisationaler Resilienz

Brigitte Huemer und Ingrid Preissegger

Immer öfter erleben Menschen und Organisationen, dass sie sich unerwarteten, teils krisenhaften Szenarien stellen müssen. Zunehmende Komplexitäten und völlig neue Marktbedingungen machen bewährte Strategien und Verhaltensmuster unbrauchbar und bringen Menschen und die Systeme an ihre Grenzen. Als Antwort darauf greifen individuelle Stärkungsmaßnahmen zu kurz. Es gilt, den organisationalen Zusammenhang zu sehen und gezielt jene Hebel zu bedienen, die die Resilienz des Gesamtsystems stärken.

In turbulenten Zeiten zeigen sich die Gegensätze im Umgang mit denselben Rahmenbedingungen besonders deutlich und mit besonders hoher Dynamik.

Es gibt …

- **Führungskräfte** und Mitarbeiter, die besondere Stärke entwickeln, während andere dem Druck nicht mehr Stand halten und mit Burn-out oder Krankheit konfrontiert sind.
- **Führungsteams,** die unter Außendruck geeint und mit besonderer Energie kreativ und dynamisch agieren, während andere nicht mehr als Team wahrnehmbar sind.
- **Organisationen,** die sich trotz schwierigster Marktbedingungen selbst innovieren und die Ergebnisse verbessern, während andere vom Markt verschwinden.

Ist es Glück, eine besondere Fügung oder Zufall, dass es den einen gelingt, großen Herausforderungen und Krisen die Stirn zu bieten – oder sie sogar als Chance zu sehen, während andere daran zerbrechen?

B. Huemer (✉) · I. Preissegger
Klagenfurt, Österreich
E-Mail: brigitte.huemer@trigon.at

I. Preissegger
E-Mail: ingrid.preissegger@trigon.at

© Springer-Verlag Berlin Heidelberg 2016
M. Hänsel, K. Kaz (Hrsg.), *CSR und gesunde Führung,* Management-Reihe Corporate Social Responsibility, DOI 10.1007/978-3-662-48692-4_14

Resilienz ist eine Fähigkeit, die erlernt und gezielt weiterentwickelt werden kann. Lesen Sie in den Folgekapiteln, was wir unter organisationaler Resilienz verstehen, welche Kompetenzen die Resilienzentwicklung besonders unterstützen und wie ein Prozess in Organisationen aussehen könnte, um diese Entwicklung zu impulsieren.

1 Einführung Resilienz

1.1 Der Begriff Resilienz und dessen Verwendung in unterschiedlichen Disziplinen

Das Wort Resilienz entstammt dem Lateinischen „resilire", was so viel heißt wie zurückspringen, abprallen und wird im Deutschen v. a. als Synonym für Spannkraft oder Widerstandsfähigkeit verwendet.

Besonders klar verständlich wird der Begriff, wenn man auf den Gegenpol blickt: Vulnerabilität (lat. vulnus), dies bedeutet Verletzbarkeit, Verwundbarkeit.

Resilienz wird in der Technik für die Oberflächenspannung von Materialien verwendet – also für jene Materialien, die eine besonders hohe Biegsamkeit aufweisen.

In der Ökologie ist Resilienz mit dem unmittelbaren Überleben verbunden, denn die Natur sucht nicht nach Effizienz, sondern nach der bestmöglichen Art zu überleben.

In den Humanwissenschaften beobachtete Emmy E. Werner vor 40 Jahren die Entwicklungsverläufe von Kindern und erkannte, dass Kinder mit schwierigen Rahmenbedingungen entweder daran zerbrechen oder widerstandskräftig und gestärkt eigene Wege beschreiten. Werner zeigte, dass es auf die Entwicklung und richtige Nutzung von vorhandenen Potenzialen ankommt.

Auch die Untersuchung von Highly Reliable Organisations (HRO) wie Atomkraftwerke, Feuerbrigaden, Flugzeugträger, Notfallaufnahmen in Spitälern etc. zeigte, dass Resilienz in Organisationen gezielt entwickelt werden kann und keine Folge von Glück oder Zufall ist.

- Resilienz ist die Fähigkeit, Krisen durch Rückgriff auf vorhandene Ressourcen zu meistern und als Anlass für Entwicklung zu nutzen.
- Resilienz ist auch die Fähigkeit, schwache Signale zu erkennen und entsprechend zu handeln, um vorzusorgen.

2 Drei Phasen in der Betrachtung von Resilienz

Resilienz bezieht sich bei spontanem Blick auf die Fähigkeit von Individuen, mit plötzlich auftretenden Krisen umgehen zu können.

Wir blicken jedoch breiter auf das Thema Resilienz, indem wir bereits die Zeit vor der Krise – die Vorbeugung, die Prophylaxe – aufmerksam betrachten. Genau in dieser Vorbeugung liegen enorme Chancen, Krisen vielleicht gar nicht entstehen zu lassen oder

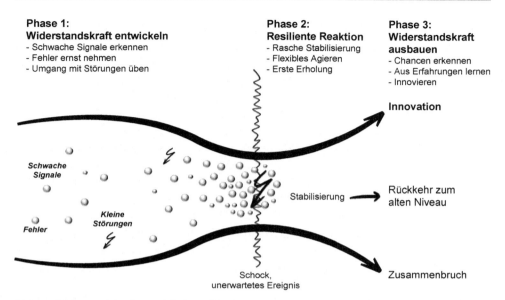

Abb. 1 Widerstandskraft entwickeln und ausbauen

sie besonders früh zu antizipieren. Die Vorbeugung macht Menschen und Organisationen auch bereit, in der Krise richtig zu reagieren.

Weiters blicken wir auf die Zeit nach dem unmittelbaren Schockerlebnis und der Stabilisierung. Auch diese Phase ist enorm wertvoll, da hier das eigentliche Lernen und auch die Innovation stattfinden können.

Phase 1: Widerstandskraft entwickeln – Vorbeugung oder Prophylaxe
Resistenz gegenüber einer negativen externen Einwirkung entwickeln; Fähigkeiten gezielt ausbauen, die – wie ein feines Radar – helfen, schon im Vorfeld schwache Signale von möglichen Turbulenzen zu erkennen und proaktiv gegenzusteuern.

Phase 2: Resiliente Reaktion – rasche Stabilisierung und Erholung
Eine schnellstmögliche Stabilisierung nach einem Schockzustand, um die Handlungsfähigkeit wieder herzustellen.

Phase 3: Widerstandskraft ausbauen – lernen und innovieren
Entstehende Vorteile aus den sich verändernden Umweltbedingungen ökonomisch nutzen und mit hoher Innovationskraft gestärkt aus sich verändernden Bedingungen hervorgehen (Abb. 1).

2.1 Resilienzqualitäten

Ist die Notwendigkeit von Widerstandsfähigkeit und Resilienz in unseren Organisationen überhaupt im Blickfeld?

Haben wir in den letzten Jahrzehnten in Zeiten des Wachstums, der scheinbar grenzenlosen Möglichkeiten, den Bezug zum Begriff Überleben verloren? Langfristige Überlebensfähigkeit schien durch technischen Fortschritt, Medizin und Effizienzsteigerung gewährleistet. Qualitative Ansätze im Management mit Blick auf Menschen und Effektivität wie Lean Management, Business Process Reengineering, Total Quality Management etc. wurden immer mehr für Effizienzmaßnahmen missbraucht, die die Systeme anfällig, schwach und wenig widerstandsfähig machten. In unserem derzeit prägenden Managementverständnis ordnen wir alles nach wie vor vorwiegend dem Primat der Effizienz unter. Dabei fällt es oft schwer, zu erkennen, dass dies auf Kosten der Widerstandsfähigkeit der Systeme und auch der darin agierenden Menschen geht. Bernard Lietaer, ehemaliger Zentralbankier und derzeit Professor in Berkeley, bringt es auf den Punkt: „In natürlichen Systemen besteht eine Asymmetrie zwischen Effizienz und Belastbarkeit. Das heißt, dass ein System etwa doppelt so belastbar sein muss wie effizient, wenn es dauerhaft lebensfähig sein will. Um den Punkt der optimalen Balance herum gibt es nur einen sehr schmalen Sektor, das Vitalitätsfenster, in dem das System nachhaltig lebensfähig ist. Außerhalb dieses Vitalitätsfensters ist es entweder zu wenig effizient aufgrund zu hoher Vielfalt und Vernetzung oder zu wenig belastbar wegen zu geringer Vielfalt und Vernetzung" (Gründler 2009).

Wir möchten das Primat der Effizienz deutlich hinterfragen und die Belastbarkeit und Vitalität in einen neuen Fokus rücken, denn aus unserer Sicht gibt es im aktuellen Managementverständnis einen großen blinden Fleck in diesem Bereich.

Neben dem gesunden Blick auf die gute Überlebensfähigkeit möchten wir eine zweite Resilienzqualität besonders hervorheben, nämlich jene, wie wir auf völlig gleiche Situationen und Gegebenheiten blicken. Wir haben tagtäglich die Freiheit, selbst zu entscheiden, ob wir das Leben als chancenreich und voller Möglichkeiten erleben oder ob wir uns eher den negativen Seiten zuwenden und uns ohnmächtig fühlen. Bildlich gesprochen, kann ich ein Glas entweder als halb voll oder als halb leer bezeichnen, dies ist füllstandunabhängig. Ein zweites Bild, das hier oft verwendet wird, ist jenes der Medaille: Wie sehr bin ich in meinem Leben in der Lage, die ressourcenorientierte Seite (Was funktioniert? Wo liegen Chancen? Wer mag mich gern?) der Medaille zu sehen? Oder wie sehr zieht es mich, den Blick eher auf die defizitorientierte Seite (Was funktioniert nicht? Wovor muss ich mich schützen? Wer mag mich nicht?) zu wenden? Ein resilientes Agieren bedeutet nicht, die Defizite nicht zu sehen. Ein resilientes Agieren bedeutet, die Defizite gut im Blick zu haben, aber die weiteren Handlungsoptionen und Wahlmöglichkeiten gleichzeitig zu erkennen und entsprechend zu handeln.

2.2 Betriebliches Gesundheitswesen, gesunde Organisationen, Corporate Social Responsibility und organisationale Resilienz

Antonovskys Modell der Salutogenese von Gesundheit als multidimensionales Kontinuum mit zum Teil unabhängigen Faktoren ist ein zentrales Modell, das wir im Hintergrund mitdenken (Antonovsky 1997). So betrachten wir organisationale Resilienz als Zusammenspiel von Faktoren, die immer aktuell betrachtet werden:

- Was sind zurzeit die relevanten (Resilienz-)Faktoren?
- Sind diese in einem Mangel oder nicht?
- Was ist das optimale Bewältigungsverhalten zur Entwicklung von Resilienz?

Blicken wir auf den Zusammenhang von individueller und organisationaler Gesundheit, so wird deutlich, dass es für die gesunde Weiterentwicklung einer Organisation nicht ausreicht, wenn in ihr gesunde Individuen arbeiten. Eine gesunde Organisation hat jedoch eindeutig positive Auswirkungen auf die individuelle Gesundheit.

Damit stellt sich die Frage: Was wird benötigt, damit sich eine gesunde, resiliente und lernende Organisation entwickeln kann? Wie muss das Zusammenspiel der Menschen funktionieren? Wie treten die Menschen in dem System miteinander in Kontakt? Welche Haltungen werden geprägt und welche Gesprächskultur etabliert sich?

Das Gesundheitsmanagement, das aktuell in vielen Unternehmen intensiv ausgebaut wird, zielt meistens darauf ab, das Individuum bei der Erhaltung der Gesundheit oder der persönlichen Gesundwerdung zu unterstützen. Diese Initiativen sind absolut positiv zu bewerten, werden oft aber auch als praktische Rechtfertigungen des Managements für steigenden Leistungsdruck eingesetzt: „Wir tun so viel für unsere Mitarbeiter, die Belegschaft soll und kann sich nicht beklagen." Paradoxerweise bewahrt genau dieser Zugang Unternehmen davor, sich mit dem Thema Gesundheit und Resilienz tatsächlich auseinanderzusetzen und sich ernsthaft zu fragen: „Was macht die Menschen in unserem System krank? Wo krankt unser System?"

Geht man noch einen Schritt weiter, so landet man rasch beim Anspruch von einer noch umfangreicheren nachhaltigen und ganzheitlichen Betrachtungsweise. Und dann genügt weder der Fokus auf Einzelpersonen in Organisationen noch die Betrachtung der Organisation als isoliertes System, dann kommt automatisch die Makroperspektive von gesellschaftlichen, ökologischen, ethischen und auch politischen Themen dazu.

Hier setzt Corporate Social Responsibility (CSR) 3.0 an: Unternehmen werden in ihrer gelebten gesellschaftlichen Verantwortung zum proaktiven politischen Gestalter. Und Aussagen wie: „Wir leisten einen Beitrag, damit Menschen, die bei uns arbeiten, ihr Qualifikationsniveau und ihren Gesundheitszustand nicht nur halten, sondern verbessern, denn dies ist gut für unsere Mitarbeiter, unser Unternehmen und für unsere Region", finden sich dann nicht nur in den Jahresendreden, sondern haben konkrete Auswirkungen auf die Organisation und das Umfeld. CSR 3.0 wird somit auch als politisches Konzept verstanden, das die Rolle der Wirtschaft in der Gesellschaft und damit auch das Verhältnis Staat–Wirtschaft–Zivilgesellschaft im tiefen Bewusstsein einer wechselseitigen Abhängigkeit voneinander neu definiert und neu denkt (s. Schneider und Schmidpeter 2012).

Dieser Ansatz von CSR 3.0 und v. a. aber auch die Arbeiten von C. Otto Scharmer, der sich 2013 in seinem Werk „Leading From The Emerging Future. From Ego-System to

Eco-System Economies" (Scharmer 2013) vehement mit der Frage auseinandersetzt, wie es Führungskräften gelingen kann, durch eine erweiterte Betrachtung von Führung und einer aus tiefen Quellen schöpfenden Auseinandersetzung mit den eigenen Potenzialen nicht nur die eigene Organisation gesund weiterzuentwickeln, sondern auch essenziell notwendige Beiträge zu einer kooperativen Ökosystemwirtschaft zu leisten, haben unsere Arbeit am Trigon-Modell der organisationalen Resilienz mit impulsiert.

3 Das Trigon-Resilienzmodell

Im Rahmen der Entwicklung des Trigon-Modells zur organisationalen Resilienz haben wir uns gefragt: Was bedeutet Widerstandskraft und wodurch entsteht sie? Welche Verhaltensweisen, Kompetenzen, Haltungen und Rahmenbedingungen machen Individuen, Teams, Organisationen resilienter und welche machen sie anfälliger?

Auf der Suche nach Antworten führten wir Gespräche mit Managern von Unternehmen, die in den letzten Jahren große Herausforderungen gemeistert haben oder auch persönliche Konsequenzen ziehen mussten. Wir interviewten Berater, die sowohl erfolgreiche als auch weniger erfolgreiche Organisationen begleitet haben. Wir beschäftigten uns mit der gegenwärtigen Literatur, die das Thema Resilienz zunehmend ins Zentrum stellt. Und wir schauen natürlich auf das derzeit vorherrschende Umfeld und auf die Antworten, die im Moment gefunden werden, um neue Stabilitäten zu entwickeln.

Die Frage, welche Faktoren und Kriterien Resilienz unterstützen, beschäftigte uns intensiv. Kriterien für Resilienz bei Hochrisikoorganisationen und die individuelle Resilienz sind in der Literatur eingehend beschrieben (u. a.: Weick und Suthclife 2001; Reivich und Shatté 2002). Diese Publikationen waren für uns eine wichtige Inspirationsquelle. Doch viele eigene Erfahrungen ließen uns vermuten, dass es durchaus noch andere Wirkfaktoren gibt. Um diese zu konkretisieren, haben wir, wie schon erwähnt, zusätzlich umfangreiche qualitative Interviews mit namhaften Managerpersönlichkeiten und erfahrenen Beratern geführt und diese ausgewertet. Auf Basis all dieser Ergebnisse haben wir ein Modell entwickelt, mit dem sich eine Diagnose der aktuellen Widerstandskraft von Organisationen anhand von Kriterien in vier Dimensionen feststellen lässt. Dieses Modell ist angelehnt an die Logik des Trigon-Führungsmodells (Ballreich et al. 2011) und bietet die Möglichkeit, mit der Resilienzbrille auf Organisationen und Teams zu blicken. Natürlich kann auch das Modell der sieben Wesenselemente von Trigon dazu genützt werden, um die Resilienz in Organisationen in den drei Subsystemen zu prüfen (Glasl et al. 2014; Abb. 2).

Im weiteren Verlauf von Kap. 2 gehen wir näher auf die beiden Achsen und auf die einzelnen Gestaltungsfelder ein. Zu einer Betrachtung von relevanten Resilienzfaktoren stellen wir ausgewählte Übungen zur Weiterentwicklung von organisationaler Resilienz und geben konkrete Fallbespiele aus unserer Beratungsarbeit.

Abb. 2 Die vier Gestaltungsfelder für organisationale Resilienz (Huemer, Preissegger 2014)

3.1 Die vertikale Achse – Der Umgang mit sich selbst und die Kraft des Teams

Die vertikale Achse behandelt einerseits das Ich (Führungskraft, Mitarbeiter) und zeigt Elemente, die die Resilienz bei Einzelpersonen fördert. Diese Dimension ist in der aktuellen Literatur und durch unzählige Beratungsangebote gut abgedeckt. Auch die betriebliche Gesundheitsvorsorge legt besonderes Augenmerk auf diese Dimension. Die zweite Dimension auf der vertikalen Achse – das Team – ist aus unserer Sicht aktuell noch stark unterbelichtet, stellt jedoch eine wesentliche Ressource der Resilienzentwicklung von Organisationen dar.

3.1.1 Resilienz von Führungskräften und Einzelpersonen steigern

Es klingt vielleicht paradox, wenn wir sagen, dass Menschen resilient sind, wenn sie aus einer guten persönlichen Balance heraus akzeptieren, dass sie nicht alles beeinflussen und steuern können. Dies bedeutet nicht, in schwierigen Situationen resigniert zuzuschauen, sondern ganz im Gegenteil mit Zuversicht und Energie auf die Welt zu blicken und auch bei Engpässen Chancen erkennen zu können. Im Umgang mit Krisen und Engpässen sind jene Managerpersönlichkeiten widerstandsfähiger, die Sinn und Identität nicht ausschließlich in einem Streben nach mehr Macht, Geld und Ansehen erleben, sondern sich auf ein qualitätsvolles, gutes Über-Leben ausrichten.

Wie auch in der einschlägigen Literatur eingehend betrachtet, sind weniger die objektiven, krisenhaften Rahmenbedingungen an sich entscheidend, ob Menschen in Krisen handlungsfähig bleiben, sondern v. a. die eigene emotionale Bewertung der Situation und die damit verbundene Selbststeuerung. Das einfache Bild vom halb vollen oder halb leeren Glas kann man hier noch verschärfen: Sehen Menschen nur die Katastrophe oder sind sie auch unter absolut schwierigen Rahmenbedingungen in der Lage, ihren eigenen Handlungsspielraum zu erkennen und zu nützen? – Hier ist es äußerst hilfreich, einen reflektierten Umgang mit den eigenen Eskalationsmechanismen zu entwickeln, um in Situationen der Enge den kleinen Schritt zurücktreten zu können. Dieser kleine Schritt ist entscheidend, ob ich selbstgesteuert nach alternativen Wegen und Handlungsoptionen suchen kann oder ob die Urinstinkte jegliche Ratio ausschalten und zu automatisch gesteuertem Verhalten (Wut, Flucht, Totstellen) führen.

Menschen, die es in solchen Situationen schaffen, nicht nur nach eindeutigen Antworten zu suchen, sondern in der Lage sind, auf den ersten Blick unlösbare Spannungsfelder als Impulsgeber für neue Lösungen zu nützen, sind im Vorteil. So wie die Suche nach ganz eindeutigen Antworten blockiert, eröffnet eine bewusste Sowohl-als-auch-Haltung hingegen oft neue Möglichkeiten. In vielen der Interviews, die wir geführt haben, wurde deutlich angesprochen, dass diese die erlebten Krisen als multidimensionale Spannungsfelder erlebt haben und es eine deutliche Sehnsucht nach Übersicht, Klarheit und eindeutigen Lösungen gab. Doch wird in der aktuellen Komplexität von globalen und lokalen Zusammenhängen in der Wirtschaftswelt, den unterschiedlichsten Ansprüchen der Stakeholder und der Vielschichtigkeit im Privatleben deutlich, dass dies schon in gemäßigten Zeiten kaum zu erreichen ist. Somit wird eine weitere Resilienzkompetenz deutlich: Spannungsfelder so zu managen, dass man nicht zwischen den Polen zerrieben wird oder die Übersicht verliert – im Idealfall so, dass aus der wechselseitigen Kraft, die in den Polen liegt, neue Lösungsenergien entstehen. So klingt dies vielleicht fast paradox, doch Handlungsorientierung in der Komplexität gelingt dann besser, wenn man ohne Anspruch auf einfache Lösungen die Spannungsfelder in ihren Polen wahrnimmt und dazu nicht entweder-oder denkt, sondern in einer Sowohl-als-auch-Haltung agiert.

All dies ist hilfreich, um aus dem Moment, dem Hier und Jetzt, kraftvoll handeln zu können.

Fallbeispiel: Topmanagementcoaching, um Spannungsfelder zu balancieren

Ein konkretes Beispiel aus unserer Coachingpraxis soll dieses Management von Spannungsfeldern illustrieren. Ein Topmanager nützte ein persönliches Coaching, um für sich zu entscheiden, wie er nach einer schweren Krankheit während einer im Unternehmen schwierigen wirtschaftlichen Phase seine Rückkehr ins Berufsleben gestalten wollte. Eine Übung kann dabei helfen.

Schritt 1: Beispiele von Spannungsfeldern in den Dimensionen sammeln

Karriere/Lebensqualität, schnelle Rückkehr nach Krankheit/langsame Rückkehr nach Krankheit, berufliche Neuorientierung/Kontinuität in der Karriere – wählen Sie die aktuell für Sie relevantesten Spannungsfelder aus.

Schritt 2: Systematisches Betrachten von jeweils beiden Polen an einem konkreten Beispiel (vgl. Weiss 2011)

Nach schwerer Krankheit rasch wieder in Top-Management-Position zurückkehren		Sich nach schwerer Krankheit eine längere Auszeit nehmen	
• Angst, sich zu übernehmen und schnell wieder auszufallen • Durch die hohe zeitliche Belastung zu wenig Gespür zu haben für die Signale des Körpers	• Gutes Gefühl, schnell wieder die Zügel in die Hand zu nehmen • Für MitarbeiterInnen und Kollegen Sicherheit durch Kontinuität geben • Im „Training" bleiben und so schnell wieder leistungsfähig werden • Gut für's Selbstwertgefühl • Freude und Energie auch für die weitere Gesundung daraus zu schöpfen, wieder gestalten zu können	• Chance, sich wirklich gut zu erholen • In der Auszeit zu lernen, besser mit den Kräften hauszuhalten • Aus der Distanz die Möglichkeit zu haben, nachzuspüren, ob die Top-Position noch immer so erstrebenswert ist • Wirklich mehr Zeit zu haben für Familie und Bewegung • Zeit und Energie zu haben, über berufliche Alternativen nachzudenken	• Angst, nicht mehr gebraucht zu werden • Angst, die Leistungsfähigkeit ganz zu verlieren • Sorge, dass in der Abwesenheit der Bereich ganz umgekrempelt wird • Angst, den Anschluss zu verpassen

Schritt 3: Bewusstes Einsetzen einer Sowohl-als-auch-Haltung: Lösungsansätze, die entstehen, wenn ich konsequent sowohl-als-auch denke:

- Im Topmanagement wieder einsteigen, aber nur unter der Bedingung einer Vier-Tage-Woche.
- Erst wieder einsteigen, wenn 15 kg Körpergewicht reduziert werden konnten und die Blutdruckwerte über 8 Wochen konstant im unkritischen Bereich sind.
- Nur unter der Bedingung wieder rasch einsteigen, dass es möglich ist, dreimal die Woche gemeinsam mit der Ehefrau und einem Personal Trainer zu trainieren.
- Für sich selbst, mit der Familie und dem Vorstand das nächste Jahr als echtes Probejahr vereinbaren.

3.1.2 Resilienz in Teams entwickeln

TEAM
- Vertrauensvolle Dialogkultur entwickeln
- Diversität nutzen
- Teamerfolg vor Einzelerfolg stellen
- Mutig entscheiden

Provokant formuliert, könnte man sagen: „Die Zeit der Managementhelden ist vorbei." Vielmehr geht es um Rollenvielfalt, Achtsamkeit und Bewusstheit für das gesamte Unternehmen, das Topmanagementteam und für sich selbst. Der Superguru an der Spitze reicht nicht mehr aus, um ein System resilient zu prägen. Wirksamer sind Managerpersönlichkeiten, die nicht die eigene Performance in den Vordergrund stellen und die eigene Kraft überschätzen oder ausbeuten, sondern die, die einem (Topmanagement-)Team kraftvoll zuarbeiten.

Einer der Topmanager, die wir zu diesem Thema interviewten, brachte eine auf den ersten Blick erstaunliche Analogie zum Fußball: „Oft ist Fußball vielen Managementteams um Jahre voraus. Früher gab es meist einen großen Star, einen Stürmer, der vor dem Tor gewartet hat, um einen Treffer zu erzielen. Die Mannschaft war sehr arbeitsteilig aufgebaut, mit klaren Aufgabenzuteilungen. Heute erleben wir oft echte Teams auf dem Platz. Jener ist der Star, der sich möglichst bewegt, alles rund um sich im Blick hat und schnell den Ball abgibt, wenn er sieht, dass ein Kollege die bessere Chance hat. Stürmer und Verteidiger werden auf den jeweils anderen Positionen gefunden, wenn es das Spiel erfordert. Die Darstellung der Mannschaftsaufstellung ist oft ein Problem, da nicht mehr so klar erkennbar ist, wer auf welcher Position spielt. Und jene Spieler, die mannschaftsdienlich spielen, sind die wahren Großen."

So wie wir es in der Analogie zum Fußball schon beschrieben haben, geht es um Teamerfolg vor dem Einzelerfolg. Widerstandsfähig sind Teams, die gut zusammenspielen und die Verantwortung für Teilbereiche und das Ganze zugleich übernehmen. Vielfalt und Unterschiedlichkeit in der Zusammensetzung sind wesentliche Erfolgsfaktoren. Bei hoher Unterschiedlichkeit gibt es eine gewünschte Meinungsvielfalt. Diese Diversität und Meinungsvielfalt wird in resilienten Teams gezielt genutzt. Eine Grundvoraussetzung, dass dies wirklich gelingen kann, ist eine entsprechende Dialogkultur. Diese Dialogkultur legt auch die Basis dafür, Entscheidungen trotz Unsicherheit gut treffen zu können. Faktenbasierte Analysen und zusätzliches echtes Nachfragen und Zuhören in Bezug auf Meinungen, Empfehlungen – aber auch Ängste und Sorgen – bilden eine Grundlage für mutige, auch intuitive Entscheidungen, um der Komplexität und Dynamik in Krisensituationen begegnen zu können. Ein widerstandsfähiges Team legt nicht nur Wert auf Leistungen und Ergebnisse, sondern achtet auch klar auf das Wie im Verhalten der Teammitglieder. Der Aufbau einer Vertrauenskultur ist in resilienten Teams kein Lippenbekenntnis.

> **Übung**
> **Dialog nach C. O. Scharmer: Dialog im Team üben als eine Quelle zur Weiterentwicklung von Resilienz**
> Sich als divers zusammengesetztes Team laufend in der Weiterentwicklung einer echten Dialogkultur zu üben, ist eine lohnende Investition in organisationale Resilienz. Denn dann kann es gelingen, bei schwierigen Themen nicht nur Positionen auszutauschen und sich darin zu versteifen und zu erschöpfen, sondern zu einem echten, kreativen – nach C. O. Scharmer schöpferischen – Dialog als enorme Kraft- und Inspirationsquelle zu gelangen. Aktives Zuhören, Argumente von anderen Teammitgliedern mit eigenen Worten wiederholen, bei Irritationen nochmals gezielt nachfragen, anstelle der Lücke in der Argumentation das höchste Potenzial sehen, sind konkrete Schritte. Einem Team, das sich mehrmals im Jahr mit der Dialogkultur auseinandersetzt, kann es wohl gelingen, nach einem kurzen Blick auf nachstehendes Modell zu sagen, wie das letzte Meeting von der Dialogqualität her zu bewerten ist. Und was sich das Team für das nächste Meeting vornimmt (Abb. 3).

Unsere Wahrnehmung ist, dass die beschriebenen Erfolgsfaktoren für alle Teams in Organisationen gelten, dass jedoch dem Topmanagementteam eine besondere Bedeutung zukommt. Agieren diese Führungspersönlichkeiten als vitale und widerstandsfähige, sich gegenseitig zugleich fordernde und vertrauensvoll unterstützende Einheit, dann ist dies

Zukunft
Die entstehende Zukunft in die Welt bringen:
reflektieren, vorstellen, inspirieren, intuitiv erfassen

Schöpferischer Dialog	Reflektierender Dialog
• Zuhören von der höchsten Möglichkeit	• Durch die Augen des anderen sehen
• Die Zeit verlangsamt sich	• Empathisches Zuhören
• Die Grenze zwischen mir und dem anderen verschwimmt	• Erkundendes Fragen
• Neues kommt in die Welt	
Nett plaudern	**Verbissene Debatte**
• Sprachspiele, unabhängig davon, was ich denke	• Der andere = Zielscheibe
• „Harmoniesauce"	• Mein Standpunkt ist entscheidend
• Nicht wirklich hören; projizieren	• Wenig fragen
	• Der andere muss lernen

Vergangenheit
Wiederholung der Muster der Vergangenheit
beurteilen, beklagen, verteidigen

Vgl. C.O. Scharmer (2005): Presence, Nicholas Brealey Publishing Ltd.

Abb. 3 Dialog (in Anlehnung an Claus Otto Scharmer 2008, Seite 271)

ein wesentlicher Hebel für organisationale Resilienz. Weiterhin empfiehlt es sich, Resilienzentwicklung als permanentes Thema im Jahreskreislauf eines Teams anzulegen und nicht als isolierte Einzelmaßnahme zu betrachten.

> **Übung: Team Jahreszyklus**
> Ziel: Kontinuität im Team entwickeln
>
> Anstelle von isolierten Impulsen setzt eine resiliente Teamentwicklung gezielte Schwerpunkte im Jahreszyklus. Für Resilienz wesentliche Haltungen und Werte wie Dialogkultur und Vertrauenskultur werden so laufend impulsiert (Abb. 4).

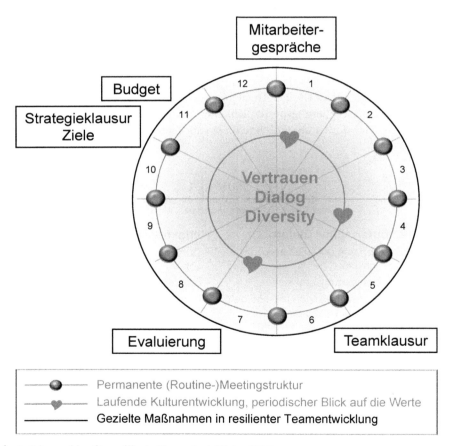

Abb. 4 Jahreszyklus für resiliente Teams (vgl. Weiss 2011)

> **Fallbeispiel: Pflege – Weg von Opferhaltung, hin zum gemeinsamen Gestalten im Team**
> Eine Gruppe von 25 Führungskräften im Pflegebereich eines Krankenhauses kommt zum ersten Teammeeting (im Kontext zur Weiterentwicklung einer gesunden Arbeitsumgebung) in absoluter Opferhaltung: „Wir sind in der Sandwichposition zwischen Bedürfnissen der Patienten und Vorgaben von oben als auch den Erwartungen der Ärzteschaft; haben keinen Handlungsspielraum; Last wird immer größer etc." In einem ersten Schritt versuchen wir, eine Rollen- und Aufgabenklarheit zu schaffen und rücken jene Tätigkeiten, die zur Kernaufgabe gehören, ins Zentrum. All jene Tätigkeiten, die nur als Gefälligkeit für andere (Ärzte, Reinigung etc.) gemacht werden, listen wir transparent auf. Bis zum nächsten Termin wird vereinbart, dass **alle** (Führungskräfte und Mitarbeiter) **eine** Gefälligkeitstätigkeit nicht mehr durchführen und hier höflich, aber konsequent eine Grenze setzen. Wir erarbeiten auch im Detail, welche Widerstände auftreten können und wie darauf reagiert wird. Beim nächsten Termin nach drei Wochen berichten alle: „Wir haben erstmals das Team gespürt, da sich alle daran gehalten haben; Vorgehensweise war sofort Gesprächsthema bei anderen Berufsgruppen; Veränderung im Verhalten konnte erwirkt werden." Dieser kleine Schritt veränderte die Grundhaltung der Gruppe und gab so großes Vertrauen, dass danach wirklich an großen gemeinsamen Veränderungen gearbeitet werden konnte – deutlich merkbare Schritte in Richtung resilientes Team konnten entstehen.

Die horizontale Achse – Resilienzentwicklung aus der Organisation heraus und aus der Interaktion der Organisation mit dem Umfeld der Umgang mit der Organisation und mit dem Umfeld

Die horizontale Achse des Modells bezieht sich auf das Wirken von Führungskräften in der Organisation und hier ganz besonders in der dynamischen Kraft zwischen dem **Innen** und **Außen** einer Organisation, also Markt, Kunden und Umfeld.

In unseren Gesprächen mit Managern zum Thema Resilienz wurde als Erfolgskriterium für Widerstandskraft immer wieder die enge Beziehung zwischen der Organisation als solcher und dem Markt, den Kunden und dem Umfeld genannt. Diese enge Beziehung ist geprägt von einer laufenden Achtsamkeit und Anpassungsfähigkeit hinsichtlich schwacher Signale über Chancen und Risiken. Dies impliziert ein dynamisches System, das in der Lage ist, sich auf Änderungen einzustellen und die Signale richtig zu interpretieren, gleichzeitig aber auch einen Kurs zu halten und sich nicht von einem kleinen Windstoß in die Krise treiben zu lassen. Wüthrich et al. (Musterbrecher, Führung neu leben) prägen die Metapher des Segelboots: „Eine Organisation ist mit einem Segelboot vergleichbar, das sich grundsätzlich lenken lässt, man jedoch keinen Einfluss darauf hat, aus welcher Richtung der Wind kommt. Es treibt nicht dahin wie eine Luftmatratze, die vom Wind getrieben wird. Aber man kann nicht über seine Richtung und Geschwindigkeit bestimmen, wie es bei einem Motorboot der Fall ist. Zwei Dinge müssen jedoch ständig hinterfragt werden: der Kurs des Segelboots und die Tauglichkeit der Segel." Hier zeigt sich auch wieder die enge Verbindung zur vertikalen Achse im Modell: Resiliente Führungskräfte und Managementteams sind gefordert, die Signale richtig zu interpretieren, den Kurs unter den gegebenen Rahmenbedingungen zu setzen und die Tauglichkeit der Segel zu gewährleisten.

3.1.3 Resilienz von Organisationen im Innen steigern

Organisation
- Ehrliche Fehler- und Lernkultur entwickeln
- Experimentierflächen für Innovationen schaffen
- Dezentrale Verantwortungsübernahme stärken
- Systemblockaden entfernen und Reserven bei Risikotreibern aufbauen

Um Widerstandskraft von Organisationen nach innen zu entwickeln, gilt es also, Rahmenbedingungen zu schaffen, die Menschen in der Organisation dynamisch, flexibel und verantwortungsvoll agieren lassen. Eine gelebte und systematisch etablierte, konstruktive Fehlerkultur ist ein zentrales Element in der Entwicklung von Resilienz in Organisationen und keine Defizitorientierung. Sie ist der Kern in der Entwicklung einer lernenden Organisation, also einer Organisation, in der Fehler dazu genutzt werden, um daraus für die Zukunft zu lernen, zu innovieren, sich zu verändern. Fehler zu artikulieren bedeutet v. a. auch, Verantwortung zu übernehmen. Verantwortung übernehmen allerdings nicht nur für das individuelle Tun, für das individuelle Versagen – wie Fehler in Organisationen oft deutlich zu kurz gegriffen betrachtet werden –, sondern Verantwortung übernehmen für das Unternehmen und das Gesamtsystem, und zwar v. a. dann, wenn diese Fehler oder Beinahefehler auch an anderen Stellen wiederholt passieren. Die Fehlerkultur ist in der Organisationsentwicklung bereits lange ein Thema und trotzdem erleben wir viele Organisationen aus allen Branchen, die dieses Thema nach wie vor stiefmütterlich behandeln und die Potenziale übersehen. Meist scheitert es bereits bei den Topführungskräften, die eigene Fehler und Fehler, die in ihrem Verantwortungsbereich passieren, als persönliches Versagen interpretieren. Wir möchten an dieser Stelle Führungskräfte ermuntern, diese Negativspirale zu stoppen und sich dem Thema mutig und ohne Vorbehalte zu widmen. Eine prozessuale Auseinandersetzung im Team kann eine sehr positive Dynamik entwickeln (s. Abb. 5). Einer der innovativsten Industriebetriebe in Österreich vergibt jährlich einen Lernpreis für die Meldung jenes Fehlers, der am meisten zur internen Weiterentwicklung beigetragen hat.

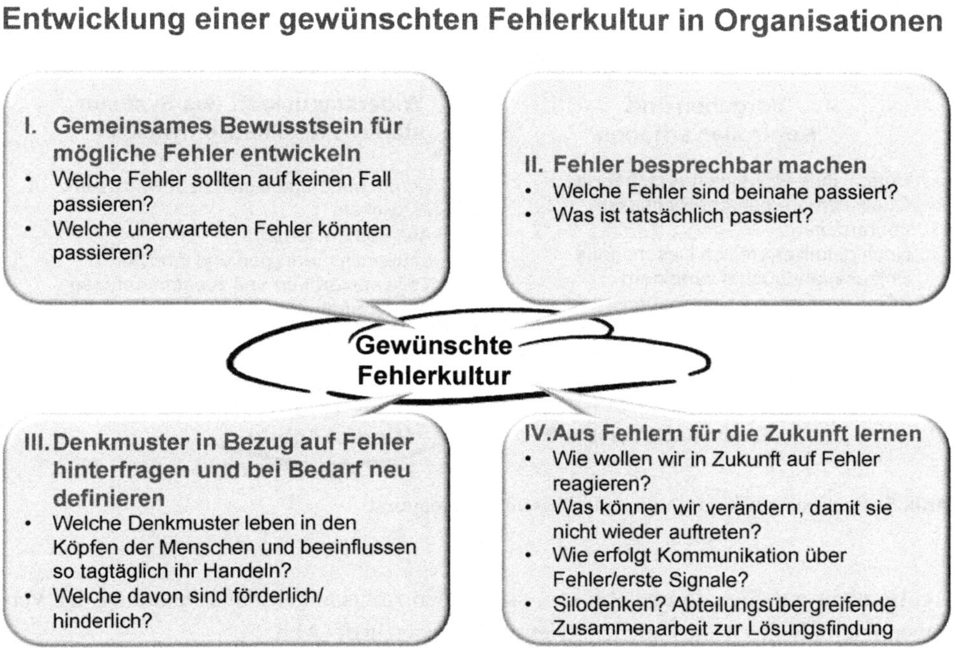

Entwicklung einer gewünschten Fehlerkultur in Organisationen

I. Gemeinsames Bewusstsein für mögliche Fehler entwickeln
- Welche Fehler sollten auf keinen Fall passieren?
- Welche unerwarteten Fehler könnten passieren?

II. Fehler besprechbar machen
- Welche Fehler sind beinahe passiert?
- Was ist tatsächlich passiert?

Gewünschte Fehlerkultur

III. Denkmuster in Bezug auf Fehler hinterfragen und bei Bedarf neu definieren
- Welche Denkmuster leben in den Köpfen der Menschen und beeinflussen so tagtäglich ihr Handeln?
- Welche davon sind förderlich/hinderlich?

IV. Aus Fehlern für die Zukunft lernen
- Wie wollen wir in Zukunft auf Fehler reagieren?
- Was können wir verändern, damit sie nicht wieder auftreten?
- Wie erfolgt Kommunikation über Fehler/erste Signale?
- Silodenken? Abteilungsübergreifende Zusammenarbeit zur Lösungsfindung

Abb. 5 Entwicklung einer gewünschten Fehlerkultur in Organisationen (Huemer, Preissegger 2015)

Innovationen entstehen in Organisationen oft nicht von selbst, sind aber der zukünftige Motor für Vitalität. Gezieltes Einrichten von Experimentierfeldern, das Zur-Verfügung-Stellen von Spielgeld zum Experimentieren, damit in kleinen, flexiblen Einheiten Neues ausprobiert werden kann, gibt die Möglichkeit, früh Innovationen, die in Zukunft überlebensnotwendig sein könnten, zu ermöglichen. Dies ist v. a. in sehr traditionellen, eingesessenen Unternehmen eine große Herausforderung und gleichzeitig eine echte Notwendigkeit, denn, was in der Vergangenheit gut war, muss nicht die Antwort für die Zukunft sein.

„Empowerment" ist ein geflügeltes Wort in der Führungskräfteentwicklung und ist entscheidend, um die Organisation lebendig zu halten. Vertrauen in die Kompetenz der Experten und die gleichwertige Behandlung ihrer Meinung im Entscheidungsprozess lässt dieses „empowerment" auf breiter Basis entstehen. Kleine, flexible und selbstverantwortliche Einheiten mit wenigen klaren, zentralen Vorgaben und Kontrollen machen marktwirksame Entscheidungen möglich. Dies setzt voraus, dass nicht versucht wird, durch überdifferenzierte Kontrollinstrumente und Regelwerke alles zu steuern und zu kontrollieren, denn das führt nur zur Steigerung von Komplexität, Unübersichtlichkeit und Fehleranfälligkeit. „In komplexen Systemen wie Unternehmen erzeugt der Versuch der Komplexitätsreduktion mittels Planung, Organisation und Administration eben das zu Vermeidende – nämlich (Eigen-)Komplexität" (Wüthrich et al. 2006, vgl. Sprenger 2012). Gerade hier zeigt sich in den letzten Jahren jedoch, dass in vielen Branchen (Gesundheit, Finanzdienstleistung etc.) zum Primat der Effizienz das Primat der Kontrolle hinzugekommen ist, mit all seinen negativen Folgen wie völlige Innenorientierung, Verlust der

2 mögliche Reaktionswege

Vorgaben und Kontrollen erhöhen
- Compliance-Richtlinien verschärfen
- Qualitätsmanagement-Richtlinien überarbeiten
- Noch detailliertere Job Descriptions
- Prozesshandbücher verfeinern
- Effizienzprogramme ausbauen

Vergangenheitsbezogenes Abarbeiten
Dienst nach Vorschrift

Widerstandskraft des Systems stärken, Resilienz entwickeln
- Compliance- und Qualitätsbewusstsein entwickeln
- Aus Fehlern lernen
- Laufend hinterfragen und innovieren
- Teile neu ordnen und zusammenfügen (Reframing)

Agieren im Hier & Jetzt
Mindful Acting

Abb. 6 Reaktion auf Krisen und unvorhersehbare Ereignisse

Achtsamkeit auf Signale und Risiken, stattdessen Achtsamkeit auf Einhaltung der Vorgaben und in letzter Konsequenz – Dienst nach Vorschrift (Abb. 6).

Ein alternativer Reaktionsweg, um auf Krisen zu reagieren, wäre, nicht noch straffere Regelwerke einzuführen, sondern die Lebendigkeit des Systems und die Achtsamkeit der Personen zu stärken. Ermöglichen könnte man dies durch ein paar strenge Regeln, die durch die Entwicklung eines Compliance-Bewusstseins bei den Akteuren, durch eine gelebte Fehlerkultur und durch daraus folgende Lernkultur gestützt werden. Dies hätte ein flexibles und achtsames Agieren im Hier und Jetzt zur Folge und nicht ein vergangenheitsbezogenes Abarbeiten gemäß den Vorschriften.

Was gebraucht wird, ist das Vertrauen: das Vertrauen in die Fähigkeiten der Mitarbeiter, das Vertrauen in ihren Gesamtblick auf die Situation, das Vertrauen in die intuitive Einschätzungsfähigkeit von Prioritäten und die Verantwortungsübernahme im Zusammenspiel mit den Kollegen und Führungskräften. Dies setzt wiederum eine Grundhaltung voraus, nämlich die Überzeugung, dass es in den meisten Fällen keine eindeutigen Antworten gibt, sondern dass die Herausforderung darin besteht, die richtige Balance im Sowohl-als-Auch zu finden; in einer Balance zwischen zentral und dezentral, zwischen Tun und Planen, zwischen Chancen und Risiken etc. Gerade diese Spannung in der Suche nach Balancen hält uns und das System achtsam, lebendig und somit widerstandsfähig.

Resilienz hat weiterhin sehr viel mit Reserven zu tun – mit Reserven in finanzieller Hinsicht, aber auch mit Reserven bei den größten Risikotreibern und Risikopunkten; dies könnte eine Doppelbesetzung bei extrem kritischer Expertise bedeuten oder der Einbau einer Reflexionsschleife sein, um eine zweite Meinung einzuholen. Diese Risikopunkte zu identifizieren, sich darüber auszutauschen und einen Speckpolster an diesen Stellen bewusst einzuplanen, ist eine sehr proaktive Variante, um sich auf Krisen vorzubereiten. Ein gezielt antizyklisches Agieren entscheidet in Krisen über Leben oder Tod, eine alte Binsenweisheit spricht dabei viel Wahres: „Spare in der Zeit, dann hast du in der Not."

Parallel zur Bildung von Reserven an kritischen Risikotreibern braucht es laufende Entrümpelungsaktionen durch gezieltes Verlernen und Loslassen an jenen Stellen, wo zu viel Ballast angesammelt ist oder wo Prozesse kultiviert werden, die längst nicht mehr den aktuellen Notwendigkeiten entsprechen. Sehr oft bleibt der organisationale Speck an diesen Stellen viel zu lange haften, während an den kritischen Stellen immer anfälligere Strukturen entstehen.

> **Fallbeispiel: Risikoabteilung – Alles außer Kraft setzen**
> Da sich aufgrund der Entwicklungen in den letzten Jahren im Bankenbereich der Zugang zum Risikomanagement grundlegend geändert hat, will der Risikobereichsleiter einer Bank mit seinem Team die internen Regelwerke, die sich über Jahrzehnte entwickelt haben, anpassen. Nach ein paar erfolglosen Versuchen, die bestehenden Regelwerke zu entrümpeln und an die Veränderungen anzupassen, wird erkannt, dass nur durch ein radikales Herangehen eine wirkliche Veränderung möglich wird:
> Hypothese: „Alle gültigen Inhouse-Regelwerke wurden außer Kraft gesetzt, wir haben nun die Chance, die Regelwerke der Zukunft innerhalb der nächsten drei Wochen **neu** aufzusetzen!"
> Frage 1: Was sind die aktuellen Rahmenbedingungen und Herausforderungen für unser Risikomanagement?
> Frage 2: Was soll mit dem neuen Regelwerk erreicht werden?
> Frage 3: Was wollen wir regeln?
> Auf Basis der Antworten auf diese Fragen wird das neue Regelwerk aufgesetzt und entwickelt. Dieser radikale Schritt macht es erst möglich, sich von Regeln zu verabschieden, die immer so gemacht wurden, aber aktuell keinen Nutzen mehr stiften und jene zu integrieren, die heute überlebensnotwendig sind.

3.1.4 Resilienz in Bezug auf Umfeld und Markt steigern

Umfeld/Markt
- Wissen vom Point of Sale strukturiert nutzen
- Schwache Signale bzgl. Chancen und Risiken erkennen
- Intelligent vernetzen
- Scheinbar unmögliche Szenarien denken und gesellschaftliche Handlungskompetenz wahrnehmen

Mikro-Ebene
- Welche Signale bekommen wir von unseren „Kunden"?
- Was sagen die MitarbeiterInnen, die unsere Organisation verlassen haben?

Meso-Ebene
- Was macht der Mitbewerb?
- Was bewegt unsere Lieferanten?

Makro-Ebene
- Welche gesellschaftlichen Entwicklungen und Trends beeinflussen unsere Organisation?
- Welche neuen gesetzlichen Rahmenbedingungen kommen auf uns zu?
- Welche gesellschaftlich/politisch relevanten Themen, die wir als potenziellen Engpass erahnen, können wir (in Teilen) aus der Kraft unserer Organisation mit beeinflussen?
- Welchen Nutzen können wir für Menschen und Ökosystem stiften, der uns zugleich in der Stabilität unserer Organisation hilft?

- *Wissen gezielt nutzen*
- *Beschwerden ernst nehmen und nutzen*
- *Abhängigkeiten prüfen*
- *Möglichkeit zur Vernetzung*
- *Scheinbar unmögliche Szenarien*
- *Chancen und Risiken*
- *Gesellschaftspolitische Gestaltungskraft wahrnehmen*

Abb. 7 Drei Betrachtungsebenen für Resilienz im Umfeld

Die Resilienz in Bezug auf Umfeld und Markt lässt sich auf drei Ebenen betrachten, der Mikroebene, der Mesoebene und der Makroebene (vgl. Abb. 7). Auf Mikro- und Mesoebene, d. h. auf Ebene der einzelnen Organisation mit ihrem unmittelbaren Umfeld, zeigt sich die Lebendigkeit von Organisationen in hohem Maß daran, inwieweit sie dazu in der Lage sind, sich an Anforderungen, Änderungen und Herausforderungen des Markts und des Umfelds anzupassen, und inwieweit sie in der Lage sind, Risiken möglichst früh zu erkennen und darauf zu reagieren. Bezugnehmend auf das Bild des Segelboots bedeutet dies, laufend die Segel so an Wind und Wetter auszurichten, dass das bestmögliche Vorankommen gesichert ist, aber weder das Boot in Gefahr bringt, noch herannahende Gefahren wie Sturm oder Nähe zum Land übersehen werden. Ein oft referenziertes Beispiel aus der Unternehmenspraxis, das dies veranschaulicht, ist beispielsweise die Geschichte von Kodak, u. a. in einem Spiegel-Artikel vom 19.01.2012 „Kodak Pleite: Geisel verblasster Erfolge" und in photoscala vom 16.02.2010 „Rivalen unter sich: Kodak und Fujifilm" (Agün 2010) gut beschrieben.

> **Übung: Betrachtung von Organisation und Umfeld auf Mikro-, Meso- und Makroebene**
> Hilfreich ist, diese Fragen einmal im Topmanagementteam und zusätzlich aus der Perspektive von Mitarbeitern im direkten Kundenkontakt, vom mittleren Management und von wesentlichen Stakeholdern zu beantworten.

Einer der größten, hinlänglich bekannten, doch oft noch wenig wirklich gehobenen Schätze – v. a. in der Dienstleistungsbranche – liegt dabei aus unserer Sicht im unmittelbaren Nutzen des Wissens von Mitarbeitern am Kunden, des Dialogs mit Kunden und Lieferanten sowie im aktiven Einholen und Lernen von Beschwerden. Schwache Signale bezüglich Risiken und Chancen sowie Informationen über Bedürfnisse von Kunden liegen hier zum Abholen bereit und werden meist viel zu wenig beachtet und nicht strukturiert genutzt.

Organisationen haben weiterhin die Möglichkeit, durch gute Beziehungen zu Kunden, Lieferanten, Netzwerkpartnern und eventuell auch zu Konkurrenten, ihre Resilienz nach außen zu stärken. Gerade eine für alle Beteiligten positive Entwicklungen fördernde Vernetzung wird immer wieder als maßgebliches Kriterium für eine resiliente Organisation erwähnt. Wir möchten darauf hinweisen, dass es hier ganz wesentlich darauf ankommt, zu analysieren, ob die Netzwerke zu risikobehafteten Abhängigkeiten führen, zu lose sind oder tatsächlich maßgeblich zur Vitalität des Unternehmens und der Kooperationspartner beitragen. Auch hier gilt es wieder, laufend die aktuelle Balance zu prüfen.

Die Krisen der letzten Jahre haben besonders die Notwendigkeit der laufenden Entwicklung von Szenarien gezeigt. Eine entscheidende resiliente Qualität ist dabei die Entwicklung von – aus heutiger Sicht – unmöglichen Szenarien und die fundierte Auseinandersetzung damit. Einige Manager sagten uns rückblickend, dass die eingetretene Realität als Szenario in der Gruppe gar nicht ansprechbar gewesen wäre, aber in den Köpfen als völlig undenkbare und unmöglich auszusprechende Schreckensvision da war.

Eine große Chance einer nachhaltigen Resilienzentwicklung liegt allerdings nicht nur darin, die individuelle Organisation in ihrem Marktumfeld zu betrachten, sondern das Gesamtsystem mit einem Makroblick zu sehen und eine umfassende gesellschaftliche Verantwortung wahrzunehmen. Tim Benzko möge uns verzeihen, wenn wir seinen Songtext ein klein wenig in unserem Sinn abwandeln und mit „…muss nur noch schnell die Welt retten…" ein wesentliches Thema von organisationaler Resilienz und CSR 3.0 versuchen, pointiert zu formulieren. Ökosoziales und wirtschaftliches Umfeld betreffen die Organisationen, wirken zuweilen bedrohlich bis in den Kern. Somit wird in Zeiten von Krisen oftmals vorrangig darauf geachtet, sich vor diesen Einflüssen möglichst zu schützen. Resilient hingegen agieren Organisationen, denen es gelingt, diese Faktoren nicht nur wach und sensibel im Blick zu haben und darauf zu reagieren, sondern gerade dann, wenn sich etwas als virulent bedrohlich herausstellt, sich der Kraft, bewusst zu sein, diese Themen aktiv mit zu gestalten. Im vollen Bewusstsein, dass es selten eine einzelne Organisation sein wird, der da Bahnbrechendes gelingt. Doch Impulse geben Kraft, bekommen Aufmerksamkeit und haben bei guter Vernetzung die Kraft, beizutragen, das gesamte Wirtschaftssystem resilienter zu machen: zum Nutzen der Menschen in der Organisation, zum Nutzen der Gemeinschaft.

4 Begleitung bei der Entwicklung von Resilienz in Organisationen, Teams und bei Einzelpersonen

Wir haben versucht, aufzuzeigen, welche Faktoren die Entwicklung von Resilienz unterstützen. Nun erhebt sich natürlich die Frage, inwieweit diese Kompetenzen gezielt entwickelt werden können und was dabei unterstützen könnte.

Wie in der Einleitung schon dargestellt, zeigen die Erfahrungen aus einer Varietät von Disziplinen, dass Resilienz auf unterschiedlichen Ebenen sehr gut aufgebaut werden kann – vorausgesetzt, es gibt eine bewusste Entscheidung dafür in der Organisation und eine deutliche Willensbildung bei Einzelpersonen.

Selbstdiagnose und Entwicklung von Handlungsfeldern
Der erste Schritt zur Weiterentwicklung ist eine klare Standortbestimmung. Wir haben mit dem Trigon Resilienz-Fragebogen ein Instrument entwickelt, das eine erste Selbsteinschätzung der Widerstandskraft auf den vier Ebenen (Individuen, Team, Organisation innen, Markt/Umfeld) ermöglicht. Dieses Instrument kann wie ein Radar dabei unterstützen, zu erkennen, wo die Handlungsfelder in der Organisation, im Topmanagementteam oder bei Einzelpersonen liegen. Auf Basis dieser Erkenntnis gilt es danach, einen Bewusstseinsbildungs- und einen Entwicklungsprozess zu gestalten (Abb. 8).

Ein stufenweises Vorgehen in einer Organisation kann, modellhaft skizziert, wie folgt aussehen:
Schritt 1: Selbstdiagnose durch den Trigon Resilienz-Fragebogen Fragebogen (idealerweise durch Topmanagementteam und ausgewählte Schlüsselpersonen)
Schritt 2: Intensivworkshop (Topmanagementteam und ausgewählte Schlüsselpersonen)

- Verdichtung der Diagnose
- Konkretisierung des Handlungsbedarfs
- Entwicklung von konkreten Ansatzpunkten
- Vereinbarung von ersten Maßnahmen und eines mittelfristigen Entwicklungsprozesses

Schritt 3: Umsetzung erster Maßnahmen und Start eines Bewusstseinsbildungs- und Entwicklungsprozesses mit laufenden Lernschleifen
Schritt 4: Evaluierung der Weiterentwicklung: Dies kann gut durch erneuten Einsatz des Trigon Resilienz-Fragebogens unterstützt werden.

Einige Übungen und Instrumente in den vier Betrachtungsfeldern haben wir bereits skizziert. Nachstehend skizzieren wir weitere in der Praxis erprobte Methoden und Instrumente.

In der **Weiterentwicklung der persönlichen Resilienz** kann ein Coachingprozess sehr hilfreich sein. Gerade im Ich geht es nicht nur um den Teil der Persönlichkeit, der im beruflichen Kontext wirksam ist, sondern um die Persönlichkeit in ihrer Ganzheit. Die

Abb. 8 Die Verbindung von Befragungsmethoden und analogen Methoden zur Weiterentwicklung der organisationalen Resilienz (vgl. Haas 2014)

Entwicklung einer persönlichen Vision, eine gezielte Auseinandersetzung mit mentalen Modellen und Ziele in einer Work-Life-Balance sind einige der konkreten Ansatzpunkte.

Möchte ein **Topmanagementteam die Widerstandskraft gezielt weiterentwickeln**, dann geht es v. a. darum, gezielt Begegnungsflächen zum intensiven und ehrlichen Austausch zu schaffen und Lernräume zu gestalten. Ein Jahreszyklus resilienter Teamentwicklung ist hilfreich. Ein absoluter Erfolgsfaktor dabei ist das Vertiefen einer echten Dialogkultur. Eine resiliente Art, miteinander zu reden und innovativ zu gestalten, kann gelernt werden. Eine Kultur, die nicht nur überragende Einzelleistungen fördert, kann ganz deutlich auch monetär, durch konsequentes Einführen von Teamprämien, unterstützt werden. Spannend wird es, wenn sich Vorstände nicht als Einzelpersonen, sondern als Vorstandsteam einer Bestätigung stellen.

Arbeit an der **Weiterentwicklung der Resilienz in Organisationen** bedeutet in jedem Fall das Erkennen von potenziellen Risikotreibern und die Ableitung von gezielten Maßnahmen, um diesen entgegenzuwirken. Die Entwicklung einer Fehlerkultur ist ein weiterer wesentlicher Schritt. Um das Innovationspotenzial anzuregen, gilt es zu überlegen, wie Experimentierfelder geschaffen werden können, die neue und mutige Ansätze ausprobieren lassen. Gezieltes Management von immanenten Spannungsfeldern gerade bei Themen wie Effektivität und Balance; Kontrolle und Eigenverantwortung, Expertise und Hierarchie ist essenziell.

In Bezug auf Markt und Umfeld ist bei der Weiterentwicklung der Widerstandskraft v. a. Augenmerk auf ein Erkennen von schwachen Signalen zu legen. Dabei könnte ein ehrlicher Einsatz von Feedback- und Beschwerdemanagement ein wirkliches Lernen der Organisation ermöglichen. Konsequenter Dialog mit Mitarbeitern im unmittelbaren Kundenkontakt, Integration dieser bei Prozess- und Produktentwicklungen sowie Kunden- und Lieferantenkonferenzen vertiefen das frühe Gespür für relevante Entwicklungen. Organisationen tun gut daran, die Augen bei relevanten gesellschaftspolitischen, makroökonomischen Themen nicht zu verschließen und diese gezielt in ihre Szenarioarbeit einzubauen, auch scheinbar unmögliche Szenarien gezielt zu denken.

Resümee

Grundsätzlich spüren wir bei Organisationen derzeit noch wenig umfassende Beschäftigung mit dem Thema organisationale Resilienz zur Vorsorge von Krisen. Es fehlt an der unternehmensweiten Auseinandersetzung damit, was die Überlebensfähigkeit sichert und was langfristig gesund hält. Wir erachten eine strukturierte Auseinandersetzung mit dem Thema „Organisationale Resilienz" als wesentliche Querschnittsfunktion in der Unternehmensentwicklung zur Sicherung eines nachhaltigen Unternehmenserfolgs. Somit ist Resilienzentwicklung für Teams und Organisationen eine zentrale zukünftige Schlüsselkompetenz für Führungskräfte. Wobei hier v. a. für das Topmanagement gilt: Nicht nur darüber nachdenken und reden, sondern tun und erste Schritt gehen.

Literatur

Agün (2010) Rivalen unter sich: Kodak und Fudji Film. http://www.photoscala.de/Artikel/Rivalen-unter-sich-Kodak-und-Fujifilm. Zugegriffen: 10. Aug. 2015
Antonovsky A (1997) Salutogenese. Zur Entmystifizierung der Gesundheit. dgvt-Verlag, Tübingen
Ballreich R, Scheinecker M, Vogelauer W, Weiss M (2011) Gestaltungsfelder der Führung in Trigon Themen, Heft 3. Trigon Entwicklungsberatung reg.Gen.m.b.H., Graz, S 3–6
Glasl F, Kalcher T, Piber H (Hrsg) (2014) Professionelle Prozessberatung. Das Trigon-Modell der sieben OE-Basisprozesse, 3. Überarbeitete und ergänzte Aufl. Haupt Verlag, Stuttgart
Gründler EC (2009) Erhöhte Unfallgefahr, Interview mit Bernd Lietaer in brandeins, Heft 1. brandeins Medien AG, Hamburg, S 154–161
Haas O (2014) Resilienz erfassen – aber wie? In: Trigon Themen 1/2014. Trigon Entwicklungsberatung reg.Gen.m.b.H., Graz, S 11
Huemer B, Preissegger I (2014) Organisationale Resilienz. Der Weg zu mehr Vitalität und Belastbarkeit in Trigon Themen, Heft 1. Trigon Entwicklungsberatung reg.Gen.m.b.H, Graz, S 3–4
Huemer B, Preissegger I (2015) Eine konstruktive Fehlerkultur als Grundpfeiler einer gesunden Organisation. In: Trigon Themen 1/2015. Trigon Entwicklungsberatung reg.Gen.m.b.H., Graz, S 9
Reivich K, Shatté A (2002) The Resilience factor. 7 keys to finding your inner strength and overcoming life's hurdles. Broadway Books, New York
Scharmer CO (2008) Theory U: leading from the future as it emerges. San Francisco
Scharmer CO (2013) Leading from the emerging future: from ego-system to eco-system economies. Berrett-Koehler Publishers, San Francisco
Schneider A, Schmidpeter R (Hrsg) (2012) Corporate Social Responsibility. Verantwortungsvolle Unternehmensführung in Theorie und Praxis. Springer, Berlin
Sprenger RK (2012) Radikal führen. Campus Verlag, Frankfurt a. M.
Weick KE, Suthcliffe KM (2001) Managing the unexpected. Sustained performance in a complex world. Wiley, New Jersey
Weiss M (2011) Management in Skizzen. Die Kraft der Bilder im Change Management. Haupt Verlag, Stuttgart
Wüthrich HA, Osmetz D, Kaduk S (2006) Musterbrecher. Führung neu leben. Gabler, Berlin

Mag. Brigitte Huemer Studium der Psychologie (Betriebs- und Organisationspsychologie und Diagnostik), 8 Jahre verantwortlich für Recruiting, Personal- und Organisationsentwicklung in einem österreichischen Großkonzern. 1999 Gründung ihres Beratungsunternehmens, seit 2001 Gesellschafterin der Trigon Entwicklungsberatung. Weiterbildungen in Organisationsentwicklung, Personalentwicklung, Mediation. Unternehmensberaterin, Mediatorin, Trigon-Partnerin.

Mag. Ingrid Preissegger geboren 1971 in Graz, Österreich; Studium der Betriebwirtschaftslehre in Graz; Studienaufenthalte in den USA – Spezialisierung auf Internationales Marketing und Internationales Management; Führungskraft im Finanzdienstleistungssektor im Bereich Customer-Relationship-Management und E-Commerce; Ausbildung in Organisationsentwicklung, Führungskräfteentwicklung, Coaching und Mediation. 2005 Gründung ihres Beratungsunternehmens, seit 2009 Trigon Entwicklungsberatung. Trigon-Partnerin.

Der vertikale Gesundheitsraum von Systemen und seine Analyse mithilfe von Aufstellungen

Georg Müller-Christ

1 Einführung

Dem Gesundheitsbegriff geht es ähnlich wie vielen Begriffen der Alltagswelt: Intuitiv wissen wir um seine Bedeutung, eine Grenze zu ziehen und zu definieren, was zur Gesundheit gehört und was nicht, fällt hingegen schwer. Von daher ist es nahe liegend, beim Augenscheinlichen zu bleiben und Gesundheit als das Fehlen von Krankheit eines lebenden Organismus zu definieren. Gerade für das Arbeitsleben bedeutet das Fehlen von Krankheit die Annahme der vorhandenen Leistungsfähigkeit der Mitarbeiter. Gesundheitsmanagement wäre dann eine logische Konsequenz auf betrieblicher Ebene: Es soll Menschen körperlich arbeitsfähig halten. Ein Unternehmen wäre folglich dann gesund, wenn es gesunde Mitarbeiter hätte.

In diesem Beitrag wird ein vertikaler Gesundheitsraum definiert. In diesem Gesundheitsraum werden vier Ebenen vermutet, die in die Tiefe hinein immer schwieriger zugänglich und erfassbar sind. Als Denkfolie wird der Eisberg verwendet, der nur die Sachebene teilweise sichtbar werden lässt. Unter der Wasseroberfläche kommt die Beziehungsebene, die wiederum von der Ebene der Systemgesetze getragen wird. Ganz unten im Eisberg als Fundament liegt die Ebene des Ethos oder der Bestimmung des Systems, eine Art unverrückbare Tiefenstruktur des Systems. Eine umfassende Gesundheit eines Systems entsteht auf allen vier Ebenen, von unten nach oben. Ein tiefgehend gesundes System hat ein starkes Ethos, die Systemgesetze werden berücksichtigt, auf der Beziehungsebene wird Wertschätzung gelebt und auf der Sachebene sind alle Ressourcen für eine vitale Funktionsfähigkeit vorhanden. Ob ein System in seiner Tiefe gesund ist oder auf welcher

G. Müller-Christ (✉)
Universität Bremen, Bremen, Deutschland
E-Mail: gmc@uni-bremen.de

Ebene es krank ist, lässt sich durch die Methode der Systemaufstellung erkennen, die im Beratungskontext zunehmend verwendet wird.

2 Selbstverortung des Beobachters

Mein Versuch, ein weitergehendes Konzept systemischer Gesundheit zu entwerfen, basiert auf zwei Erfahrungshintergründen, die sich durch Forschung, Lehre und Beratung zu Fragen eines nachhaltigen Managements entwickelt haben. Konzeptionell habe ich einen Zusammenhang zwischen Nachhaltigkeit und Gesundheit über ein Ressourcenkonzept entwickelt: Beide Eigenschaften setzen einen vitalen Ressourcenzufluss voraus (Müller-Christ 2014). Der zweite Erfahrungshintergrund bildete sich während der Durchführung von zahlreichen Systemaufstellungen mit dem Ziel, das So-Sein von Systemen besser zu verstehen (phänomenologischer Ansatz). Systemaufstellungen bilden Systeme mit großer Raum-Zeit-Verdichtung ab und regen dadurch ganz andere kreative und analytische Verstehensprozesse an, sowohl bei den Teilnehmern von Aufstellungen als auch bei mir als Aufstellungsleiter. Ich setze Systemaufstellungen als Methode eines forschungsorientierten Lernens ein und habe dabei die Erfahrung gemacht, dass wir ganz neue und andersartige Beobachtungen machen und Hypothesen entwickeln, wenn wir die dreidimensionalen Raumbilder von Systemen auf uns wirken lassen. Systemaufstellungen locken den Geistesblitz (Abduktion) und ermöglichen Hypothesen, die durch bloße induktive und deduktive Prozesse nicht entstanden wären. (Müller-Christ 2016a).

Diese drei affinen Zugänge zu Systemen, Nachhaltigkeit, Gesundheit, Ressourcen, analysiert mithilfe der Methode der Systemaufstellung, haben mir mit der Zeit einen tiefergehenden Blick in den unsichtbaren Teil von Systemen ermöglicht, der zu dem folgenden Konzept eines mehrdimensionalen Gesundheitsraum von Systemen führte. Meine weiteren Forschungsarbeiten mit diesem Modell werden dazu dienen, die einzelnen Ebenen und ihr Zusammenwirken besser zu verstehen, indem ich das Modell häufig erkenntnisstrukturierend in Aufstellungen einsetze.

3 Nachhaltigkeit, Gesundheit und Ressourcen: die konzeptionelle Verbindung

Die ausführliche theoretische und konzeptionelle Verknüpfung von Nachhaltigkeit, Gesundheit und Ressourcen können die Leser nachlesen bei Müller-Christ (2014). Sie wird an dieser Stelle mit wenigen Ausführungen skizziert. Gesundheit wird als ein transaktional bewirktes Gleichgewicht zwischen den psychischen, physischen und systemischen Schutz-, Abwehr- und Ausgleichmechanismen des Organismus einerseits und den potenziell krankmachenden Einflüssen der physikalischen, biologischen und sozialen Umwelt andererseits konzipiert. Gesundheit, Nachhaltigkeit und Ressourcen werden konzeptionell folgendermaßen miteinander verknüpft:

- Gesundheit ist die Ursache für ein hohes Problemlösungspotenzial.
- Gesundheit entsteht durch ein transaktional bewirktes Gleichgewicht in den Ressourcenaustauschbeziehungen.
- Die angemessene Regulation des Gleichgewichts erfolgt durch die Rationalität der Nachhaltigkeit.
- Um ein hohes Problemlösungspotenzial zu erhalten, müssen die dafür notwendigen Ressourcen ständig reproduziert werden.
- Diese Ressourcen sind sowohl materiell als auch immateriell.
- Die immateriellen Ressourcen moderieren den Zugang zu den materiellen Ressourcen.
- Sowohl materielle als auch immaterielle Ressourcen werden durch ihren Einsatz verbraucht.
- Um die Ressourcen zu reproduzieren, müssen die Eigengesetzlichkeiten der Ressourcenquellen berücksichtigt werden.

Die Konzeption von Ressourcen und Gesundheit wird im Folgenden noch einmal erweitert. Die Lösungsorientierung der systemischen Beratung verweist darauf, dass ein System zumeist alle Ressourcen in sich trägt, um seine Probleme zu lösen. Diese Ressourcen müssen durch geeignete Maßnahmen erschlossen werden. Es ist daher für die Entwicklung des vertikalen Gesundheitsraums entscheidend, die Argumentationslogik um den folgenden Punkt zu erweitern:

- Jede Ebene des Gesundheitsraums braucht spezifische Ressourcen, um im Gleichgewicht zu sein.

Diese Erweiterung wird im Folgenden hergeleitet.

4 Vertikaler Gesundheitsraum: Modellierung der Gesundheitsebenen eines Systems

Organisationstheorie und Beratungspraxis beschäftigen sich schon lange mit der Tatsache, dass das Handeln der Akteure in Systemen nicht allein von den formalen und visualisierbaren Rollenerwartungen getragen wird. Im Prinzip könnte die Entwicklung der Organisationstheorie als ein Weg in die Tiefe von Systemen verstanden werden, der dann zunehmend abstrakte Semantiken wie Unternehmenskultur oder Unternehmensidentität hervorgebracht hat. Nach Jahren der Diskussion um die Wirkungen von Unternehmenskulturen schreitet v. a. die Beratungsszene weiter fort und spricht heute sogar von Körper, Geist und Seele eines Systems (Gerhard 2014); und die Popularität der Theorie U von Carl Otto Scharmer verweist darauf, dass Wandel von Systemen voraussetzt, dieses bis in ihre Tiefe hinein zu kennen (Scharmer 2009). Der U-Gedanke ist in das Modell übernommen und bedeutet, dass eine gesundheitsorientierte Perspektive von Systemen zuweilen erfordert, das eigene System in seiner Tiefe zu beobachten und zu heilen.

Abb. 1 Gesundheitsebenen eines Systems. (Quelle: Eigene Abbildung)

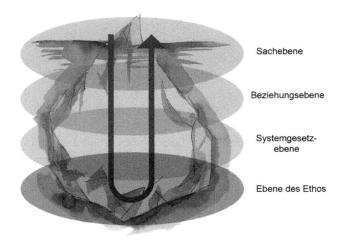

Sachebene

Beziehungsebene

Systemgesetz-ebene

Ebene des Ethos

Das Modell in Abb. 1 ist das Ordnungsangebot, das diesem Beitrag zugrunde liegt. Es fügt dem U-Gedanken der Theorie U eine Unterscheidung hinzu, die insbesondere aus den Arbeiten mit Systemaufstellungen stammen. Unter der Beziehungsebene existiert die Ebene der Systemgesetze, die für alle sozialen Systeme gelten und für die es in der Beratungsszene noch kein ausreichendes Bewusstsein gibt. Verletzungen auf der Systemgesetzebene können nicht auf der Beziehungsebene geheilt werden, indem noch mehr Kommunikation und noch mehr Wertschätzung empfohlen wird. Jede Ebene folgt einer eigenen Gesundheitslogik, die auch nur auf der entsprechenden Ebene verfolgt werden kann. Um ein System auf jeder Ebene gesund zu halten, muss den Führungskräften und Eigentümern die Logik jeder Ebene vertraut sein. Sie wissen dann nicht nur, wann sie gegen diese Logik verstoßen und das System belasten, sondern auch wie sie jeweils in die ebenenspezifische Gesundheit investieren können. Letztlich braucht jede Ebene ihre eigenen Ressourcen, um im Gleichgewicht zu bleiben.

Die Ebenen im nachfolgenden Modell eines vertikalen Gesundheitsraums sind nicht trennscharf zu denken. Sie haben vielmehr einen Überlappungsbereich, in dem jeweils zwei Logiken zugleich wirken und diese im Beratungs- und Führungsalltag schwierig zu unterscheiden sind.

4.1 Sachebene

Auf der Sachebene laufen alle Transformationsprozesse von Input zu Output ab. Ein Unternehmen stellt Produkte oder Dienstleistungen her, eine Universität erzeugt und vermittelt neues Wissen, ein Krankenhaus heilt die Menschen und ein Parlament beschließt neue Gesetze. Es ist Aufgabe der Führung solcher sozialen Systeme, diese Prozesse auf der Sachebene zu optimieren hinsichtlich Funktionalität und Effizienz: Das gesetzte Ziel (die Zwecke der Einrichtung) soll mit den gegebenen Mitteln so erreicht werden, dass entweder die Kosten gedeckt oder Gewinne erzielt werden; und dies im Rahmen der Gesetze.

Auf der Sachebene ist ein System gesund, wenn es ihm gelingt, seine Input-Transformation-Output-Prozesse immer wieder an geänderte Bedingungen anzupassen. Dazu müssen Regeln und Rollen weiterentwickelt werden und Mitarbeiter dazulernen. Organisations- und Personalentwicklung sind die Themen dieser Ebene ebenso wie technische Optimierungen, Innovationsmanagement und strategische Weiterentwicklung.

Aus der Ressourcenperspektive gesehen hat die Sachebene einen hohen Grad an Gesundheit, wenn alle materiellen und immateriellen Ressourcen in ausreichendem Maß zur Verfügung stehen. Krankheit herrscht auf dieser Ebene vor, wenn ein System von außen oder von innen daran gehindert wird, seine Input-Transformation-Output-Prozesse hinreichend funktional und effizient zu gestalten, weil beispielsweise lebenswichtige Ressourcen fehlen.

Je komplexer die Sachebene wird, je mehr die Input-Transformation-Output-Prozesse von gelingender menschlicher Zusammenarbeit abhängen, desto größer ist die Schnittmenge der Sachebene mit der Beziehungsebene. Die Sachebene wird dann in die Tiefe des Systems gezogen und ein Großteil der Input-Transformation-Output-Prozesse wird unsichtbar auf der Beziehungsebene gesteuert.

4.2 Beziehungsebene

Auf der Beziehungsebene eines Systems beziehen sich Menschen horizontal und vertikal aufeinander, genauso wie sich Menschen auf Prinzipien, Strategien, Abteilungen, Grundannahmen oder andere abstrakte Entitäten beziehen. Tatsächlich zeigen gerade Systemaufstellungen, dass sich auch abstrakte Entitäten aufeinander beziehen, also ihre Wirkung und ihr Selbstverständnis davon abhängig machen, auf welches andere Prinzip sie sich beziehen (Müller-Christ 2016b). Auf der Beziehungsebene bekommt der Raum eine neue Bedeutung, weil Inhalt der Beziehungen das Dazwischen der Partner darstellt. Ist bei Mitarbeitern der Raum gefüllt mit Wertschätzung und Respekt, spricht man von einer gesunden Beziehung in arbeitsteiligen Kontexten, ist der Raum gefüllt mit Kränkung und Missgunst spricht man von einer kranken Beziehung. Dieses Dazwischen hat unterschiedliche Erscheinungsformen, je nachdem, ob es um die Mitarbeiter einer Ebene geht (horizontal) oder um ein Vorgesetzten-Mitarbeiter-Verhältnis (vertikal).

Die Gesundheit der Beziehungsebene wird von drei Seiten aus beeinflusst. Zum einen kann man vermuten, dass eine gut funktionierende Sachebene das Störpotenzial von der Oberfläche des Systems aus minimiert. Wenn Beziehungen zwischen Menschen dennoch nicht gut funktionieren, liegt es weniger an der Rollengestaltung der Organisation als vielmehr an den Persönlichkeiten der Führungskräfte und der Mitarbeiter. Insbesondere Organisationsaufstellungen zeigen immer wieder, dass die Rollenträger im System ihre Geschichte und ihr Leid als Mensch mit in die Institution bringen und hier Reibungsverluste erzeugen, deren Ursache nicht im System liegt (Bischop 2010). Je komplexer die Aufgaben in Systemen werden, umso wichtiger ist es, dass die Mitarbeitenden die fachliche und soziale Kompetenz besitzen, diese Aufgaben zu bewältigen, wie auch die Bereitschaft haben, sich selbst als Person zu reflektieren und weiterzuentwickeln. Burn-out ist hier ein weitverbreiteter Begriff für die Problembeschreibung auf dieser Ebene, Coaching ein zunehmender Lösungsbegriff.

Ausgehend von der Human-relations-Bewegung lässt sich ein Großteil der Arbeits- und Organisationspsychologie mit ihrer Forschung und ihren Gestaltungsvorschlägen auf dieser Ebene verorten. Wenn der Mensch im Fokus steht, dann sind häufig alle Arten von Konflikten hauptsächlich Beziehungskonflikte, die durch mehr Respekt und Vertrauen bewältigt werden könnten. Steigerung der Wertschätzung scheint die Gesundheitslogik dieser Ebene zu sein und die Lösungsempfehlungen sind dann konsequenterweise mehr Kommunikation und mehr Respekt für Mensch und relevante Entitäten.

Meine Vermutung ist, dass die psychologisch-orientierte Organisationstheorie und die Beraterszene zwei Aspekte der Beziehungsebene noch nicht hinreichend genug wahrnehmen:

1. Auch die nicht menschlichen Elemente eines Systems stehen zueinander in Beziehung. Organisationen sind durchzogen von Prinzipien, die zueinander spannungsgeladen bis widersprüchlich sind. Menschen gehen mit Spannungsfeldern, die für sie unsichtbar sind, sehr unterschiedlich um. Organisationstheorie und Beratungsszene wenden sich den logischen Spannungsfeldern eines sozialen Systems nur sehr zögerlich zu, weil es von allen Beteiligten eine hohe Ambiguitätstoleranz fordert: Unvereinbares aushalten und Trade-offs bewältigen zu können. Das gilt eben auch für die Forschenden wie auch die Beratenden.
2. Die Beziehungen der Menschen in einem System werden ebenfalls geprägt vom Umgang mit den Systemgesetzen. Verletzungen auf dieser tieferliegenden Ebene wirken erheblich auf die Beziehungsebene und können dort nicht geheilt werden; vielmehr werden dann nur Symptome kuriert. Diese Verletzungen müssen auf der Ebene der Systemgesetze erkannt und geheilt werden.

Die Vermutung, dass unter der Beziehungsebene eine Ebene der Systemgesetze wirkt, ist für Organisationstheorie und Organisationsberatung eher noch neu. Da diese Ebene konzeptionell schwierig zu erschließen ist und mit herkömmlichen Diagnoseinstrumente kaum zu erfassen ist, bleiben Theorie und Praxis gern auf der Beziehungsebene stehen. Mit der Einbeziehung der Ebene der Systemgesetze verlassen Theorie und Praxis die Komfortzone und stellen sich den Widersprüchlichkeiten und Unvereinbarkeiten des sozialen Lebens.

4.3 Systemgesetzebene

Es gibt einen markanten Unterschied zwischen Gestaltungsempfehlungen, die aus der Systemtheorie, und denen, die aus den Systemgesetzen abgeleitet werden. Die Systemtheorie kommt gedanklich aus der Ökosystemforschung und versucht zu erklären, was die Überlebensbedingungen von natürlichen Systemen sind. Diese werden dann auf soziale Systeme übertragen und angepasst. Ein markantes Beispiel ist die Theorie autopoietischer

Systeme. Alle Erkenntnisse der Systemtheorie sind hauptsächlich durch Beobachtung und Messung von Forschenden von außen entstanden.

Organisationsaufstellungen haben seit etwa 25 Jahren die Möglichkeit gebracht, soziale Systeme nicht nur von außen zu beobachten, sondern diese von innen heraus aus der Perspektive der Systemelemente zu verstehen. Erst als Elemente eines Systems durch ihre Stellvertretung in einer Aufstellung ihre eigene Position beschreiben und als angemessen oder unangemessen bewerten konnten, war es möglich, Systemgesetze auf einer viel tiefer liegenden Ebene zu erkennen. Diese Erkenntnis entstand v. a. durch die Aufstellungen von Organisationen, die nicht gut funktionierten und in denen es viele Konflikte gab. Es zeigten sich in Organisationsaufstellungen die folgenden Muster, die mittlerweile als Gesetze sozialer Systeme anerkannt sind (vgl. ausführlich Bishop 2010 oder Varga von Kibed und Sparrer 2009). Die ersten drei Gesetze sind die grundlegenden Kräfte, die die Wirkungskraft und -richtung von Beiträgen für das System steuern. Neu hinzugefügt aus der eigenen Beobachtung und theoretischen Durchdringung von Systemen wird das vierte Gesetz.

1. **Recht auf Zugehörigkeit**
   Die Zugehörigkeit zu einem sozialen System ist für Menschen eine Voraussetzung für das Überleben. Im Umkehrschluss bedeutet Ausschluss aus einem sozialen System Existenzbedrohung. Genau aus diesem Grund reagiert das menschliche Gehirn bei Ausschluss eines Individuums aus einer sozialen Gruppe in denselben Regionen, in denen es auch Schmerz empfindet. Die Zugehörigkeit zu einer Gruppe wird immer wieder durch Worte und Gesten vermittelt, Ausschluss findet mit denselben Ritualen statt.
   Nicht nur Menschen gehören zu einem System, auch seine Geschichte, seine Prinzipien, seine Grundannahmen und andere immaterielle Elemente haben ein Recht auf Zugehörigkeit. Werden diese ausgeschlossen, finden sich immer wieder Individuen, die mit diesen ausgeschlossenen immateriellen Elementen verbunden sind und gegen deren Ausschluss kämpfen.
   Es gibt drei verschiedene Intensitäten von Zugehörigkeit zu sozialen Gruppen: die bloße Nichtausgeschlossenheit, die faktische Zugehörigkeit und die intensivere Zusammengehörigkeit (Varga von Kibed und Sparrer 2009). Menschen und abstrakte Entitäten reagieren auf Ausschluss unterschiedlich heftig, je nach zuvor erlebter Intensität der Zugehörigkeit.
2. **Recht auf Anerkennung und Wertschätzung**
   Jeder Beitrag zu einem System will gesehen und gewürdigt werden, um sich zu regenerieren. Es ist eine häufige Beobachtung von Organisationsberatern, dass nicht ausgesprochene Anerkennung und Wertschätzung die Beitragsbereitschaft der Menschen zum Systemerfolg reduzieren und schwächen. Aber auch das nicht ausgesprochene negative Feedback (s. Gesetz Nr. 10) irritiert und bremst das System. Anerkennen kann man in einem sozialen System alle Beiträge zum Erfolg: Kompetenz, Verhalten, Führung, Verantwortung, Einsatz, Ideen u. v. m. Echte Anerkennung zeigt sich in der

inneren Haltung, die aus einer Aussage zu lesen ist; reine instrumentalisierte Anerkennung wird von allen Individuen sofort durchschaut und als unecht und künstlich abgelehnt. Auf der anderen Seite ist die Fähigkeit, Anerkennung annehmen zu können, ein Aspekt der Selbstwertschätzung.

3. **Recht auf Gleichgewicht von Geben und Nehmen**
   Es ist eine der tiefen systemischen Gesetzmäßigkeiten, dass jedes System zu einem Ausgleich von Nehmen und Geben drängt. Soziale Systeme können auf Dauer nicht effizient funktionieren, wenn entweder von den Beteiligten zu viel an Beiträgen genommen wird, die nicht adäquat ausgeglichen werden, oder es wird zu viel gegeben, ohne dass ein adäquates Nehmen das System wieder ausgleicht. Die Balance ist nicht messbar, sie wird von den Beteiligten sehr subjektiv empfunden. Engagement in Organisationen wird herkömmlicherweise ausgeglichen durch Geld, Sachleistungen, Entfaltungsmöglichkeiten, Wertschätzung, Geborgenheit, Sicherheit und andere Möglichkeiten der Bedürfnisbefriedigung. Geld kann nicht dauerhaft ein Zuviel an Gebenmüssen ausgleichen. Hinter dem Recht auf Gleichgewicht steckt die Frage: Wer oder was ist wichtiger als ich und bekommt deshalb mehr?

4. **Neu: Recht auf Aufrechterhaltung von Polaritäten**
   Jedes System ist durchzogen von Polaritäten, die teilweise als Kontinuum, teilweise als logische Dilemmas auftreten. Diese Spannungsfelder sind die Energiequellen aller Systeme, weil sie nach einem Ausgleich drängen und das System damit weiterentwickeln. Werden logische Spannungsfelder ignoriert und in ihrem Beitrag zur Weiterentwicklung des Systems nicht gesehen, treten sie als zwischenmenschliche Konflikte wieder auf und führen zu erheblichen Reibungsverlusten auf der Beziehungsebene. Polaritäten und Spannungsfelder können nicht gelöst, sondern nur bewältigt werden. Alle systemischen Lösungen müssen bei Aufrechterhaltung der Polaritäten entwickelt und umgesetzt werden. Konflikte sind nach ihrer Lösung entfernt, Polaritäten nach ihrer Bewältigung immer noch energiebringend vorhanden.

Die Gesetze 5–8 beschreiben die Regeln, nach denen in einem System Zeit, Geld und Aufmerksamkeit verteilt werden, wenn nicht alle gleichermaßen versorgt werden können. Diese Vorrangregeln sind widersprüchlich zueinander, sie können nicht zugleich verfolgt werden. Sie produzieren immer wieder die Spannungen und Dilemmas des vierten Systemgesetzes, die nur mit einem guten Blick auf die Bewältigung der Trade-offs bewältigt werden können (ausführlich zu einem konstruktiven Widerspruchsmanagement und der Herleitung von Polaritäten vgl. Müller-Christ 2014).

5. **Wer früher da war, hat Vorrang vor den Späteren**
   Diejenigen, die schon länger zum System gehören, haben Vorrang vor denen, die danach kamen. Dieses Gesetz findet sich auch im Senioritätsprinzip, das davon ausgeht, dass diejenigen, die schon länger Beiträge zum Systemüberleben geleistet haben, Vorrang vor den Jüngeren haben. Dieses Gesetz wirkt auch im Warteschlangenprinzip:

Menschen empfinden es als ungerecht, wenn diejenigen, die noch nicht lange in der Schlange warten, eher versorgt werden. Dieses Gesetz kollidiert in der Praxis häufig mit den nachfolgenden.

6. **Höhere Verantwortung und höherer Einsatz für das System haben Vorrang**
Wenn Menschen in sozialen Systemen zusammenwirken, wird über kurz oder lang eine Führungsrolle benötigt. Gut gelebte Führung führt zu einem höheren Einsatz für das System, der wiederum besonders gewürdigt werden muss, um die Bereitwilligkeit der Beitragenden zu erhalten. Der Vorrang zeigt sich im Moment der Verteilung von Geld, Zeit, Bedeutung und Wertschätzung, die das System dann in Ungleichgewicht bringt, wenn sie übertrieben wird. Die Diskussion über Managergehälter lässt sich als einen Hinweis auf einen Verstoß gegen das Systemgesetz 3 deuten. Dennoch braucht phasenweise höherer Einsatz auf einer Ebene Würdigung durch Vorrangbildung.

7. **Mehr Kompetenz und mehr Wissen hat Vorrang**
Mehr Wissen und mehr Kompetenz führen zu besseren Problemlösungsbeiträgen zum Erhalt des Systems. Wird diese Kompetenz und das Wissen nicht mit Vorrang behandelt, neigen Menschen dazu, es nicht mehr zum Systemüberleben in seiner vollen Wirkungskraft zur Verfügung zu stellen. Auch innerhalb der Wissenskategorien gibt es Vorrangregeln: Die Erfahrung zeigt, dass Führungswissen vor Fachwissen in den organisatorischen Rollen geht, die einen signifikanten Führungsanteil haben. Es kommt häufig vor, dass neue Führungskräfte vor Mitarbeitern gesetzt werden, die schon länger im Unternehmen sind. Dabei kommt es zu einem Gerangel der Vorrangsgesetze, weil sowohl die Früheren Vorrang vor den Späteren haben, gleichzeitig aber Kompetenz und Wissen Vorrang vor weniger Kompetenz haben. Dieses logische Spannungsfeld wird oftmals ignoriert, wodurch es zu massiven Kränkungen im System kommt.

8. **Ein neues Teilsystem hat Vorrang vor dem alten System**
Sowie ein Säugling eine Zeitlang Vorrang vor den bereits vorhandenen Familienmitgliedern aufgrund seines Schutzbedürfnisses hat, so haben neu gegründete Einheiten in Unternehmen oder neu aufgenommene Prinzipien oder Mitarbeiter eine Zeit lang Vorrang, bis sie ihre vollen Beiträge für das System leisten können. Danach wirkt das Systemgesetz 5 wieder, das den Früheren Vorrang vor den Späteren gibt.

9. **Das Gesamtsystem hat Vorrang vor der Einzelperson oder einem Teilsystem**
Ein System kann nur eine kurze Zeit einem einzelnen Element eine Vorrangstellung geben. Zuviel Rücksicht auf die Eigenwertigkeiten und Eigengesetzlichkeiten der Teilsysteme würde bedeuten, dass man in einem sozialen System den Mitteln mehr Bedeutung geben würde als den Zwecken. Damit würden weniger Zwecke erreicht, als für das System möglich und vielleicht überlebensrelevant sind. Aus diesem Grund hat das Gesamtsystem Vorrang vor dem einzelnen Element.

Die nachfolgenden drei Gesetze verweisen auf die Richtung der Ausbalancierung eines Systems, also aus der Gesundheitsperspektive auf die Voraussetzungen eines Heilungsprozesse.

10. **Aussprechen und anerkennen, was ist, ist die Grundlage jeder Lösung**
    Dieser systemische Grundsatz verweist auf die Erfahrung, dass die systemeigenen Kräfte zur Ausbalancierung erst dann aktiviert werden können, wenn das Ungleichgewicht in seiner konkreten Erscheinungsform ausgesprochen wird und in seinem So-Sein anerkannt wird. Auch nicht ausgesprochenes negatives Feedback belastet ein System sehr.
11. **Ausgleich schaffen ist der Inhalt jeder Gesundung**
    Systemische Schuld ist nicht im Sinn von ethischer Schuld die Last, die der Täter oder die Täterin trägt, weil sein Wirken einen anderen Menschen leiden lässt. Systemische Schuld ist mehr im Sinn von Schulden zu verstehen, als ein noch nicht geleisteter Ausgleich dafür, dass mehr genommen als gegeben wurde. Schulden drängen nach Rückzahlung und nicht zurückgezahlte Schulden belasten das System. Anders als im ökonomischen System muss eine Schuld nicht in gleicher Währung und in gleicher Höhe ausgeglichen werden. Für den Ausgleich einer systemischen Schuld gelten andere Regeln; der Schuldner definiert die Ausgleichsleistung. Er kann sogar das Eingeständnis des Gläubigers als Ausgleich akzeptieren, dass die systemische Schuld nicht adäquat auszugleichen ist.
12. **Neu: Ausgleiche müssen sich über einen längeren Zeitraum ausgleichen**
    Weil die Polaritäten und Spannungsfelder allseits präsent sind, müssen die Trade-offs laufend ausgeglichen werden. Damit dieser Ausgleich jedoch nicht immer dieselben belastet, muss ein System eine innere Buchführung des Ausgleichshandelns aktivieren, damit Ausgleiche über einen längeren Zeitraum ausgeglichen auf alle Systemelemente verteilt werden.

4.4 Ebene des Ethos

Die Idee, dass jedes System eine Art Ethos hat, äußert sich in vielfältiger Form in Wissenschaft und Beratungsarbeit. Man findet es in Überlegungen zur Unternehmenskultur, in Beschreibungen von Körper, Geist und Seele einer Organisation, in den systemtheoretischen Vorstellungen einer unveränderbaren Tiefenstruktur von Systemen, in der Theorie U mit der Frage nach der Quelle des Systems, in dem Ansatz der „spiral dynamics" mit den werteorientieren Memen (Beck und Cohen 2007) oder ganz offen in der Annahme, dass es eine Bestimmung von Systemen gibt. Alle diese Umschreibungen weisen darauf hin, dass es in einem System eine Informationseinheit darüber gibt, zu welchem gehaltvollen Zweck ein System gegründet wurde, das die ursprüngliche Bestimmung ist, oder was die Essenz des Systems ist. Diese Informationseinheit wird hier als Ethos bezeichnet und auf der tiefsten Ebene des Systems verortet. Dabei wird auch davon ausgegangen, dass der Ethos eines Systems beständig wirkt, also Informationen in das System sendet, ob das Verhalten des Systems das Ethos nährt oder ihm zuwider läuft.

Die Verortung in der Tiefe des Systems soll auch verdeutlichen, dass das Ethos grundlegend ist. Viele Organisationsaufsteller wissen um den Ursprung eines Systems, übersetzen das Ethos dann in den Willen der Gründer von Unternehmen. Letztlich versuchen diese dann die Wirkungen des Ethos dadurch zu steuern, dass die Gründer von Unternehmen wieder sichtbarer werden und beispielsweise ein Bild von ihnen für alle sichtbar aufgehängt wird. Der Ursprung des Systems wird in diesem Fall auf der Beziehungsebene thematisiert und das Ethos des Systems wird zum Ethos der Gründer. Sicherlich kann man in vielen familienorientierten Unternehmen das Ethos auf diese Art und Weise sichtbar machen.

Wann immer ein System nicht auf die Gründungsidee eines Menschen zurückgeht, muss das Ethos als eine vom Menschen unabhängige Informationseinheit des Systems angesehen werden. In einer von mir durchgeführten Systemaufstellung für einen großen norddeutschen Wasserverband, der sich wunderte, warum seine Kooperationsangebote von den vielen kleineren Wasserverbänden nicht angenommen wurde, zeigte sich nicht die nahe liegende Vermutung, dass die kleinen Wasserverbände Respekt oder Angst vor der Macht des großen Wasserverbands hatten. Das hinzugenommene Element des Ethos der Wasserwirtschaft erkannte in sich den Wunsch nach Reinheit. Die Hypothese entstand, dass das Kooperationsanliegen des großen Wasserverbands einen Inhalt hat, der gegen das Ethos der Wasserbranche verstößt. Tatsächlich stimmte der Anliegengeber sofort zu. Eine geplante Wirkung seines Kooperationsanliegens war es, Qualitätsstandards für Trinkwasser zu senken. Das Ethos der Wasserwirtschaft, umschrieben als das reine Wasser, schien das Kooperationsanliegen zu blockieren.

In den von mir durchgeführten Systemaufstellungen, in denen das Element Ethos verwendet wurde, hat sich mehrfach gezeigt, dass es dem Ethos nicht gut ging. Es zeigte sich zuweilen bissig, häufig aber kraftlos. So entstand die Hypothese, dass durch die zunehmende Gewinnorientierung von erwerbswirtschaftlichen Unternehmen oder ähnlich – die zunehmende Ökonomisierung von Non-Profit-Organisationen – diese von ihrem Ethos abgeschnitten wurde. Verliert ein System den Zugang zu seinen Quellen, zu seiner Ursprungsidee, zu seiner Seele oder zu seinem Ethos, entsteht eine Art Orientierungslosigkeit. Nach einiger Zeit können die Menschen in einem System nicht mehr beantworten, wofür das System steht und es breitet sich eine diffuse Unklarheit aus.

Krankheit auf der Ebene des Ethos ist sehr schwer zu diagnostizieren. Die Schwierigkeit ist ähnlich groß wie bei der Suche nach den Ursachen von Depressionen und Burnout-Symptomen bei Menschen. Es zeigt sich eine merkwürdige Kraftlosigkeit des Systems, die sich zuweilen in einer kränkenden Kommunikationskultur der Elemente äußert. Ein Unternehmen verliert dann seine Innovations- und Veränderungsbereitschaft, weil die Information über eine gute Richtung fehlt. Mehr Gewinn ist eine inhaltslose, rein quantitative Richtungsangabe, die zu einer Beliebigkeit in der Mittelwahl führt: Es wird genau das und nur das gemacht, was sich kurzfristig gewinnrelevant niederschlägt durch höhere Erträge oder niedrigere Kosten.

Richtungssicherheit wollen viele Organisationen durch eine neue Vision wiedererlangen. Eine stimmige Vision kann nun vom Ethos der Organisation, von seinen Quellen her abgeleitet werden und nur damit eine tiefe Verbundenheit mit dem System ausdrücken. Sie kann aber auch aus der Gewinnorientierung abgeleitet werden und trägt dann die Information in sich, wie das System sich von anderen Systemen abgrenzt, um den Markt erfolgreicher als andere zu bearbeiten. Diese Visionen sind häufig von Superlativen durchtränkt.

4.5 Gesundheit auf allen Ebenen

In der nachfolgenden Abbildung sind die vier Ebenen eines Systems mit ihren Gesundheitslogiken und relevanten Ressourcen dargestellt. Die konzeptionelle Idee des Modells liegt in der Verknüpfung von Ressourcen, Ebenen und Gesundheitsbegriff.

1. Jede Ebene ist dann gesund, wenn die relevanten Ressourcen ausreichend und dauerhaft zufließen können (Nachhaltigkeit). Dies ist eine notwendige Bedingung.
2. Eine Ebene ist dann gesund, wenn Belastung und Ressourcenzufluss ausbalanciert werden können. Dies ist die hinreichende Bedingung (Abb. 2).

Für die vier Ebenen des vertikalen Gesundheitsraumes bedeutet dies folgendes:

- Die Sachebene einer Institution ist dann gesund, wenn alle materiellen Ressourcen ausreichend zufließen, um zu den Zwecken kombiniert zu werden. Hintergrund ist das Zweck-Mittel-Denken: Zwecke können nur dann erreicht werden, wenn die dafür not-

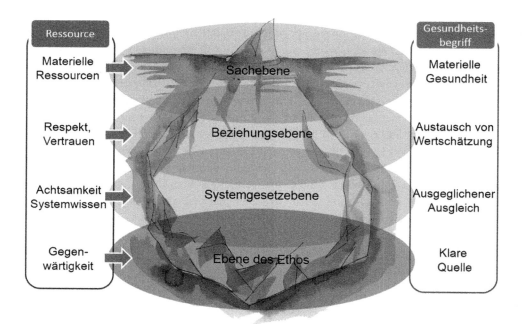

Abb. 2 Ressourcen des vertikalen Gesundheitsraums. (Quelle: Eigene Abbildung)

wendigen Mittel ausreichend vorhanden sind. Dazu gehören eben auch körperlich gesunde Mitarbeiter.
- Die Beziehungsebene ist dann gesund, wenn die Menschen eine wertschätzende Haltung zueinander haben und in den zahlreichen Abstimmungsprozessen des Systemgeschehens an der Sache arbeiten können und nicht Beziehungsprobleme klären müssen. Es ist ausreichend Respekt und Vertrauen vorhanden, um den Wert des Gegenübers in seinem So-Sein zu schätzen.
- Die Systemgesetzebene ist dann gesund, wenn dauerhaft die Beiträge der Menschen und Prinzipien subjektiv angemessen ausgeglichen werden oder Menschen an systemischen günstigen Orten stehen, weil die Vorrangregeln beachtet wurden. Eine wichtige Ressource auf der Systemgesetzebene ist das Wissen um die Systemgesetze und die Achtsamkeit, die es den Systemteilnehmern ermöglicht, Verstöße gegen die Systemgesetze zu vermeiden und damit jeden Beitrag für den Systemerfolg zu sehen, um einen ausgeglichen Ausgleich steuern zu können.
- Die Ebene des Ethos ist dann gesund, wenn das gesamte System sich seiner klaren Quelle von Sinn und Bedeutung bewusst ist und alle Systemhandlungen mit der Orientierung aus der Quelle heraus durchführt. Eine wichtige Ressource, um die Quelle zu erkennen, ist die Gegenwärtigkeit oder das Presencing, wie Scharmer (2009) es nennt. Achtsamkeit ist die Fähigkeit, Wirkungen vorhersehen zu können; Gegenwärtigkeit ist die Fähigkeit, mit dem Ursprung verbunden zu sein.

An dieser Stelle wird die Vermutung nur angedeutet, aber nicht weiter ausgeführt, dass jedes System über seinen Ethos mit allen anderen Systemen verbunden ist. Die Bestimmung des Systems, seine Seele oder seine Tiefenstruktur ist abgestimmt mit dem großen Ganzen.

5 Systemaufstellungen als Analysemethode für Gesundheit

Abschließend soll mit einem ersten Beispiel gezeigt werden, wie der vertikale Gesundheitsraum von Systemen erkenntnisleitend bei einer Systemaufstellung eingesetzt worden ist. Die Methode der Systemaufstellung im Managementkontext muss an dieser Stelle als bekannt vorausgesetzt werden. Eine gute Darstellung der Methode findet sich bei Gerhard (2014) und bei Rosselet et al. (2007). An dieser Stelle sei nur erwähnt, dass Systemaufstellungen eine Art szenische Darstellung eines Systems in der Weise sind, dass Menschen für Elemente in einem Raum aufgestellt werden. Die Stellvertreter erhalten über eine Art repräsentierende Wahrnehmung Information über das Element, das sie vertreten, und bilden deshalb das Originalsystem in erstaunlicher Ähnlichkeit ab. Diese originalnahe Abbildung funktioniert selbst dann, wenn die Stellvertreter verdeckt aufgestellt werden: Sie wissen nicht, welches Element sie vertreten und sind deshalb ganz auf ihre körperliche Wahrnehmung angewiesen.

Das System, das in diesem Beispiel abgebildet wurde, war die Fusion von drei evangelischen Gemeinden zu einer Gemeinde. Der Organisationsberater, der die neue Gemeinde nun begleitete, war bei der Aufstellung anwesend. Die Fusion selbst war von einem Projektberater durchgeführt worden und lag sieben Jahre zurück. Die neue Gemeinde fand jedoch nicht zu einer Gemeinschaft, es gab viele Konflikte trotz zahlreicher Coachingprozesse und weiterer Organisationsberatungen. Die Frage, die sich stellte, war die folgende: Konnte es sein, dass die Gesundheit der Gemeinden auf ganz unterschiedlichen Ebenen angeschlagen war und Wertschätzung sowie Kommunikation nicht die entscheidenden Ressourcen für die Gesundung des Systems sind?

Folgendes Format zur Analyse der Systemgesundheit wurde gewählt: Die drei Gesundheitsebenen wurden als dreieckiger Gesundheitsraum aufgestellt. Stellvertreter für die drei Ursprungsgemeinden (Gemeinde A, B, C) sowie die fusionierte Gemeinde (Gemeinde D) wurden eingeladen, sich verdeckt einen Platz in diesem Raum zu suchen. Die Stellvertreter wussten nicht, welche Gemeinde sie repräsentierten und wo welche Gesundheitsebene stand. Ihre Aufgabe war es, sich nur geführt durch die repräsentierende Wahrnehmung einen Platz in diesem mehrstufigen Gesundheitsraum zu suchen. Die Elemente Gesundheit und der Ethos waren sog. freie Elemente, die sich ohne Aufforderung im Aufstellungsbild bewegen durften. Ihre Aufgabe war es, sehr genau die Unterscheidungen in ihrer Wahrnehmung zu beobachten, wenn die anderen Elemente sich bewegen oder sprechen. Die Aufstellung wurde durchgeführt am 21.5.2015 an der Universität Bremen mit Studierenden im Masterstudiengang Wirtschaftspsychologie.

Abb. 3 Strukturbild Fusionierung evangelischer Gemeinden. (Quelle: Eigene Abbildung)

Das Systembild, das sich ergab, ist in Abb. 3 dargestellt. Es zeigt, dass alle vier Gemeinden erkennbar unterschiedliche Plätze im Gesundheitsraum wählten und alle noch eine klare Identität besaßen. Sie waren im Lauf der letzten sieben Jahre nicht zu einer Einheit geworden.

Der anwesende Berater, der das System kennt und weiter beraten soll, bewertete die Abbildungsgüte des Strukturbilds auf einer Skala von 1 bis 10 mit dem Faktor 8–9 als stimmig. Die Nützlichkeit des Strukturbilds und der gewonnen Einblicke in den Gesundheitsraum des Systems bewertete der Berater auf einer Skala von 1–10 mit dem Wert 9.

Von den zahlreichen Beobachtungen, die gemacht wurden, sind die folgenden an dieser Stelle besonders erwähnenswert:

1. Die vier Gemeinden suchten sich einen Platz im Gesundheitsdreieck, ohne sichtbar aufeinander Bezug zu nehmen. Sie wählten ihre Positionen sehr klar (7–9 auf der Klarheitsskala bis 10).
2. Die Sachebene nimmt die Gemeinden als Vorwurf wahr.
3. Die Beziehungsebene wünscht sich alle Gemeinden näher beieinander und näher bei sich.
4. Das Ethos hat keinen Bezug zur Beziehungsebene und zur fusionierten Gemeinde.
5. Auch die Gesundheit hat Schwierigkeit mit der fusionierten Gemeinde D und glaubt, nicht zum System dazuzugehören.
6. Gemeinde A steht gut neben der Systemebene, will nicht zur Sachebene und schätzt den Blickkontakt zur Beziehungsebene
7. Gemeinde B nimmt eine Abneigung zur Beziehungsebene wahr und fühlt sich sehr angezogen von der Systemebene. Die anderen Gemeinden nimmt B nicht wahr.
8. Gemeinde C möchte von der Sachebene beschützt werden, die genau das geben möchte. Das Ethos neben sich nimmt die Gemeinde C nicht wahr.
9. Gemeinde D steht etwas außerhalb der Dreieckslinie und glaubt, dass C ihr die Sicht auf die Sachebene nehmen will und grenzt sich von der Systemebene ab.
10. Die Systemebene möchte das Ethos nehmen sich haben.
11. Gesundheit als freies Element ist in einer anhaltenden Suchbewegung und geht schließlich in eine Beobachterposition außerhalb des Systems.
12. Das Ethos testet seine Beziehung zu allen Gemeinden. Die Beziehung zur Gemeinde A empfindet das Ethos als freundschaftlich, wie in einem Gespräch verbunden.
13. In der Nachbesprechung schildert das Ethos, dass es mehrfach Schuldgefühle während der Aufstellung gegenüber der Sachebene empfand.
14. Die Beziehung zu C beschreibt das Ethos als mies, von oben herab. Gemeinde C fühlte sich unwohl mit dem Ethos.
15. Die Beziehung des Ethos zu D war nichts, belanglos. Gemeinde D empfand es auch als neutral.
16. Die Sachebene fühlte sich entlarvt vom Ethos, die Systemebene braucht den Ethos und fühlt sich leer, wenn sie den Ethos aus den Augen verliert; die Beziehungsebene hat immer andere Wahrnehmungen, je nachdem, wo das Ethos stand.

17. Gesundheit testet seine Beziehung zu allen Gemeinden. Sie reagiert heftig auf die fusionierte Gemeinde und kann dort nicht stehen. „Ich habe dort nichts zu suchen!"
18. Die Gemeinde A hat Angst entwickelt, als sie mit der Gesundheit konfrontiert wurde.
19. Die Gemeinde B fand die Gesundheit sehr wichtig.
20. Die Gemeinde C hatte das Gefühl, Gesundheit könnte ihr etwas geben.
21. Die fusionierte Gemeinde hatte das Gefühl, sie nimmt der Gesundheit etwas weg, sie braucht aber auch was von der Gesundheit.
22. Die Gesundheit nimmt wahr, dass die Sachebene etwas von ihr braucht, die Beziehungsebene will die Gesundheit anziehen, weiß aber, dass es nicht passt.
23. Die Stellvertreterin für die Sachebene hält die Gesundheitsprüfung nicht durch und muss sich setzen, kann dann aber die Position wieder einnehmen, allerdings mit mehr Abstand zu den anderen Gesundheitsebenen. Die Systemgesetzebene reagiert mit der Wahrnehmung, nun allein die Last zu tragen.

Aus den Beobachtungen wurden in der Nachbesprechung die folgenden Hypothesen über das System entwickelt:

Hypothese I
Obwohl die Gemeinden bereits seit sieben Jahren fusioniert sind, nehmen sie sich noch als sehr autark wahr. Sie fühlen sich von unterschiedlichen Ebenen des Gesundheitsraums angezogen, wobei keine Gemeinde explizit mit der Beziehungsebene verbunden ist. Jede Gemeinde hat ihr spezifisches Gesundheitsproblem.

Hypothese II
Das Ethos ist am engsten verbunden mit der Systemgesetzebene. Dies ist stimmig zum Modell des Gesundheitsraums, in dem das Ethos die tragende Kraft für die Systemgesetzebene ist.

Hypothese III
Die fusionierte Gemeinde ist von ihrem Ethos abgeschnitten oder hat noch keinen Zugang dazu gefunden.

Hypothese IV
Die Sachebene musste lange die Fusionierung allein tragen und bricht zusammen, als das Thema Gesundheit näher angeschaut wird.

Hypothese V
Die Gemeinden sind wenig mit der Beziehungsebene beschäftigt, bekommen aber vermutlich die meisten Lösungsvorschläge für diese Ebene durch die Organisationsberatung.

Hypothese VI
Gemeinde C ringt auf der Sachebene mit einem Problem; die Gemeinden A und B sind mit unterschiedlichen Verletzungen auf der Systemgesetzebene beschäftigt.

Hypothese VII
Die reine Prozessberatung zur Fusionierung der Gemeinden aus ökonomischen Gründen hat die Gemeinden von ihrem Ethos abgeschnitten.

Andere Hypothesen sind denkbar und werden durch das Vorwissen über den konkreten Sachverhalt oder über organisationstheoretisches Wissen beeinflusst.

6 Fazit

Der Wert von Aufstellungen liegt u. a. in der Möglichkeit, Hypothesen zu entdecken, die sich aus dem normalen schlussfolgernden Denken nicht ableiten lassen. Sie entstehen dadurch, dass in einer Aufstellung in einer Art Raum-Zeit-Verdichtung ganz verschiedene Kontexte zueinander in Relation gestellt werden können, die normalerweise nicht zeitgleich in einem Raum und zu einem Zeitpunkt wahrnehmbar sind. Die Strukturbilder bleiben den Beteiligten sehr lange in Erinnerung. Wenn mehrere Beteiligte eines Systems neues Wissen über ihr eigenes System durch eine Aufstellung erhalten haben, berichten sie häufig darüber, dass sie sehr schnell in einen konstruktiven Diskussionsprozess über Veränderungsmaßnahmen gekommen sind, weil sie ein gemeinsames Strukturbild im Kopf als Ausgangspunkt haben.

Der Wert von Aufstellungen liegt auch darin, dass abstrakte Modelle – wie der hier verwendete vertikale Gesundheitsraum – sichtbar gemacht werden können. Insbesondere die Tatsache, dass in Aufstellungen auch nichtmenschliche Elemente visualisiert werden und durch ihre Wahrnehmung Informationen produzieren, die sonst nur durch komplexe Interpretationsprozesse von Außenstehenden entstehen, machen Aufstellungen zu einem sehr nützlichen Instrument der Systemanalyse. Schneller als durch Aufstellungen können komplexe Systeme nicht realitätsnah und handlungsanregend analysiert und dargestellt werden. Die besondere Herausforderung liegt darin, dass die Ergebnisse von Systemaufstellungen gegenwärtig nur von den Menschen angenommen werden, die die Wirk- und Analysemächtigkeit von Systemaufstellungen bereits erlebt haben. Hören Menschen Geschichten über die Erkenntnisse von Aufstellungen oder lesen diese (wie einige Leser vielleicht in diesem Beitrag), bleiben zumeist viele Zweifel über die Glaubwürdigkeit der Informationen. Diese Zweifel sind meisten sofort verschwunden, wenn diese Menschen eine Aufstellung über ihr System verfolgen können.

Literatur

Beck DE, Cohen CC (2007) Spiral dynamics. Leadership, Werte und Wandel. Eine Landkarte für das Business und Gesellschaft im 21. Jahrhundert. Kamphausen Verlag, Bielefeld
Bischop D (2010) Coachen und führen mit System. Ludwig Verlag, Kiel
Gerhard R (2014) Organisationsaufstellung. Implizites Wissen sichtbar machen. Spectramedia Verlag, Zürich
Müller-Christ G (2014) Nachhaltiges Management. Einführung in die Ressourcenorientierung und widersprüchliche Managementrationalitäten, 2. Aufl. utb Verlag, Baden Baden

Müller-Christ G (2016a) Systemaufstellungen als Instrument der qualitativen Sozialforschung. Vier, vielleicht neue Unterscheidungen aus der Sicht der Wissenschaft. In: Weber, G./Rosselet, C. (Hrsg.): Praxis der Organisationsaufstellungen. 2. Neue und völlig überarbeitete Auflage. Carl Auer Verlag Heidelberg

Müller-Christ G (2016b): Wie kommt das Neue in die Welt? Systemaufstellungen als Instrument eines forschungsorientierten Lernens in der Managementlehre. In: Weber, G./Rosselet, C. (Hrsg.): Praxis der Organisationsaufstellungen. 2. Neue und völlig überarbeitete Auflage Carl Auer Verlag Heidelberg

Rosselet C, Senoner G, Lingg HK (2007) Management Constellations. Mit Systemaufstellungen Komplexität managen. Klett-Cotta Verlag, Stuttgart

Scharmer CO (2009) Theorie U. Von der Zukunft her führen. Carl-Auer Verlag, Heidelberg

Varga von Kíbed M, Sparrer I (2009) Ganz im Gegenteil. Tetralemmaarbeit und andere Grundformen systemischer Strukturaufstellungen – für Querdenker und solche, die es werden wollen. Carl-Auer Verlag, Heidelberg

Prof. Dr. Georg Müller-Christ ist seit 2001 Professor für das Fachgebiet Nachhaltiges Management an der Universität Bremen. In seinen Forschungen beschäftigt er sich mit der Vereinbarkeit von Nachhaltigkeit und Verantwortung mit den vorherrschenden betrieblichen Entscheidungsprämissen. Insbesondere die Methode der Systemaufstellung, die er als Tool der qualitativen Sozialforschung weiterentwickelt, ist sehr hilfreich, die komplexen Zusammenhänge der Entscheidungsprämissen aufzuzeigen. Georg Müller-Christ ist zertifizierter Professional-Aufsteller nach den Kriterien des Verbands der Organisationsaufsteller (infosyon).

Partizipatives betriebliches Gesundheitsmanagement

Über die Vorteile der Mitbestimmung bei der Förderung betrieblicher Gesundheit

Andreas Zeuch und Marius Poersch

1 Eine ideale Welt betrieblicher Gesundheitsförderung

Was würde passieren, wenn in einer Organisation eine hervorragende betriebliche Gesundheitsförderung (BGF) angeboten würde? Vor allem dann, wenn alle Rahmenbedingungen positiv wären? Die meisten von uns würden wohl ein gutes Ergebnis erwarten: Die Belegschaft erarbeitet sich ein differenzierteres Verständnis ihrer eigenen Gesundheit, beginnt sich mehr zu bewegen, isst gesünder, unterlässt zunehmend gesundheitsschädigende Verhaltensweisen und so weiter und so fort. Kurzum: Auf vorbildliche Weise geschieht all das, was von einem effektiven betrieblichen Gesundheitsmanagement (BGM) und der damit verbundenen BGF zu erwarten ist.

Im Jahr 2014 wurden im Deutschen Ärzteblatt die Ergebnisse einer Studie veröffentlicht, in der genau dies untersucht wurde: In einer Dienststelle der Bundeswehr konnten 1010 Mitarbeiter ein Jahr lang freiwillig Sportkurse für Einsteiger und Fortgeschrittene, Ernährungsangebote, Wissensvermittlung und medizinische Fitness- und Gesundheitschecks nutzen. Obwohl die Mitarbeiter die Angebote auch während der Arbeitszeit wahrnehmen konnten, vom Leitungspersonal aktiv eingeladen wurden und die Leitung selbst aktiv teilnahm und somit vorbildlich handelte, waren die Ergebnisse ernüchternd (Leyk et al. 2014, S. 320): „Trotz bester Bedingungen und eines großen Personalaufwands wurde mit der Modellstudie [...] keine nachhaltige und umfassende Mitarbeiterteilnahme

A. Zeuch (✉)
Berlin, Deutschland
E-Mail: andreas.zeuch@unternehmensdemokraten.de

M. Poersch
Institut für Erwerbscoaching, Bad Hönningen, Deutschland
E-Mail: info@erwerbscoaching.de

© Springer-Verlag Berlin Heidelberg 2016
M. Hänsel, K. Kaz (Hrsg.), *CSR und gesunde Führung*, Management-Reihe Corporate Social Responsibility, DOI 10.1007/978-3-662-48692-4_16

erzielt.". Zwei Drittel der ursprünglichen Studienteilnehmer nahmen nicht mehr an den Abschlussbefragungen teil und 40–60 % der Teilnehmer stiegen, je nach Angebot, aus. Über dieses einzelne Ergebnis hinaus ist noch ein Aspekt besonders hervorzuheben (a. a. O., S. 326): „Die umfangreichen und aufwendigen Präventionsangebote (dieser) Studie lassen sich kaum flächendeckend in der Arbeitswelt realisieren. Daher muss bezweifelt werden, ob mit den derzeit verfügbaren Präventionsinstrumenten eine effektive und effiziente Gesundheits- und Fitnessförderung möglich ist [...]. Eine kürzlich veröffentlichte systematische Literaturübersicht arbeitsplatzbezogener Interventionsprogramme zeigt, dass Wissensvermittlung und Bewegungsangebote allein allenfalls geringe Auswirkungen auf Fehlzeiten haben." Sprich: Selbst in einer idealen Welt betrieblicher Gesundheitsförderung im Sinn bekannter Vorgehensweisen ist keine nachhaltige Wirksamkeit zu erwarten.

Darüber hinaus stellt sich noch eine weitere Frage: Was wäre, wenn zukünftig der scheinbare Segen neuer Technologien wie Smartphones und -watches mit ihren Möglichkeiten des Gesundheitsmonitorings konsequent genutzt würden? Die ersten Tendenzen zeichnen sich bereits heute ab. Die Generali Versicherungsgruppe bietet ihren Krankenversicherten ermäßigte Beiträge, wenn sie per Apps einen gesunden Lebensstil nachweisen, zum Beispiel in Form von Bewegungsprofilen. Dies hätte verschiedene Folgen: Erstens wird das Solidaritätsprinzip unterhöhlt, zweitens der Handel privater Daten massiv ausgeweitet und drittens eine Art Gesundheitsstalking etabliert. Natürlich ist sofort ein Szenario vorstellbar, in dem Unternehmen ebenfalls diese Gesundheitsdaten erbitten, um ihren Mitarbeitern darauf basierend Vergünstigungen oder geldwerte Vorteile zu bieten. Die in vielen, wenn nicht den meisten Unternehmen und Organisationen bestehenden Konkurrenzverhältnisse in der Belegschaft würden dadurch ausgeweitet und das Gefühl, beobachtet und kontrolliert zu werden, würde vermutlich zunehmen. Die Angestellten würden nicht nur während der Arbeitszeit unter Aufsicht stehen, sondern zudem in ihrem Privatleben. Die dort getätigten Monitoringprozesse würden aber keineswegs nur sinnvolle Interventionen ermöglichen. Wenn Frau Maier keine Zeit hat, regelmäßig joggen zu gehen, weil sie als alleinerziehende Mutter nun einmal weniger für sich tun kann als Herr Müller, dessen Frau zu Hause Hausfrau und Vollzeitmutter spielt, wird sie für ihre ohnehin schwierigere Lebenssituation noch weiter abgestraft. Oder wenn sich Herr Schmidt gerade in einer nervenaufreibenden Scheidung befindet und nachts häufig von Alpträumen geplagt mit Herzrasen aufwacht, darf er zusehen, wie sein Kollege Wolf wieder ein Wellnesswochenende von der Firma spendiert bekommt, weil er als Single regelmäßig im Fitnessclub ist und sich im letzten Quartal drei Besuche in einem Ayurveda-Zentrum gegönnt hat. Das direkte BGM würde ad absurdum geführt werden, denn Herr Schmidt bräuchte das Wellnesswochenende viel mehr als Herr Wolff. Vermutlich hätte es bei ihm sogar eine wesentlich bessere Präventivwirkung, da er schon seit Monaten am Rand eines Nervenzusammenbruchs entlangwandert. Kurzum: Die schon seit geraumer Zeit zu beobachtende Welle des „self quantifying" und „lifelogging" bietet nicht nur hohes Missbrauchspotenzial, sondern kann zu kontraproduktiven Ergebnissen führen.

2 Was ist Gesundheit?

Einer der großen deutschen Psychiater formulierte einst pointiert: „[…] je mehr ich mich mit dem Thema der psychischen Gesundheit beschäftige, umso weniger verstehe ich offenbar davon." Das scheint für jeden verstörend, der von der linearen Fortschrittsgleichung „mehr wissenschaftliche Forschung gleich mehr Erkenntnis" ausgeht. Man könnte meinen, der Professor wäre etwas resigniert gewesen. Bei genauerem Hinsehen jedoch erweist sich das Bekenntnis zum Nichtwissen als ausgesprochen weise.

Wesentlich für unser beider Gesundheitsverständnis war neben zunehmenden persönlichen Erfahrungen in Therapie, Coaching und Beratung das Buch des Psychiaters und Philosophen Prof. Klaus Dörner (2003, S. 13 f.): „Gesundheit ist nicht herstellbar, stellt sich vielmehr selbst her, kommt wie ein Geschenk von anderswo her. […] Ein permanent gesundheitsbewusstes Leben ist totes Leben, da es mit einem selbstvergessenen Weggegebensein[1] nicht vereinbar ist, weshalb eine Gesellschaft, die viel über ihre Gesundheit nachdenkt, in keiner Weise gesund oder vital ist […]. Das ist die Gesundheitsfalle in ihrer allgemeinen Form."

Besonders in der Auseinandersetzung verschiedener Gesundheitsdefinitionen der Weltgesundheitsorganisation wird deutlich, dass Gesundheit nichts Objektives ist, sondern ein begriffliches Konstrukt. Es enthält neben dem Wissens- und Erfahrungsschatz auch den gesundheitspolitischen Willen der Verfasser. In einige Begriffskonstruktionen fließen zusätzlich Macht- und Geschäftsinteressen ein. Beispielhaft sei das oben bereits erwähnte „lifelogging" von Gesundheitsdaten angeführt, das vordergründig moderne Gesundheitsprävention verbessern soll, nachhaltig aber wahrscheinlich völlig andere, auch gesundheitsgefährdende Aspekte hervorrufen könnte.

Für unser Gesundheitsverständnis sind deshalb die verschiedenen Gesundheitsparadigmen wichtig, die sich in der Nachkriegszeit entwickelt haben (Tab. 1).

In dieser Evolution des Gesundheitsverständnisses fallen zwei wesentliche Paradigmenwechsel auf. Gesundheit 1.0 unterscheidet sich von 2.0 durch die Ergänzung des bislang allein vorherrschenden Pathogeneseprinzips mit dem salutogenetischen Prinzip (z. B. Antonovsky 1997). Nach diesem Verständnis führen dann zwei Wege gleichzeitig zur Gesundheit: sowohl die Behandlung von Krankheitssymptomen als auch die Stärkung menschlicher Bewältigungsressourcen. Das Gesundheitskonzept 2.0 hat sich grob etwa seit der Jahrtausendwende umfassend in Krankenbehandlung, Rehabilitation und seit 10 Jahren auch in Prävention und BGF durchgesetzt und stellt damit eine wesentliche Bereicherung in der Praxis dar. Allerdings stößt es in der Betrachtung konkreter Lebenssituationen (z. B. Arbeit) bereits jetzt deutlich an seine Grenzen (exemplarisch hierfür Leyk et al. 2014). Der Paradigmenwechsel von Gesundheit 2.0 zu 3.0 lautet: Gesundheit lässt sich ohne Partizipation aller Beteiligten weder sinnvoll weiterentwickeln noch nachhaltig gestalten. Es gibt nach diesem erst langsam wachsenden Verständnis einen dritten Weg

---

[1] gemeint ist an die aktuellen Lebenssituationen, MP & AZ.

Tab. 1 Evolution des Gesundheitsverständnisses in der Nachkriegszeit

Gesundheitsparadigmen in der Nachkriegszeit	Gesundheit 1.0	Gesundheit 2.0	Gesundheit 3.0
Paradigma	Pathogenetisch Behandlung von Krankheiten	Salutogenetisch Fördern von Ressourcen und Bewältigungsfähigkeiten	Nachhaltig, systemisch, partizipativ, demokratisch
Lebensbereich: Arbeit	Gesetzliche Unfallversicherung	Wie 1.0, zusätzlich: Präventionsangebote der gesetzlichen Krankenkassen	Wie 2.0, zusätzlich: individuelles Engagement zur Gesundheit von Unternehmen
Betriebliche Gesundheitsförderung – Kerngedanke	Prävention von Unfällen und körperlicher Fehlbelastung	Unterstützung von Bewältigungsfähigkeiten (Personenebene) Unterstützung von Arbeitsorganisation (Organisationsebene)	Eine partizipative Planung und Umsetzung der betrieblichen Gesundheitsförderung wird gesundheitsförderlicher und wertschöpfender sein und integriert automatisch die Personen und Organisationsebene
Zugrunde liegende Haltung	Paternalistisch Experten wissen, was der Mitarbeiter/Versicherte für seine Gesundheit benötigt	Paternalistisch Experten wissen, was der Mitarbeiter/Versicherte für seine Gesundheit benötigt	Partizipativ-demokratisch Gesundheit wird gemeinsam gestaltet

zur Gesundheit: die Einbindung aller in der Planung und Umsetzung von Maßnahmen zur Gesundheit in konkreten Lebensbereichen wie Schule und Arbeit (s. auch Göpel 2012; Rosenbrock und Hartung 2012). Unserer Einschätzung nach befinden wir uns derzeit im Übergangsbereich von Gesundheit 2.0 zu 3.0.

Passend zum Gesundheitsparadigma 3.0 wurden durch eine Expertenkommission Trends im BGM zusammengetragen: Handlungsspielraum, Sinnhaftigkeit und Partizipation (Bertelsmann Stiftung und Hans-Böckler Stiftung 2004). Eine kritische Berücksichtigung aktueller Technologien (Smartwatches) und damit verbundener Verhaltensweisen („self quantifying") erfolgte damals nicht, weil dieses Phänomen nicht absehbar war. Unsere aktuelle Arbeitsdefinition von Gesundheit lautet somit wie folgt:

Gesundheit ist komplex und im Operationalisierungsversuch immer ein Konstrukt. Wir verstehen Gesundheit am besten als Wechselspiel zwischen persönlichen Faktoren und Umgebungsbedingungen. Dieses Wechselspiel gestaltet sich sowohl direkt als auch indirekt. In jeden Operationalisierungsversuch fließen auf naturgemäß Wissen und (Selbst-)Erfahrung ein, mitunter auch Macht- und Gewinninteressen.

3 Partizipatives betriebliches Gesundheitsmanagement und betriebliche Gesundheitsförderung

Aus unserer Sicht wird es Zeit, eine weitreichende konzeptuelle Erneuerung von BGM und BGF vorzunehmen. Es ist ein ähnlicher Paradigmenwechsel, wie er allmählich im Bereich der Unternehmensführung und -gestaltung zu beobachten ist. Analog zu der sich ausbreitenden Debatte über mehr Selbstorganisation, Eigenverantwortung und Demokratisierung von Unternehmen gilt es, das bisherige mechanistisch-lineare Modell direktiven BGM und BGF in ein systemisch-partizipatives Modell zu überführen. Wir halten dies keineswegs nur aus ethischen Gründen für geboten, sondern auch aus der Sicht der ökonomische Vernunft. Denn wie die im ersten Abschnitt erwähnte Studie zeigt, sind die bestehenden Vorgehensweisen nicht allzu erfolgreich. Demzufolge sind die Investitionen fraglich, der Return-on-Investment ein Glücksspiel.

Ergänzend zeigt eine weitere aktuelle Untersuchung die hohe Bedeutung der Partizipation an gesundheitlichen Entscheidungsprozessen. In der Arzt-Patient-Kommunikation gibt es verschiedene Modelle der Partizipation seitens der Patienten an der Kommunikation und Entscheidungsfindung. Das Kontinuum reicht dabei von keiner Kommunikation im Bereich notfallmedizinischer Versorgung von Patienten oder beim intraoperativen Vorgehen unter Vollnarkose bis hin zu aufwendigen Prozessen des Shared-decision-Making beispielsweise bei chronischen Erkrankungen. Im Jahr 2014 wurden in einer multizentrischen Studie die Einschätzungen von 329 Patient aus 11 Rehabilitationskliniken erfragt. Im Ergebnis zeigte sich, dass die Partizipation bei der Entscheidungsfindung neben einer patientenorientierten Zusammenarbeit innerhalb des Behandlungsteams maßgeblich zur Patientenzufriedenheit beitrug (Zimmermann et al. 2014).

Es gibt somit mindestens zwei wissenschaftlich fundierte Argumentationslinien für ein partizipatives BGM und BGF: Erstens sind direktive Konzepte nicht ausreichend wirksam und zweitens ist Partizipation bei Gesundheitsentscheidungen ein wichtiges Erfolgskriterium. So verwundert es nicht, dass Partizipation bereits ein differenziertes Stichwort moderner Handbücher zum BGM ist (Uhle und Treier 2013); Badura et al. (2010) spricht in diesem Zusammenhang von einer *Produktionsgemeinschaft*. Aus dem Partizipatives-Gesundheitsmanagement(PARGEMA)-Projekt[2] geben die Autoren vielfältige Hinweise auf selbstorganisierte Arbeit, die zum Nebeneffekt von Selbstüberforderung der Mitarbeiter führen kann (Kratzer et al. 2011, Kratzer et al. 2012). Auch hier liegt der Lösungsweg in der Partizipation an der Arbeitssteuerung *oberhalb* der eigenen Ausführungsebene, damit bisherige selbstüberfordernde Selbstorganisation möglichst unterbunden wird. Außerhalb des BGM wird Partizipation aus sozialer und gesundheitswissenschaftlicher Sicht ebenso diskutiert (Göpel 2012; Rosenbrock und Hartung 2012).

Der von uns vorgeschlagene Paradigmenwechsel hin zu einem partizipativen, mitbestimmten oder sogar selbstbestimmten Modell betrifft beide Bereiche betrieblicher Gesundheit: die Entwicklung, Implementierung und Pflege eines BGM und der damit

---

[2] www.pargema.de.

verbundenen BGF. Normalerweise obliegt diese Aufgabe dem Human-ressource-Bereich häufig in Kooperation mit externen Beratern. Die Belegschaft selbst wird dabei in den wenigsten Fällen weitreichend mit einbezogen. Hier und da gibt es eine Bedarfserhebung in Form einer Mitarbeiterumfrage, während die maßgeblichen Entscheidungen nicht durch die Belegschaft getroffen werden. Wir plädieren dagegen für den Einbezug aller interessierten Führungskräfte und Mitarbeiter.

Wie das konkret aussehen kann, zeigen wir in den nächsten beiden Abschnitten: Wir beginnen mit der Ebene der einzelnen Personen, indem wir den Blick auf die Perspektive derjenigen lenken, die es geschafft haben, über die Dauer eines gesamten Erwerbslebens im Beruf erfolgreich zu werden und dabei gesund zu bleiben. Danach gehen wir auf die organisationale Ebene über und zeigen ein partizipatives Modell betrieblicher Gesundheit an Hand eines eigenen Fallbeispiels aus der Metallindustrie.

4 Von Seniorexperten lernen

Um besser zu verstehen, wie Gesundheit im Arbeitsumfeld entsteht und aufrechterhalten wird, interviewten wir diejenigen Erwerbstätigen, die ein ganzes Erwerbsleben lang gearbeitet haben, nun ihre reguläre Altersrente (Pension) beziehen und sich weiterhin ebenso vital fühlen wie aktiv ihr Leben gestalten. Von dieser Gruppe darf man annehmen, dass sie weder unter Burn-out leiden, noch durch Krankheiten vorzeitig aus dem Erwerbsleben ausgeschieden sind. Welches Gesundheitsgeheimnis kennen sie? Was können wir von ihnen lernen? Gibt es Gesundheitsschätze, die man in geeigneter Form in ein modernes BGM übernehmen kann?

Die geeignete Zielgruppe hierzu sind die Seniorexperten (SE), die zunächst über die Kreiswirtschaftsförderung Ahrweiler und nun zunehmend durch persönliche Empfehlungen für semistrukturierte Interviews rekrutiert wurden. Die Untersuchung des amerikanischen Soziologen und Unternehmensberaters John Izzo zur Weisheit (Izzo 2008) inspirierte dabei die Methodik und Fragen. Bislang sind 16 Interviews abgeschlossen[3]. Nach jedem Interview werden gemeinsam mit dem SE in einem raschen Kondensierungsprozess die wichtigsten fünf Statements zu seinem Gesundheitsverhalten in kurzen Leitsätzen zusammengefasst. Diese Top Five werden zukünftig mit einer Fremdratingskala untersucht. Diese Skala enthält u. a. Fragen zu den Grundbedingungen psychischer Gesundheit (Grawe 2004).

Wie zu erwarten, treffen wir interessante, freundliche und humorvolle Menschen, die alle auf ihre Weise erfolgreich im Erwerbsleben waren, auch wenn es Krisen gab oder gar ein Scheitern verkraftet werden musste. Würde man Resilienzskalen anwenden, wäre das Resilienzniveau vermutlich recht hoch. Aus den Top Five lässt sich bereits jetzt eine deutliche Ausprägung aller vier Grundbedürfnisse psychischer Gesundheit nach Grawe (2004) erkennen. Wir gehen davon aus, dass wir mindestens folgende sechs Aussagen deutlich

---
[3] Stand Mai 2015.

belegen werden können, wovon die ersten vier jeweils Grundbedürfnisse psychischer Gesundheit darstellen:

- **Gestaltung von gelingenden Beziehungen**: Allen SE war eine bewusste, menschliche und faire Gestaltung von Erwerbsbeziehungen auf allen Ebenen wichtig.
- **Lustvermehrung und Unlustvermeidung**: Die SE hatten Spaß an ihrer Arbeit, konnten Flow erleben – zumindest partiell, manche in überraschend ausgeprägter Form.
- **Orientierung und Kontrolle**: Die SE hatten überwiegend Handlungsspielraum und haben über die eigene Mitbestimmung hinaus aktiv versucht, Partizipation für Mitarbeiter einzuführen.
- **Persönlichkeitsentwicklung und Selbstwertschutz**: Alle SE haben unterschiedlich ausgeprägt bei sich und ihren Mitarbeitern auf Selbstwertentwicklung, Selbstwertschutz geachtet und sich entsprechend fördernd verhalten.
- Fast alle SE waren bewegungsaktiv, manche sportlich.
- Alle hatten Rituale zum Umschalten und entspannen. Sie verfügten über eine ausgeprägte Achtsamkeit, eigene Balancen zwischen Anstrengung und Erholung zu gestalten.

Wahrscheinlich wird man diesen Haltungs- und Handlungsmustern eine gewisse Kausalität im Sinn einer Gesundheitsförderung unterstellen dürfen.

Die psychiatrisch-therapeutische und coachende Erfahrung an unzähligen Erwerbsbiografien mit Burn-out und psychischen Erkrankungen zeigt passend zu den Ergebnissen aus den SE-Interviews ein gänzlich anderes Bild: Erkrankte Menschen erduldeten teils unfaire, zynische und schikanöse Erwerbsbeziehungen, hatten selten Spaß an der Arbeit, konnten ihre Arbeitsstressoren kaum kontrollieren oder partizipativ mitgestalten und mussten viel psychische Energie aufbringen, ständige Selbstwertangriffe und Beschädigungen abzuwehren oder zu minimieren. Ein elementarer Unterschied zu den SE.

4.1 Ein erfolgreiches Fallbeispiel: ThyssenKrupp Rasselstein GmbH[4]

Zur Illustration unseres Vorschlags folgt nun ein durch uns erarbeitetes Fallbeispiel. Die Grundlage dazu war ein Gespräch mit dem Betriebsratsvorsitzenden Wilfried Stenz, der die Entwicklung von BGM und BGF von Anfang bis heute begleitete.

ThyssenKrupp Rasselstein gehört nach seiner Gründung 1760 mit einer Lebensdauer von über 250 Jahren zu den älteren Unternehmen Deutschlands. 1958 beteiligte sich Thyssen mit 25 % am Unternehmen, baute seine Anteile vier Jahre später auf 50 % aus und übernahm es 22 Jahre später ganz. Die Umfirmierung zur heutigen ThyssenKrupp Rasselstein GmbH ergab sich 2012.

Die Firma unterliegt der Montanmitbestimmung und gehört damit zu den aussterbenden Unternehmen mit einem paritätisch besetzten Aufsichtsrat. Als überwiegend Eisen

---

[4] Diese Fallstudie stammt aus Zeuch (2015). Sie findet sich im Kapitel „Mitbestimmt gesund. Ein Weißblechhersteller entwickelt demokratisch ein Gesundheitsmanagement."

oder Stahl produzierendes Unternehmen mit über 1000 Mitarbeitern lebt Rasselstein infolgedessen eine größere demokratische Grundordnung, als viele andere Unternehmen dieser Größe. Repräsentative Demokratie hat also in diesem Unternehmen eine mehrere Jahrzehnte währende Geschichte.

Bereits 2003 startete das Projekt „Der gesunderhaltende Betrieb" und wurde 2005 mit Erfolg beendet. Von da an wurden und werden die erarbeiteten Strukturen, Prozesse und Errungenschaften weiterhin realisiert. Der Betriebsrat legte von Anfang an großen Wert auf die Einbindung der Mitarbeiter. „Sie können sich an unterschiedlichen Unternehmensprozessen, z. B. Gesundheitszirkeln und dialogorientierten Gesundheitsaudits, beteiligen. Ihre Einbeziehung hat bei Rasselstein hohe Priorität, sie werden als Expertinnen und Experten ihres Arbeitsplatzes geschätzt." (Giesert 2010, S. 14)

Bei der Entwicklung und Implementierung des BGM gab es vier Elemente: Den Steuerkreis Gesundheit, die Gesundheitszirkel, den Gesundheitsbericht und die Auditorenschulung. Vorstand, Betriebsrat und die Mitarbeiter verfolgen gemeinsam die Ziele des Arbeits- und Gesundheitsschutzes, die mit dem BGM eng verbunden sind.

1. Steuerkreis Gesundheit

Dieses Gremium veranlasste die Aktivitäten des Gesundheitsmanagements, koordinierte sie und kontrollierte den Erfolg. Entscheidend im Sinn der Partizipation war die Beteiligung der betrieblichen Interessenvertreter. Die Steuerung erfolgte also nicht, wie oben geschildert, durch Vertreter des Human-ressource-Bereichs, die von außen für die Kollegen aus der Produktion ein BGM mithilfe externer Berater entwickeln.

Über diese Aufgaben hinaus soll der Steuerkreis dafür sorgen, dass die betriebliche Gesundheit und ihr Erhalt auch in anderen Entscheidungsgremien beachtet werden. Um diese vielfältigen Aufgaben zu bewältigen, tagt der Steuerkreis viermal im Jahr.

2. Gesundheitszirkel

In den moderierten Gesundheitszirkeln wurden durch die Beschäftigten als Experten für ihre eigene Arbeit Ideen für die jeweiligen Arbeitsbereiche entwickelt und gesammelt, wie Belastungen abgebaut werden können. Des Weiteren schlugen die Mitarbeiter Verbesserungen für die tägliche Arbeit vor, um vorbeugend Belastungen und Unfallrisiken entgegenzuwirken. Damit nahm man Abstand davon, durch externe betriebsmedizinische Experten Ideen entwickeln zu lassen. Ganz im Sinn von demokratischer Selbstbestimmung übernahmen die Mitarbeiter selbst die Verantwortung für ihre Gesundheit.

3. Gesundheitsbericht

In diesem jährlichen Bericht werden alle aktuellen betrieblichen Kennzahlen zur Gesundheit der Mitarbeiter erfasst und miteinander in Beziehung gesetzt. Dieser Bericht ist das Fundament für Entscheidungen rund um das BGM. Für den Betriebsratsvorsitzenden Wilfried Stenz ist auch das ein Aspekt von Mitbestimmung, denn nach der Auswertung geht der Betriebsrat auf die Mitarbeiter zu und bezieht sie in Entwicklungsprozesse mit ein. Sie werden gefragt, wo es Handlungsbedarf gibt und wie sie unterstützt werden könnten, um Belastungssituationen zu verringern. Damit haben die Mitarbeiter auch über die Vernetzung mit dem Gesundheitsbericht die Möglichkeit der Mitbestimmung und Mitgestaltung – und die Verantwortung, um das Ziel des gesunderhaltenden Betriebs zu verwirklichen.

4. Auditorenschulung

Die Gesundheitsauditoren sollen gesundheitliche Belastungen der Mitarbeiter sensibel wahrnehmen und für gesundheitliche Probleme so gut wie möglich ansprechbar sein. Die Auditoren sind kein medizinisches Fachpersonal. Stattdessen können Betriebsräte, Führungskräfte oder Gruppensprecher Gesundheitsauditor werden, indem sie entsprechende Qualifizierungen mitmachen. Diese Weiterbildungen wurden anfänglich durch die Berufsgenossenschaft und dann durch Gewerkschaften umgesetzt und durch laufende Fortbildungen mit verschiedenen Schwerpunkten ergänzt.

Auffällig ist eine Ambivalenz hinsichtlich der Mitbestimmung bei der Auditorenqualifizierung. Wilfried Stenz stellte fest, dass die Betriebsräte diese Schulungen mitmachen *müssen*. Partizipation scheint da weit entfernt. Aber das ist laut Stenz plausibel, denn nur so kann garantiert werden, dass alle Betriebsräte ein Grundverständnis für das bei Rasselstein zentrale Thema der Gesundheit erlangen. Nur so können sie die Mitarbeiterbedürfnisse bezüglich ihrer Gesundheit kompetent vertreten. Die Auditorenschulung ist ein Muss, ohne das diese Vertretung nicht sicher zu stellen ist.

Selbstverständlich übernehmen die Auditoren nicht allein die Verantwortung für das Wohl der Mitarbeiter. Ergänzend gibt es einen Werksarzt, Sicherheitsfachkräfte, Sicherheitsbeauftragte, einen Physiotherapeuten, Ernährungsberater und Psychiater sowie Betriebssanitäter. Die Mitarbeiter werden im Fitnesscenter darüber hinaus durch qualifizierte Trainer begleitet.

Der Beginn für das aktuelle Gesundheitsmanagement mit den eben beschriebenen Elementen liegt im Jahr 2002. Seinerzeit wurde die demographische Entwicklung des Unternehmens analysiert, um zu klären, wie sich die Altersstruktur in den nächsten 15 Jahren entwickeln wird (Giesert 2010, S. 15): „2003 lag das Durchschnittsalter bei 40 Jahren, 2018 würde es bei 46,5 liegen." Wilfried Stenz merkte an: „Wir waren uns sicher, dass wir die Auswirkungen recht bald zu spüren bekommen, wenn man das so laufen lässt. Hilfreich war damals das Projekt gesunderhaltender Betrieb. Wir hatten seinerzeit von der Berufsgenossenschaft als Pilotbetrieb zum Thema gesunderhaltender Betrieb einen Zuschuss von über einer Million Euro bekommen, um solch ein Projekt aus dem Boden zu stampfen. Dabei war unser Ansatz auch von unserer Seite mit zu hinterfragen, mit zu steuern und Vorschläge zu machen." Es ging also direkt darum, das Gesundheitsmanagement gemeinschaftlich zu entwickeln.

Aus dieser frühen Fokussierung auf eine gemeinschaftliche Entwicklung des BGM entwickelte sich u. a. die oben erwähnte Bedeutung der Gesundheitsauditoren. Um zu verstehen, wie weit die Mitbestimmung reicht, muss man wissen, dass der Betriebsrat die Gesundheitsaudits führt. Werksarzt und Gesundheitsmanager sind nur in einer unterstützenden Rolle. Stenz zeigt an einem beeindruckenden Beispiel, dass dieses Vorgehen überaus effektiv ist: „In der Schleiferei hatten wir bei einem Audit 14 % Fehlzeitenstand ermittelt. Da stellten wir uns sofort die Frage, wie es dazu kommen konnte. In anderen Teams haben wir nur 3–5 %. Heraus kam zweierlei: Erstens die Schwere der Arbeit und zweitens das Thema Führung. Durch unsere Maßnahmen senkten wir den Krankenstand innerhalb von einem halben Jahr auf einen Durchschnittswert von vier Prozent." Eine Verringerung der Fehlzeiten um 10 Prozentpunkte innerhalb von sechs Monaten. Ein stolzes Ergebnis.

Aus diesem Erfolg ergab sich ein neues Element: örtliche Gesundheitsbeauftragte. „Jedes Team hat einen eigenen Gesundheitsbeauftragten. Der wird demokratisch gewählt. Schließlich muss der das Vertrauen der Menschen haben, um uns in der quartalsmäßigen Sitzung berichten zu können: In unserem Team gibt es die und die Probleme zum Thema Gesundheitsförderung oder Beeinträchtigung. Denn diese Daten werden danach in einer zentralen Sitzung mit allen Gesundheitsbeauftragten zusammengeführt, um daraus mit dem Werksarzt und unserem Gesundheitsmanager Maßnahmen abzuleiten." Im ganzen Unternehmen findet sich pro Team ein Gesundheitsbeauftragter bei aktuell 14 Teams mit bis zu 340 Mitarbeitern.

Dass die Gesundheitsbeauftragten gewählt werden, um mit dem Thema der Gesundheit einen guten Umgang zu gewährleisten, ist äußerst interessant. Denn diese Wahlen könnten ein Einstieg in eine repräsentative Unternehmensdemokratie sein, da die Demokratisierung höchstwahrscheinlich Auswirkungen auf die Gesundheit der Mitarbeiter durch das Bindeglied der erfahrenen Selbstbestimmung und Kontrolle hätte. Wer sich nicht als Spielball seines Arbeitgebers fühlt, sondern stattdessen selbstbestimmt mitgestaltet und damit eine gewisse Kontrolle über die eigenen Arbeit ausübt, ist widerstandsfähiger gegen psychische und somatische Erkrankungen.

Weiterhin war es wichtig, dass „Gesundheitsförderung in jeder Belegschaftsversammlung neben der Arbeitssicherheit ein zentrales Thema war und ist." Stenz merkt mit Bezug auf das gesamte Unternehmen an: „Die Mitbestimmung ist eine Kultur bei uns, die wirklich auf Augenhöhe praktiziert wird." Wichtig bei aller Mitbestimmungskultur ist aber auch, dass zentrale Gesprächs- und Verhandlungspartner einem Thema Bedeutung beimessen und inhaltlich Verständnis aufbringen: „Wir hatten bisher immer das Glück, einen eigenen Personalvorstand zu haben, mit dem man leichter über solche Brandthemen kommunizieren kann als mit einem technischen Vorstand oder Werkleiter. Das ist unser Plus hier." Erfolg hängt in Ergänzung dazu auch davon ab, zwischen einer möglicherweise vorhandenen Arbeitnehmervertretung und dem Arbeitgeber kein tradiertes Klassendenken zu pflegen: „Wir betrachten uns nicht als Klassenfeinde. Wenn bei anderen dieser Nimbus von Klassenfeindschaft herrscht – da ist die Seite der Arbeitgeber, hier der Arbeitnehmer – dann können die nicht zusammenkommen. Doch, man kann zusammenkommen, wenn man sich anständig an einen Tisch setzt."

Für die Entwicklung des BGM spielt auch die Arbeitszeitregelung eine wichtige Rolle. Dies v. a. dann, wenn ein harter Schichtbetrieb vorliegt. Dabei ist es vor dem Hintergrund der Mitbestimmung wichtig, den Mitarbeitern die Möglichkeit zu geben, das Schichtsystem selbst mitzugestalten. Exakt das wurde verwirklicht. „Wir hatten damals einen Dreischichtbetrieb. Eine Woche früh, eine Woche Nacht, eine Woche spät im Rückwärtswechsel. Jetzt haben wir zwei früh, zwei spät, zwei Nacht. Auch das war eine Forderung von uns, dieses Schichtsystem umzustellen, um die Gesunderhaltung der Menschen lange zu gewährleisten. Dann haben wir zunächst gegen den Willen der Mitarbeiter eine Entscheidung getroffen und einen Pilotversuch in einem Team mit 120 Mitarbeitern gemacht. Damit verbunden war aber das Versprechen, das nicht weiter zu machen, wenn es bei einer anschließenden Abfrage nicht angenommen wird. Da haben wir diesen Zweierrhythmus eingeführt. Nach einem Jahr wollten 100 % in diesem neuen System arbeiten. Das ging wie ein Lauffeuer herum, alle anderen wollten das auch. Die Mitarbeiter haben bis zu

140 € an Lohnverlusten gehabt und das freiwillig hingenommen, um auf dieses Modell zu gehen." Das Ergebnis dieser freiwilligen Umstellung ist beeindruckend: „Die Leute, die vier Tage frei haben, kommen entspannter aus ihrer Freizeit zurück und sind produktiver. Man sieht es an den Leistungskennzahlen, die wir haben. Die Prämien steigen, die Unfallhäufigkeit sinkt rapide und Fehlzeiten bleiben auf einem konstantem Niveau."

Wilfried Stenz stellte einen Aspekt mehrfach heraus: „Ich warne davor, dass man etwas einfach überträgt, dass man sich denkt: Da ist ein System. Das wollen wir auch. Da muss man sich erst einmal die Grundvoraussetzungen erarbeiten und das dauert manchmal lange." Anstatt irgendein System eins zu eins implementieren zu wollen, gilt es, einen nachhaltig intelligenten Ansatzpunkt zu finden. Bei Rasselstein war dies die Frage, wie sichergestellt werden kann, „dass der Facharbeiter der Zukunft und der Gegenwart ihr Rentenalter bei uns gesund erreichen und gesund ausscheiden werden und etwas von ihrer Rente haben. Das ist der erste Ansatzpunkt. Da muss man gezielt auf die einzelnen Arbeitsplätze bezogen schauen, wie man das gestalten kann. Was müssen wir anpacken? Wo liegen die Schwerpunkte von Krankheiten?"

Die Entwicklung einer Win-win-Situation für die Arbeitnehmer und Arbeitgeberseite war der zweite Ansatzpunkt. Es ging darum, dem Vorstand zu verdeutlichen, dass sich die Mitarbeiter und ihre Vertreter „Gedanken machen und nicht immer nur etwas haben wollen, sondern zum Wohle beider agieren." Damit wurde die altvordere Kluft zwischen Arbeit und Kapital einmal mehr überbrückt.

Was bei Rasselstein im Lauf der Jahre aufgebaut wurde, „ist wie ein Mosaik, bei dem man mit vielen Steinchen ein Bild zusammenfügt, was nachher auch Substanz hat. Und da muss man dran arbeiten, jeden Tag." Wichtig ist also, die für sich passenden Mosaiksteine zu finden und damit ein eigenes Bild zu entwickeln. Das braucht Geduld. Dafür lohnt das Ergebnis die Mühe. Wilfried Stenz war zum Zeitpunkt des Interviews vor seinem 62. Geburtstag und sagte überzeugend: „Ich komm immer noch gern zur Arbeit und hab noch Ideen im Kopf." Was will man mehr?

Literatur

Antonovsky A (1997) Salutogenese. Zur Entmystifizierung der Gesundheit. dgvt-Verlag, Tübingen
Badura B, Walter U, Hehlmann T (2010) (Hrsg) Betriebliche Gesundheitspolitik. Der Weg zur gesunden Organisation. Springer, Heidelberg
Bertelsmann Stiftung & Hans-Böckler Stiftung (2004) (Hrsg) Zukunftsfähige betriebliche Gesundheitspolitik: Vorschläge der Expertenkommission, 2. Aufl. Verlag Bertelsmann-Stiftung, Gütersloh
Dörner K (2003) Die Gesundheitsfalle. Woran unsere Medizin krankt. Zwölf Thesen zu Ihrer Heilung. Econ, München
Grawe K (2004) Neuropsychotherapie. Hogrefe Verlag, Göttingen
Giesert M (2010) Zukunftsfähige Gesundheitspolitik im Betrieb. Betriebs- und Dienstvereinbarungen. Bund-Verlag, Frankfurt am Main
Göpel E (Hrsg) (2012) Nachhaltige Gesundheitsförderung. Gesundheit gemeinsam gestalten. Mabuse Verlag, Frankfurt a. M.

Izzo J (2008) Die Fünf Geheimnisse, die Sie entdecken sollten, bevor Sie sterben. Riemann Verlag, München

Kratzer K, Dunkel W, Becker K, Hinrichs S (Hrsg) (2011) Arbeit und Gesundheit im Konflikt. Analysen und Ansätze für ein partizipatives Gesundheitsmanagement. Edition sigma, Berlin

Kratzer N, Birken T, Dunkel W, Menz W (2012) Partizipation bei neuen Steuerungsformen. In: Rosenbrock R, Hartung S (Hrsg) Handbuch Partizipation und Gesundheit. Verlag Hans Huber, Bern, S 142–153

Leyk D, Rohde U, Hartmann N (2014) Ergebnisse einer betrieblichen Gesundheitskampagne: Wie viel kann man erreichen? Dtsch Ärzteblatt 111(18):320–327

Rosenbrock R, Hartung S (Hrsg) (2012) Handbuch Partizipation und Gesundheit. Hans Huber, Bern

Uhle T, Treier M (2013) Betriebliches Gesundheitsmanagement. Gesundheitsförderung in der Arbeitswelt – Mitarbeiter einbinden, Prozesse gestalten, Erfolge messen. Springer, Heidelberg

Zeuch A (2015) Alle Macht für Niemand. Aufbruch der Unternehmensdemokraten. Murmann, Hamburg

Zimmermann L, Michaelis M, Quaschning K et al (2014) Die Bedeutung der internen und externen Partizipation für die Patientenzufriedenheit. Rehabilitation 53(04):219–224

Dr. Andreas Zeuch promovierte von 1999–2003 im Bereich Erwachsenenbildung an der Universität Tübingen zum Training professioneller Intuition. Er begleitet als freiberuflicher Berater, Trainer und Speaker Organisationen und Unternehmen auf dem Weg zu mehr Partizipation und Demokratisierung. Im Zusammenhang damit stellt er in seinem aktuellen Buch „Alle Macht für Niemand. Aufbruch der Unternehmensdemokraten" acht Unternehmen und ihre je eigenen Wege zu einer erfolgreichen Demokratie vor. Zeuch arbeitet zumeist für mittelständische Unternehmen diverser Branchen, Nichtregierungsorganisationen und Non-Profit-Organisationen. Dabei legt er Wert darauf, dass in Veränderungsprozessen Methoden genutzt werden, die bereits einen starken selbstorganisatorischen und intuitiv-emotionalen Charakter haben, wie Unternehmenstheater oder Dialogrunden.

Dr. med. Marius Poersch arbeitet als Oberarzt einer psychiatrischen Klinik und leitet seit 2012 nebenberuflich das Institut für Erwerbscoaching. Die Arbeitsbereiche umfassen Coaching, Unterstützung im beruflichen Eingliederungsmanagement, Inhouse-Schulungen für Kliniken und zunehmend präventive Angebote im betrieblichen Gesundheitsmanagement. Der Fokus liegt auf einer indirekten Gesundheitsförderung, etwa durch vielfältige Formen von Partizipation und Achtsamkeit. Aktuell interviewt Poersch mit Unterstützung der Kreiswirtschaftsförderung Ahrweiler Seniorexperten zu ihrem Gesundheits- und Führungsschatz. Die Erkenntnisse fließen in Zusammenarbeit mit Dr. Andreas Zeuch und der Finder Akademie in Anregungen zum betrieblichen Gesundheitsmanagement ein. Gesundheitsförderliches Führen basiert demnach auf fundierter Selbsterfahrung und authentisch gelebter Führungskultur im Sinn einer Balance aus zielorientierter Führung und fairem Mitarbeiterfokus.

Meditation im Unternehmen – das geht wirklich und wirkt

Achtsamkeit in Führungskräfteentwicklung und betrieblichem Gesundheitsmanagement

Paul J. Kohtes und Nadja Rosmann

Meditation ist längst in der Unternehmenswelt angekommen: als Methode des Stressmanagements, als Weg zur Entfaltung der persönlichen Authentizität oder als Möglichkeit, das gesundheitliche Wohlbefinden zu fördern. Hochrangige Manager wie Norbert Reithofer (BMW) und Peter Terium (RWE) bekennen sich inzwischen öffentlich als Meditierende – und sind dabei in guter Gesellschaft. „Innehalten hilft, wenn man gehetzt ist", sagt Antonio Arrigoni, Finanzvorstand der Constantin Medien AG. Ray Dalio, Gründer von Bridgewater, dem weltweit größten Hedgefonds, geht noch weiter: „Mehr als alles andere war die Meditation der ausschlaggebende Faktor für jeglichen Erfolg, den ich je hatte." Für Maik Lehmann, Partner der Personalberatung ifp, ist der Weg nach innen ein Weg nach oben: „Yoga und Meditation sind für mich erprobte Techniken, um mich gerade in fordernden Phasen innerlich aufzustellen und in meine Kraft zu kommen." Claudia Derkum, Geschäftsführerin bei Axel Springer Direct, schätzt zudem die positive Wirkung von Meditation auf das innerbetriebliche Miteinander: „Ich muss eine stabile Säule sein. Wenn es mir nicht gut geht, überträgt sich das schnell auf das Team." Und Ulrich Freiesleben, Diamantgroßhändler und Wirtschaftsethiker in Münster, der täglich Zen-Meditation praktiziert, weiß: „Es gibt in mir einen Punkt, an dem Ruhe und Kraft sind. Und den kann ich jederzeit aufsuchen."

Die persönlichen Erfahrungen dieser Top-Leader sind keine Einzelfälle. Unzählige wissenschaftliche Studien haben in den letzten Jahren bewiesen, dass Meditation positiv

P. J. Kohtes (✉)
Identity Foundation, Düsseldorf, Deutschland
E-Mail: Paul.Kohtes@identity-foundation.de

N. Rosmann
Hofheim, Deutschland
E-Mail: Nadja.Rosmann@zenpop.de

auf das Herz-Kreislauf-System wirkt und körperliche Stressreaktionen reduziert, gesundheitliche Effekte, die im betrieblichen Gesundheitsmanagement auf wachsendes Interesse stoßen. Auch die kognitive Dimension der Achtsamkeitspraxis ist im Unternehmenskontext interessant, denn der Zuwachs an Konzentrationsfähigkeit und Kreativität sowie der Einfluss, den Meditation auf die Empathiefähigkeit hat, haben einen konstruktiven Einfluss auf typische Führungstätigkeiten. Darüber hinaus berichten Meditierende häufig von einem Zuwachs ihrer Leistungsfähigkeit, verbunden mit einer stärkeren Gelassenheit gegenüber äußerem Druck – Qualitäten, die in der Arbeitswelt von grundsätzlicher Bedeutsamkeit sind (Abb. 1).

Befragt wurden vom Bender Institute of Neuroimaging 48 Teilnehmende eines dreijährigen Programms zur Persönlichkeitsentwicklung, bei dem regelmäßige Meditation Teil des Curriculums war. Die vergleichsweise hohen Werte zu Beginn der Erhebung sind einerseits der Tatsache geschuldet, dass ein Teil der Umfrageteilnehmer bereits über Vorerfahrung im Meditieren verfügte. Zum anderen handelte es sich bei der Weiterbildung um ein Programm, das sich speziell an Menschen mit postmodernem Hintergrund richtete, und in dieser Zielgruppe sind Aspekte wie Sinnorientierung, das Bedürfnis nach Authentizität und eine hinterfragende Haltung gegenüber der Wirtschaft stärker ausgeprägt als in der Durchschnittsbevölkerung. Erfahrungsgemäß liegen im betrieblichen Umfeld die Werte beim Einstieg in Meditationsprogramme niedriger und die individuelle Entwicklung (Verbesserung) der Übenden verläuft anfangs schneller.

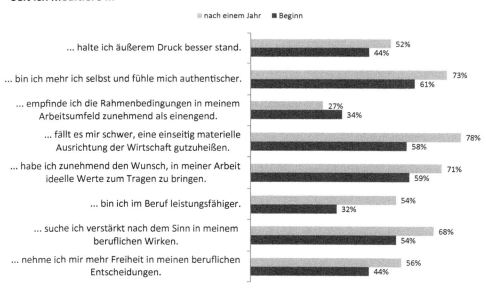

Abb. 1 Die Wirkung von Meditation im Arbeitsumfeld

1 Potenziale eröffnen, statt Ergebnisse zu erzwingen

Im Prinzip ist kaum etwas einfacher als zu meditieren. Das ist nämlich immer und überall möglich, weil es im Wesentlichen um eine innere Haltung der konstruktiv-kritischen Selbstdistanz geht. Diese wird im Allgemeinen durch eine meditative äußere Haltung eingeübt. Man nimmt eine sitzende, aufrechte Körperhaltung ein, schließt die Augen und tut – nichts. Doch dieses Nichts hat es in sich, besonders dann, wenn man sich fragt, wie kompatibel es mit dem Business ist. Wie die Neurowissenschaften zeigen, stellen sich durch regelmäßiges Meditieren nachweisbar Wirkungen ein wie eine bessere Konzentration, eine erhöhte Aufmerksamkeit oder auch eine verringerte Stressresonanz. Diese Ergebnisse kann man allerdings nicht erzwingen, denn das Meditieren selbst ist ein Akt der Absichtslosigkeit, des Loslassens.

Dieses Paradox anzuerkennen und sich darauf einzulassen, ist nicht immer so einfach, wie es klingt. Meditation im Unternehmen sollte man deshalb eher als ein Experiment mit tendenziell offenem Ausgang begreifen. Denn wenn Menschen achtsamer werden und beginnen, die äußeren Zwänge, die sie sich zu eigen gemacht haben, zu durchschauen, und wenn sich durch dieses Loslassen eine neue Perspektive auf die Frage nach der persönlichen Freiheit einstellt, dann eröffnen sich Möglichkeiten, die vorher nicht absehbar waren. In diesem Sinn ist Meditation fast schon ein Generalschlüssel zum noch nicht verwirklichten Potenzial von Unternehmen und ihren Mitarbeitern.

2 Was ist Meditation und welche Methode eignet sich für wen?

In ihrer Methodik beschreibt Meditation einen Weg zur Fokussierung der Aufmerksamkeit bzw. zur Schulung einer beobachtenden Haltung. Bei der Fokussierung richtet sich die Achtsamkeit z. B. auf den eigenen Atem. Bei distanziert-beobachtenden Übungen nimmt man die eigenen Gedanken und Gefühle wahr, ohne auf sie zu reagieren, lässt sie einfach kommen und gehen.

Tai Chi, Qigong und Yoga (wenngleich sie auch stille Elemente beinhalten) sowie die Gehmeditation im Zen zählen zu den Übungsformen in Bewegung. Der Body-Scan, eine geführte Übung zur Wahrnehmung des gesamten Körpers, die progressive Muskelentspannung, bei der körperliche Veränderungen beim Anspannen und Entspannen einzelner Muskelpartien beobachtet werden, sowie Zen, Kontemplation und Vipassana sind Praxisformen der Stille, der Innenschau.

Für Menschen, die noch wenig Erfahrung in Sachen Selbstwahrnehmung haben, eignet sich der Einstieg in eine Achtsamkeitspraxis durch Methoden in Bewegung, den sog. Body-Scan oder die progressive Muskelentspannung, da die Beobachtung des Körpers dem Geist einen konkreten Anker gibt. Methoden in Stille sind für Menschen, die in Selbstreflexion geübt sind, gut zugänglich. Vipassana, eine Form der Atembeobachtung, wie auch Zen (Sitzen in Stille) eignen sich für Zielgruppen, die sich weltanschaulich neutrale Übungen wünschen. Vor allem bei Führungskräften steht Zen aufgrund seiner

Schnörkellosigkeit hoch im Kurs, und möglicherweise auch, weil die Assoziationen zur japanischen Samuraikultur eine Sehnsucht nach innerer Kraft und Stärke bedienen. Für Menschen mit explizit christlichem Hintergrund ist Kontemplation eine gute Wahl. Das Programm Mindfulness-Based Stress Reduction (MBSR) verbindet leichte Yogaübungen, Body-Scan und Meditation in Stille und kann als Allrounder eigentlich für alle Zielgruppen eingesetzt werden.

3 Meditationsprogramme auf die Unternehmenskultur abstimmen

Für Unternehmen, die erwägen, Meditation als eine mögliche Methode in der Führungskräfteentwicklung, der Mitarbeiterweiterbildung oder im betrieblichen Gesundheitsmanagement einzusetzen, steht im Zweifel der betriebliche Nutzen einer solchen Maßnahme im Vordergrund. Dabei trifft die in der Wirtschaft vorherrschende Leistungs- und Profitorientierung auf den grundsätzlich eher explorativen Habitus meditativer Verfahren. Damit zwischen der betrieblich notwendigen Ergebnisorientierung und der prinzipiell ergebnisoffenen Haltung, die die Basis von Meditation bildet, eine konstruktive Wechselseitigkeit entstehen kann, ist es hilfreich, die Unternehmenskultur mit ihren Werten, ihren Leitbildern und Gepflogenheiten explizit zu berücksichtigen (Tab. 1).

In modernen Leistungskulturen, wie sie beispielsweise in der Technologiebranche oder im Bankensektor verbreitet sind, können Kurse zur gesundheitlichen Prophylaxe,

Tab. 1 Settings für Meditation in verschiedenen Unternehmenskulturen

Schwerpunkt Unternehmenskultur/ Mitarbeiter	Traditionell	Modern	Postmodern
Typische Branchen/ Arbeitsgebiete	Versicherungswirtschaft	Bankenwesen	Kunst- und Kulturbetrieb
	Handwerk	Handel	Medien
	Inhabergeführter Mittelstand	Dienstleistungsbranche	Pädagogik
	produzierendes Gewerbe	Werbung	Schule
	Verwaltung	Marketing	Dienstleister im Bereich Heilung und Lebenshilfe
	Rechtswesen	Technologiebranche	Bio-Branche
	Controlling	Wissenschaft und Forschung	Therapiesektor
	Rechnungswesen	Gesundheitswesen	
	Logistik		
	Produktion		

Tab. 1 (Fortsetzung)

Schwerpunkt Unternehmenskultur/ Mitarbeiter	Traditionell	Modern	Postmodern
Geeignete Methoden der Achtsamkeitsschulung	Körperfokussierte Methoden wie progressive Muskelentspannung	Formen der stillen Meditation wie Zen	Alle für moderne Zielgruppen geeignete Methoden
	Autogenes Training	Achtsamkeitsübungen	Eventuell Übungen mit explizitem Bezug zu den großen spirituellen Traditionen, z. B. Mantra-Meditation, buddhistische Meditationsmethoden, Wahrnehmungs- und Erfahrungsübungen aus der Anthroposophie
	Einfache Sequenzen aus Yoga, Tai Chi oder Qigong (insbesondere für Menschen, die in der eigenen Innenwahrnehmung noch nicht besonders geschult sind)	Mindfulness-Based Stress Reduction (inkl. Yogaübungen und Körperwahrnehmung mittels Body-Scan)	
	Kontemplation (für Menschen mit christlichem Wertesystem)	Meditation in Bewegung wie Tai Chi und Qigong, Gehmeditation	
Grundlegende Vermittlungsziele	Förderung der Selbstwahrnehmung als Basis der Selbstfürsorge	Tieferes Verständnis zwischen Außenorientierung (Leistung erbringen) und den inneren, persönlichen Voraussetzungen (Selbstwahrnehmung)	Förderung der Selbst- und Fremdwahrnehmung sowie Verbesserung der Beziehungsfähigkeit im Arbeitskontext
	Menschsein als innere Erfahrung, die in der Arbeitswelt Relevanz hat	Entwicklung von Empathie, die über das im Business übliche funktionale Miteinander hinausweist	Etablierung einer ganzheitlicheren Bezogenheit zur Welt (Erkennen des Ichs als Teil eines größeren Ganzen)

Tab. 1 (Fortsetzung)

Schwerpunkt Unternehmenskultur/ Mitarbeiter	Traditionell	Modern	Postmodern
Betriebliche Kontextualisierung	Gesundheits- und Stressmanagement	Burn-out-Prophylaxe	Gesundheitsprävention
	Verbesserung der internen Zusammenarbeit	Impulse für Selbstführung und Leadership	Entwicklung und Förderung psychosozialer Fähigkeiten, die im Berufskontext relevant sind
		Potenzialentfaltung	
Modelle zur Umsetzung	Einführungskurse zur jeweiligen Achtsamkeitsmethode	Analog zur traditionellen Zielgruppe	Analog zur traditionellen und modernen Zielgruppe
	Darauf aufbauend Kurse mit Fokus Gesundheit und/ oder Fragen des innerbetrieblichen Miteinanders (z. B. Kommunikation, Meetingkultur)	Zusätzlich Fachkurse, in denen die Erfahrung der Achtsamkeit auf fachliche Fragen bezogen wird, wie Führung, Verkauf und Verkaufsgespräche, Kreativität, Strategie- und Unternehmensentwicklung	Je nach mittelfristigen Entwicklungszielen des Unternehmens Kurse zur Visionsfindung, die Achtsamkeit als explizite Basis der Unternehmens- und Berufskultur etablieren
	In der Praxis sind die hier vorgenommenen Unterscheidungen zwischen traditionellen, modernen und postmodernen Zielgruppen und betrieblichen Kontexten eher fließend, sodass Unternehmen bei der Umsetzung bestenfalls eine an ihre Voraussetzungen angepasste Mischform unterschiedlicher Ansätze und Zugangswege entwickeln.		
	Die menschliche Entwicklung, die durch regelmäßige Meditation möglich wird, ist ein kontinuierlicher Prozess. So ist es denkbar und nicht unwahrscheinlich, dass nicht nur die Mitarbeiter als Individuen durch Achtsamkeitsprogramme reifen, sondern auch Unternehmen als Ganzes sich weiterzuentwickeln beginnen. Ein heute vielleicht noch stark traditionell verorteter Betrieb wird so möglicherweise nach einigen Jahren auch mit den hier vorgeschlagenen modernen Modellen und Entwicklungszielen experimentieren, ein modernes Unternehmen sich vielleicht – gerade im Hinblick auf die Entwicklung von Nachhaltigkeitsvisionen – auch den postmodernen Ansätzen zuwenden. Letztlich bauen alle hier dargestellten Stadien aufeinander auf, sodass ein Voranschreiten durch die jeweiligen Etappen sogar im Sinn unternehmerischer Zukunftsfähigkeit wünschenswert sein kann.		

die während (!) der Arbeitszeit stattfinden, beispielsweise das Thema Resilienz im betrieblichen Umfeld verankern. Besteht in Firmen ein starker interner Wettbewerb, können Achtsamkeitsmethoden nutzende Einzelcoachings ein guter Start sein, denn ein sehr kompetitiver Habitus dürfte es Mitarbeitern vergleichsweise schwer machen, sich in

Gruppenangeboten wirklich zu öffnen und loszulassen. Im produzierenden Gewerbe wie auch in eher bürokratisch-strukturierten Kontexten (z. B. Verwaltung, Controllingabteilung) können körperorientierte Methoden sehr wirksam sein – und eine Positionierung des Angebots im Rahmen des Gesundheitsmanagements fördert ihre Akzeptanz. Postmoderne Zielgruppen wie Lehrer oder Kreative, die häufig auch privat ein Interesse an Persönlichkeitsentwicklung kultivieren, sind vielfach gegenüber der gesamten Bandbreite meditativer Verfahren sehr aufgeschlossen. In diesen Kontexten gilt es eher darauf zu achten, Bezüge zu den firmeninternen Erfordernissen nicht aus dem Auge zu verlieren, sondern gezielt in Kursprogramme einzubauen.

Die folgenden Best Practices vermitteln einen Eindruck, mit welchen Zielperspektiven und methodischen Settings Firmen bereits gute Erfahrungen gesammelt haben. Sie illustrieren, wie sich durch unterschiedliche Methoden, Bezüge zu fachlicher Weiterbildung und eine Integration in den Unternehmensalltag Achtsamkeitsübungen nutzen lassen, um Akzente im betrieblichen Gesundheitsmanagement zu setzen, Führungsfähigkeiten weiterzuentwickeln und die individuellen Kompetenzen der Mitarbeiter in Fragen des Stressmanagements zu fördern.

4 Progressive Muskelentspannung im Gesundheitsmanagement der öffentlichen Verwaltung

Steigende Krankheitszahlen, ein verstärktes frühzeitiges Ausscheiden von Mitarbeitern in den Ruhestand sowie die wahrnehmbar wachsenden Anforderungen im Tagesgeschäft veranlassten die hessische Verwaltung, ein konsistentes Programm zur gesundheitlichen Prophylaxe zu entwickeln. Methodisch fiel die Wahl auf die progressive Muskelentspannung und hier auf ein von Dr. Cornelia Löhmer und Rüdiger Standhardt am von ihnen gegründeten Giessener Forum entwickeltes Multiplikatorenmodell, bei dem Mitarbeiter zu Kursleitern ausgebildet werden – ein Ansatz, der vergleichsweise kostengünstig ist, da für die späteren Kurse keine externen Trainer benötigt werden. Bis 2013 wurden auf diesem Weg mehr als 200 Mitarbeiter der Verwaltung geschult.

Die körperbezogene Schulung der individuellen Wahrnehmungsfähigkeit erleichtert es, über die jeweilige Übungssituation hinaus im Arbeitsalltag besser zu erkennen, wann man in einen Zustand der übermäßigen Anspannung gerät. Praktizieren Arbeitende in solchen Momenten aktiv Muskelentspannung, findet nicht nur der Körper zu einer neuen Balance, sondern auch der Geist folgt dieser inneren Bewegung. Bei den Kursleitern sowie den Teilnehmenden der in den Ämtern durchgeführten Kurse zeigt sich eine größere Gelassenheit in Stresssituationen. Die Mitarbeiter fühlen sich eher in der Lage, selbstverantwortlich ihre gesundheitliche Balance aufrechtzuerhalten. Das Kursangebot während der Arbeitszeit integriert sich gut in die regulären Arbeitsabläufe, denn die Teilnehmenden erledigen ihre Arbeit anschließend überwiegend mit mehr Freude und Elan. Dienstvorgesetzte profitieren von stärker selbstverantwortlich handelnden Mitarbeitern und rufen deren neu erworbene Kompetenzen zum Teil sogar aktiv ab. So werden Sequenzen der progressiven Muskelentspannung in Schulungs- oder Besprechungssituationen integriert.

4.1 Resilienztraining für Führungskräfte und Mindfulness-Based Stress Reduction für Mitarbeiter bei PUMA

Die Sportmarke PUMA hat in der Konzernzentrale Herzogenaurach ein Wellbeing-Programm entwickelt, das alle Mitarbeiter mit verschiedenen Bausteinen dabei unterstützt, eine ausgeglichene Work-life-Balance zu etablieren und einseitigen Belastungen durch das Engagement im Job vorzubeugen. Im Bereich des mentalen Wohlbefindens bietet PUMA für Mitarbeiter aller Ebenen die Möglichkeit der Teilnahme an Kursen zur Mindfulness-Based Stress Reduction (MBSR) an, um diese zu befähigen, ein individuelles Stressmanagement zu entwickeln. Speziell für Führungskräfte wurde ein Resilienzprogramm aufgesetzt, das Managern Wege aufzeigt, unter den Vorzeichen besonderer beruflicher Herausforderungen die Grenzen der eigenen Belastbarkeit zu erkennen und zu wahren und Führungsstile zu entwickeln, die die Integrität der gesundheitlichen und psychosozialen Befindlichkeit der Mitarbeiter unterstützen.

Das klassische Setting für MBSR-Kurse wurde auf die spezifischen Bedürfnisse innerhalb des Unternehmens angepasst. Da in dem internationalen Konzern viele Mitarbeiter in regelmäßigen Zyklen auf Geschäftsreisen sind, läuft ein Kurs statt der üblichen acht lediglich sieben Wochen. In je dreistündigen Kurseinheiten werden die MBSR-typischen Methoden Body-Scan, einfache Yogaübungen sowie Meditations- und Achtsamkeitsformen in Stille vermittelt. Die Kursteilnehmer werden gebeten, die vermittelten Methoden täglich für 20–25 min in Eigenregie zu üben, um damit vertraut zu werden. Diese reduzierte Anforderung (in konventionellen MBSR-Kursen gehören 45 min tägliche Praxis zur Selbstverpflichtung der Teilnehmenden) soll sicherstellen, dass die Mitarbeiter sich nicht überfordert fühlen und auch in Zeiten erhöhter beruflicher Präsenz ihre tägliche Meditation beibehalten können.

In dem zweitägigen Resilienztraining für die PUMA-Führungskräfte geht es darum, die innere Stärke und Widerstandskraft sowie die Anpassungsfähigkeit an Veränderungen zu fördern. Auf Basis der Erstellung eines eigenen Resilienzprofils können die Führungskräfte erkennen, in welchen Feldern sie bereits gut aufgestellt sind und wo Lernmöglichkeiten liegen. So lernen sie, die eigene Steuerungsfähigkeit im Berufsalltag zu verbessern, um zu einer gesunden Selbstführung und einer gesunden Führung der Mitarbeiter zu finden. Auf Basis konkreter Situationen aus dem Business werden Herausforderungen identifiziert und Handlungsalternativen entwickelt. Die Achtsamkeitsübungen erleichtern es, kognitive und emotionale Strategien zu erlernen, um mit ambivalenten Gefühlen wie Resignation und Zuversicht, Anspannung und Gelassenheit, souverän und angemessen umzugehen. Insgesamt trägt das Programm zu einer Sensibilisierung für mögliche Stressoren im Unternehmensalltag bei und befähigt die Führungskräfte, eine Führungskultur zu entwickeln, die den gesundheitlichen Ressourcen der Mitarbeiter Rechnung trägt.

Die Evaluationen des MBSR-Pilotprojekts und des Resilienzprogramms zeigen, dass die Kurse einen wesentlichen Beitrag leisten, die Phänomene Stress, gesundheitliche Balance und achtsame Führung mit stärkerer Bewusstheit anzugehen. Das zweigleisige Vorgehen, nicht allein den Aspekt der individuellen Vorsorge im Zuge des MBSR-Programms zu stärken, sondern durch das Resilienztraining auch übergeordnete Fragen der Führung und der Unternehmenskultur insgesamt zu adressieren, eröffnet einen ganzheitlichen Wirkungsradius über das gesamte Unternehmen. Ein wesentlicher Mehrwert dieser Strategie für Führungskräfte ist es, dass sich durch den zielgruppenspezifischen Kurs neue Räume für einen übergreifenden Erfahrungsaustausch öffnen, um Fragen rund um die Komplexe Gesundheit, Stress, Burn-out und gesunde Führung, für die im Tagesgeschäft häufiger weder Zeit noch ein passender Rahmen vorhanden sind, bewusst zu reflektieren.

Beide Programme führten zu einer deutlichen Verbesserung der Selbstwahrnehmung der Teilnehmenden, sodass diese in der Zeit nach dem Kursprogramm im Arbeitsalltag mehr Präsenz und Achtsamkeit zeigten. Diese Effekte klingen zwar mit der Zeit etwas ab, doch werden sich die Mitarbeiter nun schneller darüber bewusst, wenn sie in einen unreflektierten Leistungstrott zurückfallen, sodass sie gezielter gegensteuern können. Um die Lernerfolge zu stabilisieren, erwägt das PUMA-Personalwesen deshalb, künftig wiederkehrende offene Achtsamkeitsangebote zu etablieren, sodass die Mitarbeiter das Gelernte auffrischen können.

4.2 Internationales Programm für Vertriebsmanager mit Achtsamkeitsmethoden

Die Beratergruppe Neuwaldegg entwickelte für einen international operierenden Weltmarktführer der Chemiebranche mit 110.000 Mitarbeitern ein „Sales Leader Programm" für Vertriebsmanager, das Achtsamkeitsmethoden nutzt. Im Zentrum der 4-tägigen Weiterbildung steht die Vertiefung der vier emotionalen Kernkompetenzen Selbstbewusstheit, Selbstmanagement, soziale Bewusstheit und Beziehungsmanagement. Achtsamkeit als Methode wird im Kurskontext als implizit wirksames und unterstützendes Tool eingebracht. Der Body-Scan erleichtert dabei über eine objektive Körperwahrnehmung die Stärkung der Selbstbewusstheit und die Fokussierung der Aufmerksamkeit. Die Stärkung der achtsamen Beobachterinstanz öffnet den individuellen Fokus von der Selbstwahrnehmung zur empathischen Wahrnehmung des Gegenübers.

Das Programm folgt wesentlich der unternehmensstrategischen Zielsetzung, die Verkaufs- und Führungsfähigkeiten der Vertriebsmitarbeiter durch die Erweiterung ihrer emotionalen Kompetenzen zu stärken. Es wird der Frage nachgegangen, wie Wahrnehmungsfilter auf die Führungspraxis wirken und wie sich der Fokus der eigenen Aufmerksamkeit steuern lässt. Außerdem vermittelt das Training, wie sich Verhaltensmuster wandeln lassen und wie Führungskräfte ihre Intuition schärfen können. Weitere Bereiche sind Zeitmanagement, das Setzen von Prioritäten und persönlichen Zielen, authentische Führungsqualitäten und die Fähigkeit, schwierige Gespräche zu führen.

Da Meditation für viele Menschen immer noch mit Vorurteilen belegt ist, verzichtet das Programm auf eine spirituelle Wortgebung und spricht stattdessen von einer Praxis der Selbstbewusstheit. Die Einbettung der Achtsamkeitsmethodik in wissenschaftliche Kontexte und das Beziehen der praktischen Übungen auf konkrete Businesssituationen erleichtert es den Teilnehmern, sich auf eine neue Erfahrungsdimension einzulassen. Insgesamt zeigt das Programm, dass Achtsamkeitsmethoden im Business die Wirkung bereits gängiger Tools gezielt verbessern können und darüber hinaus die Selbstwahrnehmung von Führenden und damit den Aspekt der Persönlichkeit in der Führung nachvollziehbar machen.

4.3 Online-Glückstraining als Baustein der Gesundheitsvorsorge bei einer Versicherung

Die Wechselseitigkeit zwischen persönlicher Befindlichkeit, gesundheitlicher Verfassung und Arbeitsklima adressiert auch das Online-Glückstraining *Glück kommt selten allein* (www.glueck-kommt-selten-allein.de), das von dem Mediziner und Kabarettisten Dr. med. Eckart von Hirschhausen im Rahmen seiner Stiftung Humor hilft heilen entwickelt wurde. Das siebenwöchige Programm beinhaltet neben einer Einführung in die Meditation Übungen zur Erkundung und Erweiterung persönlicher Stärken, zur bewussten Wahrnehmung und Verbesserung des individuellen Wohlbefindens sowie zur Stärkung eines kooperativen Miteinanders.

Unter der Leitung von Prof. Dr. med. Tobias Esch, der als Visiting Professor an der Harvard Medical School, Boston, sowie als Fachleiter Gesunde Hochschule in Coburg tätig ist, wurden die Wirkungen des Trainings im Arbeitskontext bei 147 Mitarbeitern einer Versicherung wissenschaftlich untersucht. Da verschiedene Studien bereits belegen, dass ein Zusammenhang zwischen persönlichem Glücksempfinden und beruflichem Erfolg besteht, gingen die Forscher der Frage nach, ob und in welcher Weise das Glückstraining positive Auswirkungen auf die Fähigkeit hat, mit Stress konstruktiv umzugehen, es die Achtsamkeit fördert und die Fähigkeit zur Selbstregeneration stärkt.

Die Selbsteinschätzung der Kursabsolventen illustriert, dass das Training sich deutlich positiv auf das Glücksgefühl und die Lebenszufriedenheit auswirkt. So zeigte sich, dass sich die psychische Gesundheit der Teilnehmenden statistisch signifikant – und möglicherweise auch medizinisch relevant – verbessert hat. Auch auf der körperlichen Ebene waren Verbesserungen messbar, manifeste Stresssymptome der Kursteilnehmer verringerten sich. Da die Versicherungsmitarbeiter das Training in einer Zeit absolvierten, die durch ein besonders hohes Arbeitsaufkommen geprägt war, untermauert dies die Wirksamkeit der Übungen zusätzlich, denn im Kontext des Studiensettings wäre bereits eine gleichbleibende Stressbelastung als positive Wirkung zu deuten gewesen.

Insgesamt hat das Glückstraining die Fähigkeit zur Selbstreflexion gefördert und in Folge zur positiven Veränderung alltäglicher Lebensumstände beigetragen. Auch legen die Reaktionen der Beteiligten nahe, dass durch das Training eine Art kultureller Wandel im Unternehmen angestoßen wurde, der in Teilen zu einer spürbaren Verbesserung des Arbeitsklimas geführt hat. Die sich über die Kursdauer verringernden Stressreaktionen der Teilnehmer lassen das Training geeignet erscheinen, als Baustein im betrieblichen Gesundheitsmanagement zur Stressprävention beizutragen.

4.4 Anfängergeist

Die dargestellten Beispiele zeigen eindrucksvoll, wie vielfältig sich Meditation im Unternehmenskontext nutzen lässt und welche Wirkungen dabei erzielt werden können. Achtsamkeitsmethoden sind indes kein Wundermittel. So zeigt sich beispielsweise in der Burn-out-Therapie, dass etwa 20–30 % der Betroffenen mit Meditation schlicht nichts anfangen können. Auch im Business gilt: Zum Meditieren kann man niemanden zwingen. Wenn es Trainern indes gelingt, die Teilnehmer von Kursen dort abzuholen, wo sie persönlich stehen, und pragmatisch und dezent den Nutzen verwendeter Achtsamkeitstools am Beispiel von konkreten Arbeitskontexten zu vermitteln, ist ein Gelingen sehr wahrscheinlich.

Auch kann es sehr sinnvoll sein, die Thematik gerade nicht allein mit dem in der Arbeitswelt üblichen linearen Denken in Ursache und Wirkung anzugehen. Strategische Erwägungen sind wichtig, aber nicht alles. In Krisensituationen kann es beispielsweise wichtiger sein, zunächst einmal einen Fokus auf Konfliktmanagement zu legen und sich den bestehenden Herausforderungen zu stellen – durchaus auch mit meditativen Methoden. Doch erst, wenn das Management sich dem Prozess des Wandels, der durch Meditation möglich wird, mit einer Form der Absichtslosigkeit, mit einem Anfängergeist, wie es im Zen heißt, stellt und nicht bereits im Vorhinein versucht, die möglichen Resultate als Ziele festzulegen, kann sich das außerordentliche Potenzial, das in den Führungskräften selbst und ihren Mitarbeitern schlummert, in seiner ganzen Fülle entfalten.

Möge die Übung gelingen.

Literatur

Die überforderte Elite, Welt am Sonntag. http://www.welt.de/print/wams/wirtschaft/article136743012/Die-ueberforderte-Elite.html. Zugegriffen: 25. Jan. 2015
Immun gegen Stress. Focus, 19/2014. http://www.kalapaacademy.de/wp-content/uploads/Focus-6mai14-achtsamkeit.pdf
Innenansichten eines Chefs. Manager Magazin 6/2014. http://www.manager-magazin.de/magazin/artikel/meditation-innenansichten-eines-chefs-a-979688-6.html
Kohtes PJ (2005) Dein Job ist es, frei zu sein. Zen und die Kunst des Managements. Kamphausen, Bielefeld
Kohtes PJ (2008) Jesus für Manager. Frei sein im Job und im Leben. Kamphausen, Bielefeld
Kohtes PJ (2012) Das Buch vom Nichts: Mit Zen zu einem Leben in Fülle. Gräfe und Unzer, München
Kohtes PJ (2014) Meister Eckhart – 33 Tore zum guten Leben. Patmos, Ostfildern
Kohtes PJ, van Baren B (2013) ZEN – Meditationen, Achtsamkeits- und Körperübungen für 52 Wochen. Gräfe und Unzer, München
Kohtes PJ, Jäger W (Hrsg) (2009) zen@work – Manager und Meditation. Einzigartige Erfahrungsberichte aus der Führungsetage. Kamphausen, Bielefeld
Kohtes PJ, Rosmann N (2006) Hören Sie auf zu rennen. Was Manager von Hase & Igel lernen können. Kamphausen, Bielefeld
Kohtes PJ, Rosmann N (2014) Mit Achtsamkeit in Führung: Was Meditation für Unternehmen bringt. Grundlagen, wissenschaftliche Erkenntnisse, Best Practises. Klett-Cotta, Stuttgart

Paul J. Kohtes gehört zu den Innovatoren der Kommunikationsbranche und die von ihm in Düsseldorf gegründete Agentur Kohtes-Klewes zählt heute unter dem Namen Ketchum Pleon zu den internationalen Marktführern. Vor 30 Jahren entdeckte er die Zen-Meditation für sich. Als Zen-Lehrer und Führungskräfteberater steht er für einen neuen Spirit in der Wirtschaft und leitet heute Seminare zu Zen for Leadership. Im Jahr 1998 gründete er die Wissenschaftsstiftung Identity Foundation, die mit mehreren großen Studien das Selbstverständnis von Führungskräften im Kontext kulturellen Wandels erforscht hat und als Koinitiator des Kongresses „Meditation & Wissenschaft" Impulse für eine Bewusstseinsentwicklung im Business liefert. Mit seinem Projekt 7Mind – die Meditations-App entwickelt er breitentaugliche Zugangswege zu Meditation in Alltag und Arbeitswelt. Publikationen (Auswahl): Mit Achtsamkeit in Führung – Was Meditation für Unternehmen bringt (2014), Meister Eckhart – 33 Tore zum guten Leben (2014), Das Buch vom Nichts – Mit Zen zu einem Leben in Fülle (2012), zen@work – Manager und Meditation (2009), Dein Job ist es, frei zu sein – Zen und die Kunst des Managements (2005). www.identityfoundation.de, www.zenforleadership.com, kohtes.klewes.com, www.meditation-wissenschaft.org, www.7mind.de.

Dr. Nadja Rosmann ist Kulturanthropologin mit dem Schwerpunkt Identitätsforschung und Trainerin für Entspannungsverfahren. Als Autorin (*evolve – Magazin für Bewusstsein und Kultur*, www.evolve-magazin.de), wissenschaftliche Projektmanagerin und systemisch-integrale Beraterin beschäftigt sie sich seit mehr als 15 Jahren mit Identität in der Arbeitswelt, Leadership, Meditation und Stressmanagement, organisiert den Fachkongress „Meditation & Wissenschaft" und ist Koautorin der Bücher „Hören Sie auf zu rennen – Was Manager von Hase und Igel lernen können" (2006) und „Mit Achtsamkeit in Führung – Was Meditation für Unternehmen bringt" (2014). Blog *think.work.different*: www.zenpop.de/blog.

Gesunde Führung als Nährboden für Intuition und Innovation

Grundsätzliche Zusammenhänge und Impulse zum Transfer in die Praxis

Heribert Jaklin und Jürgen Rippel

1 Was bedeutet gesunde Führung

Die Weltgesundheitsbehörde (WHO) definiert Gesundheit als einen…

> … Zustand eines vollkommenen, körperlichen, psychischen und sozialen Wohlbefindens und nicht allein das Fehlen von Krankheit.[1]

Wir sehen die gesunde Führung als eine Fähigkeit von Verantwortlichen, ihr Team oder das Unternehmen so zu formen und zu führen, dass die zukünftigen Aufgaben und Leistungen von der Gruppe, von den Mitarbeitern als positives, anspruchsvolles und sinnvolles Ziel, das sie motiviert, erkannt oder auch grundsätzlich bejaht wird und dass diese gemeinsame Arbeitsleistung dazu beiträgt, das Unternehmen nachhaltig positiv, erfolgreich zu entwickeln und jeder einzelne sich grundsätzlich seine Arbeit betreffend insgesamt wohlfühlt und auch die Chance hat, sich ebenfalls dadurch gesund und erfolgreich zu entwickeln.

Jede gesunde Führung ist zugleich auch eine gesunde Selbstführung, d. h. jeder Verantwortliche kann sein Unternehmen, seine Mitarbeiter direkt und indirekt nur so führen, wie es sein eigenes Entwicklungsniveau zulässt. Lebenslanges Lernen ist angesagt.

Letztlich dürfte gesunde Führung zu folgenden positiven Ergebnissen führen:

---

[1] http://www.who.int/about/en/ (04.06.2015).

H. Jaklin (✉)
Erlangen, Deutschland
E-Mail: Heribert@Jaklin.de

J. Rippel
Nürnberg, Deutschland
E-Mail: juergen.rippel@hs-ansbach.de

- Berechenbarkeit,
- Entspannung (geringere emotionale Belastung),
- Sicherheit,
- Vertrauen, auch Selbstvertrauen,
- ein Plus für die persönlichen Ressourcen,
- Wahrnehmung,
- Handlungsspielraum und
- Freiraum für persönliche Entwicklung.

Der Erfolg kann ein Zuwachs an Wohlbefinden jeder Art, Freude und Zuversicht sein. Die innere, überwiegend unbewusste Abwägung z. B. zwischen Verlustangst, Festhalten an dem Bestehenden gegenüber den z. T ungewissen Vorteilen der Veränderungen kann dadurch zugunsten der Gewinnchance ausfallen. Fortgesetzte positive Entwicklungen können dazu führen, dass Freude, Zuversicht, Mut und Selbstbewusstsein soweit gedeihen, dass anspruchsvolle, herausfordernde Aufgaben gerne angenommen werden oder sogar als Chance gesucht sind. Das übliche Denken in persönlichen Belohnungen kann sogar in solchen Situationen wegfallen. Einschränkende Verhaltensmuster und Glaubenssätze oder belastende Selbstbilder können überwunden werden.

Gute Führung synchronisiert die Ziele der Unternehmung mit den individuellen Zielen der Mitarbeiter und bündelt sie zu einer gemeinsamen Vision. Fortgesetzter Erfolg kann neue Erkenntnisse bezüglich der eigenen Fähigkeiten und natürlichen Talente bringen. Klare Sicht und Flexibilität wachsen. Mit dem offeneren Blick wird so Zukünftiges sichtbar.

Für Mitarbeiter, die kreative und innovative Aufgaben zu erfüllen haben oder diese neben ihrer normalen Arbeit wahrnehmen können, bedeuten diese Umstände Stärkung von Freiraum, Autonomie, Motivation durch Wohlbefinden in den Beziehungen zu sich und anderen. Die Freude an eigener Entwicklung auch durch Bewältigung neuer Herausforderungen und Überschreiten von vermeintlichen subjektiven Grenzen zu neuen Feldern kann zunehmen.

Auf den ersten Blick scheint alles ganz einfach. Was hindert uns dann, es einfach zu tun? Warum wird Kreativität und Intuition so wenig gefördert, warum gibt es so wenig echte Innovation? Wo liegen die Unwägbarkeiten. Ein tieferes Schauen ist notwendig.

2 Intuition und Innovation in ihrem inneren Zusammenhang

2.1 Echte Innovation geschieht ohne Marktforschung

Früher schon aber umso mehr heute gilt: Es gibt keinen Stillstand in der Wirtschaft. Es ist ein ständiges Treiben und Werden. Alles verändert sich. Nur eine kontinuierliche Beobachtung der eigenen Situation im Kontext der Umwelt kann solche Veränderungen wahrnehmen und deuten. Die Marktforschung und das Innovationsmanagement liefern uns die wichtigen Informationen.

Sehr oft aber kündigen sich diese Veränderungen nur im Verborgenen an. Für die breite Masse sind sie unsichtbar. Nur hochsensible Sinne – wie die Intuition – können die unsichtbaren Veränderungen erspüren. Intuition und Innovation stehen somit in einem unmittelbaren Zusammenhang. Wahre (disruptive) Innovationen lassen sich nämlich nicht durch logisches Ableiten und kreatives Denken im Sinn vom Brainstorming konstruieren. Es ist auch ein gefährlicher Trugschluss, den uns Big Data vorgaukelt, wir könnten durch alle vorhandenen Daten Zukünftiges voraussagen. Das ist nur bedingt möglich. Wir können zwar Veränderung im Außen frühzeitig erkennen (Trenderkennung), wir sind aber nicht die Urquelle der Veränderung (im Innen). Aber gerade da sollte die Innovation ansetzen. Wir sollten selbst zur Quelle des Neuen werden. Wie? Durch Inspiration (Gedankenblitz), Intuition (unbewusste Interaktion) und Imagination (Vorstellungskraft und Phantasie). Der legendäre Ferdinand Porsche (Erfinder des Käfers und des Porsche) brachte es auf den Punkt:

> Wir stellten keine Marktforschung an, wir hatten keine Verkaufsprognosen, keine Gewinnberechnungen. Nichts von alledem. Ich baute ganz einfach mein Traumauto und stellte mir vor, dass andere meinen Traum teilen. (Miller 1990, S. 35)

Aber auch Steve Jobs war ein visionärer Vordenker, wenn er sagt:

> Man kann […] nicht losgehen und die Leute fragen, was das nächste große Ding ist. Es gibt ein tolles Zitat von Henry Ford, der gesagt hat: Wenn ich meine Kunden gefragt hätte, was sie wollen, hätten sie geantwortet: „Ein schnelleres Pferd." (Beahm 2011, S. 97)

Jobs, Ford und Porsche haben sich selbst verwirklicht und Innovationsgeschichte geschrieben. Aber auch Frauen veränderten mit ihrer Tat die Welt. So steht beispielsweise Hildegard von Bingen für Eingebung, Verständnis, Toleranz und Liebe, Margarethe Steiff für unseren liebgewonnenen Teddybär und Coco Chanel für die emanzipierte Frau. Selbstbewusst haben sie alle ihren Weg – bei allen Widrigkeiten – gefunden und mit ihren Ideen Schöpfergeist und Innovation bewiesen.

Nicht jeder von uns muss gleich Träger einer großen und genialen Idee sein, aber in vielen schlummert ein riesiges Potenzial an kreativen Ideen. Ideen, die das Unternehmen für sich nutzbar machen könnte. Das setzt aber voraus, dass die Führung und ihre Mitarbeiter sich auf diesen freien und kreativen Prozess der Ideenfindung einlassen, sich engagieren und ihre Talente ausschöpfen dürfen und können.

2.2 Unser wahres Potenzial entdecken – den Dualismus zwischen Verstand und Intuition auflösen

Jeder von uns ist mit einem Potenzial von Fähigkeiten, Talenten und Kreativitäten ausgestattet. Unsere Lebensaufgabe besteht darin, dass wir uns unseren unbewussten Stärken bewusst werden. Mit diesen Gedanken schuf der Psychologe Abraham Maslow (1908–1970) in den 50er-Jahren des letzten Jahrhunderts die humanistische Psychologie als dritte

Kraft neben der Psychoanalyse und dem Behaviorismus. Seine Psychologie war eine Psychologie des Seins und des Werdens mit der obersten Stufe zur Selbstverwirklichung.

Nach seiner Auffassung sollte jeder Mensch seinen individuellen Weg erkennen und sich danach ausrichten. Die eigene psychologische Gesundheit gerät nur dann in Gefahr, krank zu werden, wenn der Mensch vom seinem eigenen Weg abkommt und sich nicht frei entfalten kann:

> Psychologische Gesundheit ist nicht möglich, solange dieser wesentliche Kern des Menschen nicht fundamental akzeptiert, geliebt und von anderen wie von sich selbst respektiert wird [...]. Die psychologische Gesundheit des zeitlich Reifen wird gesundes Wachsen genannt. Die psychologische Gesundheit des Erwachsenen wird verschiedentlich Selbsterfüllung, emotionaler Reife, Individuation, Produktivität, Selbstverwirklichung, Authentizität, Menschlichkeit usw. genannt. (Maslow 1968, 1985, S. 196)

Nach Maslow sind selbstverwirklichte Menschen „[...] relativ frei von Angst dem Unbekannten, Mysteriösen, Rätselhaften gegenüber; sie fühlen sich davon oft positiv angezogen, d. h. sie suchen es selektiv aus, um darüber zu meditieren, zu rätseln und sich fesseln zu lassen" (Maslow 1968, 1985, S. 144).

In seinen Studien stieß er auf eine Paradoxie des menschlichen Verhaltens: „Die reifsten aller Menschen waren auch sehr kindlich. Dieselben Menschen, die das stärkste je beschriebene Ich und die entschiedenste Individualität besaßen, waren genau diejenigen, die am leichtesten ichlos, selbsttranszendierend und problembezogen sein konnten" (Maslow 1968, 1985, S. 145).

Diese beobachtbare Paradoxie des Sowohl-als-Auch führt uns zu einer neuen Erkenntnis. Nur auf der Stufe der Selbstverwirklichung können sich entgegengesetzte Pole – beispielsweise von reifem Verhalten bis hin zum kindlichen Gemüt – zu einer sich nicht widersprechenden Einheit verbinden.

> Auf den höchsten Ebenen menschlicher Reife werden viele Dichotomien, Polarisierungen und Konflikte verschmolzen, transzendiert oder aufgelöst. Selbstverwirklichte Menschen sind gleichzeitig egoistisch und selbstlos, dionysisch und apollinisch, individuell und sozial, rational und irrational, mit anderen eins und von anderen distanziert. Was ich als gradliniges Kontinuum angenommen habe, dessen Extreme polar zueinander und soweit wie möglich entfernt voneinander waren, erweist sich eher als Kreis oder Spiralen, in denen die polaren Extreme in einer Einheit zusammenkommen. [...] Je mehr wir das ganze Sein verstehen, umso besser können wir die simultane Existenz und Wahrnehmung von Inkonsequenzen, Gegensätzen und oberflächlichen Widersprüchen tolerieren. Sie erscheinen als Produkte fragmentarischen Erkennens und verschwinden mit der Erkenntnis des Ganzen. (Maslow 1968, 1985, S. 102 f.)

Dieser Erkenntnisgewinn sollte uns Mut machen, den getrennten Dualismus zwischen Verstand und Intuition endlich aufzulösen und in den Prozess der Polarisierung zu überführen. Beide Kräfte bilden dann synergetisch das Neue (Abb. 1).

Es ist schon interessant, dass der strikte Verfechter des rationalen Denkens – René Descartes (1596–1650) – damals selbst meditierte und mit seiner eigenen inneren Stimme

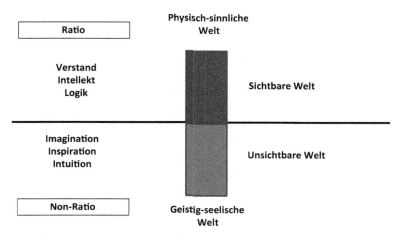

Abb. 1 Polarität zwischen Ratio und Nonratio (Intuition)

(Intuition) kommunizierte. Genau dieser Descartes hielt „[…] die obersten Ideen nur für erfahrbar durch die Intuition" (Müller-Kainz 2003, S. 29).

Diese Polarität zwischen Verstand und Intuition war auch dem Wissenschaftler Maslow bewusst. Grund genug für ihn ein weiteres Buch zu schreiben: „Die Psychologie der Wissenschaft. Neue Wege der Wahrnehmung und des Denkens". Seine Essenz: Wissenschaftliches Arbeiten ist ein ständiges Ausbalancieren zwischen den aktiven und passiven Polen.

> Man lernt nicht nur aktiv, sondern auch passiv zu sein. Man ordnet und ordnet wieder und spielt mit den Fakten, man betrachtet Tabellen mit Muße, auf spielerische, verträumte Weise, ohne Eile, wieder und wieder. Man „überschläft es" und überläßt die ganze Geschichte dem Unbewussten. Und die Geschichte der wissenschaftlichen Entdeckungen zeigt, dass diese Methode oft genug gut funktioniert. […] Kurz gesagt, die Konstruktion von Theorien und Gesetzen ist oft eher eine Entdeckung derselben. Es scheint ein Wechselspiel und ein Zusammenspiel von Aktivität und Rezeptivität zu existieren, und es ist offenbar das beste, wenn jeder, der nach Wissen strebt – ob Laie oder Fachmann, in der Lage ist, sowohl aktiv als auch rezeptiv zu sein, je nachdem wie es die jeweilige Situation verlangt. (Maslow 1977, S. 131)

Entsprechend dem dialektischem Gedanken entwickelt sich aus These und Antithese die Synthese. Eine neue Einheit auf einem höheren Niveau wird geboren. Diesen Prozess beschreibt Maslow mit der Vollendung zum interpersonalen Wissen.

> Das Endziel, die Vollendung, zu der sich ein solches interpersonales Wissen hinbewegt, ist, durch die Intimität zu der mystischen Vereinigung zu gelangen, in der zwei Menschen auf eine Weise eins werden, wie sie von Mystikern, Zen-Buddhisten, Menschen mit Grenzerfahrungen, Liebenden, Ästhetikern usw. beschrieben worden ist. In diesem Erlebnis der Verschmelzung gelangt man zur Erkenntnis des anderen, indem man selbst der andere wird, das heißt, man gelangt zu einem aus innerer Erfahrung entspringenden Wissen. (Maslow 1977, S. 135)

Mit diesem interpersonalen (Ich-Du-)Wissen wollte er ein neues Paradigma für die Wissenschaft aufstellen und als vierte Kraft der Psychologie neu positionieren. Glühender Verfechter dieser Idee war dann später Ken Wilber mit seiner integralen Psychologie.

Je höher wir auf den Stufen der Pyramide aufsteigen, umso deutlicher verwischen sich die ehemals klar getrennten Pole eines Dualismus zu einer Sowohl-als-auch-Polarität. In diesem Zusammenhang ist auch die folgende Volksweisheit zu deuten:

> Erwachsenwerden bedeutet das Zurandekommen mit Ambivalenzen. Zitiert aus Felber 2008, S. 253

Die Theorien X und Y von Douglas McGregor (1906–1964) griff in den 60er-Jahren des letzten Jahrhunderts die Gedanken von Maslow auf und skizzierte zwei diametral entgegengesetzte Menschenbilder für eine zweigeteilte Führungsphilosophie. Danach steht Theorie X für einen autoritären Führungsstil als Antwort auf unwillige, passive und Verantwortung ablehnende Mitarbeiter. Als Gegenpol entwarf er die Theorie Y. Sie spiegelt einen kooperativen Führungsstil wieder, der die kreativen, engagierten und Verantwortung suchenden Mitarbeiter in ihre Selbstverwirklichung begleitet. Beide Ansätze, die psychologische Selbstverwirklichung (Maslow) und der kooperative Führungsstil von McGregor mit der Theorie Y erfahren aktuell ein „reloading".

Unter dem Namen einer gesunden Führung soll die zukünftige Führungsperson neben einem kooperativen Führungsstil auch als Mentor bzw. als Promotor für seiner Mitarbeiter aktiv werden. Kurz gesagt: Führen aus der Unternehmensperspektive und fördern der Talente aus der Mitarbeiterperspektive. Je nach Talenten werden passgenau die Mitarbeiter in einer lernenden Organisation zu einer neuen Einheit integriert. Alle profitieren von den jeweiligen Kompetenzen des anderen. Gemeinsam sind sie Teil der Innovation und stehen für das Neue.

2.3 Anhaltspunkte zur Talentförderung

Aber wo liegen die Anhaltspunkte der Talentförderung? In unserem Unbewussten? Das Unbewusste als Quelle unserer Identität, unserer Schöpfung und unserer Kreativität? Auch Maslow hat sich intensiv mit diesem Thema beschäftigt und kam zu folgendem Schluss:

> Viele Menschen betrachten noch immer das „Unbewusste" […] als ungesund, gefährlich oder schlecht. Psychotherapeutische Erfahrung lehrt uns allmählich, anders zu denken. Unsere Tiefen können auch gut, schön und wünschenswert sein. Dies geht auch klar aus den allgemeinen Ergebnissen von Untersuchungen über die Quelle der Liebe, der Kreativität, des Spiels, des Humors, der Kunst usw. hervor. Ihre Wurzeln befinden sich tief im inneren tieferen Selbst, d. h. im Unbewussten. (Maslow 1968, 1985, S. 196)

Mit unserer Intuition hätten wir bereits schon einen angelegten Kanal zu unseren Wurzeln. Sehr oft wissen wir schon, was für uns gut ist. Der Wissenschaftler Michael Polanyi (1891–1976) – auf den sich auch Maslow öfters beruft – bezeichnet dieses Wissen als implizites Wissen. Seine Untersuchungen beruhen auf der Annahme, dass

[…] wir mehr wissen, als wir zu sagen wissen. (Polanyi 1985, S. 14)

Der Betriebswirtschaftsprofessor Günther Schanz sieht in der Theorie des impliziten Wissens („tacit knowledge") das fehlende wissenschaftliche Bindeglied zur Intuition.

> Implizites Wissen erweist sich […] als Schlüssel zum Verständnis jener geheimnisumwitterten Fähigkeit, die als Intuition bezeichnet wird und für die der Volksmund Worte wie „Fingerspitzengefühl" oder Redewendungen wie „Entscheidung aus dem Bauch" bereithält. (Schanz 2006, S. 3)

Unsere Intuition bringt uns einerseits zurück zu unseren eigenen Wurzel, hilft uns so unsere Identität zu erkennen, und zeigt uns andererseits vorausschauend unsere Zukunft. Die Intuition ist der Zugang bzw. der Kanal zur Welt des Möglichen. Der Tag- oder auch der Nachttraum, die Vision oder auch die Inspiration lassen uns in eine Phantasiewelt der möglichen Potenziale eintauchen und Neues erkennen. Die gesunde Führung hat die Aufgabe, unsere Intuition freizulegen und Rahmenbedingungen zu schaffen, damit wir uns selbst verwirklichen können. Gemeint ist nicht – wie oft gedacht – eine egoistische Welt, sondern eine kooperative Welt zum Nutzen und zum Wohle aller.

Gesunde Führung ist somit der Nährboden der Intuition. In diesem Nährboden kann der Keimling Intuition zur Innovation heranwachsen. Die Innovation ist dann die Frucht des Erfolgs. Sie ist das Ergebnis gesunder Führung.

2.4 Gesunde Führung, Intuition und Innovation in ihrem Zusammenhang

Zusammenfassend können wir von folgenden logischen Zusammenhängen ausgehen:

1. Gesunde Führung macht den Weg zur Intuition frei. Sie schafft den Rahmen zur Selbstverwirklichung.
2. Gesunde Führung ermöglicht den individuellen Reifungsprozess. Wir gesunden seelisch.
3. Gesunde Führung öffnet unsere Talente und nutzt sie zum Wohl des Unternehmens.
4. Gesunde Führung setzt Energien frei. Diese freigesetzten Energien schaffen Raum und Zeit für ein Entfalten der Intuition. Zukünftiges kann so im Innovationsprozess sichtbar werden.
5. Gesunde Führung profitiert von den Früchten der Innovation.
6. Innovation stärkt das Selbstwertbefühl und führt zur Selbstverwirklichung. Selbstverwirklichung kann als festes Fundament einer gesunden Führung gelten.
7. Ein neuer Innovationsprozess beginnt zu wirken.

3 Impulse zum Transfer in die Praxis

3.1 Durchbrechung einschränkender Verhaltensmuster als zentraler Punkt der Persönlichkeitsentwicklung

Die moderne Lebenswelt ist durch die ständige Erreichbarkeit, stärkere Außeneinflüsse und zunehmende Komplexität für viele Menschen eher schwieriger und belastender geworden. Da wir unsere Identität, unsere Glaubenssätze und unsere Werte zum großen Teil unbewusst durch die Sozialisierung nach den Ansprüchen unserer Umwelt ausgebildet haben und nicht nach unseren eigenen natürlichen Talenten, entstehen innere Konflikte. Wenn wir uns nur im Dienst eines Wirtschaftssystems sehen, das immer schneller, größer, besser werden will, stoßen wir zudem schnell an unsere natürlichen Grenzen. Überschreiten wir diese Grenzen, sind die Auswirkungen psychische und körperliche Krankheiten. Obwohl wir um die Notwendigkeit einer Veränderung wissen, verhindern festgefahrene Verhaltensmuster oft ein schnelles Ausbrechen.

Der Einzelne hat nun verschiedene Möglichkeiten, mit diesen inneren Spannungen umzugehen, z. B. durch häufigere Pausen, Ausgleichssport, Tiefenentspannung, Yoga oder Meditation. Alle diese Methoden erleichtern erst mal den Umgang mit den Belastungen und können auch längerfristig Problemlösungen unterstützen.

Wir beschreiben hier einen prinzipiellen Ablauf, wie solche hinderlichen Verhaltensmuster nachhaltig durchbrochen und verändert werden können. Der grundlegende Mechanismus findet sich in verschiedenen spirituellen Weisheitstraditionen; daraus abgeleitete Methoden kommen bereits seit vielen Jahrhunderten zum Einsatz. Praktisch durchläuft der Prozess, von einem Coach oder Therapeuten begleitet oder (ungleich anspruchsvoller) alleine durchgeführt, folgende Schritte:

1. Man beginnt, sich hinderliche Verhaltensweisen bewusst zu machen und zu notieren. – Man entscheidet, das anders und erfolgreicher handhaben zu wollen.
2. Der nächste Schritt ist die emotionsfreie und urteilsfreie Betrachtung der eigenen Verhaltensmuster. Die Voraussetzung dafür ist, die Urteilsfunktion im Verstand momentan ruhigzustellen. Das wird z. B. erreicht, indem ein Teil der Wahrnehmung auf etwas gerichtet wird, das der Verstand nicht beurteilt, z. B. auf die Körperwahrnehmung.
3. Bei der Betrachtung steigen schließlich intuitiv wesentliche Fragen und Antworten auf. Diese Fragen- und Antwortfolge führt zurück bis zur Wurzel des inadäquaten Verhaltensmusters. Während des gesamten Prozesses bleibt man neutral in der Beobachterposition.
4. Die emotionsfreie Betrachtung der Umstände und der subjektiven Gründe des Verhaltensmusters entkoppelt schließlich den inneren Automatismus.
5. Ein neues, erfolgreicheres Verhalten kann darauf aufbauend entwickelt und gelebt werden. Das alte Verhaltensmuster bleibt im Archiv des Gedächtnisses und kann bei Bedarf genutzt werden, wenn es angemessen ist.

Wir empfehlen Menschen, die zum ersten Mal einen solchen inneren Klärungsprozess durchlaufen, sich durch die Begleitung eines kompetenten Therapeuten oder Coaches unterstützen zu lassen. Es empfiehlt sich, im Vorfeld genau über angebotene Methoden, die diese Musterdurchbrechung in den Mittelpunkt stellen, sowie mögliche Therapeuten oder Coaches zu erkundigen (Die Autoren geben Hinweise auf seriöse Angebote und Kontaktdaten am Ende des Beitrags). Die Entkopplung solcher Verhaltensmuster ist tatsächlich schon oft nach einer bzw. nach wenigen Sitzungen zu erreichen. Dadurch wird nach und nach der Blick auf die Umwelt und die eigenen Person freier und die emotionalen Belastungen verschwinden. Im Verlauf der eigenen Persönlichkeitsentwicklung kommt dann das eigene Potenzial deutlicher zum Vorschein. Man sieht, was man erfolgreich und mit Freude schafft und was man sich zutrauen kann. Mit dieser besseren Selbstkenntnis wächst auch das eigene Selbstvertrauen. Alles, was man bei sich erkannt hat, nimmt man auch besser bei anderen wahr. Dadurch werden eine bessere Kommunikation und ein besseres Sozialverhalten möglich.

3.2 Mögliche Schritte in der Unternehmenspraxis

Im Unternehmen bedeutet das, dass sich das Führungspersonal zunächst selbst gesund führen können sollte; d. h. der Vorgesetzte sollte selbst seine persönlichen Probleme erkennen und lösen. Auch hier halten wir die Begleitung durch einen kompetenten Therapeuten in der Anfangsphase für sinnvoll.

Wird der Misserfolg von nicht zielführenden Verhaltensmustern ignoriert, besteht die große Wahrscheinlichkeit, dass sich das wiederholt zu Lasten dieser Person und des Unternehmens auswirkt. Daraus ergibt sich, dass Menschen mit Führungsverantwortung achtsam mit sich selbst umgehen und sich derartigen Lösungsprozessen von inneren Konflikten stellen sollten. Denn wer kein Stressor für sich selbst, seine Mitarbeiter, seine Kollegen, seinen Vorgesetzten oder seine Umwelt sein möchte, muss selbst relativ frei sein von einschränkenden Strukturen. Diese Erkenntnis hat sich bereits in etlichen Unternehmen durchgesetzt. Viele Unternehmensführer versuchen, sich bereits über kontemplative Wochen etc. zu verbessern. Angesichts unserer schnelllebigen Zeit ist es u. E. besser, den zeitlich kurzen Weg zur Entwicklung der eigenen Persönlichkeit und zur Lösung von Problemen durch Entkopplung der nicht funktionierenden Verhaltensmuster zu nehmen.

Eine solche gereifte und reflektierte Persönlichkeit kann besser seine Mitarbeiter sehen und verstehen und sie besser in ihrer Entwicklung begleiten und unterstützen. Die sich dadurch nach und nach aufbauende intrinsische Motivation der Mitarbeiter erleichtert die Zusammenarbeit und erhöht die Flexibilität auch für größere Veränderungen und neue Entwicklungen. Sofern Kollegen die positive Entwicklung in der Nachbarabteilung bemerken, besteht große Wahrscheinlichkeit, dass sie das System ebenfalls interessiert und sie es nach und nach adaptieren. Die Welle der Veränderung kann zu wirken beginnen. Wenn das System erst mal angeschoben und sich nach einer gewissen Zeit etabliert hat, dann besteht die Chance, nachhaltig erfolgreich zu werden. Viele gute Ideen kommen dann auch aus dem Umfeld der Mitarbeiter, sodass das neue Führungssystem mit geringerer Unterstützung und geringerem Aufwand weitere Erfolge generiert. Dieser Entwicklungsprozess geht jedoch immer weiter; d. h. er ist nie zu Ende. Ein Stillstand bedeutet Rückschritt.

Ein besonders geglücktes Beispiel für Unternehmensveränderung stellt das Emdener Unternehmen Upstalsboom dar, das nachhaltig in einem heiß umkämpften Markt stetig qualitatives Wachstum erzielen kann. Upstalsboom unterhält zahlreiche Hotels und Ferienwohnungsanlagen an der Nord- und Ostseeküste.

> Das Besondere ist, dass durch die hohe Konzentration auf die persönliche Entwicklung der Menschen mittelbar eine Arbeitgeberattraktivität, Servicequalität und Wirtschaftlichkeit erreicht werden konnte, die deutlich über denen der Branche liegen. So stieg die Mitarbeiterzufriedenheit um ca. 80 % und die Weiterempfehlungsrate der Gäste von 92 auf 98 % Der Upstalsboom Weg- eine Erfolgsgeschichte durch Potenzialentfaltung.[2]

Die Erfolgsgeschichte dieses Unternehmens unterstreicht exemplarisch die Bedeutung von Talentmanagement. Die Persönlichkeitsentwicklung des Führungspersonals ist die Grundvoraussetzung, um sich empathisch in die eigenen Talente und die der anderen hineinzuversetzen. Diese Kompetenz befähigt Potenziale zu erkennen und zu fördern.

3.3 Veränderungen in Staat und Gesellschaft?

Sicher ist, dass ein Schritthalten der verantwortlichen Politiker und der zuständigen Behörden und Aufsichtsorgane mit der sich rasant entwickelnden weltweiten Wirtschaft nur sehr schwer möglich ist. Ungeachtet dessen muss diese Aufgabe bewältigt werden und entsprechende Leitplanken über nationale und international Gesetze und Verordnungen müssen möglichst so zeitnah eingezogen werden, dass die Probleme und Schäden klein bleiben.

Was könnte auf lange Sicht für eine nachhaltige Verbesserung des Verhaltens und der Werte in der Wirtschaft und Gesellschaft sorgen?

Kinder kommen mit ihren Potenzialen in ihr Leben. Sie lernen von ihrer Umgebung und bilden – je nachdem wie sie sich behandelt fühlen – eine eigene Identität, Verhaltensmuster, Glaubenssätze und persönliche Werte aus. Diese gemachten Erfahrungen können sich später positiv aber auch negativ auf eine soziale Verantwortlichkeit auswirken. Wir sind der Nährboden für die kindliche Entwicklung. Wenn es in der Breite (Eltern, Erziehungsberechtigte und spezielle Fachkräfte) möglich wäre, unseren Kindern Raum und Zeit zu bieten, ihre eigene kreative Entwicklung und ihr eigenes intuitives Gespür auszuprobieren und zu experimentieren, dann würde sie mit guten Vorbildern in ihrer Umgebung überwiegend von selbst sozial verantwortlich werden und auch ethisch handeln. In

---

[2] http://heartleaders.de/video/erfolg-durch-potenzialentfaltung-der-upstalsboom-weg-video (28.05.2015).

uns gibt es ein kooperatives Gen, das nach dem Prinzip der Kooperation, Kommunikation und Kreativität verläuft (vgl. Bauer 2010). Fördern kann dann auch heißen: „Lasst Kinder wieder Kinder sein! Oder: Die Rückkehr zur Intuition" (vgl. Winterhoff 2011). Es sollte uns gelingen, unsere Kinder so zu begleiten, dass sie sich ihrer Natur und ihrem eigenen Horizont entsprechend selbst mitbestimmend weiterentwickeln können. Dies sowohl körperlich, emotional und geistig. Dabei sollte ihre Aufmerksamkeit so wachsen, dass sie Veränderungen klar wahrnehmen, diese als etwas Normales erfahren, mit dem sie verantwortlich umgehen können und dabei ihre innere Stabilität und Belastbarkeit stärken.

4 Fazit

Gesunde Führung ist ein Parameter, der zu einer befriedigenden Situation in der Wirtschaft entscheidend beitragen kann. Ihre nachhaltige Verfolgung verbessert Sicherheitsgefühle, Vertrauen, Flexibilität und Autonomie der Betroffenen in den so geführten Unternehmen. Als unmittelbare Reaktion können sich Kreativität, Empathie, Engagement, Loyalität und Zufriedenheit im Unternehmen ausbreiten. Ein Nährboden für die Intuition. Aus ihr heraus entstehen dann die von uns so gewünschten Innovationen. Innovationen für ein nachhaltiges und qualitatives Wachstum. Man kann sagen, dass so gesehen, gesunde Führung im Zusammenwirken mit Innovation und Intuition elementare Voraussetzung ist, um die vorhandenen Krisen zu bewältigen und die Zukunft für uns und unsere Enkel zu gewinnen.

Im Rahmen eines „war of talents" wird es zukünftig vermehrt darum gehen, talentierte Mitarbeiter zu gewinnen und zu halten, um einem möglichen Aderlass an hochqualifizierten Personal entgegenzuwirken. Auch im Hinblick auf die großen Kosten der zu Beginn geschilderten Fehlverhalten, die unsere noch immer nicht bewältigten Krisen auslösten, erscheint es als gute Investition, Kindern eine Umgebung in Zusammenarbeit von Eltern und Fachkräften anzubieten, in denen sie sich, im Schutz der Liebe und Fürsorge frei und immer mehr selbstbestimmt Anregungen und Entwicklungsmöglichkeiten annehmen können. So können sich Talente frei entfalten und für ein körperliches, psychisches und geistiges Wachstum in Liebe zu sich und den andern sorgen.

Literatur

Bauer J (2010) Das kooperative Gen. Heyne-Verlag, München
Beahm G (2011) iSteve – Steve Jobs erklärt Steve Jobs. Börsenbuchverlag, Kulmbach
Felber C (2008) Neue Werte für die Wirtschaft. Eine Alternative zu Kommunismus und Kapitalismus. Deuticke Verlag, Wien
Maslow A (1968, 1985) Psychologie des Seins. Fischer Verlag, Frankfurt a. M.
Maslow A (1977) Die Psychologie der Wissenschaft. Neue Wege der Wahrnehmung und des Denkens. Goldmann Verlag, München
Miller L (1990) Die Sieben Leben des Mangers. ECON Verlag, Düsseldorf

Müller-Kainz E (2003) Die Kraft der intuitiven Intelligenz – Der Schlüssel zu Ihrem Lebenserfolg. Droemersche Verlagsanstalt, München
Polanyi M (1985) Implizites Wissen. Suhrkamp Verlag, Frankfurt a. M.
Schanz G (2006) Implizites Wissen. Rainer Hampp Verlag, München
Winterhoff M (2011) Lasst Kinder wieder Kinder sein! Oder: die Rückkehr zur Intuition. Gütersloher Verlagshaus, Gütersloh

Dr. jur. Dr. rer. pol. Heribert Jaklin Studium der Rechts- und Staatswissenschaften, ab 1967 Mitarbeiter der Deutschen Bank AG; Arbeitsschwerpunkte: Führungsverantwortung und Personalentwicklung im Privat- und Firmenkundengeschäft, strategische Planung, Generalia-Firmenkunden; seit 2003 freiberuflicher Unternehmensberater, Coach und Seminarleiter.

Jürgen Rippel hat an der Universität Göttingen Marketing, Handel, Volkswirtschaft, Personalwirtschaft und Wirtschaftspsychologie studiert. Nach dem Studium hat er als Marktforscher (GfK) und als Marketingmanager (REHAU) gearbeitet. Seit 2001 doziert Diplom-Kaufmann Jürgen Rippel an der Hochschule Ansbach. Dort lehrt er Betriebswirtschaft, mit den Schwerpunkten Marketing und Marktforschung. Zu seinen speziellen Forschungsbereichen gehören die Fachbereiche Kreativität, Intuition und Systemaufstellung.

Auf dem Weg zu glücklichen Mitarbeitern – das Beispiel Upstalsboom

Interview mit Herrn Bernd Gaukler in Hamburg am 16.6.2015

Bernd Gaukler

Das Interview führte Karl Kaz, einer der Herausgeber dieses Bandes

KK[1] Herzlich Willkommen! Ich freue mich auf das Gespräch mit Ihnen, Herr Gaukler. Sie sind in das Unternehmen Upstalsboom-Gruppe hineingekommen, um im Auftrag der Geschäftsführung die Personalentwicklung neu aufzustellen. Upstalsboom wird in den Medien immer wieder als positives Beispiel moderner Unternehmenskultur hervorgehoben.

Können Sie uns zunächst etwas zu Ihrem Werdegang vor dem Eintritt in die Upstalsboom-Gruppe erzählen?

BG Ich habe erst einmal etwas Anständiges gelernt, nämlich Koch. Das habe lediglich acht Jahre ausgeübt, weil ich mir nicht vorstellen konnte, bis ans Ende meiner Laufbahn am Herd zu stehen. Ich bin von heute auf morgen in den Human-Ressources(HR)-Bereich gewechselt, ohne die Hotelfachschule besucht zu haben. Dieser Anfang ohne Vorbereitung war sehr anstrengend und das hätte ich nicht ohne einen großen Gönner Thomas Hilberath geschafft. Thomas Hilberath bin ich auch sehr dankbar dafür. Ich habe mein ganzes Berufsleben in der internationalen Hotellerie verbracht: Holiday Inn, Crowne Plaza, Interconti und die letzten acht Jahre dann im Atlantic Hotel in Hamburg.

---

[1] KK = Karl Kaz; BG = Bernd Gaukler.

B. Gaukler (✉)
Upstalsboom Hotel + Freizeit GmbH & Co. KG, Hamburg, Deutschland
E-Mail: b.gaukler@upstalsboom.de

© Springer-Verlag Berlin Heidelberg 2016
M. Hänsel, K. Kaz (Hrsg.), *CSR und gesunde Führung*, Management-Reihe Corporate Social Responsibility, DOI 10.1007/978-3-662-48692-4_19

KK Sie sind dann also zur Upstalsboom-Gruppe gekommen, können Sie das ein bisschen umreißen? Das war ja nicht die Größenordnung, die Sie gewohnt waren…

BG Ja, ich bin seit 1.1.2010 bei Upstalsboom. Ich muss ehrlich sagen, ich kannte Upstalsboom vorher nicht. Ich habe an ein skandinavisches Möbelhaus gedacht. Dem war aber nicht so. Ich bin jetzt sechs Jahre dabei. Sehr turbulent, kurzweilig und anstrengend waren diese Jahre und teilweise sind sie es auch noch, wenn ich ehrlich bin. Bis ein Unternehmen in die richtigen Bahnen gelenkt ist, dauert es seine Zeit. Zur Größenordnung: Ich muss dazu sagen, ich war ja u. a. bei Interconti als Regional-Personalleiter für die Norddeutschen Hotels zuständig. Bei Upstalsboom waren das beim Start zehn Hotels und 700 Ferienwohnungen. Also ganz andere Dimensionen und zusätzlich die Herausforderung, dass 1000 km Sandstrand zwischen den Hotels liegen. Die Schwierigkeit ist es, die Hotels auf diesen 1000 km zu erreichen.

KK Können Sie uns etwas mehr zur Ausgangssituation bei Upstalsboom im Jahr 2010 sagen?

BG Upstalsboom war und ist ein Familienunternehmen. Das ist es heute noch aber nicht mehr im klassischen Sinn. Das Unternehmen wurde gegründet von Gretchen Janssen zusammen mit ihrem Mann, der 2007 verstorben ist. Der Sohn Bodo ist schon 2005 in das Unternehmen eingetreten. 2008 hat eine Unternehmensnachfolge stattgefunden, weil Frau Janssen sich zurückziehen wollte. Bodo Janssen startete als Jungunternehmer mit vielen verrückten Ideen. Er hatte andere Vorstellungen, wie man ein Unternehmen führt, als seine Mutter. Das hat auch manchmal für Zündstoff gesorgt. Das ist ganz klar. Was man zwar nicht immer so mitgekriegt hat, aber wenn dann Dinge beschlossen worden sind und nicht gleich umgesetzt wurde, da wusste man schon, da hat noch irgendjemand die Hand drauf. Das ist auch verständlich, wenn man 40 Jahre ein Unternehmen geführt hat, dann lässt man das nicht so einfach los. Wenn der eigene Sohn das Unternehmen übernimmt, da schaut man als Mutter auch etwas kritischer: Wie macht der das denn! Was macht der aus dem, was wir gegründet haben?

KK Das war also ein typischer Generationskonflikt?

BG Das kam noch erschwerend dazu. Bodo Janssen hat mir 2009 das Unternehmen in schillernden Farben beschrieben. Also er hat es wirklich so gemeint mit dem Familienunternehmen: Jeder kennt jeden. Man ist füreinander da und eigentlich sind alle langjährigen Mitarbeiter zufrieden. Alles toll, es gibt keinen Betriebsrat bei uns. Ich habe dann angefangen und habe das ganz anders erlebt. Wenn ich ganz ehrlich bin, war das fast schon ein wenig abenteuerlich gewesen. Am 2. Januar – im tiefsten Winter – bin ich nach Emden gereist. Wer war nicht da: Bodo Janssen. Der Empfang war nicht so besonders herzlich. Wenn man an die Homepage denkt: Familienunternehmen, Willkommenskultur … nicht ein Ton „Herzlich Willkommen". Mir wurde nicht einmal ein Platz angeboten.

Keine Frage nach einer guten Anreise. Das war gleich mein erster Eindruck von diesem Unternehmen. Bodo Janssen kam dann drei Stunden später, entschuldigte sich dann auch und meinte, er müsse auf mich unprofessionell wirken. Dieses bejahte ich. Ich merkte, dass er wirklich geschockt war durch diese Ehrlichkeit. Ich habe ihn dann Wochen später danach gefragt und dann hat er auch gesagt, ich war der erste, der mal Klartext gesprochen hat mit ihm. Das kannte er in seinem Leben so gar nicht. Alle wollten nett zu ihm sein und keiner hat es gewagt, ihm zu widersprechen. Das war auch mein Eindruck. Die ersten zwei Wochen in der Zentrale in Emden bin ich häufig zu den Mitarbeitern hingegangen, um mit ihnen zu sprechen. Natürlich weiß ich auch, wenn man irgendwo neu hinkommt, da muss man sich die Sporen erst noch neu verdienen. Das ist klar. Dass die Leute nicht sofort Hurra schreien, weiß ich sehr wohl. Aber wenn man dann fragt, für welche Aufgaben sind sie eingestellt, welche Befugnisse haben sie, was entscheiden sie und wie lange sind sie schon dabei, und dann keine Antworten darauf kriegt, dann wird man nachdenklich. Eigentlich ganz normale Fragen, denkt man dann. Insbesondere, wenn man fragt, warum der Mitarbeiter schon 15 Jahre da ist und ich wissen wollte, was so toll bei Upstalsboom ist. Selbst darauf kaum eine Antwort. Nach dem Negativen habe ich mich gar nicht mehr gewagt zu fragen, wie zum Beispiel: Was läuft denn hier nicht so gut?

KK Nachdem Sie sich eingearbeitet hatten, wurde eine Mitarbeiterbefragung gemacht?

BG Als ich aufgenommen hatte, habe ich zunächst v i e r M o n a t e eine Rundreise durch die Hotels vier Monate lang gemacht. Habe da eigentlich das gleiche Phänomen erlebt, dass sich kaum einer traut, etwas zu sagen; über die Familie Janssen, über den Direktor, großes Tuch des Schweigens. Man merkte sehr schnell, keiner weiß, wofür er richtig eingestellt ist. Die Kompetenz irgendetwas zu entscheiden, das fehlte auch. Ich habe das Bodo dann auch jedes Mal mitgeteilt, weil er ja ein Bild über sein Unternehmen haben wollte und sollte. Und er war enttäuscht, von dem was er da gehört hat. Wenn man so etwas aufgebaut hat, und dann das ... Das Unternehmen wa immer erfolgreich. Da gab es wohl auch keine Veranlassung, mal nach rechts oder links zu schauen. Aber das ist natürlich fatal. Man muss auch mal gucken, was andere machen, eventuell auch nur um festzustellen, wir sind wirklich gut und machen alles richtig. Das kann ja auch das erfreuliche Ergebnis sein.

KK Glauben Sie, dass das typische Probleme eines eigentümergeführten mittelständischen Unternehmens sind, dass es da an Professionalität fehlt?

BG Ich würde das gar nicht mal Mangel an Professionalität nennen. Das war im Großen und Ganzen professionell. Die haben aus ihrer Sicht alles richtig gemacht. Hohe Gästezufriedenheit war immer da. Es hilft immer zu gucken, was macht andere sehr gut, erfolgreich. Man muss auch mal mit den Augen klauen. Ist ja nicht verboten. Dann kann man vielleicht noch erfolgreicher als Unternehmen sein. Die Gefahr ist immer, wenn man erfolgreich ist, dass man sich schnell zurücklehnt und sich auf den Lorbeeren ausruht. Man muss sich weiterentwickeln. Daran krankt es heute vielfach wirklich in der deutschen

Wirtschaft. Dass man dann nicht konsequent weiter daran arbeitet. Weil man sich sehr schnell mit Erfolgen zufrieden gibt. Da gibt es hohe Boni-Ausschüttungen für alle. Alle freuen sich und das Geschäft geht irgendwann bergab. Weil man nichts mehr gemacht hat.

KK Wie haben Sie dann das Unternehmen weiter kennengelernt und analysiert?

BG Es gab eine Handvoll Menschen, die mir die Wahrheit gesagt haben: Eigentlich habe ich gar keine Lust, hier zu arbeiten. Ich bin seit zehn Jahren da und ich habe noch nie eine Gehaltserhöhung bekommen. Ich bin seit 15 Jahren da und habe noch nie ein Training bekommen. Ich bin jetzt 21 Jahre da, letztes Jahr zu meinem Jubiläum habe ich weder einen Blumenstrauß noch eine Karte bekommen. Also ich hätte mir auch gewünscht, dass da von Seiten der Geschäftsleitung was kommt – so viel zu dem Thema: Jeder kennt jeden und wegen Wertschätzung. Das kann natürlich mal passieren auf 1000 km Küste. Aber das ist natürlich ein schlechtes Aushängeschild.

KK Ich wollte nochmal zurückkommen, auf das Thema Mitarbeiterbefragung und deren Ergebnisse!

BG Wir haben im Mai 2010 eine webbasierte anonymisierte Mitarbeiterbefragung gemacht. Das waren Fragenblöcke zu verschiedenen Themen, u.a. hatte man eben auch am Ende Gelegenheit auf drei Fragen offen zu antworten. Nennen Sie die drei wichtigsten Dinge, nur drei Dinge, damit es dann nicht in einem Jammertal ausartet. Bodo war sich immer noch ziemlich sicher, dass es mindestens 80 % Mitarbeiterzufriedenheit gibt. Aber das war nicht das erste Mal, dass ich eine Mitarbeiterbefragung durchgeführt habe. Die erste fällt erfahrungsgemäß immer schlecht aus. Die Mitarbeiter finden endlich mal ein Ventil, wo sie Druck ablassen können. Anonym. Das Ergebnis ist dann gekommen mit 59 %. Das ist in Schulnoten ausgedrückt eine Vier. Also nicht besonders gut. Das war auch ein Schock für die Familie Janssen. Da hatte Bodo ja nicht mit gerechnet. Das eine war das Ergebnis mit den Fragen, die beantwortet waren. Aber viel interessanter waren eigentlich die Kommentare. Da hat man dann gelesen: Familie Janssen kenne ich nicht, die haben noch nie mit mir gesprochen oder alles, was ich nicht brauche, ist mein Hoteldirektor. Unser Food-and-Beverage-Manager, der klaut. Unser Restaurantleiter ist jeden Abend betrunken. Unser Küchenchef wirft mit Pfannen – das will ich nicht. Also schon sehr, sehr heftige Dinge. Als wir die Befragung gestartet haben, war die Bedingung – wenn wir eine Befragung durchführen, müssen die Ergebnisse schonungslos präsentiert werden. Ohne Wenn und Aber. Ich brauche Menschen nicht zu befragen, wenn ich nicht zeige, was daraus geworden ist, denn das wäre so, dass alle zur Bundestagswahl gehen und ich sage nachher nicht, wer regiert. Das funktioniert nicht.

KK Was hatte das für Konsequenzen? Wie gingen Bodo Janssen und Sie damit um?

BG Es gab viele Führungskräfte, die gesagt haben, das machen wir nicht. Ich stelle mich nicht vorne hin und zeige das Ergebnis von meinem Hotel. Dem setze ich mich nicht aus. Einige kündigten daraufhin. Das war dann auch ok. Bodo und ich sind zu den Präsentationen mitgefahren. Wir wollten nicht kontrollieren, ob das Ergebnis unzensiert präsentiert wird. Ich bin mir ziemlich sicher, dass wir das erfahren hätten. Es ging vielmehr darum, Stellung zu beziehen. Die erste Frage, die Bodo mir gestellt hat, was machen wir jetzt? Ich sagte: Wir machen jetzt nichts. Ich bin jetzt fünf Monate durch die Hotels gereist und wollte wissen, wo das Unternehmen steht. Aber nur die Geschäftsführung kann am Ende die richtigen Signale setzen. Das war auch der Grund, warum wir beide mitgefahren sind. Die Frage kam natürlich auch von den Mitarbeitern, was macht ihr jetzt mit dem Ergebnis. Nun, dass wir das schonungslos präsentierten, dafür haben wir schon sehr hohe Anerkennung erhalten. Das war schon mal ganz gut. Aber es war immer noch sehr groß der Zweifel, wie geht es weiter.

KK Und wie ging es dann weiter?

BG Ich sprach mit Bodo, es gibt ja viele Möglichkeiten, etwas zu tun, wenn man merkt, dass etwas nicht richtig läuft im Unternehmen. Da kann man sich Trainer nehmen, irgendwelche Seminare besuchen. Bodo hat sich für die Möglichkeit Kloster entschieden, um Führungsseminare bei Anselm Grün zu besuchen. Das war auch sein Ding, das hat er sehr schnell gemerkt. Er war fast ein Jahr nur im Kloster, er war nur sporadisch im Unternehmen. Das war eine sehr anstrengende Zeit zumindest für mich, wie Sie sich sicher vorstellen können. Der Initiator einer solchen Sache ist keiner, wo die Leute Hurra schreien, wenn sie ihn sehen. Wenn ich Hotels besucht habe, war die erste Frage der Gesprächspartner, was mache ich verkehrt. Nichts! Ich möchte nur gucken, wie es läuft. Das hat mir natürlich keiner abgenommen.

KK Sie haben dann also regelmäßig die zehn Hotels besucht und dort mit der Führungsmannschaft gearbeitet?

BG Ich habe mit Führungskräften aber vor allem mit Mitarbeitern gesprochen. Mir ist das immer wichtig, denn es gibt immer zwei Seiten. Das eine ist, was Mitarbeiter sagen. Und dann, was sagt die Führung dazu. Man muss sich immer alle Seiten anhören. Da muss man sich selber ein Bild machen. Was sagt mein Bauchgefühl dazu. Was ist daran wahr, was ist nicht wahr. Es sind natürlich unheimlich viele Emotionen im Spiel. Wenn man so emotional aufgeladen ist, dann ist es schon schwierig, die Wahrheit ans Tageslicht zu bringen.

KK Bodo Janssen war im Kloster und sie haben die Arbeit weitergeführt. Da war jetzt noch kein entwickeltes Konzept, es ging darum, dranzubleiben, den Menschen erstmal zuzuhören, das höre ich durch.

BG Genau! Den Menschen zuhören, was wollen die denn eigentlich. Wie stellen die sich denn ihre Arbeitswelt vor. Was können wir tun, um dieses zu fördern. Es hat sich bei der Befragung sehr schnell herausgestellt, dass das Thema Führung hieß, es haperte an Führung. Menschen wollen geführt werden. Das tut nicht weh. Wir sehen das als etwas sehr Positives. Ich glaube, darin unterscheiden wir uns nicht von den Wölfen. Auch da gibt es immer einen Leitwolf und die anderen fühlen sich dann auch geborgen. Bodo konnte als junger Geschäftsführer das eben noch nicht geben, weil es noch nie von ihm abverlangt war. Weil man das in einer Unternehmensfolge nicht automatisch mitgeliefert bekommt. Da geht's primär darum, Geschäftszahlen kennen. Da geht es gar nicht so sehr um die Menschen. Das hat Bodo Gottseidank für sich anders erkannt. Ohne diese Menschen, die für mein Unternehmen arbeiten, werde ich nichts bewegen können. Ich kann ja nicht alles selber machen. Das wäre utopisch.

KK Noch eine Rückfrage: Bodo Janssen hat sich mit dem Engagement mit Ihnen ja schon etwas gedacht. Ich brauche da einen erfahrenen Personaler, der auch mutig ist. Wie war die Grundidee?

BG Der Hintergrund war, dass das Unternehmen expandiert hatte und nun ein HR-Manager benötigt wurde, den es im Unternehmen vorher nicht gab. Upstalsboom hat 2009 von vier auf zehn Hotels expandiert und gemerkt, das können wir für knapp 700 Mitarbeiter alleine nicht mehr machen. Sie brauchten also jemanden, der den HR-Bereich aufbaut und sich darum kümmert. Das hat man relativ schnell erkannt. Ich muss dazu sagen, ich selber bin gar nicht bei Upstalsboom angestellt. Bodo hat eine Gesellschaft gegründet, die heißt Upontis, bei der ich angestellt bin. Ich habe auch als HR-Manager nicht die Befugnis, Mitarbeiter einzustellen oder zu entlassen. Das mag sich komisch anhören, aber das war beabsichtigt, weil wir wollten, dass die Menschen Human Resources in Anspruch nehmen, weil sie an die Kompetenz glauben und das Vertrauen haben, also freiwillig und nicht weil sie müssen. Das ist der kleine Unterschied. Ich nehme etwas in Anspruch, weil ich davon überzeugt bin. Das war im ersten Jahr nicht so. Ich kann Ihnen sagen, nach der Befragung war das schon sehr schwierig. Obwohl Mitarbeiter gekommen sind. Es ist mal eine Mitarbeiterin in dieser Zeit zu mir gekommen und die hat gesagt, vielen Dank, Herr Gaukler. Ich wusste gar nicht wofür. Dann sagte sie: Es ist in den zwölf Monaten bei uns im Hotel viel passiert. Ich habe keine Angst mehr, zur Arbeit zu kommen. Es gibt ja ganz viele Menschen, die Angst haben zur Arbeit zu gehen, weil sie wissen, was sie da tagtäglich erwartet. Zum Beispiel überlegen sie: Wie gut oder wie schlecht ist heute mein Chef drauf? Das ist mir immer hängengeblieben. Das hat mich auch damals sehr betroffen gemacht. Mir fällt es schwer, dort persönlich zu arbeiten, wo man Angst hat, wo man nicht gerne hingeht. Das habe ich persönlich nie gemacht. Ich habe dann den Arbeitsplatz gewechselt. Aber es gibt scheinbar ganz viele Menschen, die nicht dazu die Kraft haben und vielleicht auch nicht die Möglichkeiten.

KK Welche weitere Maßnahmen haben Sie dann ergriffen?

BG Wir haben dann sehr schnell geguckt, was können wir denn für unsere Führungskräfte tun, weil wir für die nun vorrangig etwas machen müssen. Wir haben da eben Klosterseminare angeboten, die gleichen, die Bodo Janssen gemacht hat. Bodo hat ja viele Seminare besucht bei Anselm Grün und es gab am Anfang kaum jemanden, der sich dafür interessiert hat. Bodo dachte schon: falsche Entscheidung. Aber man muss ja irgendwo mal anfangen und wir können gar nicht vorausschauen, ist dieses Angebot jetzt richtig oder nicht. Einfach ausprobieren. Und wenn der Schuss nach hinten losgeht, dann ist das eben so. Aber man muss mal anfangen.

Wir haben einfach Führungskräfteseminare angeboten. Es haben sich am Ende ganz viele für das Kloster entschieden. Und wir wollten auch gar nicht wissen, was die damit nachher machen. Weil sonst wäre das wieder dieser Zwang gewesen, ich muss jetzt daraus etwas machen. Aber dann mache ich es nicht gerne. Und auch nicht aus Überzeugung. Dinge, die man tut, muss man aus Überzeugung machen, sonst sind sie nicht wertvoll und auch nicht nachhaltig. Es gab Leute, die haben gesagt, damit kann ich nichts anfangen. Tut mir leid. Und es gab Leute, die haben gesagt, ich gehe da nicht hin. Gar nicht. Ich mache meinen Stiefel weiter. Die sind aber auch heute nicht mehr da, nicht weil wir uns von denen getrennt haben, sondern weil die von sich aus gegangen sind. Als sie gemerkt haben, es ist eine neue Zeit angebrochen. Der Umbruch hat angefangen, ich habe weder den Antrieb noch die Lust, mich selbst zu verändern. Dann suche ich mir etwas anderes, um meinen Stiefel weiterzumachen. Das ist ja auch in Ordnung. Wir haben auch diese Seminarmöglichkeiten für Mitarbeiter geboten. Wir haben dann auch irgendwann keinen Unterschied mehr gemacht zwischen Mitarbeitern und Führungskräften, weil wir wollten, dass alle das gleiche Erlebnis hatten. Was bedeutet es denn, wenn man sich auf einmal mit sich selbst beschäftigt? Wie sehe ich mich, wie sehen mich andere? Wie führe ich, wie werde ich geführt? Was muss ich ändern an mir, was kann ich ändern? Und wenn ich sage: Nein, das kann ich nicht, welche Hilfen gibt es dann z. B. in Form eines Coaches. Wir wollten ganz einfach, dass man sich mit sich selbst beschäftigt, dass man sich erfahren kann, ohne dass eine Verpflichtung besteht darüber, irgendetwas zu erzählen.

KK Welche unterschiedlichen Maßnahmen außer des Klosters waren denn noch im Angebot?

BG Also neben dem Kloster z. B. auch Seminare bei Dr. Kay von Fournier. Es gibt spezifische Führungsseminare bei vielen Unternehmensberatungen in Deutschland. Es waren ganz unterschiedliche Angebote. Ich glaube, da muss man als Unternehmen auch ganz unterschiedliche Dinge anbieten, weil jeder Mensch anders tickt. Ich persönlich kann mit Kirche nicht so viel anfangen, aber beim Kloster … Ich habe zwangsläufig viele Seminare besucht, weil natürlich gucken wollte, was bieten wir da unseren Mitarbeitern an. Habe aber sehr schnell durch Anselm Grün erfahren, dass eine Klostergemeinschaft auch nichts anderes ist als ein Unternehmen. Die müssen auch Umsatz machen, die müssen sich ernähren, die müssen heizen, was weiß ich. Die haben den Vorteil, sie müssen keinen Gewinn machen. Auch im Kloster gibt es Verfehlungen, es gibt Abmahnungen, wenn man ständig zu spät zur Arbeit kommt. Da gibt es Arbeitsgerichtstermine, da gibt es Kündigungen bis hin zum Ausschluss aus dem Kloster; also wie in jeder anderen Firma der Welt auch. Ich glaube, wenn man ein Kloster so betrachtet, dann kann man ganz viel mitnehmen. Die gehen eben an die Dinge ganz anders ran. Weil die sich nicht über Geld vergleichen. Das ist sehr angenehm. Die schauen auf den Menschen. Da kommt es dann zu so einem gesünderen Verhalten. Wir sind in der freien Wirtschaft immer sehr schnell dabei: Passt nicht, raus, dann kommt eben der nächste. Aber gute Arbeitskräfte werden knapp in den nächsten 20 Jahren. Schon allein deshalb ist das nicht mehr das richtige Konzept.

KK Wie ging es nach den externen Seminaren intern weiter?

BG Wir haben dann angefangen, große Workshops mit Mitarbeitern zu veranstalten. Wir haben gerade den fünften hinter uns. Zweimal im Jahr mit jeweils 100–120 Mitarbeitern für zwei Tage. Alle an einem Ort, wo es uns zunächst um das Leitbild und die Strategie ging. Der erste Workshop hat sich mit dem Unternehmensleitbild befasst, was seit Jahrzehnten existierte, aber gar nicht mehr zu uns passte. Wir haben also mit 100 Mitarbeitern ein neues Leitbild erschaffen.

KK Was sind so die wesentlichen Punkte im neuen Leitbild?

BG Da ging es ganz viel um die Wahrnehmung des Menschen, also nicht nur des Mitarbeiters, sondern des Ganzen. Auch Gäste, Zulieferer und Externe gehören dazu. Mit den Menschen im Workshop erarbeiten wir wesentliche Dinge, das ist eine richtige Gemeinschaft. Vertrauen spielt da eine ganz große Rolle. Keine Angst mehr haben zu müssen, etwas zu sagen oder etwas falsch zu machen. Auch das ist ja sonst in Deutschland noch sehr verbreitet. Das waren so die Kernpunkte. Wir haben im zweiten Workshop Werte für uns geschaffen, für die die Mitarbeiter stehen sollen, auch wofür Bodo als Geschäftsführer stehen möchte. Bodo leitet die Workshops, weil er das perfekt kann, aber er ist nicht derjenige, der den Finger hebt und bestimmt. Das machen all die Menschen, die in diesem Workshop sitzen.

KK Werte heißt kurz gesagt, was ist den Menschen wichtig?

BG Was ist den Menschen wichtig? Wofür wollen die einstehen? Das war mit Abstand der beste Workshop. Da ging es emotional so richtig hoch, weil bei 100 Menschen Masse zusammenkommt, wofür die stehen wollen. Dann finden Sie mal zehn Werte für sich und bei 100… Aber es hat geklappt. Der dritte Workshop ging um das Thema vom Ich zum Wir. Das ich als einzelner nicht so wichtig bin, das ich mich auch nicht so wichtig nehme. Und der letzte Workshop war eben vom Sollem zum Wollen. Die Menschen, die zu diesen Workshops kommen, gehen sehr motiviert dann wieder weg.

KK Wer hat denn die Auswahl getroffen? Es sind ja ungefähr ein Zehntel der Mitarbeiter beteiligt.

BG Es ist wichtig, dass wir nicht immer wieder beim Punkt Null anfangen und uns vorwärts bewegen. Vom ersten Workshop müssen 60% der Teilnehmer sein. Wir haben eine nur sehr geringe Fluktuation und 40% Neuzugänge. Wenn man daran teilnehmen möchte, kann man sich bewerben. […] Bei über 100 Leuten wird allerdings die Kapazität gesprengt. Man kann nicht alle Leute aus den Hotels abziehen. Das ist nicht machbar. So haben wir uns ein gutes Stück vorwärts bewegt in dieser Zeit. Wir haben ganz viel Geld in Trainings gesteckt, aber nicht in Fachtrainings, sondern alles, was die persönliche Weiterentwicklung betrifft. Wir haben im Jahr 2013 sehr viel Geld dafür ausgegeben. Wir haben nichts mehr in die Hotels investiert, obwohl es teilweise sicherlich notwendig war. Aber ohne die Entwicklung der Menschen hätte das keinen Sinn gemacht. Das war auch ein sehr hartes Jahr: 2013 – da gab es einen ganz großen Umbruch. Hohen Wechsel an Menschen in den Führungsebenen, weil viele für sich erkannt haben, ich habe dazu keine Lust. Das ist für mich zu anstrengend. Man hat gemerkt, dass ist nicht so eine Eintagsfliege. Es gibt ja manchmal Chefs, die haben eine Idee und dann gehen die damit auf den Markt und dann ist es schon wieder vergessen. Aber bei Upstalsboom stellte es sich für die Führungskräfte so dar: Das läuft jetzt schon anderthalb Jahre hier so. Es wird für mich persönlich noch schlimmer werden. Dann ziehe ich lieber die Konsequenzen. Es war auch schwierig, damals zumindest, geeignete Führungskräfte zu finden, die sich mit dem, was wir hier machen, identifizieren. Viele meinten, mit dem was wir hier machen, fühlt sich das etwas sektenhaft an. Wenn man da nicht drin steckt, ist es etwas schwierig, Natürlich sagt man immer so schön, die Mitarbeiter müssen am Unternehmen beteiligt sein. Aber die meisten Führungskräfte wollen es gar nicht, wenn die Mitarbeiter anfangen, dann Fragen zu stellen. Wenn sie Fragen stellen, bekommen sie auch ein gewisses Selbstbewusstsein. Und bei uns, haben sie keine Angst mehr Fragen zu stellen.

KK Als Führungskraft muss ich dann tatsächlich eine Persönlichkeit sein, damit umgehen können. Solche Führungskräfte sind offenkundig noch schwer zu finden!

BG Es ist nicht mehr ganz so. Es gibt immer mehr, die das für sich erkennen. Aber wenn ich mal so in die deutsche Wirtschaft gucke, stelle ich immer wieder fest, wie groß die Masse ist, die eigentlich noch ein Nullachtfünfzehn-Denken hat oder daran festhält, wie man Menschen vor 20 Jahren geführt hat. Da gibt es noch ganz viel davon. Ich habe in Wien mal einen Vortrag gehalten. Die Veranstaltung hieß DNA – die neue Arbeit. Das ist in Österreich wohl sehr bekannt. Das waren 450 Menschen, die einen hohen Eintritt bezahlt haben für fünf Stunden. Das waren eigentlich nur Chief Executive Officers (CEO) und Geschäftsführer, Personalentscheider. Nach meinem Vortrag ist jemand zu mir gekommen. Ungefähr 60 Jahre alt war der und CEO eines internationalen Unternehmens in Wien, der hat zu mir gesagt: Vielen Dank Herr Gaukler, sie haben mir heute die Augen geöffnet. Ich werde morgen kündigen. Ich kann es meinen Mitarbeitern nicht mehr zumuten, dass die länger mit mir arbeiten müssen. Mir ist heute bewusst geworden, was die all die Jahre mit mir ertragen mussten. Ich fand das sehr nett, was er da gesagt hat. Er hat etwas verstanden. Das ist natürlich ein tolles Gefühl, wenn sie da oben auf der Bühne stehen und 400 Menschen deine Message verstehen. Das hat mir auch wieder gezeigt, dass es im deutschsprachigen Ausland und sicher auch woanders genau ist. Es sind die Probleme überall gleich. Führung und Menschen – da stehen wir an einer neuen Schwelle.

KK Die Menschen möchten etwas anderes, aber es ist noch schwer zu realisieren. Würden sie jetzt mal ein bisschen zusammenfassen, was macht das Besondere der Upstalsboom-Gruppe heute aus? Was ist nun anders; auf den Punkt gebracht?

BG Wir haben die Welt nicht neu erfunden! Das sind alles Führungstools, die es seit längerem gibt, die man aber zu wenig beachtet hat. Es gibt zwar Unternehmen, die erkennen für sich, es gibt da etwas zu tun, aber sie machen es nicht. Der große Unterschied bei uns ist, wir haben es nicht nur erkannt, wir haben es gemacht! Einfach mal angefangen. Wenn man Fehler dabei macht, ist das okay. Ich war gerade mal ein Jahr im Unternehmen, da kennt man noch nicht alles. Es ist dann echt schwierig. Bodo sagt immer mal wieder, Geld ist nicht wichtig. Das hasse ich ja, wenn er das dann so sagt. Ich kann sagen, Gewinn ist nicht so wichtig, aber Geld schon. Er kann sagen: Gewinnmaximierung ist mir nicht so wichtig, aber wir brauchen Geld, um Rechnungen zu bezahlen. Gehälter müssen wir auch bezahlen. Für Bodo selbst gilt: Er hat ein relativ bescheidenes Haus in Emden. Der fährt einen VW. Ein ganz normaler Mensch. Dazu muss man als Unternehmer erst einmal auch bereit sein: Auf den Boden zu kommen und ein ganz normales Leben zu führen. Das alles unterscheidet uns.

KK Sie haben uns geschildert Unternehmensleitbild, Werte usw. Werden diese auch tatsächlich gelebt?

BG Das wird zum größten Teil getan. Wir haben festgestellt, dass es nicht überall so ist. Da ist sicherlich zum einen 1000 km Sandstrand. Bis das beim letzten ankommen ist, dauert es. Wir haben gerade vor einem Jahr uns von einem Hoteldirektor getrennt, weil der das nicht richtig leben konnte. Wir haben festgestellt: Er hat das Hotel mit Angst bei den Menschen geführt. Erstaunlich ist, dass man dann trotzdem wirtschaftlich erfolgreich sein kann, aber beängstigend, wie sehr man Menschen manipulieren kann. Irgendwann war das Fass wohl übergelaufen. Da meldeten sich dann Mitarbeiter: Herr Gaukler, hier stimmt es eben nicht! Die sind aufgestanden und haben ihre Meinung gesagt. Der Direktor hat ganz klar signalisiert: Ich ändere mich nicht. Ich habe alles richtig gemacht. Die Mitarbeiter sind zum Arbeiten da und Punkt.

KK Es gab also offensichtlich nicht nur Selbstkündigungen, sondern auch Entlassungen von ihrer Seite!

BG Ja, wir haben auch Direktoren gekündigt. Das, was die Welt da draußen so positiv wahrgenommen hat, ist noch nicht so 100% verwirklicht. Ich glaube auch, die 100%

wird man nie erreichen. Das ist auch sehr schwierig, weil wir auch immer einer gewissen Fluktuation unterliegen.

KK Bodo Janssen sprach auch immer von glücklichen Mitarbeitern! Bringt es das auf den Punkt, wo und wenn es funktioniert.

BG Definitiv. Wann sind Mitarbeiter wirklich glücklich? Mitarbeiter fangen an zufrieden und glücklich zu sein, wenn sie merken, dass ihnen eine Wertschätzung für das, was sie tun, aber auch als Mensch entgegengebracht wird. Es gibt Menschen, die sind einfach zu handhaben. Es gibt Menschen, die sind schwieriger zu handhaben. Aber es geht auch um die Qualitäten, die ich wahrnehmen muss. Bei uns geht es sehr demokratisch zu. Das trifft es – glaube ich. Da gibt es keinen Geschäftsführer, der da sagt: Nein, ihr wollt alle links rum, wir aber wollen rechts rum. Das gibt es eigentlich nicht.

KK Es ist nicht eine Demokratie, wie wir sie so kennen aus der Politik, sondern mehr eine weitreichende Partizipation?

BG Richtig! Jeder hat die Chance an diesem Unternehmen mitzuarbeiten. Für manche ist es eine Last. Das merkt man. Ich kann ein Beispiel aus einem Hotel geben. Da hat uns der Direktor, der das Hotel geführt hat, verlassen. Die Menschen sind in ein Loch gefallen, weil sie über drei Jahre lang mit Versprechungen hingehalten worden sind. Jetzt die Enttäuschung, das Gefühl, die Versprechungen werden sich niemals erfüllen. Wir haben einen Workshop mit denen gemacht. Die haben uns eigentlich gesagt, was sie für einen Direktor haben wollen. Das macht es für mich unwahrscheinlich leicht, gezielt zu suchen. Das macht es für mich leichter, gezielt zu suchen. Wenn man anfängt, einen Direktor zu suchen, und sich das Profil überlegt, muss der sich erst einmal mit den Zahlen auskennen und wissen, wo der Umsatz herkommt. Aber wir erwarten, dass er mit den Menschen umgehen kann, da guckt man mit anderen Augen hin. Wichtig ist eine gute Feedbackkultur. Menschen müssen die Möglichkeit haben, ihre Meinung zu äußern, ohne dass irgendjemand beleidigt ist oder nachtragend ist. Schwieriges Thema! Nicht jeder verträgt Kritik. Man kann aber lernen damit umzugehen. Selbstbestimmung ist ein ganz wichtiges Thema. Also erst einmal überhaupt zu erkennen, wofür bin ich eigentlich eingestellt. Wofür bin ich zuständig. Was darf ich eigentlich entscheiden? Meistens mangelt es in Deutschland daran, dass die Menschen nicht wissen, was sie entscheiden dürfen. Dann entscheiden sie eben nichts und warten darauf, dass es irgendjemand anderes tut. Das ist aber schlecht.

In diesem Kontext spielt Belohnung eine ganz große Rolle. Belohnung heißt nicht immer Geld. Geld ist das schlechteste Motivationsmittel. Man gewöhnt sich nämlich schnell dran und empfindet es nicht mehr. Diesen Monat 200 € mehr gekriegt. Das merke ich nächsten Monat schon gar nicht mehr. Aber Dinge wie – das mag sich jetzt etwas banal anhören: Mensch, das haben sie jetzt echt klasse gemacht. Vielen Dank! Das kennen die meisten Menschen gar nicht. Oder das man regelmäßige Entwicklungsgespräche führt: Wie stellst Du Dir eigentlich Deinen Werdegang vor? Nicht in den nächsten fünf Jahren, sondern was willst Du in den nächsten 12 Monaten erreichen? Das ist schon lang, finde ich. Was müssen wir dafür tun, dass Du dahin kommst. Und nicht: Was tut der Mitarbeiter dafür, dass er dahin kommt. Das ist der falsche Weg.

KK Mitarbeitereinbeziehung, Partizipation im Unternehmen, ein Stück Demokratie im Unternehmen leben. Das fordert, wie wir sehen, die Führungskräfte stark heraus. Sie müssen sehr starke Persönlichkeiten werden und in einem neuen Sinn integer und gesund führen. Was heißt für Sie gesunde und gute Führung in diesem Kontext? Da fängt doch eine neue Zeit an…

BG Definitiv! Ich glaube, eine gesunde Führung ist, wenn man sich als Führungskraft jeden Tag neu fragt: Wie sehen die Menschen mich? Wie sehe ich mich? Und wo ist das „gap" dazwischen? Was muss ich tun, um aus diesem Loch herauszukommen? Man darf sich da auch nicht zu schade für sein, auch Mitarbeiter zu fragen. Den Mumm haben aber die wenigsten. Als Führungskraft zu fragen, wie siehst Du mich eigentlich? Was muss ich anders machen? Damit ich besser rüberkomme. Oder Dir mehr helfen kann. Da gehört ganz viel Mut zu. Aber man merkt relativ schnell, dass es nicht weh tut! Es hilft! Ganz im Ernst. Ich weiß, dass man als Personalleiter nicht immer beliebt ist. Es geht immer nur um Kündigungen, um unangenehme Themen. Aber ich glaube, die Menschen haben mittlerweile erkannt, dass der HR-Bereich für die Menschen da ist. So muss man das sehen. Man muss sich immer auf einer Ebene mit den Mitarbeitern bewegen. Ich bin nichts Besseres oder Schlechteres, nur weil ich Personalleiter bin. Ich möchte keine Extrawürste gebraten haben. Ich schlafe viel in den Hotels. Ich will nicht das beste Zimmer. Ich möchte keinen großen Obstkorb haben. Den esse ich eh nicht auf. Zum Beispiel sagt man mir: Wir haben ein schönes Upgrade heute. Sie kriegen die Juniorsuite. Ich brauche das nicht. Tun sie lieber den Gästen etwas Gutes. Das gilt eben für alle Bereiche. Die Menschen merken ja sehr schnell, wenn man sie um eine ehrliche Meinung bittet und nicht nur fragt, weil sich das vielleicht gehört, sondern die Motivation hat, wirklich etwas zu erfahren. Die spüren das, ob das eigentlich in die richtige Richtung läuft.

KK Als Führungskraft steht man ja immer unter Strom! Wenn man immer dazwischen sozusagen im Sandwich steht, hat man eine hohe Verantwortung. Und dann bei ihnen noch die hohe Erwartung, dass die Menschen an sich arbeiten. Aber anders geht es ja auch nicht.

BG Sie kosten ja auch eine Menge Geld. Das sagen wir auch den Leuten. Es gibt viele Menschen, die ihren Arbeitsplatz gern selbst gestalten wollen. Es gibt ganz viele Menschen, die machen das aus einer Selbstverständlichkeit heraus. Die bringen ganz viele Fähigkeiten mit, dass auch zu tun, nicht dass man sie dafür fit gemacht hätte. Ich glaube ganz fest, dass jeder Mensch jede Menge Talente hat. […] Und die muss ich finden. Dazu muss ich mit Menschen sprechen, mich mit denen länger befassen und dann werde ich die auch finden. Die Menschen, die man sucht, merken sehr schnell, da ist jemand, der interessiert sich für mich. Dann verhalten sich die auch ganz anders. Da werden auch ganz viele

Glückshormone freigesetzt. Das kennen wir ja alle. Es fängt mit so einfachen Dingen an, dass man – wenn man irgendwo hinkommt – mit Namen angesprochen wird. Da kommt das erste Glückshormon. So ist das mit ganz vielen Dingen auch, wenn jemand Danke zu mir sagt, wenn man sich ehrlich bedankt. Das zieht sich eigentlich durch.

KK Man kann sagen, da hat sich viel getan in fünf Jahren, sodass ich nun die Frage stelle: Wo geht es hin, wie geht es weiter? Wo ist die Vision? Wo stehen sie im Moment? Wo geht die Upstalsboom Gruppe hin?

BG Bodo hat mal so einen schönen Satz gesagt: „Ich habe mich damals auf einen Dauerlauf eingerichtet." Aber er hat festgestellt, dass ist ein lebenslanger Marathon. Er weiß nicht, wie er enden wird. Weil ständig etwas Neues passiert, weil Menschen ständig dazu kommen und uns auch wieder verlassen. Die Entwicklung von draußen, die wir auch nicht beeinflussen können, wird immer eine große Rolle spielen. Wie werden wir von der Welt da draußen wahrgenommen? Nein, wir machen es nicht für die Welt da draußen. Wir machen es für uns. Es gibt keinen Grund für uns, etwas anderes zu tun. Wo es jetzt hingeht? Das Unternehmen muss Engagement zeigen. Wir erwarten viel von unseren Mitarbeitern, aber das Unternehmen muss nun auch viel Engagement zeigen. Wir haben z. B. angefangen, letztes Jahr eine Schule in Ruanda zu bauen. Da konnte man sich dafür bewerben. Zehn Mitarbeiter waren also gerade in Ruanda und haben die Sache vorbereitet. Im Herbst werden nochmal 15 Mitarbeiter nach Ruanda fahren für eine Woche, um diesen Bau zu begleiten und ihn einzuweihen. Die müssen dafür auch wirklich etwas tun. Wie werden im Herbst z. B. mit 15 Auszubildenden den Kilimandscharo besteigen. Ich gehe nicht mit. Das geht 6000 m hoch. Bodo wird mitgehen.

KK Sie sind ja jetzt schon sehr bekannt. Es gibt ja auch schon mehrere Filme im Netz.

BG Das haben wir nie bewusst gesteuert. Es gibt eigentlich nur zwei Preise, um die wir uns wirklich beworben haben. Da war einmal der erste Preis, den wir gewonnen haben, den Hospitality HR Award. Wir haben uns für den Top-Job Award (Bester Arbeitgeber im Mittelstand) beworben. Alle anderen Preise sind uns aber sozusagen zugetragen worden. Wenn man intern die Mitarbeiter befragt, um die Stimmung zu messen, ist das eine Sache. Aber wie sieht das Ergebnis aus, wenn das eigentlich ein Unabhängiger macht. Das war uns sehr wichtig. Das ist auch geschehen. Das hat mich sehr, sehr gefreut, dass wir im ersten Anlauf gleich unter die Top Five gekommen sind. Mit hervorragenden Ergebnissen, die sich, was die Stimmung betrifft, sich mit dem gedeckt haben, was wir gefragt haben. Das hat uns schon mal eine große Bestätigung gegeben, dass das nicht immer nur ein Gefälligkeitsankreuzen war.

Wo wird es hingehen? Wir werden weiterhin sehr viele Möglichkeiten suchen, es hinzubekommen, vielen Menschen die Chance zu geben, Verantwortung zu übernehmen. Da sind wir gerade bei. Das ist ein zeitintensives Thema. Menschen verändern sich leider nur sehr schwer. Ein Beispiel: Wir tun uns selber schwer, wenn wir unseren inneren Schweinehund zu überwinden suchen, mal zu laufen, mal abzunehmen und leider holt es einen an dieser Stelle wieder ein, wenn sich ein kurzfristiger erster Erfolg einstellt. Aber das ist jetzt ganz wichtig. Wenn man jemanden dazu gebracht hat, Entscheidungen zu treffen, dann müssen diese Menschen die Freiheit und Verantwortung hierfür spüren und übernehmen. Ganz im Ernst, Führungskräfte, Geschäftsführer oder wir machen jeden Tag Fehler, nur dass es keiner merkt. Nicht, weil wir sie verheimlichen, sondern weil die Leute meistens denken, es wäre so richtig gewesen. Das muss ich Mitarbeitern aber auch zugestehen. Auch wenn es mal Geld kostet, es gibt keinen Fehler, den man nicht wieder gutmachen könnte. Wichtig ist nur, dass man daraus lernt.

KK Wenn ich es so richtig verstehe, sind die betriebswirtschaftlichen Kennzahlen des Unternehmens gut in der Gruppe. Glauben Sie, dass das Modell halten wird, auch wenn das Unternehmen in schwierigere Gewässer kommt?

BG Wir sagen natürlich: Ja, weil wir jetzt, wo es gut läuft, und das ist vielleicht der Vorteil, den wir haben, gezielt Geld investieren in die Selbstständigkeit der Menschen. Wenn es dann mal schlecht läuft, sind die Leute auch in der Lage, eine Entscheidung zu treffen. Und zwar für das Unternehmen.

KK Sie kommen dann auf ein Level, wo Sie dann auch wirklich selbstständige Mitarbeiter haben?

BG Genau! Da ist es dann vielleicht nicht wichtig, dass die Führungspersonen immer selbst in der Lage sind, die Dinge selbst zu entscheiden. Klar, irgendjemand muss immer die Strippen in der Hand haben. Da glauben wir ganz fest dran. Wenn wir möglichst viele Menschen so weit kriegen, wirklich selbstständig zu sein, das ist noch nicht soweit. Es wird noch dauern. Wobei ich auch sagen muss, Auszubildende sind die Mutigsten überhaupt. Die haben vielleicht noch dieses Unverdorbene der Jugend. Das ist bei den Älteren anders: Da merkt man dann schon, die wägen ganz stark ab oder die haben Angst, einen Fehler zu machen, dass andere darüber lachen. Aber da muss man sich frei von machen.

KK Wir sprechen ja auch von der Zukunft!

BG Da haben wir jetzt sicherlich einen kleinen Vorteil, weil wir das jetzt auf einem Level machen, wo es uns sehr gut geht.

KK Eine Frage bezieht sich nun nochmal auf die Übertragbarkeit des Modells. Sie waren ja auch in internationalen Gruppen zuhause und haben viel Erfahrung. Sie haben jetzt noch nicht erzählt, warum Sie bei Upstalsboom die Herausforderung angenommen haben. Offenkundig geht da etwas, was nur im Mittelstand möglich ist? Ein Geschäftsführer, der dazu ja sagt und auch die alleinige Autorität hat, so etwas durchzuführen.

BG Also, ich habe knapp acht Jahre für das Atlantic Hotel gearbeitet und da Ähnliches erfahren. Als ich in das Atlantic Hotel gekommen bin, habe ich eine für mich unbekannte Welt betreten. Eine Welt des Glanz-und-Glamours! Ich war erschrocken wie unselbstständig Menschen im Atlantik Hotel gearbeitet haben damals. Damals hat Sebastian Heineman als Direktor angefangen, der ein fortschrittliches HR-Denken hatte, das aber nicht so richtig in das geschichtsträchtige Haus passen wollte. Er hatte extrem viele Ideen, wusste aber nicht, wie er die in die Praxis umsetzen kann. Ich kann Ideen sehr schnell aufgreifen und umsetzen. Da bin ich sehr beharrlich bei. Das war eigentlich ein perfektes Zusammenarbeiten. Sebastian hat dann leider das Atlantic verlassen, weil er sich selbstständig gemacht hat. Durch Zufall kam Upstalsboom mit der Aufgabe, den HR-Bereich aufzubauen und das Unternehmen so fit zu machen. Das war eigentlich die Herausforderung für mich, dass das solche Ausmaße jetzt angenommen hat, das wusste ich damals noch nicht. Dann hätte ich es vielleicht nicht gewagt.

KK Zurück nochmal zum Atlantic. Sie haben das dort schon ein stückweit erfahren?

BG Ja, in groben Ansätzen. Was nicht geklappt hat – Atlantic-Logo weg, Upstalsboom-Logo hin. Das geht leider nicht. Jedes Unternehmen tickt anders. Ich muss mein Tun wirklich auf mein Unternehmen zuschneiden. Das Ganze brauche ich aber nicht anfangen, wenn ich nicht den Rückhalt der Geschäftsführung habe. Wenn ein Unternehmer heute nicht die Notwendigkeit erkennt, ich meine die ehrliche Notwendigkeit, und auch weiß, das kostet mich auch Geld. Das kostet mich z. B. die ersten drei Jahre Geld. Ich werde weniger Gewinn haben, weil ich in die Menschen investiere.

KK … oder einige Zeit weniger in die Infrastruktur reinstecke.

BG Ja, es ist eigentlich eine Umschichtung von Geldmitteln. Aber letztendlich muss ich Geld in die Hand nehmen. Wenn ich dieses Bewusstsein erlangt habe, muss ich mich dann um die richtigen Führungskräfte bemühen. Mit wem kann ich diesen Weg beschreiten, wer ist bereit sich zu ändern? Und auch da muss man manchmal den Mut haben, zu sagen, vielen Dank, war eine tolle Zeit, aber sie wollen den Schritt nicht mitgehen. Das ist in der Das ist in der Arbeitswelt so. Wenn zwei von zehn nicht mitgehen, dann werfen die zwei den Anker aus und bremsen das ganze Schiff. Es macht keinen Sinn, in einer Obstschale den faulen Apfel zu belassen, der steckt alle anderen an. Das möchte ich so deutlich sagen.

KK …direkt aber fair verabschieden!

BG Also diese Direktheit ist in dem ganzen Prozess die Offenheit. Das ist ein sehr wichtiges Thema dabei.

KK Geben Sie uns noch ein Beispiel für Offenheit im Unternehmen.

BG Wir haben gerade vor drei Wochen so ein Thema gehabt. Da ist etwas vorgefallen mit einem Dienstleister, wo Bodo gesagt hat, da müssen wir eigentlich eine Information an alle Mitarbeiter verschicken. Was schreiben wir denn da? Ich sage: Wir schreiben es so, wie es ist. Bodo: Ja, ich will den Dienstleister aber auch nicht diskreditieren. Es ging um eine externe Firma. Ich sage: Bodo, wenn diese Firma Bockmist gebaut hat, können wir doch unsere Werte nicht mit Füßen treten. Das ist vielleicht eine nette menschliche Geste, aber viel schlimmer ist, wenn die Mitarbeiter später herausfinden, was wirklich die Wahrheit ist. Das können wir nicht machen. Er hat es dann am Ende auch nicht gemacht. Aber das zeigt auch, wie schnell man auch wieder in alte Verhaltensmuster verfällt.

KK Es ist doch schön, wenn sich zwei Führungskräfte, der Geschäftsführer und der HR-Manager, so auseinandersetzen.

BG Das stimmt. Und es ist – da sollten wir kein Hehl draus machen – eine komfortable Situation des HR-Managers. Das ist relativ selten. HR wird in vielen Unternehmen als notwendiges Übel angesehen. Das ist Administration, da muss jemand Verträge schreiben, da muss jemand einstellen, da muss jemand Lohnabrechnung machen. Dann hört HR schon meistens auf. Das ist, Gott sei Dank, bei Bodo Janssen anders. Ohne seine Einstellung zu Menschen wäre das alles gar nicht möglich.

KK Man kann schon sagen, in der Hotelbranche ist der Mensch eigentlich das Zentrale.

BG Es ist egal, wo sie hingucken. Im Gesundheitswesen, in Kaufhäusern, alles, was es an Berufen gibt, alles Dienstleistungsunternehmen. Selbst Finanzämter sind Dienstleistungsunternehmen. Sie wissen es nur noch nicht, […] aber sie werden durch Steuergelder bezahlt, um eine Dienstleistung zu erbringen. Ärzte, das ganze Gesundheitswesen, ist eigentlich ein Dienstleistungssektor.

KK Nochmal zurück zu den nackten Zahlen. Es gibt auch Befragungen, die jetzt positiver ausgefallen sind. Aber Sie haben es jetzt auch an den konkreten Zahlen im HR-Bereich gesehen wie an der Krankheitsquote.

BG Wir haben es zuerst an der Krankheitsquote gesehen, wo tatsächlich die durchschnittlichen Krankheitstage gesunken sind. Wir sind jetzt gerade diesen Monat am Abschluss des letzten Jahres. Wir sind bei Durchschnittskrankentage von 3,2. Das ist ja extrem niedrig. Ich glaube, der Bundesdurchschnitt liegt bei vielleicht 15–17 Tagen. Das ist schon sensationell. Das Hotelgewerbe ist eine schwierige Branche. Die Arbeitszeiten sind gar nicht so sehr das Thema, sondern die Verdienstmöglichkeiten. Wir sind hier in den unteren Bereichen, weil die Tarifverträge es einfach nicht hergeben. Der Gast tut auch so das seine dazu. Diese Geizmentalität, das Hotelzimmer möglichst billig zu haben, da fehlt mir auch ganz oft noch die Wertschätzung.

KK Sie positionieren sich bei der Upstalsboom-Gruppe aber auch nicht unbedingt im unteren Bereich.

BG Wir versuchen, Lohnmodelle zu entwickeln, wo wir auch zwangsweise unsere Zimmerpreise und auch unsere Speisen- und Getränkepreise nach oben etwas anpassen müssen. Wir wollen unseren Gästen auch gerne erklären, warum wir das tun. Wenn wir eine Wertschätzung für das haben wollen, dann müssen Menschen auch entsprechend bezahlt werden. Nichts ist schlimmer, als wenn ich jeden Tag überlegen muss, kann ich meinem Kind heute noch etwas kaufen. Kriege ich heute Abend Essen auf den Tisch, kann ich in den Urlaub fahren. Solange ich mich mit so etwas beschäftigen muss, kann ich mich nicht auf meine Arbeit konzentrieren.

KK Sie sprechen von Mitarbeitergehältern, die angemessen sind.

BG Mindestlohn reicht nicht. Das ist bei Weitem zu wenig.

KK Das klingt ungeheuer spannend. Wir sind sehr neugierig, was in Zukunft noch von der Upstalsboom Gruppe zu hören ist. Sind sie es schon oder inwieweit glauben Sie, dass sie so etwas wie eine Vorreiterrolle für andere in der Branche oder darüber hinaus sein werden?

BG Ich persönlich empfinde das nicht so. Aber die Welt da draußen sagt uns etwas anderes. Ich war gestern gerade in einer Hotelfachschule in Hamburg und habe da an einem Unterricht teilgenommen, wo es um das Thema Führungskultur ging. Da waren 25 Hotelfachschüler. Das sind alles erwachsene Menschen, die schon einmal gearbeitet haben, die mir ihr Verständnis von Menschenführung erläuterten, wie sie es erlebt haben. Da schlägt man teilweise die Hände über dem Kopf zusammen. In solchen Momenten denke ich, ja, da haben wir eine Führungsrolle. Wenn ich im täglichen Arbeitsleben bin, dann vermisse ich noch viele Dinge, dass wir noch viel zu wenig tun. Ich hatte immer sehr Glück in meinem Arbeitsleben. Ich hatte immer die richtigen Vorgesetzten. Es gab nur einen einzigen Betrieb, wo ich mich nicht so wohl gefühlt habe. Ich habe eigentlich immer diese Wertschätzung vorgefunden für den Menschen und die Arbeit. Ich muss fairerhalber sagen, da muss man etwas für tun, das kommt nicht von selber. Das ist ein Geben und ein Nehmen. Aber da hatte ich ganz viel Glück. Vielleicht kommt daher die Selbstverständlichkeit, dass es einfach anders sein muss. Aber wenn man die Welt da draußen so sieht, dann ist das nicht so. Und dennoch: Wir haben das Rad nicht neu erfunden.

KK Sie wirken auf mich sehr zentriert. Was tun sie für sich als Führungsperson, um all den Anforderungen gerecht zu werden?

BG Ich habe einen ganz großen Vorteil. Ich habe nur Bodo als Vorgesetzten. Ich habe ein Homeoffice hier in Hamburg. Ich bin zwar ganz viel in den Hotels, aber wenn ich in

Hamburg bin, dann nehme ich mir die Zeit, über Dinge nachzudenken. Das mache ich ganz einfach. Diese Zeit haben andere nicht, das weiß ich. Ich weiß diesen Luxus sehr zu schätzen, Zeit zu bekommen. Weil mich auch keiner fragt, was machst Du den ganzen Tag. Ich stelle mir ganz oft die Frage, wenn ich irgendwo war: Wie haben die Dich empfunden? Mir ist es nicht wichtig, der nette Onkel aus Hamburg zu sein. Mir ist es wichtig, dass das, was ich tue, Menschen voranbringt. Da muss man manche Menschen auch etwas schubsen. […] Deswegen ist es mir auch nicht wichtig, beliebt zu sein. Beliebt sein kann man relativ schnell, indem man z. B. mehr Geld zahlt. Aber das ist es nicht, was es ausmacht. Die Gespräche, die ich mit Menschen führe, sollen bewirken, dass die Menschen auch etwas daraus machen.

Ich fahre im Anschluss an das Interview nach Kühlungsborn und werde mich da mit einem Auszubildenden treffen, mit dem ich eigentlich bisher nicht so viel zu tun hatte. Seine Leistungen sind nicht so die besten. Aber der hat ein Talent, der kann mit Menschen umgehen. Den werden wir in die Zentrale in den HR-Bereich holen. Ich weiß, dass der die Hosen gestrichen voll hatte. Das ist mir bewusst. Aber das ist das, was ihn ausmacht. Er hatte nämlich für dieses Gespräch angefragt.

Es ist dieses Hinterfragen, wie wirkst Du auf andere mit deinem Tun und wie sehr hältst Du mit Deiner Meinung hinter dem Berg. Es ist manchmal gut, nichts zu sagen und es wirken zu lassen. Das fällt mir manchmal schwer, da bin ich ganz ehrlich. Aber das muss man ertragen manchmal. Ich tausche mich viel mit Bodo aus. Bodo, der tickt ganz anders als ich. Das ist ein Visionär, der ist immer fünf Schritte zu schnell. Er vergisst immer, er muss noch 700 Leute mitnehmen. Der ist eigentlich schon im Jahr 2020. Aber dieser Austausch ist extrem wichtig. Deswegen bin ich auch so viel unterwegs. Ich könnte das auch per Telefon machen, das reicht mir aber nicht aus. Das persönliche Gespräch mit den Menschen, das ist wichtig. Den einen mag ich nur auf dem Parkplatz sehen. Mit dem spreche ich dann trotzdem. Ich könnte auch eine E-Mail schicken oder telefonieren, aber das ist nicht das Gleiche.

KK Also es ist ein zentrales Führungsinstrument, direkt in den Kontakt mit möglichst vielen Mitarbeitern zu treten.

BG Auch wenn das mit viel Reisen verbunden ist, aber es ist extrem wichtig.

KK Ist der Upstalsboom-Baum jetzt ausgewachsen oder möchte die Gruppe sich noch erweitern?

BG Es werden neue Hotels dazukommen. Wir werden jetzt auch auf Wangerooge ein Appartmenthotel eröffnen in drei Wochen. Wir werden in Mecklenburg-Vorpommern und in Schleswig-Holstein etwas machen. Der Ferienwohnungsbereich wird sich verdreifachen. Das ist auch ok.

KK Ist das jetzt ein Wachstum, was verkraftbar ist?

BG Wir haben jetzt eine ganz andere Qualität an Führungskräften als vor drei Jahren. Ich kriege heute hochkarätige Bewerbungen aus internationalen Hotels. Das war vor drei Jahren nicht so. Da musste ich lange betteln, dass man sich mit mir unterhält. Die Herausforderung ist, die unteren Bereiche zu füllen, weil es da zu wenig auf dem Arbeitsmarkt gibt. Aber auch da muss man sich mit beschäftigen, dass es einen großen Ansturm von Flüchtlingen nach Europa gibt und die können nicht alle unqualifiziert sein. Das glaube ich einfach nicht. Was kann man da eigentlich tun? Sicherlich muss in das Thema Sprache investiert werden. Aber die haben ja auch fachliche Qualifikation. Die haben Talente. Das ist ein schwieriges Unterfangen, weil da die Politik dahintersteckt. Aber das wird für die nächsten 15 Jahre die Zukunftsmusik sein. Die geburtsstarken Jahrgänge waren vor drei Jahren und es dauert noch 15 Jahre, bevor die ins Arbeitsleben eintreten. Wie können wir Menschen fit machen, das ist eine Investition. Aber wenn sie das tun, haben sie die treuesten Mitarbeiter der Welt.

KK Dann haben wir da jetzt einen interessanten Ausblick in die Zukunft getan und ich bedanke mich herzlich für das lebendige Interview.

Literatur

http://heartleaders.de/video/erfolg-durch-potenzialentfaltung-der-upstalsboom-weg-video
http://www.upstalsboom.de/der-upstalsboom-weg.html

Bernd Gaukler Bernd Gaukler ist seit 2010 Human-Resources-Manager und verantwortlich für den Aufbau und die Weiterentwicklung des gesamten Human-Resources-Bereich bei der Hotelgruppe Upstalsboom, bei der etwa 700 Mitarbeiter beschäftigt sind. Er verfügt über langjährige Erfahrungen im Personalbereich und hat in der Vergangenheit für die internationalen Hotelgruppen Holiday Inn, Crowne Plaza, InterContinental Hotels und für das Atlantic Kempinski Hamburg gearbeitet.

Lizenz zum Wissen.

Sichern Sie sich umfassendes Wirtschaftswissen mit Sofortzugriff auf tausende Fachbücher und Fachzeitschriften aus den Bereichen: Management, Finance & Controlling, Business IT, Marketing, Public Relations, Vertrieb und Banking.

Exklusiv für Leser von Springer-Fachbüchern: Testen Sie Springer für Professionals 30 Tage unverbindlich. Nutzen Sie dazu im Bestellverlauf Ihren persönlichen Aktionscode C0005407 auf www.springerprofessional.de/buchkunden/

Springer für Professionals.
Digitale Fachbibliothek. Themen-Scout. Knowledge-Manager.

- Zugriff auf tausende von Fachbüchern und Fachzeitschriften
- Selektion, Komprimierung und Verknüpfung relevanter Themen durch Fachredaktionen
- Tools zur persönlichen Wissensorganisation und Vernetzung

www.entschieden-intelligenter.de

Springer für Professionals

Printed by Printforce, the Netherlands